PIERRE DES VAUX-DE-CERNAY

HISTORIA ALBIGENSIS

ŒUVRES DE PASCAL GUEBIN
(en collaboration avec E. LYON)

HISTORIA ALBIGENSIS : Société de l'Histoire de France, Paris, Champion

T. I 1926
T. II 1930
T. III 1939

ŒUVRES DE HENRI MAISONNEUVE

Etudes sur les Origines de l'Inquisition, Paris, Vrin 1942 (*épuisé*)

EN PRÉPARATION :

Recherches sur la Pratique Religieuse en Vendée.
Etudes sur l'Interdit.

L'EGLISE ET L'ETAT AU MOYEN AGE
Directeur : H.-X. ARQUILLIERE

X

HISTOIRE ALBIGEOISE

Nouvelle traduction

PAR

PASCAL GUÉBIN

ET

HENRI MAISONNEUVE

Professeur aux Facultés Catholiques de Lille

PARIS
LIBRAIRIE PHILOSOPHIQUE J. VRIN
6, PLACE DE LA SORBONNE (Vᵉ)
—
1951

A la mémoire de Pascal GUÉBIN

AVANT-PROPOS

—————

L'Historia Albigensis de Pierre des Vaux-de-Cernay a fait l'objet des recherches savantes de P. Guébin et E. Lyon qui en ont donné une remarquable édition critique dans la Société de l'Histoire de France, en 1926 et en 1930.

L'Historia Albigensis a été souvent traduite en langue vulgaire. (1) Dès le XIIIe siècle paraît une traduction anonyme conservée en deux manuscrits, un mss L de la Bibliothèque Royale de Belgique, Bruxelles, mss. 15703, et un mss perdu dont une copie du XVIIIe siècle M demeure à la Bibliothèque Nationale, fonds Moreau 1719. Ces deux manuscrits L et M ne diffèrent que par quelques détails grammaticaux ; la traduction qu'ils donnent a fait l'objet d'une édition critique de P. Guébin et E. Lyon dans la même Société de l'Histoire de France, Historia Albigensis, T. III, 1939. Au XVe siècle paraît une autre traduction, également anonyme, conservée elle aussi en deux manuscrits : le premier, N, Bibliothèque Nationale, fonds français 4974, mutilé en deux endroits, se termine au mot « jouvencel » qui correspond au § 613 de l'Historia et désigne Amaury de Montfort qui succède à son père décédé ; l'autre mss, O, Bibliothèque Nationale, fonds français 17810, reproduit le texte de N en son entier ; il s'achève avec le départ des croisés et la levée du siège de Toulouse, correspondant au § 614 de l'Historia : le copiste qui a signé son nom, Jean Guillou, a ajouté quelques mots de conclusion. Au XVIe siècle quatre manuscrits reproduisent à quelques détails près la traduction précédente : ce sont d'une part, les mss P. Bibliothèque Nationale, fonds français 17809, et Q Bibliothèque Nationale fonds français 4973 ; l'un et l'autre s'achèvent comme leur modèle au mot « jouvencel » ; d'autre part, les mss R Bibliothèque de la Ville de Saint-Omer, mss 725, qui finit lui aussi à « jouvencel » mais présente une lacune de 7 ff correspondants aux §§ 97-110 de l'Historia, et S Merville (Haute-Garonne), Bibliothèque privée de la marquise de Beaumont, mutilé au début et à la fin, dans les parties correspondant aux §§ 1-87 et 565-620 de l'Historia. Les manuscrits N O P Q R S témoignent d'une traduction large qui se caractérise notamment par l'omission de la première partie de l'Historia : les Hérétiques, la suppression de quel-

—————

(1) Nous résumons ici la Notice de P. Guébin et E. Lyon. Historia Albigensis. T. III, Paris, 1939, pp. LXVI - XCII.

ques épisodes, entr'autres les préliminaires du siège de Penne d'Agenais, §§ 317-320, l'intervention des évêques de Toul et d'Albi, §§ 345-
351, les campagnes des croisés en Quercy, Agenais, Périgord, Rouer
gue, §§ 512-542, la réduction de certains passages, actes du Concile
de Lavaur, §§ 380-382, récit unifié de la bataille de Muret, §§ 448-
467 amalgamé avec §§ 468-483, et quelques digressions.

A la fin du siècle les guerres de religion rendirent plus actuels
et plus brûlants les souvenirs de la croisade albigeoise. Deux tra-
ductions originales, œuvres de deux évêques, paraissent à peu près
dans le même temps. La première, de Guillaume Pélissier, évêque
de Montpellier, paraît en 1565 : elle se présente sous forme de brouillon et sous forme définitive. Le brouillon est conservé dans un mss
T Bibliothèque Nationale, fonds français 2868 . il comprend 138 chapitres numérotés : il a pour titre : « Histoire de la guerre des Albigeois traduite du Latin de F . Pierre religieux des Vaux-de-Cernay
de l'ordre de Cisteaux », suivent trois bulles d'Innocent III (P. 3821,
3829, 3839, 3832), puis le texte qui s'arrête à la sépulture de Simon
de Montfort, § 615, une lettre de Simon de Montfort du 13 Décembre
1217 ordonnant à ses sénéchaux de Carcassonne et d'Agen de protéger les biens de Saint-Dominique (Molinier, Catalogue des actes,
n° 147 : Rhein, n° 157), des extraits de la chronique de J. du Tillet,
évêque de Meaux, et de la vie de Saint-Dominique. La forme définitive est conservée dans un mss U Bibliothèque Sainte-Geneviève
Paris, mss 591. Elle aussi comprend 138 chapitres numérotés. Elle
a pour titre : « Histoire des prouesses et vaillantises de noble seigneur Simon, comte de Montfort, faites par luy pour la foy catholique et l'eglise de Dieu contre les Albigeois heretiques depuis l'an
de grace 1206 jusques a 1218, premierement composee en latin par
frere Pierre, religieux des Vaulx-de-Sarnay, de l'ordre de Cisteaux,
puis traduicte en françois l'an du Saulveur 1565 par reverend pere
en Dieu messire Guillaume Pellicier, evesque de Montpellier, le tout
au nom du Createur, auquel soit gloire et honneur des siecles des
siecles. » Suivent comme dans le brouillon les trois bulles, le texte,
la lettre de Simon de Montfort et une conclusion : « Cy finissent les
gestes ou bien l'histoire des triomphes et faictz dignes de memoire
de noble et vaillant homme messire Simon, comte de Montfort ».

L'autre traduction est d'Arnaud Sorbin, prédicateur de Charles
IX, puis évêque de Nevers. Elle se présente sous forme, non plus
manuscrite, mais pour la première fois imprimée suivant trois types
principaux qui ne se distinguent guère les uns des autres que par
les éditions et les titres : 1re édition : « HISTOIRE DES ALBIGEOIS
ET GESTES DE NOBLE SIMON DE MONTFORT descripte par
F. Pierre des Valées Sernay, Moine de l'Ordre de Cisteaux, randue de
Latin en François par M. ARNAUD SORBIN, P. de Montech, Docteur
en Théologie et Prédicateur du Roy (Marque particulière à l'auteur :
un sorbier surmonté de trois épis, entouré d'une couronne de laurier
où s'enroule une banderole portant le verset : « Ecce in pace amari-

tudo mea amarissima » - Isaïe, XXXVIII, 17) A Tolose, par Arnaud et Iaques Colomies Freres, Imprimeurs iurez de l'Vniuersité, 1568. Auec Priuilege du Roy », édition achevée en 1569 ; 2ᵉ édition, même titre, mais à Paris, 1569 ; 3ᵉ édition : « HISTOIRE DE LA LIGVE SAINCTE FAICTE IL Y A CCCLXXX ANS A LA CONDVITE DE SIMON DE MONTFORT contre les hérétiques Albigeois, tenans les pays de Béarn, Languedoc, Gascongue, et quelque partie de France, soubs les Rois Philippe Auguste et S. Loys. Le tout escrit par F. Pierre des Valees Sernay, de l'ordre de Cisteaux, enuiron l'an 1198 et mis en nostre langue Françoise l'an 1569 par M. Arnauld Sorbin, Docteur en Théologie et Prédicateur du Roy, maintenant Euesque de Neuers. A PARIS, chez Guillaume Chaudière, rue S. Iacques, à l'Enseigne du Temps et de l'Homme Sauvage. 1569 (pour 1585) AVEC PRIVILEGE DV ROY ». Le succès fut immense, plus grand, semble-t-il, que celui des éditions latines postérieures. Le nombre des exemplaires connus dépasse la soixantaine.

Aucune autre traduction ne parut aux XVIIᵉ et XVIIIᵉ siècles. En 1824, F. Guizot qui enseignait alors l'Histoire Moderne à Paris, publie dans la collection des mémoires relatifs à l'histoire de France, T. XIV, une « Histoire de l'hérésie des Albigeois, et de la sainte guerre entreprise contre eux (de l'an 1209 à l'an 1218), par Pierre de Vaulx-Cernay ». Sa traduction s'inspire de celle d'Arnaud Sorbin, mais elle suit de préférence le texte latin, édité par le cistercien Bertrand Tissier, en 1669, de l'Historia Albigensis.

En 1943 P. Guébin m'invitait à faire avec lui la traduction du texte latin établi par lui-même et par E. Lyon suivant les meilleurs manuscrits que les éditions antérieures n'avaient pas connus de l'Historia Albigensis. En 1945, malheureusement, P. Guébin, déjà très affecté par la mort de sa mère et de santé très déficiente, dut être transporté à l'hôpital de Condé-sur-Vègre (Seine-et-Oise) où il s'éteignit le 6 Avril. Il institua la Société de l'Histoire de France sa légataire universelle, avec mission de me remettre tout le dossier de l'Historia Albigensis. Cependant j'achevais la traduction et revoyais les notes : non seulement j'aurais eu mauvaise grâce à reproduire telles quelles les notes si abondantes et si documentées de l'édition latine auxquelles le lecteur désireux de plus amples informations pourra toujours se référer, mais encore il m'a paru bon d'insister sur le caractère canonique de la croisade albigeoise, l'interpénétration des droits ecclésiastique et féodal et le sens de la solution qui a été provisoirement donnée.

Que le Conseil de la Société de l'Histoire de France veuille trouver ici, pour les autorisations qu'il a bien voulu m'accorder, les remerciements de celui qui s'honore d'avoir été le collaborateur tout ensemble et l'ami de P. Guébin.

INTRODUCTION

Dans son épître dédicatoire au Souverain Pontife, l'auteur de l'Histoire Albigeoise se présente lui-même : « Frère Pierre, l'un quelconque des moines de l'Abbaye des Vaux-de-Cernay ». (1) Il appartenait sans doute à quelque famille noble, (2) mais de cette famille et de son enfance nous ne savons rien. Il dut entrer bien jeune sans doute (3) au monastère des Vaux-de-Cernay que son Oncle Guy gouvernait depuis 1184 (4). Il suivit les exercices de la vie monastique et s'initia à la littérature religieuse en écoutant la lecture ou en parcourant lui-même les livres de la bibliothèque. (5) L'Abbaye possédait à cette époque environ soixante-seize manuscrits. (6) C'étaient d'abord des écrits patristiques, entr'autres de Saint Ambroise, Saint Augustin, Saint Jérôme, Saint Grégoire, Saint Isidore. Tous ou presque tous faisaient au moins allusion aux hérétiques d'autrefois, à leur doctrine docétiste ou manichéenne, à leur propagande, aux dangers qu'ils faisaient courir à l'orthodoxie. A l'école des Pères,

---

(1) § 1. L'Abbaye, située dans le vallon de Cernay, au sud-ouest de Paris, avait été fondée par Simon de Neauphle en 1118 ou 1128. Voir D. Cottineau, Répertoire topobibliographique des abbayes et prieurés, T. 2, Mâcon, 1939. Item, M. Aubert, L'abbaye des Vaux-de-Cernay, monographie, 1931 et 1934, collection « Petites monographies des grands édifices de la France ».

(2) Son oncle était « noble d'origine », § 51.

(3) En 1213, date de composition de l'Histoire Albigeoise, cf. infra, il se qualifie de « simple écolier, puer elementarius », § 2. Comme il est déjà moine, il doit avoir au moins une vingtaine d'années, car depuis 1196 on ne pouvait être reçu dans l'Ordre avant dix-huit ans, cf. Aubert : L'architecture cistercienne en France, T. I, Paris, 1943, p. 37 et Mahn : L'Ordre cistercien et son gouvernement, Paris, 1945, p. 205. Comme le noviciat durait un an, Pierre devait être au moins dans sa vingtième année quand il vint dans le midi de la France. Mais une difficulté se présente. En 1202, Pierre participe avec son oncle à la Quatrième Croisade. Il aurait eu alors dix ans, ce qui paraît invraisemblable, d'autant plus qu'il a vu et lu les bulles du pape, § 106. Nous pensons plutôt qu'il devait avoir vingt ans à cette époque. Quand il viendra dans le midi il en aura trente. L'expression « simple écolier » est plutôt une formule d'humilité, très compréhensible chez un moine qui prend la plume pour la première fois et qui de surcroît dédie son travail au Souverain Pontife.

(4) Amaury-Duval, Guy des Vaux-de-Cernay, dans l'Histoire Littéraire de la France, T. XVII, p. 236.

(5) Aubert, p. 43-44 et Mahn, p. 57-59.

(6) Inventaire des biens et des livres de l'abbaye des Vaux-de-Cernay au XIIᵉ siècle, par Henry Martin, dans le Bulletin de la Société de l'Histoire de Paris et de l'Ile-de-France, pp. 40-42.

Pierre a sans doute appris bien des choses sur les sectes hérétiques et il sait comment il faut se comporter avec les hérétiques. Si la méthode de persuasion s'avère inopérante, il faut les exterminer, ce qui veut dire exactement les chasser hors du pays, mais ce qui n'exclut pas non plus l'hypothèse de l'extermination. Tel fut jadis le processus de la pensée augustinienne. (1)

La Bibliothèque comprenait aussi des œuvres relativement con-temporaires de Saint Anselme, Yves de Chartres, Hugues de Saint Victor, Pierre Lombard. En bonne place figuraient évidemment les traités, commentaires et sermons, de Saint Bernard. Eux aussi font allusion aux hérétiques pétrobrusiens, henriciens, arnaldistes et autres cathares que Pierre le Vénérable avait dénoncés et Bernard pourchassés, notamment dans le midi de la France, à Toulouse et Albi, entr'autres, (2) théâtre futur de la croisade albigeoise. Sans doute le moine de Cernay sait-il que ces hérétiques mal réprimés, malgré les anathèmes des conciles, avaient relevé la tête et qu'un abbé de Citeaux avait dû, au prix des plus grandes difficultés, inter-venir militairement contre eux. (3) Peut-être sait-il encore que le pape, au concile de Vérone, a fulminé contre les Cathares, Patarins, Humiliés ou Pauvres de Lyon, Passagiens, Joséphins et Arnaldistes les anathèmes de l'Eglise et invité les Princes séculiers à s'assurer des personnes et à confisquer les terres. (4)

Quoi qu'il en soit, notre historien a certainement déjà conçu des hérétiques une sainte horreur et il leur a sans doute déjà voué, sui-vant la mentalité de son temps et les traditions de son Ordre, une sainte haine. (5)

En 1202 il accompagne à la Quatrième Croisade son oncle qui avait reçu du pape une mission spéciale. (6) Peut-être chevauche-t-il avec les seigneurs voisins de l'Abbaye, Simon et Guy de Montfort, Simon de Neauphle, Robert Mauvoisin, auquel se joint le picard

---

(1) Voir Maisonneuve, Etudes sur les Origines de l'Inquisition, Paris, 1942, pp. 19-20.

(2) Sur les interventions de Saint Bernard contre Arnaud de Brescia, sa consultation à Ebersin, Prévôt de Steinfeld, sa mission à Toulouse en 1145, voir Origines, pp. 102-103, 56-59, 80-82.

(3) En 1181, Henri de Marsiac, Abbé de Citeaux, créé cardinal-évêque d'Albano au Concile de Latran, assiégea le château de Lavaur. Cf. Origines, p. 96.

(4) Décrétale « Ad Abolendam » de Lucius III : 4 Novembre 1184 : 9-X-V-7.

(5) Il n'est pas question du Décret de Gratien dans la Bibliothèque des Vaux-de-Cernay. Pierre y aurait trouvé aux Causes XXIII et XXIV toute la doctrine patristique relative à la répression de l'hérésie. Les Usages de Citeaux se défiaient des études cano-niques et le Décret lui-même, quand il parut, fut soustrait à la curiosité des moines. Seuls l'Abbé, le prieur et le cellerier étaient autorisés à en prendre connaissance pour s'initier aux règles de la procédure et défendre devant les Officialités les droits du monastère. Cf. Mahn : Le pape Benoît XII et les cisterciens, Bibliothèque des Hautes Etudes, Paris, 1949, p. 51. Mais il n'est peut-être pas téméraire de supposer que l'abbé des Vaux-de-Cernay, avant de partir en mission dans le midi de la France en 1207, §§ 47, 51, ait lu ou relu les textes auxquels nous faisons allusion ni même qu'il en ait informé son neveu.

(6) Dès 1200. P. 1045. Luchaire : La question d'Orient, Paris, 1907, p. 100.

*Enguerrand de Boves. A Venise, il remarque Baudouin de Flandre
et Henri, son frère, qui monteront bientôt sur le trône de Constantinople. Il connaît la pénurie des croisés et les marchandages vénitiens, mais l'Abbé des Vaux-de-Cernay, Simon de Montfort et les
seigneurs nommés, quelques autres encore, s'opposent de toutes leurs
forces au détournement de la croisade. Malgré les menaces d'Innocent III et la sécession de la minorité, l'armée s'empare de Zara ;
le pape fulmine l'excommunication. Pierre a vu les bulles, il les a
lues. (1)*

*Dix ans plus tard, en 1212, il accompagne encore son oncle, cette
fois dans le midi de la France, au pays des Albigeois. Il y retrouve
en pleine gloire Simon de Montfort et son « équipe » qui depuis trois
ans ont remporté des victoires et conquis des terres sur les « hérétiques pestiférés ». En Mars, ils passent à Albi, à Castres. En Avril,
ils assiègent avec l'armée le château d'Hautpoul (2) et s'en retournent à Narbonne. Trois semaines plus tard, ils rejoignent l'armée
à Saint-Michel-de-Lanès, la suivent à Puylaurens, à Saint-Marcel, à
Saint-Martin-Laguépie. En Mai, ils assiègent Saint-Antonin, Montcuq, Penne d'Agenais. (3) En Août-Septembre, ils sont à Moissac.
(4) En Octobre les deux moines sont à Muret, en Novembre à
Pamiers, en Décembre à Béziers. (5) En Janvier ils assistent au
concile de Lavaur puis retournent en France. Pierre se retira peut-
être aux Vaux-de-Cernay, à moins que son oncle, qui était devenu
évêque de Carcassonne et prédicaeur officiel de la croisade, ne l'ait
retenu auprès de lui. (6)*

*Deux ans plus tard, en 1214, deuxième et dernier voyage en
Albigeois. En Avril, Pierre et son oncle rejoignent à Nevers les
nouveaux croisés et tous ensemble descendent par Montpellier sur
Carcassonne. (7) Ils traversent le diocèse de Rodez, assiègent le château de Morlhon, exercent des représailles sur les seigneurs, traîtres
ou rebelles, du Quercy et de l'Agenais. En Juin, ils prennent part au
siège de Casseneuil, puis à la campagne du Périgord. (8) Il est vraisemblable de supposer que Pierre dut assister son oncle au concile
de Montpellier, en Janvier 1215. Mais, tandis que, peu de temps après,
l'évêque de Carcassonne se rendit en France du nord, Pierre resta
dans le midi. Comme toute l'armée, avec les évêques, les moines et
les seigneurs, il accompagne le fils du roi de France, le prince Louis,
dont la « croisade » ne fut qu'une promenade militaire de Lyon à
Vienne, Valence, Saint-Gilles, Montpellier, Béziers, Carcassonne,*

(1) § 106.
(2) §§ 300, 301, 302.
(3) §§ 307 et suivants.
(4) §§ 340-347 et suivants.
(5) §§ 356, 364, 366.
(6) §§ 368, 40. A partir du concile de Lavaur, les verbes à la première personne
cessent dans le cours du récit et ne réapparaissent qu'au § 508.
(7) §§ 508 et suivants.
(8) §§ 508, 513, 516, 524 et suivants.

Fanjaux, Toulouse. (1) *Pierre n'assiste pas au concile de Latran dont
il ne nous laisse qu'un sec résumé. Nous le retrouvons l'année suivante, en 1216, à Nîmes, à Bellegarde, à Beaucaire.* (2) *Il semble
avoir assisté au siège de Toulouse.* (3) *Ensuite, le récit s'achève brusquement au moment où la croisade va rebondir. Pierre serait-il mort
à ce moment-là, au plus tôt en 1218 au mois de Décembre, ou bien,
son héros, Simon de Montfort, étant mort lui-même, a-t-il jugé inutile de continuer son histoire Albigeoise ? Serait-il demeuré auprès
de son oncle dans le midi de la France ou reprit-il définitivement
le chemin du retour aux Vaux-de-Cernay ? Nous ne pouvons rien
affirmer.*

*⁎⁎

  *Dans son épître dédicatoire Pierre des Vaux-de-Cernay écrit :
« Même si je n'ai pu relater dans l'ordre tous les événements de cette
histoire, du moins ce que j'ai écrit est vrai, je n'ai rien affirmé que
je ne l'ai vu de mes propres yeux ou appris de personnes de grande
autorité ou dignes d'une confiance absolue. »* (4) *Nous pouvons le
croire. Comme nous l'avons dit plus haut, il a accompagné dans la
plupart de ses pérégrinations son oncle, l'évêque de Carcassonne :
aussi s'est-il trouvé particulièrement bien placé pour voir et pour
entendre.*

  *Pour voir d'abord. Pierre a quitté le vallon de Cernay aux hori-
zons peut-être charmants, mais étroits, pour découvrir les plaines
aérées et plantureuses du pays des Albigeois, les rivières transpa-
rentes, les montagnes aux escarpements âpres, les châteaux-forts
perchés au sommet de pitons rocheux et d'abord difficile, puissamment défendus par la nature et par les hommes : Hautpoul, fière-
ment campé sur son rocher, Saint-Antonin dans sa vallée riante,
arrosée par le clair Aveyron, et ses maisons perforées par le bombardement des pierrières, Penne d'Agenais surtout, « ses vallées larges et fertiles, l'opulence des terres cultivées, la gracieuse étendue
des prairies, le délicieux agrément des bois, la réjouissante fertilité
des vignes », la fraîcheur de l'air et la pureté des eaux, Moissac au
pied d'une colline et au milieu des sources, et dominée de roches
vives, le château de Domme sur la Dordogne et son remarquable
donjon, Séverac et son donjon, bâti au faîte d'une montagne, Montgrenier, élevé dans un lieu sinistre et balayé par les vents, la neige
et les pluies torrentielles, assiégé néanmoins par les croisés qui cam-
pent dans la « boue glacée ».* (5)

---

(1) §§ 550-566.
(2) §§ 577-581.
(3) §§ 606 c et 607.
(4) § 2.
(5) §§ 302, 314, 315, 321, 341, 519, 529, 539, 589.

Dans ce décor enchanteur ou austère, Pierre des Vaux-de-Cernay a vu l'armée sainte : les clercs d'abord, évêques, prêtres et moines, légats et croisés : ils donnent volontiers leurs conseils, encouragements et bénédictions, quelquefois leur concours matériel ; ils prient, chantent, « hurlent » avec tant de ferveur, qu'ils impressionnent les ennemis et font fléchir leur résistance. Les chevaliers ensuite : ils élèvent des machines de guerre, ébranlent les remparts, démolissent les donjons, enlèvent les barbacanes, chargent les ennemis, enfoncent leurs escadrons, massacrent leur piétaille, incendient leurs villes et remportent d'éclatantes victoires. (1)

Ce qu'il n'a pas vu notre historien l'apprend de sources autorisées. Les unes, anonymes, rapportent des anecdotes sur les hérétiques, le comte de Toulouse, Pierre de Castelnau, la pauvreté de Simon de Montfort, les circonstances de la capitulation de Termes, le miracle du manteau, la cruauté de Giraud de Pépieux et des routiers du comte de Foix. (2) Les autres, expressément indiquées, ne sont pas parmi les moindres. Saint-Dominique raconte à notre historien le miracle du Livre, l'abbé de Pamiers brosse un tableau peu flatteur du comte de Foix, Foulques rapporte une réflexion du comte de Toulouse et décrit le « spectacle merveilleux » des croisés martyrs de Montgey, le même Foulques, Raymond d'Uzès, Thédise et l'Abbé de Cîteaux lui-même s'entretiennent des croix blanches de la Dalbade. (3)

Il y a mieux que ces anecdotes miraculeuses. N'oublions pas que Pierre a suivi à peu près comme son ombre l'oncle abbé des Vaux-de-Cernay, évêque de Carcassonne et vice-légat. (4) S'il lui doit le récit des épis ensanglantés, (5) il lui doit surtout la fréquentation des chefs de la croisade et la connaissance des archives. Il a inséré dans le texte de son Histoire trois bulles pontificales, les actes du concile de Lavaur, le récit authentique de la bataille de Muret, (6) mais il fait allusion à bien d'autres documents. S'il ne dit pas toujours qu'il les a lus soigneusement, comme cette promesse du roi d'Aragon, il n'est pas téméraire de supposer qu'il en a pris connaissance et s'en est inspiré. (7)

Nous formulons même une hypothèse. Ce jeune moine, neveu d'un abbé cistercien, estimé du pape et de ses supérieurs, chargé de la prédication contre les hérétiques, devenu évêque de Carcassonne, le quartier général de Simon de Montfort ; ce jeune moine, qui fut déjà en 1202 à Venise et à Zara le compagnon, nous pour-

---

(1) Sièges de Penne d'Agenais, 321-334, de Moissac, 340-354, de Muret, 448-483, de Casseneuil, 519-527.

(2) §§ 15, 29, 31 et suivants, 360, 180, 182, 229, 127, 361.

(3) §§ 54, 298, 201, 202, 33, 232, 160.

(4) § 324.

(5) § 25.

(6) §§ 56-65, 401-411, 554-559 ; 370-384, 387-388, 392-397 ; 468-483.

(7) §§ 196 ; 26, 39, 42, 54, 67, 68, 69, 71, 72, 73, 74, 86, 89, 101, 103, 111, 137, 138, 139, 154, 163, 164, 255, 364, 399, 413, 414, 420, 439, 440, 443, 450, 453, 546, 547, 553, 572, 617.

*rions dire le secrétaire, de son oncle, et à ce titre s'est initié aux
Affaires politiques et au « style » de la Chancellerie pontificale, et
maintenant continue, semble-t-il, sur un autre théâtre d'assumer des
fonctions identiques ; ce jeune moine qui entre en relations avec les
chefs spirituels et militaires de la Croisade Albigeoise prend connaissance des parchemins officiels et ose dédier son Histoire au Souverain Pontife lui-même — ce qu'il n'a pu faire sans l'autorisation
de ses supérieurs — en cette année 1213 précisément où les croisés
craignaient un revirement possible d'Innocent III et pouvaient désirer par conséquent lui offrir un récit à la fois circonstancié et apologétique des événements de ces dernières années, ce jeune moine,
disons-nous, pourrait bien être l'historiographe officiel de la Croisade Albigeoise.*

⋆⋆

*Dans son épitre dédicatoire, il déclare en effet : « Mon but dans
cet ouvrage et mon unique motif d'écrire furent de faire connaître
au monde les œuvres admirables de Dieu ». (1) Assurément Pierre
ne serait ni de son temps ni de son Ordre s'il écrivait avec la sérénité que nous exigeons de l'historien moderne. Au reste, il est trop
engagé de par sa formation et ses fonctions dans l'aventure albigeoise
pour ne pas être un partisan. Aussi bien, si les événements qu'il
raconte sont authentiques — nous pouvons d'ailleurs les contrôler
par d'autres sources — (2) il ne laisse pas de les présenter ou de les
interpréter conformément aux exigences de sa cause.*

*Notre auteur, en abominant les cathares, fait tout de même du
manichéisme. Deux Principes, en effet, s'opposent au pays des Albigeois : Dieu et Satan.*

*Dieu d'abord. C'est lui qui décide le pape à intervenir contre les
hérétiques par l'envoi des missions cisterciennes et par l'organisation
de la croisade. C'est lui qui mène le jeu canonique et militaire. Quand
Raymond de Toulouse demande un légat compréhensif, « le Tout-
Puissant qui connaît les secrets des cœurs » lui dépêche le prudent
et avisé Milon. Quand Raymond demande à se justifier, le très astucieux Thédise cherche une fin de non-recevoir ; le Seigneur la lui
suggère. Les légats font-ils au comte de Toulouse et au comte de
Foix des propositions de paix, la Providence, la Sagesse et la Justice de Dieu endurcissent le cœur des comtes afin de justifier les
châtiments futurs. (3)*

*L'intervention divine est plus sensible dans l'ordre des choses mi-
litaires. D'abord la désignation prophétique du chef de la croisade, (4,*

---

(1) § 2.
(2) Notamment par la Chanson de la Croisade contre les Albigeois de Guillaume de
Tudèle et de son continuateur anonyme, éditions Meyer, dans la Société de l'Histoire
de France, 1875 et 1879, et Martin-Chabot, dans Les Classiques de l'Histoire de France
au Moyen-Age, T. I. seul paru, 1931 ; la Chronique de Guillaume de Puylaurens, édition
Beyssier, dans La Bibliothèque de la Faculté des Lettres de Paris, 1904.
(3) §§ 2, 5 et suivants ; 57-65 ; 69-75 ; 163 ; 195-196.
(4) § 103.

ensuite la conduite des opérations. Coïncidences curieuses, Béziers est prise le jour de la fête de Sainte-Madeleine, Lavaur le jour de l'Invention de la Sainte-Croix, Moissac le jour de la Nativité de la Sainte-Vierge, (1) la victoire de Muret est remportée dans l'octave de cette même fête de la Nativité de la Sainte-Vierge. A Muret précisément, Dieu découvre à Simon de Montfort un mystérieux sentier à Toulouse il provoque une inondation. (2) Le petit nombre des croisés l'emporte sur la multitude des ennemis, (3) leur ténacité a raison des plus redoutables obstacles, (4) mais le « Veni Sancte Spiritus » ou le « Veni Creator » ont plus de vertu que les prouesses des chevaliers. (5) Enfin les miracles abondent : outre ceux qui ont été mentionnés ci-dessus, notons principalement la multiplication des pains à Carcassonne, l'ordalie de Castres, les miracles de l'eau et du feu à Minerve, la double préservation de Simon de Montfort au siège de Minerve. (6) Dieu cependant quelquefois « sommeille » ou confond les prévisions humaines, (7) mais c'est, autant qu'on en peut juger, pour témoigner sa miséricorde aux pécheurs, accroître les mérites des justes, punir l'orgueil des puissants, enfin rendre gloire à son Nom. Aussi bien, notre historien ne fait pas le récit d'une victoire, ni d'un miracle ou d'un événement important de la croisade, sans ponctuer le plus souvent sa narration d'exclamations enthousiastes : O suprême justice de la Providence, ô juste jugement de Dieu, ô équitable mesure de la divine Providence, ô puissance de Dieu, admirable et sans borne, ô jugement de Dieu, ô miséricorde du Rédempteur, ô juste décision de la vengeance céleste, ô juste jugement de Dieu, le très juste juge, ô bienveillance illimitée du Créateur, ô ineffable clémence du divin Sauveur, ô divine patience du Créateur ! (8)

Au-dessous de Dieu, le pape, les clercs et les chevaliers.

Innocent III, un peu lointain, ne laisse pas d'être pour ce motif précisément mal informé de la situation réelle, religieuse et militaire, du pays des Albigeois. A deux reprises il faillit être trompé, la première fois par le comte de Toulouse : la Providence, il est vrai, intervint heureusement; (9) la seconde fois par le roi d'Aragon : ce fut beaucoup plus grave, la Providence se tut, les fanatiques de la croisade durent parlementer longtemps ; aussi bien le moine de

---

(1) §§ 91 et 226 : les coïncidences sont expliquées dans le texte ; § 334.

(2) §§ 457 et 483 : 603 et 606 b.

(3) Notamment à Castelnaudary et à Saint-Marcel, §§ 254, 256, 270, 295.

(4) Notamment à Minerve, Termes, Hautpoul, Penne d'Agenais, Séverac, §§ 152, 171, 302, 321, 538.

(5) A Carcassonne, Lavaur, Moissac, Casseneuil, §§ 94, 226, 351, 526.

(6) §§ 97, 113, 158-159, 190, 191.

(7) § 143 ; §§ 109, 174, 238, 242.

(8) § 91, §§ 78, 131, 242, §§ 131, 144, 236, 303, 360, 454, 604, 606 b, etc...

(9) En 1209, § 69.

Cernay n'est-il pas loin de fulminer quelqu'anathème sur le Souverain Pontife, (1) (cette partie de l'Histoire Albigeoise ne lui était pas dédiée).

Les clercs sont nombreux. Au premier chef, Arnaud-Amaury. « Le vénérable abbé de Citeaux » est un esprit lucide, mais il est aussi cruel et hypocrite. Dès 1206, il est légat, chargé de la prédication contre les hérétiques qu'il confie bientôt à Guy des Vaux-de-Cernay. (2) Chef suprême de la Croisade, c'est lui qui confère d'autorité à Simon de Montfort la vicomté de Béziers-Carcassonne. (3) Il a certainement conçu le dessein d'exterminer les hérétiques. S'il n'a peut-être pas prononcé le mot fameux que lui attribue au siège de Béziers Césaire de Heisterbach, cet autre cistercien, (4) — Pierre des Vaux-de-Cernay n'en souffle mot — il eut été fort capable de le dire. Au siège de Minerve, Simon de Montfort lui demande s'il doit accepter les conditions de la capitulation. « A ces mots, écrit notre historien, l'abbé fut extrêmement contrarié : il souhaitait vivement la mort des ennemis du Christ, mais comme il était moine et prêtre, il n'osait pas les faire mourir. » Il trouva néanmoins quelque moyen astucieux de satisfaire sa cruauté sans compromettre son caractère. D'aucuns, ne comprenant pas cette pieuse hypocrisie, se scandalisent. « Ne craignez rien, dit l'abbé, je crois que très peu se convertiront. » (5) Et de lâcher la bride au fanatisme des croisés. C'est lui qui dirige toute la politique de la croisade. Il se tient quelquefois dans l'ombre, mais rien ne se fait sans lui, ni la comédie de Saint-Gilles, ni le concile de Saint-Gilles, ni la conférence de Narbonne, ni le concile de Lavaur. (6) Après la bataille de Muret, son rôle s'efface, sa légation s'achève. Ses disputes mesquines avec Simon de Montfort le déconsidèrent, sinon peut-être auprès du pape, certainement auprès du roi : les murs de Narbonne tombent, les anathèmes de l'archevêque sombrent dans l'indifférence et l'oubli. (7)

Sous la juridiction d'Arnaud-Amaury, voici d'autres légats : les cisterciens de Fontfroide, Raoul, Pierre de Castelnau surtout dont la foi, la culture et l'éloquence, enfin le martyre, font l'admiration du pape et le malheur des « hérétiques ». (8) Les casuistes italiens : Milon et Thédise : le premier, notaire pontifical, rempli de science et de sagesse, (9) l'autre, chanoine de Gênes, qui savait

---

(1) §§ 400, 439, 441.
(2) §§ 20, 21, 47, 51.
(3) § 101.
(4) § 91, en note.
(5) §§ 154-156.
(6) §§ 71-75, 163, 192, 368.
(7) §§ 561 et suivants, plus les notes.
(8) §§ 57 et suivants, 78, 79, 137, 162, 380, 382.
(9) « Virum vita honestum, scientia praeclarum, facundia disertum... vir cautus et prudens », §§ 69 et 75.

dissimuler sa ténacité tout ensemble et son astuce sous les apparences de l'onction la plus exquise. (1)

En 1213, Innocent III, comprenant que la croisade tournait à la conquête — ce qui était d'ailleurs dans la logique de la théorie — dépêche au pays des Albigeois le cardinal Pierre de Bénévent, non pas un « pieux hypocrite » comme l'appelle sans autre mention le moine de Cernay, mais un exécuteur scrupuleux des ordres du Souverain Pontife, (2) si scrupuleux même, dirions-nous, que pour remplir en Aragon une mission délicate il laisse imprudemment la place à l'extravagant Robert de Courçon.

Enfin, le dernier légat, le cardinal Bertrand, ne saurait avoir la superbe d'Arnaud-Amaury ni la duplicité des Milon et des Thédise. C'est en vain qu'il cherche à revigorer la croisade expirante, dans un pays soulevé contre l'envahisseur où il risque à chaque instant de perdre la vie. (3)

Voici maintenant les principaux clercs, évêques, prêtres et moines, indigènes et croisés, de l'aventure albigeoise : Foulques de Toulouse, ancien troubadour, fanatique haineux, dont la compassion hypocrite à la bataille de Muret ne pouvait abuser que les naïfs du parti ; (4) Guy des Vaux-de-Cernay, si souvent déjà mentionné, une des rares figures sympathiques de cette Histoire. Son neveu nous dit et redit qu'il consacrait tous ses efforts à la prédication ou à l'affaire de la foi contre les hérétiques. Certes, il n'eut pas été l'homme de confiance d'Arnaud-Amaury s'il avait eu une mentalité différente. Néanmoins, nous le voyons, seul d'entre les clercs, après la reddition de Minerve, tenter auprès des hérétiques un suprême effort pour leur éviter le dernier supplice. (5) Au temps crucial de la croisade albigeoise, il retourne en France et, quoiqu'à peu près seul à représenter son parti, il réussit tout de même à recruter des troupes fraîches et à les conduire au pays des Albigeois, notamment à Casseneuil où il dirige les opérations du siège avec un entrain extraordinaire. (6) Mentionnons encore Hugues, évêque de Riez, Navarre, évêque de Couserans, l'un et l'autre légats dans les premiers temps de la croisade, Renaud, évêque de Béziers, qui donne aux légats et aux croisés la liste des hérétiques de sa ville épiscopale, Garsie, évêque de Comminges, qui bénit les combattants de Muret et promet à quiconque, contrit et confessé, tombera dans cette glorieuse bataille

---

(1) « Vir multe scientie, constantie mirabilis, eximie bonitatis, totius bonitatis, circumspectus et providus », §§ 70, 76, 163.

(2) §§ 503, 509, 513, 542. « Contre les habitudes de ses prédécesseurs, écrit Luchaire, La Croisade des Albigeois, p. 235, ce légat faisait les affaires du pape et non plus celles des chefs de la croisade ».

(3) §§ 593, 596, 605.

(4) §§ 67, 221, 286 ,363, 461, 464.

(5) § 155.

(6) §§ 418, 439, 508.

2

*la palme du martyre, l'exemption du purgatoire et les félicités éter-
nelles.* (1)

 *Parmi les clercs croisés, Pierre des Vaux-de-Cernay se plaît à
mentionner Robert, archevêque de Rouen, qui consentit à prolonger
son séjour en Albigeois à l'expiration de sa quarantaine et ne partit
qu'avec l'autorisation de Simon de Montfort, Aubry, archevêque de
Reims, qui ne craignait pas sa peine et perdit son neveu dans des
conditions atroces, Manassé, évêque d'Orléans et son frère, Guillaume, évêque d'Auxerre, qui procédèrent à l'adoubement d'Amaury de
Montfort et prolongèrent leur quarantaine pour secourir les assiégés
du Pujol, le « vénérable » archidiacre Guillaume de Paris et Jacques
de Vitry qui consacraient tous leurs talents à la prédication, au recru-
tement des croisés en France et hors de France, même aux travaux
manuels. (2) Mais notre historien juge sévèrement la conduite de
Philippe, évêque de Beauvais et Robert, évêque élu de Laon, qui,
leur quarantaine achevée, refusèrent obstinément de prolonger leur
séjour, dussent le comte de Montfort et les croisés pâtir de leur
départ et du départ de leurs « hommes ». (3)*

 *Sous le haut commandement des évêques (4) les croisés mènent
la guerre sainte au pays des Albigeois. Dans la bulle de 1208, Innocent III invite tous les seigneurs de France à la curée des « hérétiques » : « En avant, chevaliers du Christ ! En avant, courageuses
recrues de l'armée chrétienne ! Qu'un zèle pieux vous enflamme pour
venger une si grande offense faite à votre Dieu ! « Et de leur concéder à la fois des indulgences et les terres « exposées ». (5) C'était
tentant. On peut s'étonner que le nombre des croisés n'ait pas été
plus considérable : c'est que Philippe-Auguste avait quelque raison
de freiner leur enthousiasme ; il autorisa néanmoins quelques-uns
de ses vassaux à prendre la croix. (6)*

 *Les croisés arrivent au pays des Albigeois par contingents suc-
cessifs. Celui de 1209 est peut-être le plus important. Il comprend
entr'autres les petits seigneurs d'Ile-de-France, Simon de Montfort,
Robert Mauvoisin et quelques autres déjà rencontrés à la Quatrième
Croisade. Mais leur quarantaine achevée, la plupart des croisés retournent chez eux. Simon de Montfort et son « équipe » demeurent
seuls ou presque seuls (7) isolés au milieu des ennemis, mais, comme ils sont tenaces et cruels, ils se maintiennent, s'installent et*

---

(1) §§ 63, 137, 162, 164... . 89 : 461.

(2) §§ 331 : 342, 343 : 422, 430, 431 : 434, 435 : 175, 285, 330.

(3) §§ 181-184 : 329-330.

(4) A Muret notamment, les croisés ne veulent pas combattre sans la permission des
évêques, §§ 458-476.

(5) §§ 64 et suivants.

(6) § 72. Sur la politique de Philippe-Auguste et son hostilité à la croisade, voir
Luchaire, La Croisade des Albigeois, p. 115 et suivantes .

(7) §§ 82-83. Pierre des Vaux-de-Cernay dénonce à plusieurs reprises et en des
termes semblables la « solitude » de Simon de Montfort, §§ 115, 140, 187, 442.

*s'étendent. Après le sac de Béziers et la capitulation de Carcassonne,
la vicomté des Trencavel s'abandonne au vainqueur. (1) L'année suivante arrivent de nouvelles recrues : au printemps, la comtesse de
Montfort et quelques chevaliers, en été peu à peu et comme au
« compte-goutte, guttatim » des picards, des normands et des bretons, des allemands et des lorrains. (2) En 1211, Arnaud-Amaury,
dit-on, fait prêcher la croisade en Lorraine avec un succès relatif.
Néanmoins quelques petits seigneurs descendent au pays des Albigeois. Ajoutons-y le comte de Bar dont la tiédeur étonne et scanda-
lise à ce point qu'on n'est pas loin de le considérer comme un fauteur
des hérétiques. (3) Sans doute l'enthousiasme du début s'est-il un
peu refroidi. Cette même année, Guillaume de Paris et Jacques de
Vitry prêchent en France et en Allemagne et Robert Mauvoisin revient
du midi pour prendre la tête d'une centaine de chevaliers. (4) Ils
arrivent en 1212. Ce sont des auvergnats auxquels se joignent bientôt
des croisés germaniques, surtout rhénans et lorrains. (5)*

*L'année 1213 marque un arrêt de la croisade albigeoise : Inno-
cent III fait prêcher pour la croisade de Terre-Sainte, (6) les intri-
gues du roi d'Aragon paralysent un moment les conquêtes de Simon
de Montfort. (7) Alors les légats dépêchent dans le nord de la France
les évêques de Toulouse et de Carcassonne. Celui-ci surtout réussit à
force de persévérance à croiser quelques petits seigneurs qui arrivent
en 1214 au pays des Albigeois. (8)*

*En 1215, Philippe-Auguste, enfin débarrassé de ses ennemis, auto-
rise son fils, qui avait pris la croix deux ans auparavant, à faire sa
quarantaine. La croisade du prince attire évidemment un grand
nombre de seigneurs : quelques-uns avaient déjà pris part à l'expédition de 1209, mais comme les populations, conquises ou terrori-
sées, ne réagissent plus, elle est toute pacifique et spectaculaire. (9)
Elle est aussi très significative : désormais l'ère des contingents spo-
radiques est close — le dernier contingent, levé par l'évêque de Toulouse et la comtesse de Montfort, arrive en 1218 — (10) l'heure approche de l'intervention du Roi. (11)*

*Les chefs militaires de la croisade albigeoise ne sont pas indignes
de ses chefs religieux. A la psychologie des Arnaud et des Foulques
répond la mentalité des Simon de Montfort et des Robert Mauvoisin.*

---

(1) §§ 84-121.
(2) §§ 141, 168, 173, 174, 188.
(3) §§ 213, 215, 217, 238, 239, 242, 246.
(4) §§ 285-286.
(5) §§ 306, 308, 345.
(6) §§ 438 et suivants.
(7) §§ 412 et suivants.
(8) §§ 418, 439, 508.
(9) §§ 417, 550-553 et 560-566.
(10) § 606 b.
(11) § 619.

Simon de Montfort ! L'homme parfait de corps et d'âme, le chef
avisé, sage, infaillible, le chrétien à la foi très vive et aux mœurs
très pures, le comte et le champion du Christ ! Les épithètes que lui
donne avec profusion son panégyriste sont tellement excessives qu'elles dépassent le but qu'elles se proposent d'atteindre. (1) Certes, on
ne saurait lui refuser, sans être injuste, de très réelles qualités. Nous
n'avons aucune raison de mettre en doute la distinction de sa personne, la sincérité de ses croyances, sa compétence militaire. Il est
sans doute parti à la croisade albigeoise, comme autrefois à la quatrième croisade, avec des intentions très pures. Il a refusé sans doute
très sincèrement l'honneur redoutable de succéder au Trencavel,
et, s'il l'a finalement accepté, c'est par obéissance aux ordres du
légat. Mais, quand il eut achevé en peu de temps et somme toute
avec facilité la conquête du pays, (2) il succomba lui aussi, comme
les seigneurs de France qui partirent en Terre Sainte pour délivrer
le Tombeau du Christ et qui fondèrent là-bas des principautés et
des royaumes, au vertige de la gloire. Le petit seigneur de Montfort-
en-Yveline est devenu vicomte de Béziers et de Carcassonne. Il conquiert le comté de Toulouse (3) et les fiefs pyrénéens de Foix, Comminges, Couserans, Béarn, (4) il reçoit l'hommage des seigneurs du
Quercy, du Périgord, de l'Agenais, de Rodez, (5) il marie un de ses
fils à l'héritière de Bigorre, (6) il dispute le titre de Duc de Narbonne à Arnaud-Amaury à qui il doit sa fortune et il se rit des censures de l'archevêque. (7) Au delà du Rhône il impose également sa
suzeraineté et négocie le mariage de son fils et futur successeur avec
la fille et héritière du Dauphin. (8) De la frontière anglaise à la
frontière impériale, du Plateau Central à la chaîne pyrénéenne et à
la Méditerrannée il est « chef suprême » de la terre. Quand il prête
à Philippe-Auguste le serment d'hommage, en 1216, il est peut-être,
au moins en apparence, le plus puissant de tous les vassaux du
royaume. (9)

Cette puissance il l'a fondée sur l'extermination des hérétiques.
Son panégyriste a beau nous dire qu'il répugnait aux actes cruels
et qu'il était au contraire le plus doux de tous les hommes, (10) nous
avons peine à le croire, ou bien qu'elle devait être alors la férocité
des autres ! On nous explique d'autre part que sa cruauté « ne fut
que la brutalité des gens de son époque, chez lesquels la force phy-

---

(1) §§ 104-107, etc...
(2) 110-121.
(3) A la fin de 1212, il ne restait au comte de Toulouse que Toulouse et Montauban,
§ 359.
(4) §§ 372, 373, 374.
(5) §§ 317 et ss... 340 et ss... 528 et ss... 537.
(6) § 587.
(7) §§ 561 et suivants.
(8) §§ 492 et 511.
(9) § 573.
(10) § 142.

sique jouait un grand rôle. Parce qu'il eut souvent à se battre contre un adversaire bien supérieur en nombre, il n'eut ni le temps ni la possibilité de se montrer toujours clément et longanime. » (1) *Assurément, Simon était un chevalier du Moyen-Age et du nord de la France où les passions religieuses étaient ardentes et se traduisaient régulièrement par la combustion des hérétiques.* (2) *Sans doute il eut à faire à des ennemis innombrables, mais mal organisés et, semble-t-il, assez peu combattifs. Quoiqu'il en soit des circonstances, il reste pour le moins étrange qu'on ait cherché à « convaincre de force les âmes par le fer et le feu au nom d'un Dieu d'Amour. »* (3)

Des actes cruels de Simon de Montfort, Pierre des Vaux-de-Cernay donne le catalogue. Il n'était encore qu'un petit seigneur d'Ile-de-France, mais il était aussi l'ami du duc de Bourgogne, déjà même certaines influences s'exerçaient-elles en sa faveur : (4) aussi dut-il avoir quelque part de responsabilité dans la décision qui fut prise au sujet de Carcassonne : les habitants sortiraient nus de la cité, le vicomte Trencavel serait emprisonné, tous les biens sans exception appartiendraient aux croisés. Ainsi fut fait, écrit sereinement notre historien, « tous les habitants sortirent nus de la ville, n'emportant rien que leurs péchés. » (5) Lorsqu'il devient par la grâce du légat chef militaire de la croisade, Simon de Montfort assure avec un grand courage, mais aussi avec des méthodes sauvages, la conquête de la terre. Deux hérétiques sont pris à Castres. L'un deux abjure. Est-il sincère ? On en doute, on en discute. Dieu décidera. Simon ordonne de le brûler. S'il est sincère, il sera par le feu purifié de ses péchés, s'il ne l'est pas, il recevra « le juste châtiment de sa perfidie. » Aux défenseurs de Bram il fait couper le nez, crever les yeux, un seul est éborgné afin de mener à Cabaret — une vingtaine de kilomètres — « le cortège ridicule de nos ennemis. » A Minerve, il fait brûler plus de cent quarante « parfaits » obstinés. A Lavaur surtout, il fait passer au fil de l'épée quatre-vingts chevaliers hérétiques, il en fait brûler une quantité innombrable — plus de quatre cents, précise la Chanson — il fait jeter toute vivante dans un puits qui fut aussitôt comblé Giraude, la dame de la ville, hérétique fieffée, mais aussi d'après Guillaume de Tudèle, compatissante et charitable. (6) Aux Cassés, il fait ou laisse brûler une soixantaine d'hérétiques ; il tolère les massacres d'Hautpoul, de Saint-Antonin, de Moissac, de Muret. (7)

---

(1) P. Belperron, La Croisade contre les Albigeois, Paris, 1942, op. cit. p. 184-185.

(2) Maisonneuve. Origines, pp. 51 et suivantes, 132-136.

(3) R. Nelli : La « Versa » de Raimon de Cornet, dans Cahiers d'Etudes Cathares, 1re année, n° 2 Avril-Juin 1949, p. 10, op. cit.

(4) Notamment celle de Guy, abbé des Vaux-de-Cernay : hypothèse vraisemblable de Belperron, p. 184, note.

(5) § 98.

(6) §§ 113, 142, 156, 156, 227 : Chanson, éd. Martin-Chabot, [68, 71].

(7) §§ 233, 304, 315, 353, 465.

Impitoyable envers les hérétiques, il ne l'est pas moins envers les traîtres. Un clerc du nord de la France à qui il avait confié le château de Montréal eut le malheur de s'acoquiner avec Aimery, l'anciens seigneur « hérétique » de cette ville, et de lui livrer le château. Peu après, ce clerc fut pris, dégradé par l'évêque de Carcassonne, attaché à la queue d'un cheval et traîné par toute la ville de Carcassonne, enfin pendu, « juste peine du talion » souligne notre historien. Quand à ce même Aimery de Montréal qui avait fait soumission au vainqueur et maintenant se révoltait contre lui, il fut pris à Lavaur — c'était le frère de Giraude — et condamné à être pendu. Mais, comme la potence n'était pas assez haute, vu la taille du supplicié, et que Simon de Montfort avait hâte d'en finir, il fut tué avec les autres défenseurs de la ville, comme on l'a dit ci-dessus (1). Un autre traître, Martin Algaï, subit le même sort que le clerc dégradé de Carcassonne, il fut lui aussi attaché à la queue d'un cheval, traîné et finalement pendu. (2) Après l'échec de Beaucaire, la cruauté de Simon de Montfort s'en donne à cœur-joie dans la vallée du Rhône, à Posquières, à Bernis et ailleurs. (3)

Un des meilleurs lieutenants de Simon de Montfort est Robert Mauvoisin, déjà nommé. Ce « très noble chevalier du Christ, rempli de bravoure et d'ingéniosité » est aussi d'un commerce agréable. C'est lui qui s'étonne au siège de Minerve de la clémence inattendue du légat. « Quand il entendit parler d'une libération possible des hérétiques dont la perte était précisément le but de la croisade, écrit Pierre des Vaux-de-Cernay, il craignit de les voir, poussés par la peur, puisque prisonniers, s'engager à accomplir toutes les exigences des nôtres. Il résista en face à l'Abbé et lui dit que cette mesure jamais les nôtres ne la supporteraient ». Homme de confiance de Simon de Montfort, il va à Rome remplir quelque mission, il retourne dans la France du nord pour ramener des croisés, il quitte le siège de Penne d'Agenais sur l'ordre du comte de Montfort, quoique bien malade, pour recevoir la soumission de Marmande. (4)

Un des plus fidèles collaborateurs de Simon de Montfort est le propre frère du comte de Toulouse, le « comte » Baudouin. Il commandait le château de Montferrand quand il se soumit totalement au vainqueur. « De serviteur du Diable il devint le chevalier du Christ », écrit le moine de Cernay, et de s'extasier en termes bibliques sur l'étrange destinée des deux frères. Il prend part, souvent aux côtés de Guy de Montfort, à plusieurs campagnes : il passe au fil de l'épée les habitants de Lagrave, traîtres aux croisés, il reçoit Montcuq, occupe Verdun-sur-Garonne, assiège Toulouse et Puycelci, mais il est trahi à son tour, livré à son frère et pendu. (5)

---

(1) §§ 135, 227.
(2) §§ 265, 268, 274, 337.
(3) § 594.
(4) §§ 129, 154, 286, 304, 336.
(5) §§ 236, 282, 318, 352, 359, 426-427, 495-500.

Que dirons-nous de la masse des croisés ? Leur premier exploit est un massacre de vingt mille personnes et l'incendie d'une ville. (1) A Lavaur, aux Cassés, à Morlhon ils brûlent les hérétiques « avec une joie extrême, cum ingenti gaudio » : l'expression biblique revient trois fois sous la plume de notre historien. (2) A Lavaur toujours et à Moissac, ils se précipitent avec une ardeur également extrême sur leurs ennemis désarmés, et ils les tuent : « avidissime cicius occiderunt, avidissime interfecerunt. » (3) A Muret, ils achèvent les blessés et ils dépouillent les morts. (4) Après les hommes, la terre. On épargne Carcassonne pour avoir un quartier général et Moissac parce qu'elle appartient aux moines, mais on saccage les blés, on arrache les vignes, on coupe les arbres fruitiers dans le comté de Foix, la campagne de Penne, la banlieue de Toulouse. (5)

Après la mort de Simon, Amaury de Montfort ravage une grande partie des domaines du comte de Foix, pourtant réconcilié avec l'Eglise. « De là, continue Pierre des Vaux-de-Cernay, poursuivant sa marche, il harcelait durement ses ennemis, dévastait les châteaux et massacrait les impies. » Tel est le dernier mot de l'Histoire Albigeoise, le mot de la fin. (6)

En face de Dieu et de son armée sainte, Satan et ses suppôts.

Depuis des années, depuis même des siècles, le Diable — l'Ennemi de la Parabole — avait semé l'ivraie dans la région de Toulouse. Pierre des Vaux-de-Cernay se fait ici l'écho de traditions légendaires ou du moins contestables : la pendaison du wisigoth Alaric II aux portes de la ville et « une dépopulation vengeresse... qui élargit jusqu'au centre de la ville la surface des champs. » Mais en vain ; la race de Toulouse, « race de vipères », suivait sa nature hérétique et retombait chaque fois dans ses dépravations. (7) Et l'auteur de décrire les sectes hérétiques de manière à la vérité très superficielle et très partiale. Il a recueilli fidèlement les propos qui circulaient à ce sujet dans le milieu clérical et croisé, il les reproduit tels quels, c'est déjà beaucoup, mais il ne cherche ni à les contrôler, ni à les comprendre. Ne lui demandons pas la curiosité scientifique d'un moderne ; on l'a dit ci-dessus : Pierre est moine cistercien et il fait ici œuvre de partisan.

Trois fois au moins le Diable intervient dans la croisade pour en neutraliser les effets ou en contrarier l'élan. Dans les trois cas

---

(1) § 90.
(2) §§ 227, 233, 513.
(3) §§ 227, 353.
(4) § 465.
(5) §§ 98, 353 : 147, 245, 327, 423.
(6) § 620.
(7) §§ 5, 8 et suivants.

les expressions sont à peu près identiques. (1) Au commencement,
c'est-à-dire après les premières conquêtes, il suscite des dissentions
entre les croisés et pousse aux départs, ce qui affaiblit évidemment
Simon de Montfort. Ici le moine de Cernay mêle curieusement l'acti-
vité de Satan et la passivité du Seigneur en une longue phrase embar-
rassée, inspirée vraisemblablement d'une bulle pontificale, qui trahit
son étonnement et son regret. Plus tard, au moment de l'intervention.
qui pouvait être décisive, du prince Louis, il crée au roi de France
de tels embarras que Philippe-Auguste ajourne la quarantaine de
son fils. Enfin c'est encore lui qui ramène Raymond VI à Toulouse
et pousse à la révolte cette ville devant laquelle Simon de Montfort
va succomber.

Les suppôts du Diable sont légion. D'abord les Hérétiques. Pierre
des Vaux-de-Cernay les appelle en termes bibliques et patristiques
« membres de l'Antéchrist et premiers-nés de Satan ». Ils sont voleurs.
assassins, lubriques, parjures ; ils pèchent d'autant plus hardiment
qu'ils se figurent obtenir leur salut à meilleur compte : la récitation
du Pater et le Consolamentum. (2) Hérétiques le fameux Bertrand de
Saissac, tuteur du vicomte Trencavel, et Baudouin de Servian, et
surtout le nommé Théodoric, de son vrai nom Guillaume, ancien
chanoine de Nevers, dont l'origine et la culture en imposaient, le
détestable Hugues Faure des environs de Toulouse qui souillait les
autels et insultait l'Eucharistie, Bernard de Simorre, évêque cathare
qui discutait souvent avec l'abbé des Vaux-de-Cernay, le seigneur
de Cabaret, Pierre-Roger, le seigneur de Termes, Raymond, qui ne
craignait « ni Dieu ni homme », la fameuse Giraude de Lavaur (3)
et toutes les victimes anonymes du fanatisme des croisés, qui furent
brûlées avec une joie extrême, comme on l'a dit ci-dessus.

Ensuite les « fauteurs des hérétiques ». Suivant la doctrine cano-
nique traditionnelle rappelée par le IIIe Concile de Latran, quiconque
donne à l'hérétique « aide, conseil ou faveur » participe à son crime
et encourt une pareille censure. (4) Dans la pratique la discrimina-
tion peut être délicate. Ici elle est très simple : pour le moine de
Cernay, quiconque résiste aux croisés, quiconque même s'oppose,
si peu que ce soit, aux caprices de Simon de Montfort est au moins
suspect d'hérésie.

Les Seigneurs d'abord. Roger-Trencavel, vicomte de Béziers et
de Carcassonne. Il paraît assez peu dans la Croisade Albigeoise ;
battu à Carcassonne, il se rend aux croisés qui l'emprisonnent dans

---

(1) § 109 : « O antiqua Antiqui Hostis malicia, qui, negotii promotionem Jhesu
Christi videns et invidens, impedire voluit quod doluit promoveri ». § 421 : « Antiquus
enim Hostis generis humani, Diabolus, videns quod negotium... impedire voluit quod doluit
consummari ». § 599 . « Antiquus Hostis, videns et invidens, impedire voluit quod doluit
promoveri ».
(2) §§ 12-13.
(3) §§ 15-88 ; 22, 23, 40, 52, 123, 172, 215, 227.
(4) Décret de Gratien, Causes XXIII et XXIV ; IIIe Concile de Latran, c. 27 ;
c. 8-X-V-7.

le palais de cette ville ; il meurt peu après « d'une maladie subite »
écrit Pierre des Vaux-de-Cernay sans autre commentaire. (1)
Raymond VI, comte de Toulouse. Le personnage nous est pré-
senté sous un jour assurément défavorable. Il ne faut peut-être pas
attacher trop d'importance aux propos impertinents que rapporte
avec indignation notre historien, ni conclure de ses fréquentations
cathares qu'il était hérétique. (2) C'était plutôt un sceptique, autant
qu'on pouvait l'être au Moyen-Age, et un viveur, comme la plupart
de ses pairs qui, outre des épouses successives, entretenaient maîtres-
ses et concubines. (3) Il ne connaissait d'autre loi que celle de ses
caprices, mais, comme il était intelligent, plus intelligent que cou-
rageux, il savait s'humilier quand il le fallait ; il ne craignait pas
non plus de renier promesses et serments sans le moindre scrupule.
Agacé par les cisterciens, notamment par Pierre de Castelnau, il mé
dite sans doute la disparition du légat : un trop zélé fidèle se charge
d'interpréter avec maladresse et brutalité les sentiments du comte. Le
Souverain Pontife, excédé à son tour des palinodies de cet homme
« rempli de souplesse astucieuse et d'insaisissable inconstance » ful-
mine anathème et interdit et déclanche la Croisade. (4) Raymond,
pour conjurer l'orage qui vient d'éclater sur la vicomté de Béziers,
fait amende honorable, s'humilie à Saint-Gilles et prend la croix.
« O fourbe et très perfide croisé, s'indigne notre historien, qui prit
la croix, non pour venger l'injure du Crucifié, mais pour couvrir un
temps son hypocrisie ! ». (5) Sans doute. Mais le moine de Cernay,
inféodé au parti de Simon de Montfort pour qui la croisade se
muait en conquête, n'a pas compris ou voulu comprendre la politi-
que du comte de Toulouse, ni son activité diplomatique auprès du
Pape, de l'Empereur et du Roi de France, ni sa résistance déclarée,
quand les légats, nonobstant les ordres du pape, refusent de rece-
voir sa justification et par les conditions intolérables qu'il lui im-
posent l'obligent à une rupture pour hâter la solution d'une crise
qui évolue en leur faveur. (6) Le comte de Toulouse était peut-être
très astucieux, les légats étaient plus astucieux encore. Si Raymond
VI avait réagi dès le début après le départ des premiers croisés,
quand le comte de Montfort et son « équipe » étaient isolés et décou-
gés, peut-être aurait-il pu sauver sa terre. Il ne l'a pas fait : Sans
doute ne le pouvait-il pas. Dans son chapitre sur le Languedoc des

---

(1) §§ 9, 88, 93, 96, 98, 124. On a accusé Simon de Montfort de l'avoir assassiné.
Il n'y a aucune raison d'en disculper, quoi qu'en dise Belperron, p. 195, le chef de la
Croisade.

(2) §§ 29, 30, 32, 33, 35, 36, 39, 43, 46 : 28, 31, 34.

(3) §§ 38, 41.

(4) Bulle du 10 Mars 1208, §§ 56-65. Innocent III appelle Raymond VI « Homo
versipellis et callidus, lubricus et inconstans » termes qui caractérisent une même attitude,
interprétée aux points de vue psychologique, moral, juridique.

(5) §§ 77-80.

(6) §§ 137-139 : 162-163. Sur l'attitude des Légats, voir la note de Molinier, p.
347, dont s'inspire trop discrètement Belperron, p. 216.

*Raymond, un des meilleurs de son livre, P. Belperron note, outre
la persistance des alleux et le système du pariage, le relâchement
du lien féodal — mis en rapport avec la doctrine cathare qui proscrit
le serment — et la déliquescence de la civilisation comme facteurs
d'impuissance politique et militaire. (1) Aussi bien, si le comte de
Toulouse et ses alliés réunissent des multitudes — auxquelles Pierre
des Vaux-de-Cernay oppose complaisamment le petit nombre des
croisés — (2) ils échouent néanmoins à Castelnaudary, à Muret où
la fortune pouvait encore leur sourire : les croisés au contraire l'emportent par leur cohésion et leur ténacité. A ces causes ajoutons le
tempérament du comte de Toulouse : il n'a rien d'un guerrier. Ce
n'est pas lui qui frappe, c'est le comte de Foix, c'est le roi d'Aragon.
Il lui faudra le malheur de la spoliation totale et l'exemple de son
fils pour soulever Toulouse et en organiser la défense. Somme toute
il fait assez piètre figure, mais il ne mérite pas sans doute les épithètes plus que désobligeantes (3) dont l'accable le fanatique admirateur de son heureux adversaire.*

*Raymond-Roger, comte de Foix. Au politique et ondoyant comte
de Toulouse s'oppose le batailleur et brutal comte de Foix. Ce petit
seigneur pyrénéen est peut-être moins raffiné que le comte de Toulouse, encore qu'il joue au théologien, mais il est aussi moins énervé
par l'excès de civilisation. Plus semblable aux guerriers du Nord,
il sait mieux que d'autres se mesurer avec eux et leur porter des
coups. Aussi bien dans la défense commune du Languedoc il incarne
surtout l'esprit militaire de la résistance. Dès le début de la Croisade,
il fait la part du feu, mais il ne tarde pas à comprendre ce dont il
s'agit sous couleur de croisade : dès la fin de 1209, il rompt avec
Simon de Montfort et à partir de ce moment, écrit Pierre des Vaux-
de-Cernay », il commença à l'attaquer durement. » (4) Aussi bien
notre historien ne mentionne guère le nom du comte de Foix sans
l'accompagner d'expressions péjoratives : « sinistre traître, sinistre
créature, abominable traître, dangereux traître, très cruel persécuteur, ennemi du Christ, fils du Diable », etc... (5) De fait, il ne mé-
nageait ni clercs, ni croisés : il enferme dans leur église les chanoines
de Saint-Antonin, envahit le monastère et pendant trois jours s'en
donne à cœur-joie avec routiers, histrions et maîtresses ; de même à
Sainte-Marie, il pille le monastère, profane l'église, enlève mobilier
et vases sacrés, brise les cloches, ne laisse debout que les murs nus
et exige par dessus le marché une énorme rançon. « Nous avons
détruit Saint-Antonin et Sainte-Marie, dit alors un détestable che-*

---

(1) Belperron, ch. I, notamment pp. 19-21.

(2) Notamment à Toulouse, §§ 238, 239 ; Castelnaudary, §§ 254, 256, 270, 273,
274 : Saint-Marcel, §§ 293, 295 : Toulouse, § 259.

(3) « Ministre du Diable, ennemi implacable et très cruel persécuteur du Christ »,
§§ 57, 220, etc...

(4) §§ 48, 120, 134.

(5) §§ 48, 131, 259, 209, 278.

valier, il ne nous reste plus qu'à détruire Dieu. » *Ils essayèrent :
un jour, le comte et ses routiers entrent dans une église, brisent les
crucifix et se servent des bras et des jambes pour écraser leur poivre
et leurs légumes. Une autre fois, ils coiffent d'un casque le crucifix,
lui attachent éperons et bouclier et le percent d'une lance.* « *O atroces
bourreaux, éclate le moine de Carnay, ô ignobles insulteurs... ô
nouvelle invention de barbarie, ô signe de cruauté inouïe, ô homme
(je parle du comte de Foix) le plus sinistre de tous les scélérats, ô
bête, la plus féroce des plus féroces des bêtes.* » (1) *Un tel homme
ne se gênait guère avec les croisés. Réconcilié provisoirement avec
Simon de Montfort, dès 1211* (2) *il recommence la guerre, massacre
des croisés aux alentours de Puylaurens, défend Toulouse contre ses
adversaires, livre bataille à Saint-Martin-la-Lande, à Puycelci, à
Muret.* (3) *Réconcilié par le cardinal de Bénévent et plus heureux que
le comte de Toulouse au Concile de Latran il garde sa terre, mais
loin de se réconcilier avec les croisés, il participe au contraire à la
grande bataille de Toulouse et à la libération au moins provisoire
du pays des Albigeois.* (4)

*Auprès du comte de Foix nous rencontrons d'abord son propre
fils Roger-Bernard, digne héritier de la méchanceté paternelle, dit
en termes bibliques et à plusieurs reprises le moine de Cernay, et
de dénoncer l'horrible supplice qu'il inflige à de malheureux prêtres,
et sa présence au meurtre du comte Baudouin, sa résistance à Montgrenier et sa participation à la révolte de Toulouse.* (5) *Voici maintenant le comte Bernard de Comminges. Plus effacé que le comte de
Foix, il combat lui aussi à Toulouse, à Gaillac, à Saint-Marcel, à
Puycelci, à Muret ; mais après sa réconciliation avec l'Eglise il dis-
paraît de l'Histoire Albigeoise.* (6) *Mentionnons encore Gaston de
Béarn* « *homme détestable* » *qui combat à Castelnaudary et qu'on
rencontre le plus souvent avec les comtes de Foix et de Comminges,*
(7) *et le vicomte Roger de Couserans, superstitieux,* « *misérable et
perfide* », (8) *et Savary de Mauléon, sénéchal du Poitou, qui vient
à la rescousse des* « *hérétiques* » *au siège de Castelnaudary : il ne
fait dans l'Histoire Albigeoise qu'une brève apparition, mais sa seule
présence enrage le moine de Cernay qui l'accable des pires injures .*
« *dangereux apostat, prévaricateur inique, fils du Diable, ministre
de l'Antéchrist, comble d'hérétique... ennemi du Christ... poison dangereux... criminel et corrompu, prince d'apostasie, artisan de cruauté
et de perversité... opprobre de l'humanité... suppôt du Diable et*

---

(1) Cf. Portrait du comte de Foix, §§ 197-209.
(2) § 196. Voir la discussion au sujet des dates, même § 196, note.
(3) §§ 218, 239, 265-274, 427-448 et suivants.
(4) §§ 503, 603.
(5) §§ 219, 259, 284, 361, 500, 589, 600.
(6) §§ 239, 293, 295, 427, 448, 503.
(7) §§ 254, 338, 368, etc...
(8) §§ 228, 358.

Diable incarné. » (1) *Ajoutons pour finir Guillaume de Roquefort*
« *très cruel ennemi du Christ, très féroce persécuteur de l'Eglise* »
et Giraud de Pépieux, ce « *sinistre traître* », *et Ratier de Castelnau,*
ce « *traître dangereux, mais hypocrite.* » (2)

Plus intéressante est la figure et plus étrange est le destin de
Pierre II, roi d'Aragon. Il avait reçu de son père Alphonse II un
royaume considérable qui comprenait, outre l'Aragon et la Catalo-
gne, la seigneurie de Montpellier, la suzeraineté des comtés et vicom-
tés de Foix, Comminges, Béziers, Couserans, Béarn, et le comté de
Provence. Il avait aussi hérité des obligations censières des deux
cent cinquante oboles d'or annuelles que le royaume devait au Saint-
Siège. (3) *Il avait inauguré son règne en renouvelant dans un concile*
de Gérone un édit sévère de son prédécesseur contre les hérétiques.
Non seulement ceux-ci devaient être expulsés, leurs biens confisqués,
mais encore ils devaient être dénoncés, ils pouvaient même être saisis
par n'importe quel sujet du roi et remis aux autorités de l'Etat qu
se réservaient de leur appliquer, le cas échéant, la peine de mort
et sans doute la mort par le feu. (4) *En 1204, Pierre II fut couronné*
à Rome par Innocent III et préta un serment qui faisait de son royau-
me une monarchie vassale du Saint-Siège. (5) *Aussi bien entre le*
pape et le roi les rapports étaient-ils des plus étroits. L'année même
de son couronnement, Pierre II préside à Carcassonne une réunion
contradictoire entre catholiques et hérétiques et se prononce bien
entendu en faveur des catholiques. Deux ans plus tard, il dénonce
au Souverain Pontife le château de Lescure comme un nid d'héré-
tiques, s'en empare et le reçoit en fief du Saint-Siège. (6)

Malgré ces remarquables antécédents Pierre II est en butte à
l'hostilité des croisés : c'est que loin d'être un admirateur béat de
Simon de Montfort, il témoigne au contraire à la créature de l'Abbé
de Citeaux une réelle froideur qui, bien entendu, éveille les soupçons
des fanatiques de la croisade, notamment de Pierre dès Vaux-de-
Cernay. Puisque Simon de Montfort est le « *chevalier du Christ* »
quiconque n'est pas avec lui est évidemment contre lui. Comment
expliquer cette réserve du roi d'Aragon ?

Deux motifs, croyons-nous, peuvent la justifier. Un motif d'or-
dre juridique d'abord. Le roi d'Aragon, seigneur de la vicomté de
Béziers et de Carcassonne, voit son fief envahi par les croisés, Béziers
livrée au pillage, ses habitants massacrés, sa cathédrale incendiée,

---

(1) §§ 254, 275.

(2) §§ 130 : 291, 294 : 495.

(3) Vaissète, VI, p. 176 ; Luchaire, Les Royautés vassales, pp. 50 et suivantes.

(4) Mansi, T. XXII, pp. 673 et suivantes ; Maisonneuve, Etudes sur les Origines de
L'Inquisition, p. 99.

(5) Gesta Innocentii III : CXX-CXXI, dans P. L. T. 214, c. clix-clx et T. 215,
c. 550 et suivantes.

(6) Origines de l'Inquisition, pp. 149-150.

ses quartiers brûlés « par les soldats du Christ » (1) ; il apprend l'élimination pure et simple, malgré ses démarches, et bientôt l'emprisonnement de son vassal et ami Raymond-Roger ; il constate l'élévation de Simon de Montfort qui s'intitule aussitôt vicomte de Béziers et de Carcassonne et occupe la terre sans se soucier des droits du « Seigneur Principal », malgré les dispositions de la bulle de croisade. Innocent III dut les lui rappeler. Cette substitution de vassal, encore qu'elle ait été faite par un légat du pape et qu'elle ait été approuvée par Innocent III lui-même, son propre seigneur, ne laisse pas de causer à Pierre II quelque préjudice. L'on conçoit qu'il ait refusé de recevoir l'hommage d'un vassal qui lui était imposé et pour lequel il n'avait aucune sympathie. (2)

A ce premier motif s'en ajoute un autre, d'ordre politique. Simon de Montfort ne se contente pas de se parer des dépouilles de Trencavel, il envahit, sous couleur de réprimer l'hérésie, les fiefs pyrénéens du roi d'Aragon, les comtés de Foix et de Comminges, les vicomtés de Béarn et de Couserans ; il fait la guerre au comte de Toulouse qui, lui, n'est pas vassal du roi, mais son beau-frère par son mariage avec la sœur du roi, Eléonore d'Aragon. (3) Simon de Montfort avec sa politique de conquête, tendait à détruire l'œuvre d'expansion de la monarchie aragonaise depuis un siècle et à la rejeter derrière les Pyrénées. Que Pierre II ait réagi par voie diplomatique d'abord, (4) puis, quand il fut débarrassé des Almohades, par intervention militaire pour sauver son héritage, c'était réaction naturelle de sa part. Mais les victimes de Simon de Montfort étaient au moins suspectes d'hérésie, sinon personnellement excommuniées. En prenant leur défense, le roi tombait sous le coup de la législation canonique : les évêques avaient beau jeu de le dénoncer au pape et Simon de Montfort de lui livrer bataille. (5)

Aussi bien les croisés ne voient-ils en Pierre d'Aragon que le « fauteur des hérétiques ». Pierre des Vaux-de-Cernay dénonce, à juste titre peut-être, sa duplicité qui lui fait donner sa sœur en mariage à Raymond le jeune de Toulouse en même temps qu'il conclut les fiançailles de son fils et héritier Jacques avec la fille de Simon de Montfort. Ailleurs Pierre des Vaux-de-Cernay appelle le roi d'Aragon « pessimus » et « perfidissimus. » (6) Toutefois le ton reste modéré : Pierre d'Aragon est vassal d'Innocent III et vainqueur des Almohades, son crédit est grand à la cour pontificale, puisqu'il réus-

---

(1) Luchaire, La Croisade des Albigeois, op. cit. p. 140.

(2) Maisonneuve, Un conflit juridique dans la chrétienté du XIII⁰ siècle, dans Mélanges de Science Religieuse, Lille 1947, pp. 69-71. Le roi ne consentit à recevoir l'hommage de Simon de Montfort qu'en 1211, §§ 121, 210.

(3) Voir l'arbre généalogique, § 38, p. 18.

(4) Conférences de Montpellier, de Pamiers, de Montréal, de Narbonne, §§ 121, 146, 148-150, 195, 196, 210, 211.

(5) Actes du Concile de Lavaur, §§ 367-397 ; Muret §§ 412-420 ; 438 et suivants.

(6) §§ 211 et 255 ; §§ 446 et 447.

sit un moment à retourner le pape en sa faveur, (1) et peut-être eût-il finalement réussi à neutraliser la croisade albigeoise si la bataille de Muret avait été pour lui une victoire ou même si elle n'avait pas eu lieu. Quoiqu'il en soit, lui disparu, Innocent III, au lieu de s'incliner purement et simplement devant les faits, dépêche dans le Languedoc le légat Pierre de Bénévent qui exigea la restitution de Jacques d'Aragon, réconcilia les « hérétiques », freina les ambitions de Simon de Montfort et permit ainsi dans une certaine mesure les revanches futures. (2) Pierre d'Aragon n'avait donc pas complètement échoué. Innocent III essaya de contrecarrer par voie canonique la fortune des armes. Pierre des Vaux-de-Cernay en témoigne quelque humeur, dans sa première Continuation — nous l'avons relevé ci-dessus — (3). Au reste Innocent III, en agissant ainsi, s'opposait à lui-même. Les Pères du IVe Concile de Latran pouvaient avec justesse lui rappeler ses propres décrétales et résoudre suivant la logique des faits le délicat problème de l'affaire albigeoise. (4)

Au-dessous des Princes, la tourbe des mercenaires. Les Routiers (5) ne sont pas précisément des hérétiques, mais parce qu'ils sont par leur seule présence des obstacles à la paix et par leur comportement des violateurs des immunités ecclésiastiques, ils sont assimilés aux hérétiques. Le IIIe Concile de Latran les a dénoncé comme tels et a fulminé contre eux les mêmes anathèmes. Plus tard, les conciles du Languedoc rappelèrent cette législation devenue traditionnelle et unirent dans une même vindicte hérétiques et routiers. (6)

En fait, les premiers qui paraissent dans notre histoire sont au service des croisés. Ce sont eux qui emportent Béziers, massacrent les habitants et incendient la ville, mais, comme ils faisaient partie de l'armée sainte, leurs cruautés, quelles qu'elles fussent, ne pouvaient qu'être agréables, sinon au Seigneur, du moins aux chefs de la croisade. (7) Ceux qui militaient dans le camp adverse ne pouvaient, dans cette guerre de religion où on ne faisait pas de prisonniers, à moins qu'ils ne fussent princes ou chevaliers, que vaincre ou mourir. Quand ils l'emportaient, ils s'en donnaient à cœur-joie. Pierre des Vaux-de-Cernay décrit avec horreur les abominations des routiers du comte de Foix qui maltraitent les moines, brisent les crucifix et massacrent les croisés. (8) Ceux du comte de Toulouse se moquent des censures et peines vindicatives de l'Eglise en faisant

---

(1) Voir notre Chapitre IX passim, §§ 399-445.

 (2) §§ 503-507 ; 542-547.

(3) §§ 400, 439, 441.

(4) §§ 570-572. Le récit de Pierre des Vaux-de-Cernay, très sobre, doit être complété par la Chanson de la Croisade qui témoigne, malgré son parti-pris dans l'autre sens, des oppositions qui se manifestèrent au Concile.

(5) Sur les Routiers voir la longue note du § 27, p.

(6) Mansi, T. XXII, c. 231 et suivantes, c. 667.

(7) « Les serviteurs de l'armée qu'on appelle « ribauds » en langue vulgaire », § 90.

(8) §§ 200-206, 218.

*sonner à toute volée les cloches de Moisac en temps d'interdit.
Pendant que Simon de Montfort fait en Dauphiné une politique dy-
nastique, les routiers aragonais dévastent sa terre et s'emparent du
comte Baudouin qu'ils insultent et accablent jusqu'à la mort. Mais
quand ils sont vaincus, les croisés se précipitent sur eux et les tuent
avec une joie extrême. (1)*

*Tels sont les deux partis qui s'opposent et se battent avec férocité
au pays des Albigeois : le parti de Dieu, des clercs et des croisés, le
parti de Satan, des princes indigènes et des routiers. Tel est, croyons-
nous, le schème simpliste et peu nuancé de l'Histoire Albigeoise.*

*★
★

*Dans son épitre dédicatoire, Pierre des Vaux-de-Cernay, écrit
« Je n'ai pas cherché à enjoliver mon manuscrit par une pompe inutile, j'ai voulu que la simple vérité fût exprimée simplement. ». (2)
Aussi ne cherchons dans l'Histoire Albigeoise ni composition savante,
ni fioriture de style.*

*L'Histoire se divise en deux parties. La première s'achève au
paragraphe 398. Elle est adressée à Innocent III. Le ton de l'auteur,
son hostilité foncière envers Toulouse, son admiration sans bornes
pour Simon de Montfort, certaines allusions à des faits postérieurs
aux événements racontés, permettent de fixer la date de composition
de cette première partie au temps du concile de Lavaur : (3) la guerre
albigeoise est au tournant, il s'agit, nous l'avons dit ci-dessus, d'im-
pressionner favorablement le Souverain Pontife. La composition est
ordonnée, même si de temps à autre le narrateur interrompt son
récit pour compter une anecdote ou pour brosser un portrait. (4)
L'autre partie au contraire, accuse un certain décousu. Ainsi la Première Continuation commence au paragraphe 399 par un résumé
de ce que l'auteur développe beaucoup plus loin. Il insère une lettre
d'Innocent III au roi d'Aragon qui trouve dans la succession des faits
sa place normale au paragraphe 441. Peut-être Pierre l'a-t-il fait dans
un dessein apologétique, mais cette intention l'oblige à des redites et
à des renvois. De plus, la bataille de Muret est racontée deux fois,
une fois par le narrateur, l'autre fois dans un document officiel
qu'il a cru devoir insérer. (5) Les événements qui se succèdent ensuite
nous mènent en Provence avec Simon de Montfort, puis nous ramè-
nent au Quercy pour le récit du meurtre du comte Baudouin ; nous
revenons à Narbonne et retournons en Quercy. (6) Le concile de
Latran est résumé en trois paragraphes. (7) Pierre des Vaux-de-*

---

(1) § 341 ; 493, 494-500 ; 227, 233, 353, 513.
(2) § 2 : l'expression est de Saint-Bernard, voir la note du texte.
(3) Cf. Guébin et Lyon . Historia Albigensis, T. III, Notice, p. XVII et suivantes.
(4) Miracles, §§ 158-161 : Portraits de Raymond VI, de Simon de Montfort, du
comte de Foix, §§ 28-46 : 104-107 : 197-209.
(5) §§ 448-467 et 468-483.
(6) §§ 487-494 : 495-500 : 501-502 : 504 et suivants.
(7) §§ 570-573.

Cernay ne nous dit rien des discours et discussions qui eurent lieu au sujet de l'affaire albigeoise. (1) *Sans doute il n'y assistait pas, mais son oncle, l'évêque de Carcassonne, y assistait, et Arnaud-Amaury et tant d'autres qui auraient pu le documenter comme ils l'avaient fait en d'autres circonstances. Aussi on a cru pouvoir distinguer dans cette première Continuation six fragments correspondants aux paragraphes 399-442, 443-527, 528-549, 550-566, 567-584 585-601.* (2) *La deuxième Continuation, beaucoup plus courte, forme un tout homogène : le siège de Toulouse et la mort de Simon de Montfort.*

Cependant, pour une meilleure intelligence du récit, nous avons cru préférable de fondre en un tout texte principal et continuation, que nous avons divisé en une douzaine de chapitres répondant mieux que d'autres divisions, croyons-nous, au rythme de l'Histoire de la Croisade Albigeoise.

Le style appelle quelques remarques. Pierre des Vaux-de-Cernay possède un réel talent de conteur. Ce qu'il a vu il le décrit avec précision et pittoresque : paysages, montages, plaines et rivières, sites de châteaux et de villes, circonstances de sièges et de batailles. Nous avons l'impression nous aussi de voir et d'assister. Les clercs exhortent les croisés ; c'est d'ailleurs quelquefois dangereux : Pierre, un jour, monté sur un cheval devant Moissac prêchait aux combattants la bonne parole, mais du rempart voisin un quelconque routier lui décoche une flèche qui l'épargne miraculeusement. Les évêques portent des croix et bénissent les armes, et, pendant la bataille, ils invoquent le Saint-Esprit. A Moissac ils répètent trois fois le verset « Hostem repellas longius ». (3) *Cependant, les chevaliers foncent, les sergents manœuvrent « chats » et pierrières, les ouvriers de l'armée édifient des tours de bois, recouvertes de peaux de bêtes, qu'on avance sur terrain aplani jusqu'aux remparts d'où les assiégés jettent des matières enflammées ; les sapeurs creusent des galeries, les ennemis les comblent, les croisés les enfument et pénètrent dans la place ;* (4) *les charpentiers construisent des ponts mobiles sur tonneaux que la rivière emporte, mais qu'ils refont avec persévérance et succès.* (5) *Mais quand il se livre à ses réflexions personnelles Pierre des Vaux-de-Cernay laisse éclater ses sentiments. Alors le style s'enfle et s'étire en périodes confuses qui traduisent les embarras de la pensée, ou bien il se hérisse d'expressions assonancées ou de redon-*

---

(1) D'après la Chanson de la Croisade, voir les notes du texte.

(2) Historia Albigensis, T. III, Notice, p. XXI-XXIII.

(3) A Carcassonne, Lavaur, Moissac, Casseneuil, §§ 95, 226, 351, 526. Sur l'aventure de Pierre de Vaux-de-Cernay devant Moissac, § 347.

(4) L'Hitoire Albigeoise nous renseigne avec précision sur l'art militaire au commencement du XIIIe. Sur la description et le fonctionnement des machines de guerre voir Enlart : Manuel d'Archéologie française, Première Partie : Architecture, II : architecture civile et militaire, Paris, 1904, pp. 434 et suivantes.

(5) A Carcassonne, Minerve, Termes, Lavaur, Hautpoul, Saint-Antonin, Penne, Moissac, Casseneuil §§ 96, 152-153, 169, 216, 224-225, 302, 315, 322-328, 342, 520-528.

dances verbales dans un flot de propositions exclamatives qui témoignent de l'admiration ou de la colère de l'auteur. (1)

Les transitions sont banales : ablatifs absolus ou propositions temporelles, toujours les mêmes à quelques mots près, reviennent à chaque instant sous la plume de notre historien. Les citations sont nombreuses. Outres les références bibliques, le plus souvent implicites, nous avons pu noter aussi quelques références à des auteurs païens dont les noms ne figurent pas au catalogue de la bibliothèque des Vaux-de-Cernay ; (2) d'autres, peu nombreuses, renvoient aux Pères de l'Eglise que notre historien a pu connaître moins par ses lectures que par la récitation de son Office : (3) quelques-unes sont tirées des œuvres de Saint-Bernard, notamment des pamphlets de l'abbé de Clairvaux contre Arnaud de Brescia, expressions peu nombreuses, mais souvent répétées. (4) Quelques références aussi à des lettres pontificales ou à des actes de conciles ; (5) d'autres enfin, nombreuses, aux historiens des croisades de Terre Sainte.

Peut-on même ici parler de références ? Rien ne nous laisse supposer que Pierre des Vaux-de-Cernay ait lu Foucher de Chartres ou Guillaume de Tyr ou quelque autre. Cependant nous avons relevé, çà et là, des tournures ou des procédés de style qui se ressemblent. Ce sont le plus souvent des portraits, des descriptions de batailles, avec machines de guerre et défenses des assiégés, des scènes de massacre. Des croix miraculeuses paraissent à la Dalbade comme à Antioche, les vivres se multiplient à Carcassonne comme en Terre Sainte, une pluie bienfaisante emporte les ponts de la Garonne, à Toulouse comme elle réjouit les croisés de Palestine. Les clercs font l'ostension de la croix et stimulent l'ardeur des combattants à Muret comme à Antioche : (6) « Eia Christi milites ! » (7) Les méthodes de guerre sont aussi cruelles et inexpiables de part et d'autre : les croisés de Lavaur et de Moissac se comportent comme ceux d'Antioche

---

(1) §§ 81, 109, 174. Nous avons noté ci-dessus les expressions les plus typiques. Remarquer entr'autres le jeu de mots à propos de Savary de Mauléon, § 254 : « O virum, immo virus, pessimum ».

(2) Horace, Juvénal, Ovide, Plaute, §§ 7, 9, 131, 142, 606.

(3) Saint Ambroise, Saint Bède, Saint Grégoire, Saint Irénée, Saint Jérôme, Origène, §§ 105, 5, 84 et 106, 12, 12, 562.

(4) Saint-Bernard, §§ 2, 103, 362, 538, 571, 594, 596 : ces quatre derniers identiques.

(5) §§ 8, 10, 68, 600 ; P. L. t. 216, col. 835-836.

(6) Foucher de Chartres, Gesta Francorum Hierusalem peregrinantium, dans le Recueil des Historiens des Croisades, Historiens Occidentaux, T III, p. 341 et Pierre des Vaux-de-Cernay, §§ 160-161 : Foucher, p. 336 et Pierre, § 97 : Raymond d'Agiles, Historia Francorum qui ceperunt Hierusalem, dans le même Recueil, Hist. Occ. T. III, p. 261 et Pierre, §§ 603, 606 b : Guibert de Nogent, Gesta Dei par Francos, dans le même Recueil, Hist. Occ., T. IV, p. 205 et Pierre, § 641 : Guillaume de Tyr, Historia rerum in partibus transmarinis gestatum, d'après P. L. t. 201, c. 487 et Pierre, § 461, etc...

(7) Cette expression de Foucher, p. 414, se retrouve dans une Bulle d'Innocent III, § 64.

et de Jérusalem : on tue partout, mais ici on brûle, là-bas on éven-
tre. (1)

  Ressemblance des faits, similitude aussi parfois des phrases ou
des propositions qui se rencontrent de-ci de-là à des cas ou à des
modes ou temps différents dans l'un et l'autre texte, identité même
de certaines tournures ou de certains mots qui pourraient être des
clichés : descriptions succinctes, transitions banales, ablatifs absolus
ou propositions temporelles, comme nous disions tout à l'heure, ex-
pressions bibliques, plus ou moins bien rapportées, sans doute d'après
les souvenirs de l'auteur. (2) *Dans ces conditions peut-on vraiment*
parler d'influence des historiens des croisades palestiniennes sur
l'historien de la croisade albigeoise ? La pauvreté de notre documen-
tation ne nous permet pas de l'affirmer. Tout ce qu'on peut dire,
c'est que les uns et les autres s'inspirent d'un même idéal et que cet
idéal s'inscrit dans les mêmes faits, suivant des méthodes sembla-
bles.

  L'idéal c'est de venger l'injure faite à Dieu et d'élargir la chré-
tienté. (3) *L'armé sainte est la « milice du Christ », son drapeau,*
c'est la croix. Les guerriers mènent « les combats du Seigneur » ;
avant de s'engager dans la bataille, ils reçoivent absolution et indul-
gence. S'ils tombent, ils deviennent martyrs et « leur mort est pré-
cieuse aux yeux de Dieu. » Mais s'ils remportent la victoire, ils
passent au fil de l'épée « du plus petit jusqu'au plus grand » tous
les ennemis de Dieu.

  La Croisade, qu'elle ait pour théâtre la Palestine ou le Langue-
doc, s'inspire d'illustres précédents. Il ne s'agit point ici des précé-
dents immédiats, les « précroisades » byzantines ou espagnoles, mais
de précédents antiques. Les croisés combattent Albigeois et Sarrazins
comme les Hébreux combattaient Amalécites et Philistins, comme
les Macchabées luttaient contre les Hellènes pour la libération
d'Israël. De Josué à Godefroy de Bouillon et à Simon de Montfort il
n'y a pas de solution de continuité : une même idée directrice les
conduit suivant un même processus vers de pareilles destinées. (4)
Dans une telle perspective grandiose on comprend que les clercs et
les moines, historiens des croisades, nourris de lectures bibliques,
aient retrouvé avec les thèmes de leur pensée les tournures de style
et les expressions mêmes des écrivains sacrés, celles-là de préférence
qui racontent les guerres de l'Ancien Testament ou qui expriment
des idées de vengeance et d'extermination contenues dans les Psau-
mes et dans l'Apocalypse. C'est par là surtout qu'ils se ressemblent.

---

  (1) Foucher, p. 349-350, et Pierre, §§ 227, 233, 353, 513.

  (2) Nous avons relevé dans l'Histoire Albigeoise au moins quatre cents références
bibliques. Nous les avons signalé au fur et à mesure au bas des pages et dans un tableau
final. Peut-être y en aurait-il d'autres qui nous auraient échappé.

  (3) Voir la thèse de P. Rousset : Les origines et les caractères de la Première Croisade,
Neuchâtel, 1945, notamment les chapitres IV et V : nombreuses références aux Historiens des Croisades.

  (4) Voir Rousset, ouvr. cité, pp. 93-99.

PRÉFACE DE L'AUTEUR

[1] *Lettre au Seigneur Pape Innocent, au seuil de cet ouvrage.*
Au très saint père et bienheureux seigneur Innocent, par la grâce
de Dieu Souverain Pontife de l'Eglise universelle, son humble quoique indigne serviteur, frère Pierre, l'un quelconque des moines de
l'Abbaye des Vaux-de-Cernay, baise en toute humilité, non seulement
ses pieds, mais encore les traces mêmes de ses pas. (1) [(2) Béni
soit le Seigneur Dieu des Armées ! Tout récemment, (2) sous votre
pontificat, très saint père, son Eglise était dans le midi de la France
assaillie par les bourrasques de l'hérésie et prête à sombrer. Il l'a,
grâce à la collaboration de votre zélée sollicitude (3) et avec le concours de ses serviteurs, miraculeusement arrachée de la gueule des
lions et délivrée des griffes des fauves. (4) Pour qu'un événement
si glorieux et si merveilleux ne vienne à tomber dans l'oubli par la
suite des temps et pour publier au contraire parmi les nations les
hauts faits de notre Dieu, (5) j'en dédie à votre majesté, bienheureux
père, la narration (6) vaille que vaille écrite. Je supplie humblement
que l'on n'accuse pas de présomption un simple écolier qui s'est attaqué à un sujet si difficile, (7) et qui s'est exposé à assumer une tâche
dépassant ses forces. Mon but dans cet ouvrage et mon unique motif
d'écrire furent de faire connaître au monde les œuvres admirables
de Dieu. (8) On peut s'en rendre compte principalement dans ma
manière même de raconter : je n'ai pas cherché à enjoliver mon
manuscrit par une pompe inutile, (9) j'ai voulu que la simple vérité
fut exprimée simplement (10) Que votre digne sainteté, ô bon père,
tienne donc pour certain que, même si je n'ai pu relater dans l'ordre
tous les événements de cette histoire, du moins ce que j'ai écrit est

---

(1) Esther : XIII, 13.
(2) Novissime diebus vestris : tournure inspirée de Hébr : 1, 1, 2.
(3) Rom : XII, 11.
(4) I Rois : XVII, 37 et Ps. XXI, 21, 22.
(5) II Maccb. III, 34. Ps. CXLIV, 12.
(6) Seriem facti : rapport de Maître Thédise, cf. P. L. t. 216, c. 835.
(7) Prov. XXXI, 19.
(8) Ps. CXXXVIII, 14
(9) S.-Bernard : 41° sermon sur le Cantique des Cantiques : P.L. t. 183, c. 985.
(10) S.-Bernard : P.L. t. 183 c,. 985 . « Les hérétiques n'ont pas cette fraîche
limpidité de la vérité, aussi apportent-ils grand soin à la colorer et à la déguiser sous le
clinquant des mots ».

vrai, je n'ai jamais rien affirmé que je ne l'ai vu de mes propres
yeux ou appris de personnes de grande autorité et dignes d'une confiance absolue. (1), [3] Au début de cet ouvrage, je traite des sectes
hérétiques et j'indique comment les habitants du midi de la France
furent contaminés jadis par la lèpre de l'hérésie. J'expose ensuite
comment les prédicateurs de la parole de Dieu et les légats de votre
sainteté invitèrent les hérétiques méridionaux à cesser de prévari-
quer pour rentrer en eux-mêmes (2) et les en requirent à plusieurs
reprises. Enfin je raconte selon l'ordre chronologique, aussi bien que
je puis, les venues des croisés, les prises des grandes villes et des
places-fortes et autres détails concernant le déroulement de l'affaire
de la foi. [4] Que ceux qui liront ce livre soient avertis que dans
plusieurs passages le nom générique d'ALBIGEOIS est attribué aux
hérétiques de Toulouse et autres lieux ainsi qu'à leurs partisans,
parce que les autres pays ont pris l'habitude d'appeler Albigeois
les hérétiques du midi de la France. Que le lecteur sache en outre
que, pour faciliter ses recherches dans ce petit livre, aux multiples
épisodes de l'affaire de la foi correspondent les subdivisions du
présent ouvrage. »

(1) Voir Introduction, p. XIII.
(2) Isaïe : XLVI, 8.

PREMIERE PARTIE
LES HÉRÉTIQUES

———

[5] *Au nom de Notre-Seigneur Jésus-Christ, pour sa gloire et son honneur, ici commence l'Histoire Albigeoise.* Dans la province de Narbonne où jadis la foi avait fleuri, (1) l'ennemi de la foi commença à semer l'ivraie : (2) le peuple perdit l'esprit, il profana les sacrements du Christ qui est saveur et sagesse de Dieu : il devint insensé, il se détourna de la vraie sagesse et il s'en alla de-ci de-là par les voies tortueuses et confuses (3) de l'erreur, dans les chemins perdus et non plus dans le droit chemin. (4) [6] Deux moines cisterciens, pleins de zèle pour la foi, frère Pierre de Castelnau (5) et frère Raoul, (6) furent institués par le Souverain Pontife légats contre la peste de l'infidélité. Secouant toute négligence, décidés à remplir leur mission avec un soin extrême, ils se hâtèrent vers la ville de Toulouse, source principale du venin de l'hérésie, qui infestait les populations et les détournait de la connaissance du Christ, de sa véritable splendeur et de sa divine clarté. (7) La racine d'amertume avait crû à ce point (8) et s'était enfoncée si profondément dans le cœur des hommes qu'elle ne pouvait être arrachée qu'avec une difficulté extrême : maintes fois les Toulousains avaient été invités à abjurer l'hérésie et à chasser les hérétiques, (9) mais bien peu avaient été persuadés, (10) tant ils étaient attachés à la mort pour avoir

———

(1) Sur le christianisme dans la Gaule Narbonnaise, voir Fliche et Martin : Histoire de l'Eglise, t. 2, p. 132-133 et t. 4, p. 397 et suivantes.

(2) Mtt : XIII, 25.

(3) Cf. Bède : In Proverbia Salomonis : « Hereticus... vagus bene esse dicitur ». P. L. t. 91, c. 1.053.

(4) Ps. CVI, 40

(5) Pierre de Castelnau, chanoine de Maguelonne dès 1182, archidiacre en 1197, moine de Fontfroide, abbaye cistercienne du Languedoc, depuis 1202, légat pontifical en 1203, reçoit les encouragemnnts d'Innocnt III en 1205 : P.L. t. 215, c. 525 ; P. 2391.

(6) Raoul, lui aussi moine de Fontfroide, mourut en 1207 : Hist: § 50.

(7) II Cor. IV, 6.

(8) Hèbr : XII, 15.

(9) Pierre des Vaux-de-Cernay fait certainement allusion à la mission, inachevée, de S. Bernard en 1145 et au concile de Reims, c. 17, qui la sanctionne en 1148 : sans doute vise-t-il aussi la mission du cardinal de Saint-Chrysogone en 1178 et le concile de Latran, c. 27, qui la sanctionne en 1179. Voir Maisonneuve : Origines... p. 90 et suivantes.

(10) Henri de Clairvaux, devenu cardinal d'Albano et légat d'Alexandre III, assiège le château de Lavaur en 1181. Deux hérétiques se convertissent. Cf. Origines... p. 96.

rejeté la vie, tant ils étaient affectés et infectés d'une méchante
sagesse animale, terre à terre, diabolique, exclusive de cette sagesse
d'en haut qui conseille et affectionne le bien. (1) [7] Enfin, ces deux
oliviers, ces deux candélabres resplendissants devant le Seigneur (2)
infligèrent à ces âmes serviles une servile crainte, en les menaçant
de la perte de leurs biens, en faisant tonner l'indignation des rois
et des princes, (3) ils les invitèrent à rejeter l'hérésie et à chasser
les hérétiques ; ainsi cessaient-ils de pécher, non par amour de la
vertu, mais comme dit le poète, par crainte du châtiment. (4) Et
ils l'ont manifestement prouvé, car, devenus aussitôt parjures et
impatients de retomber dans leurs misères, ils cachaient dans leurs
réunions nocturnes les prédicants hérétiques. Ah ! Qu'il est donc difficile de rompre avec ses habitudes ! [8] Cette Toulouse, toute pleine
de dol, (5) ne fut, à ce qu'on assure, exempte depuis sa fondation,
que rarement ou même jamais de cette peste ou pestilence détestable, de cette hérétique dépravation dont le venin d'infidélité superst-
titieuse se transmettait de générations en générations : c'est pourquoi
on dit encore qu'en punition d'un si grand crime elle a subi le
châtiment d'une dépopulation vengeresse et méritée au point que
les socs de charrue auraient élargi jusqu'au centre de la ville la
surface des champs. (6) Bien plus, un de leurs rois parmi les plus
illustres, appelé, croit-on, Alaric, (7) fut pendu à un gibet, suprême
injure, aux portes de la ville. [9] Toute souillée de cette vieille
boue gluante, la race de Toulouse, race de vipères, (8) ne pouvait
plus, même maintenant de nos jours, être arrachée à sa racine de
perversité ; bien mieux, quand sa nature hérétique et sa naturelle
hérésie étaient chassées d'une fourche vengeresse, elle n'a jamais

---

(1) Jacques : III, 15, 17.

(2) Apoc : XI, 4.

(3) Exagération : le seul prince sur qui les légats pouvaient compter était Pierre II,
roi d'Aragon, vassal du pape depuis son couronnement à Rome, le 11 Novembre 1204.
Cf. P. L. t. 214, c. CLIX-CLX et t. 215, c. 550 et suiv.... Pierre II préside la même
année une conférence contradictoire entre catholiques et hérétiques, à Carcassonne : il
se prononce en faveur des catholiques : Vaissète, Hist. Lang. VI, p. 231. Il signale à
Innocent III que le château de Lescure, en Albigeois, qui appartenait au Saint-Siège, était
un nid d'hérétiques ; il s'en empare et le Souverain Pontife ordonne à ses légats de le lui
donner en fief, à titre personnel : lettre du 9 Juin 1206, P. 2.800. Quant à Raymond VI, il
promet bien sans doute à Pierre et Raoul d'expulser les hérétiques . cf. Guill. de Puylaurens,
Chronicon, ch. VII, ed. Beyssier, p. 126 et Vaissète, VI, p. 237, mais il ne tient pas sa
promesse et il est excommunié en 1207. Restait Philippe-Auguste. Malgré les invites pressantes
d'Innocent III : P. 2009, 2225, 2373, 2404, 3223, il refuse toujours d'intervenir personnellement dans l'affaire albigeoise. Cf. Origines, p. 149 et suivantes.

(4) Horace, Epîtres I, XVI, 52-53.

(5) « Tolosa, dolosa », jeu de mots du Concile d'Orange, en 1213 : P.L. t. 216,
c. 835-836.

(6) Tradition mentionnée en 1213 par l'évêque Bertrand de Béziers : P.L. t. 216,
c. 844 : de même, d'après une lettre d'Arnaud de Narbonne, en Janvier 1213 : Cf. C. L.
Hugo : Sacrae antiquitatis monumenta, 1, 42-43, 1725.

(7) Cette légende viendrait peut-être d'un texte mal compris de Jordanis : Romana et
Getica, dans M. G. H. Auctores Antiquissimi : V, 41.

(8) Mtt : XXIII, 33.

contrecarré leur retour, dans sa soif de suivre la trace de ses pères,
dans son refus de rompre avec leurs traditions. (1) Ainsi qu'un fruit
gâté corrompt un autre fruit et qu'il suffit d'un seul cochon ladre et
galeux pour perdre tout le troupeau qui s'ébat dans les champs, (2)
ainsi devant un tel exemple les villes et les châteaux du voisinage
où les hérésiarques s'étaient implantés, où les rejetons de cette
infidélité pullulaient, s'imprégnaient-ils — chose étonnante et na-
vrante à la fois — de cette peste (hérétique) ; les seigneurs du Languedoc à peu près tous protégeaient et recevaient les hérétiques, ils
leur témoignaient un amour excessif et les défendaient contre Dieu
et contre l'Eglise. (3) [10] *Les sectes d'Hérétiques.* Puisque l'occasion
se présente, je suis amené à m'étendre quelque peu sur les hérésies
et sur les sectes d'hérétiques. Qu'on sache tout d'abord que les hérétiques croyaient en l'existence de deux créateurs : l'un invisible,
qu'ils appelaient le dieu « bon », l'autre visible, qu'ils appelaient
le dieu « mauvais ». Ils attribuaient au dieu bon le Nouveau Testament et au dieu mauvais l'Ancien Testament : aussi le rejetaient-ils
entièrement à l'exclusion de quelques textes insérés dans le Nouveau
et qu'ils estimaient pour ce motif dignes d'être retenus. L'auteur de
l'Ancien Testament, ils le traitaient de « menteur » : il avait dit, en
effet, à nos premiers parents : « Le jour où vous mangerez du fruit
de l'arbre de la science du bien et du mal, vous serez frappés de
mort » (4), et cependant, après avoir mangé du fruit, ils ne mouru-
rent pas, comme il l'avait dit. (Il reste tout de même qu'après avoir
goûté du fruit défendu ils furent soumis aux misères de la mort) :
ils le qualifiaient encore d'homicide, tant pour avoir pulvérisé Sodo-
me et Gomorrhe et englouti le monde sous les eaux du Déluge que
pour avoir noyé le Pharaon et les Egyptiens. (5) Quant aux Pères
de l'Ancien Testament ils les déclaraient tous damnés : ils affirmaient
que le bienheureux Jean-Baptiste était un des principaux démons. (6)

---

(1) Horace, Epîtres I, X, 24.

(2) Juvénal, Satires II ,79.

(3) Tout ce passage, à partir de : les villes et les châteaux, est à rapprocher de diverses
lettres de 1213 : Lettres de Michel d'Arles, Guillaume de Bordeaux, Bertrand de Béziers,
où se retrouvent certaines expressions, mot pour mot. Cf. P. L. t. 216, c. 835, 836, 839,
843, 844. Voir Y. Dossat : La société méridionale à la veille de la Croisade Albigeoise,
dans les Annales du Midi, 1941, t. LXIII, p. 391-407. De même Belperron : La Croisade
contre les Albigeois, p. 105 et suivantes.

(4) Gen, II, 17.

(5) Gen, VII, 6 et Ex, XIV, 27.

(6) Sur les doctrines cathares, voir notamment : Liber de duobus principiis, édité par
Dondaine : Un traité néo-manichéen du XIIIᵉ siècle, suivi d'un fragment de rituel cathare,
Rome, 1939. Du Même : Nouvelles sources de l'histoire doctrinale du néo-manichéisme au
Moyen-Age, dans la Revue des Sciences philosophiques et théologiques, t. XXVIII, 1931,
p. 465-488. De même, Bernard Gui : Manuel de l'Inquisiteur, traduction Mollat et Drioux,
dans Les Classiques de l'Histoire de France au Moyen-Age, coll. Halphen, T. I. Paris,
1926, Item, Guiraud : Cartulaire de Notre-Dame de Prouille, Paris, 1907. T. I. tout
le Livre I, résumé dans l'Histoire de l'Inquisition au Moyen-Age, du même auteur, T. I.
1935. Item, D. Roché : Le Catharisme, Toulouse, 1937, avec les réserves de Dondaine :
art. cité ; nouvelle édition, 1947.

[11] Ils disaient dans leurs réunions secrètes (1) que le Christ qui
naquit dans la Bethléem terrestre et visible et mourut crucifié a
Jérusalem était le mauvais Christ et que Marie-Madeleine était sa
concubine : c'était elle, la femme surprise en adultère dont il est
question dans les Evangiles (2) : le bon Christ, en effet, disaient-ils,
n'a jamais ni mangé, ni bu, ni revêtu une véritable chair : il n'apparut dans le monde que d'une manière toute spirituelle dans le
corps de Paul : c'est pourquoi nous avons dit « dans la Bethléem
terrestre et visible », car les hérétiques imaginaient une autre terre,
nouvelle (3) et invisible où, selon quelques-uns, le bon Christ était
né et avait été crucifié. Ils disaient encore que le dieu bon avait eu
deux femmes, Oolla et Ooliba, (4) desquelles il avait engendré des
fils et des filles. D'autres hérétiques disaient que le créateur est unique, mais qu'il eut deux fils, le Christ et le Diable. Ces mêmes hérétiques disaient encore que toutes les créatures avaient été bonnes
mais que les coupes dont parle l'Apocalypse avaient corrompu toutes
choses. (5) [12] Tous, membres de l'Antéchrist, premiers-nés de Satan,
(6), mauvaise graine, scélérats, (7) menteurs hypocrites, (8) séduc-
teurs, des cœurs simples, (9) avaient infecté du venin de leur perfidie la province de Narbonne presque tout entière. L'Eglise Romaine,
ils disaient qu'elle était une caverne de voleurs (10) et qu'elle était
aussi la fameuse prostituée dont il est parlé dans l'Apocalypse. (11)
Les Sacrements de l'Eglise ils les tenaient pour nuls à tel point qu'ils
enseignaient publiquement que l'eau du saint Baptême ne différait
pas de l'eau courante ni l'Eucharistie d'un pain à usage profane .
ils versaient goutte à goutte dans l'oreille des simples ce blasphème :
que le corps du Christ, eût-il la dimension des Alpes, aurait été
depuis longtemps consommé et réduit à néant ; la Confirmation,
l'Extrême Onction, la Confession ils les considéraient comme des choses frivoles et absolument vaines ; le saint Mariage, enseignaient-ils,
est une prostitution et nul, en cet état ne peut faire son salut, en

---

(1) Les Conciles ne cessent de dénoncer les « conventicula haereticorum » : Conciles
de Tours : 1163 et IIIᵉ Latran : 1179, dans Frédéricq : Corpus Documentorum Inquisitionis haereticae pravitatis Neerlandicae, Gand 1889, T. I. nᵒˢ 39 et 47, Mansi, T. XXI,
c. 1.137.

(2) Jean, VIII, 3.

(3) Isaïe : LXV, 17 et LXVI, 22. IIᵉ Pierre : III, 13. Apoc., XXI, 1.

(4) Ezéchiel : XXIII, 4.

(5) D'après Guizot : « Elles avaient été corrompues toutes par les filles dont il est
fait mention dans la Genèse », en confondant « fialas » avec « filias ». La mention de
l'Apocalypse, note justement Guébin, rejette la graphie « filias », malgré quelques manuscrits et transcriptions latines. Apoc. XVI, 1.

(6) L'expression vient de Saint-Polycarpe : lettre aux Philippiens, ch. VII et dans
la fameuse apostrophe à Marcion. Cf. Saint Irénée : Adversus Haereses, III, 3 : Eusèbe :
Hist. Ecclès. IV, 14 : Saint Jérôme : Liber de Viris illustribus, ch. XVII. P. G. t. 7,
c. 853 : t. 20, c. 339 ; P. L. t. 23 ,c. 635.

(7) Isaïe : I, 4.

(8) I Timothée . IV, 2.

(9) Rom. : XVI, 18.

(10) Mtt. : XXI, 13.

(11) Apoc. XVII, 1-18.

engendrant des fils et des filles. Ils niaient aussi la Résurrection de
la chair : ils inventaient des fables étranges, disant que nos âmes
sont ces esprits angéliques, précipités du ciel par apostasie consécu-
tive à leur orgueil, qui ont laissé dans l'air leurs corps de gloire et
que ces âmes, après habitation successive dans sept corps terrestres,
n'importe lesquels, reprennent, comme si elles avaient achevé leur
pénitence, les corps de gloire qu'elles avaient laissés. (1) [13] Il faut
encore savoir que parmi les hérétiques d'aucuns étaient appelés
« parfaits » ou « bons hommes », les autres « croyants des hérétiques ». Les Parfaits portaient un habit noir : ils disaient, les menteurs, qu'ils pratiquaient la chasteté ; ils refusaient tout usage de
viande, d'œufs, de fromage ; ils voulaient être considérés comme
véridiques alors que sur les sujets relatifs à Dieu ils mentaient
continuellement ; ils disaient encore que jamais sous aucun prétexte
on ne devait jurer. Quant aux Croyants, ils vivaient dans le siècle,
ils ne cherchaient pas à atteindre la vie des Parfaits, mais ils
espéraient que la foi de ces Parfaits leur procurerait le salut : s'ils
étaient, en effet, divisés quant à leur manière de vivre, dans leur
foi, (disons plutôt dans leur infidélité) ils étaient un. Ceux qu'on
appelait « croyants des hérétiques » s'adonnaient à l'usure, au vol,
à l'homicide, aux plaisirs de la chair, au parjure et à toutes les perversités : ils péchaient avec une sécurité et une frénésie d'autant
plus grandes qu'ils croyaient faire leur salut, sans restitutions de
leurs vols, sans confession ni pénitence, pourvu qu'à l'article de la
mort ils puissent réciter le « Pater Noster » et recevoir de leurs maîtres l'imposition des mains. (2) [14] Les hérétiques Parfaits avaient
des magistrats qu'ils appelaient « diacres » et « évêques » dont l'imposition des mains était requise pour que tout moribond s'estimât
capable de faire son salut : à la vérité, s'ils imposaient les mains à
un mourant, quelque coupable qu'il fût, pourvu qu'il fût en mesure
de dire le « Pater Noster », ils le considéraient comme sauvé et,
suivant leur expression, « consolé » à ce point que, sans aucune
satisfaction, sans aucun autre remède (à ses péchés), il s'envolait
vers le ciel. (3) [15] A ce sujet, nous avons entendu rapporter le fait
ridicule que voici : un certain croyant, arrivé à l'article de la mort,
reçut de son maître par imposition des mains le « consolamentum »,
mais il ne put dire le « Pater Noster » et expira. Son consolateur ne
savait que dire : le mort semblait sauvé pour avoir reçu l'imposition
des mains, damné pour n'avoir pu dire l'oraison dominicale. Qu'ajou-

---

(1) Sur la chute des anges, voir Guiraud, Cartulaire, t. I, p. XXXVII et suivantes ;
Histoire de l'Inquisition, t. I, p. 44 et suivantes. P. Coroze : Le mystère de la rédemption du corps, édition de la Science spirituelle, Paris, 1948.
(2) Sur l'imposition des mains et le « consolamentum » voir notamment Guiraud, ouvr.
cité, T. I. p. 121-143.
(3) Sur la ressemblance entre les descriptions de Pierre des Vaux-de-Cernay et
l'Eglise manichéenne, voir H. Ch. Puech : Le Manichéisme, son fondateur, sa doctrine.
Publications du Musée Guimet, Bibliothèque de Diffusion. Volume LVI, Paris 1949,
pp. 85-91.

terai-je ? Les hérétiques consultèrent un chevalier, nommé Bertrand
de Saissac, (1) hérétique, sur ce qu'ils devaient penser. Le chevalier
donna le conseil et la réponse que voici : « De cet homme nous
soutiendrons et nous dirons qu'il est sauvé. Quant à tous les autres,
à moins qu'ils n'aient dit le « Pater Noster » au dernier moment,
nous les estimerons damnés. » [16] Autre fait ridicule. Un certain
croyant avait légué aux hérétiques à sa mort trois cents sous et il
avait ordonné à son fils de leur verser cette somme. Après la mort
du père, les hérétiques réclamèrent à son fils leur dû, mais le fils
demanda : « Je veux d'abord que vous me disiez, s'ils vous plaît, où
est mon père » : ceux-ci répondirent : « Sache avec la plus grande
certitude qu'il est sauvé et que déjà il a trouvé place dans les cieux »:
alors, le fils, avec un sourire : « Grâces soient à Dieu et à vous, leur
dit-il : en vérité, puisque mon père est déjà dans la gloire, son âme
n'a plus besoin d'aumônes et je vous connais trop bienveillants pour
arracher mon père à sa gloire. Sachez donc que je ne vous donnerai
pas un sou. » [17] Nous ne croyons pas devoir passer sous silence
que certains hérétiques disaient que personne ne pouvait pécher à
partir de l'ombilic et plus bas : ils appelaient idolâtrie les images
qui sont dans les églises : ils affirmaient que les cloches des églises
étaient les trompettes des démons : (2) ils disaient encore qu'il n'y
a pas plus de péché à dormir avec sa sœur qu'avec n'importe quelle
autre femme : ils disaient même entr'autres monstrueuses sottises
d'hérésies que si l'un des parfaits venait à commettre un péché mortel
(par exemple en mangeant un tant soit peu de viande, de fromage
ou d'œuf ou de quelqu'autre aliment défendu) tous ceux qui auraient
reçu de lui le « consolamentum » perdaient le Saint-Esprit et devaient
être à nouveau consolés : ainsi les croyants déjà consolés tombaient
du ciel à cause du péché de leur consolateur. [18] Il y avait aussi
d'autres hérétiques, appelés « Vaudois » du nom d'un certain Valdo
qui habitait Lyon. (3) Ces gens-là assurément étaient mauvais, mais,

---

(1) Bertrand de Saissac, tuteur de Raymond-Roger, vicomte de Béziers, s'engage
devant l'évêque Geoffroy de Béziers, en 1194, à chasser les hérétiques. Cf. Vaissète :
T. VI, p. 158 et T. VIII, p. 429-430.

(2) Sur l'aversion des Albigeois pour la musique, voir notamment le Traité d'Ermengaud : Opusculum contra Haereticos, dans P. L. t. 204, 1250.

(3) Pierre Valdo naquit vers 1140. A la suite de deux circonstances : la mort subite
d'un de ses amis et le chant d'un ménestrel sur la Vie de Saint-Alexis, il demanda,
dit-on, à un docteur de lui révéler la voie de la perfection. Le docteur lui mit sous les yeux
le texte de Mtt. « Si tu veux être parfait, vends ce que tu possèdes, donne le produit aux
pauvres et tu auras un trésor dans le ciel, puis viens et suis-moi », XIX, 21. Valdo fit
alors quatre parts de ses biens : pour sa femme, pour les victimes de ses injustices, à titre
de réparation, pour les pauvres, pour ses filles qu'il mit à Fontevrault. Devenu pauvre, il
recruta des disciples, notamment deux prêtres qui traduisirent la Bible en langue vulgaire,
et tous se mirent à prêcher. Ils furent aussitôt en conflit avec la hiérarchie. L'archevêque
de Lyon, Guillaume aux Blanches-Mains — et non pas Jean de Belles-Mains — Cf. Origines, p. 83, n° 5, leur interdit de prêcher. Ils refusèrent d'obéir, furent excommuniés et
chassés du diocèse. Réconciliés peut-être avec l'Eglise au IIIe Concile de Latran, ils n'en
continuèrent pas moins, malgré la défense du pape, à prêcher sans autorisation. Aussi furent-
ils de nouveau excommuniés par Lucius III au Concile de Vérone en 1184 avec les « Mani-
chéens » et autres hérétiques. Décrétale « Ad Abolendam » : 9-X-V-7.

si on les compare aux hérétiques, ils étaient beaucoup moins pervers. Sur beaucoup de sujets, en effet, ils étaient d'accord avec nous : sur d'autres ils différaient. (1) Leur erreur, pour ne rien dire de la plupart des articles de leur infidélité, consistait principalement en quatre points : à porter des sandales à la manière des Apôtres, à dire que sous aucun prétexte on ne pouvait ni prêter serment, ni tuer, à affirmer surtout que n'importe lequel d'entr'eux pouvait, en cas de nécessité, pourvu qu'il eût des sandales, faire l'Eucharistie, même s'il n'avait pas reçu les Ordres de la main d'un évêque. (2) Que ces rapides considérations que nous avons faites sur les sectes hérétiques suffisent. [19] *Rite de conversion, plutôt de perversion des hérétiques.* Lorsque quelqu'un veut s'agréger aux hérétiques, celui qui le reçoit lui dit : « Ami, si tu veux être des nôtres, il faut que tu renonces à toute la foi que professe l'Eglise Romaine » ; il répond : « Je renonce ». « Reçois donc l'Esprit de la part des bons hommes », et alors il lui souffle sept fois dans la bouche : ensuite il lui dit : « Renonces-tu à cette croix que le prêtre t'a faite au moment du Baptème sur la poitrine, les épaules et la tête avec l'huile et le chrême ? », il répond : « Je renonce ». « Crois-tu que cette eau te procure le salut ? ». Il répond : « Je ne crois pas ». « Renonces-tu à ce voile que le prêtre a posé sur ta tête de baptisé ? ». Il répond : « Je renonce ». Ainsi il reçoit le baptême des hérétiques et il rejette celui de l'Eglise. Alors tous posent les mains sur sa tête et lui donnent un baiser et le revêtent d'un habit noir : et à partir de ce moment-là il est comme l'un d'entre-eux.

----

(1) L'accord des Vaudois avec les Catholiques consistait notamment dans une doctrine commune sur Dieu, la Création, l'Incarnation rédemptrice, mais ils rejetaient le dogme de la Présence réelle, le Purgatoire, la Communion des Saints, les Indulgences et la Hiérarchie. Voir Dondaine : Aux origines du Valdisme, une profession de foi de Pierre Valdo, dans Archivium fratrum praedicatorum, XVI, 1946, p. 191-235. De même : Bernard Gui, èd. Mollat et Drioux, I, p. 35 et suivantes : Guiraud, ouvr. cité, I, p. 238 et suivantes.

(2) Voir à ce sujet Alain de Lille : De fide catholica, P. L. t. 210, c. 385 : « Quamvis ordinati non sint, quia se justos esse fingant et merita apostolorum habere, modo sacerdotali benedicere praesumunt, dicunt etian se posse consecrare, ligare et solvere ». Item Bernard Gui, ouvr. cité, p. 42 et 43 : « Dicunt quod consecratio corporis et sanguinis Christi potest fieri a quolibet justo, quamvis sit laycus nec sit sacerdos aut presbyter ab episcopo catholico ordinatus, dum tamen sit de secta ipsorum ».

DEUXIEME PARTIE

LES PREDICATEURS

---

[20] *Ici commence le récit qui raconte de quelle manière les prédicateurs vinrent en pays albigeois.* L'an 1206 de l'Incarnation du Verbe, l'évêque d'Osma, Diego, homme remarquable et digne de remarquables éloges, s'en vint à la Curie Romaine avec le suprême désir (1) de résigner son épiscopat pour se consacrer plus librement à la prédication de l'Evangile chez les païens, mais le seigneur pape Innocent ne voulut pas acquiescer au désir du saint homme : il lui ordonna même de retourner à son siège. Or, il advint que, revenant de la Curie et passant à Montpellier, il rencontra le vénérable Arnaud Abbé de Citeaux, frère Pierre de Castelnau et frère Raoul, moines cisterciens, légats du Siège Apostolique : (2) tous voulaient renoncer à la légation qui leur avait été commise, tant ils étaient découragés devant l'insuccès à peu près total de leurs prédications aux hérétiques ; (3) chaque fois, en effet, qu'ils voulaient prêcher aux hérétiques, ceux-ci leur objectaient le comportement détestable des clercs : si donc ils voulaient corriger la vie des clercs, il leur faudrait renoncer à la prédication. (4) [21] Mais ledit évêque remédia à leur per-

---

(1) Luc : XXII, 15.

(2) Le directeur de la Croisade Albigeoise apparaît ici pour la première fois. De ses origines on ne sait rien. Il est Abbé de Poblet, près de Burgos, en 1196, Abbé de Grandselve, dans le Languedoc, en 1199, Abbé de Citeaux, en 1201. Innocent III l'envoie comme légat dans le Midi en 1204 : lettre du 31 Mai 1204, P. 2229, P. L. t. 215, c. 358. Sa biograhpie a été écrite par Daunou dans l'Histoire Littéraire de la France, T. XVII, p. 306 à 334.

(3) Innocent III remonte le moral de ses légats, notamment de Pierre de Castelnau : « Le peuple vers lequel je t'ai envoyé est dur et incorrigible, mais Dieu qui est tout-puissant peut susciter des pierres mêmes des enfants d'Abraham » Mtt. III, 9. Et le pape de rappeler au légat les exhortations de Saint-Paul à Timothée : « Importune, opportune, obsecra, increpa... » II Tim, IV, 2. Lettre du 26 Janvier 1205 : P, 2391 : P. L. t. 215, c. 525.

(4) D'après Guizot : « S'ils (les clercs) ne voulaient amender leurs mœurs, ils (les légats) devraient s'abstenir de poursuivre leurs prédications ». Cette traduction, inspirée des éditions de l'Hystoria de Camusat et de Dom Brial — celle-ci dans le Recueil des Historiens des Gaules et de la France, t. XIX, I-113 — transforme le « si vellent » que donnent les manuscrits en « nisi vellent ». Elle paraît plus logique que la nôtre : l'incurie des prélats méridionaux faisait, en effet, à l'hérésie la partie belle : voir la Chronique de Guillaume de Puylaurens, éd. Beyssier, p. 85 et suiv., ainsi Fulcrand de Toulouse est semblable au paresseux de l'Ecriture dont le champ est couvert d'épines : Prov. XXIV, 30-31. Voir surtout les lettres indignées d'Innocent III, dépeignant au cardinal de Sainte-

plexité par un conseil salutaire : il les invita très instamment à
s'adonner avec plus d'ardeur encore à la prédication, laissant de côté
tous autres soucis, et pour fermer la bouche aux méchants de s'avancer en toute humilité pour agir et enseigner à l'exemple du Divin
Maître (1) et d'aller à pieds, sans or ni argent, imitant en toutes
choses la prédication apostolique. (2) Mais lesdits légats, ne voulant
rien innover de leur propre chef, dirent que si quelque autorité
favorable voulait bien inaugurer cette méthode, ils la suivraient très
volontiers. Qu'ajouterai-je ? Il se proposa, cet homme plein de
Dieu, et bientôt, renvoyant à sa ville d'Osma sa suite et ses voitures,
ne gardant qu'un seul compagnon, (3) il quitta Montpellier avec les
deux moines légats ci-dessus nommés, savoir Pierre et Raoul. Quant
à l'Abbé de Citeaux, il regagna Citeaux et parce que le temps approchait de la tenue du Chapitre Général cistercien (4) et parce qu'il
voulait amener avec lui, après la session du Chapitre Général quelques abbés de son Ordre qui l'aideraient dans le ministère de la
prédication qui lui était imposé. [22] Après avoir quitté Montpellier,
l'évêque d'Osma et les moines s'en vinrent dans la ville de Servian,
où ils découvrirent un hérésiarque nommé Baudoin et un certain
Théodoric, fils de perdition (5) et paille de l'éternel incendie. Ce personnage était originaire de France, il était de race noble et avait été
chanoine de Nevers, mais ensuite, comme un certain chevalier qui
était son oncle maternel et détestable hérétique, avait été condamné
pour hérésie dans un Concile parisien, en présence du cardinal Octavien, légat du Siège Apostolique, il comprit qu'il ne pourrait se

Prisque, légat dans le Languedoc, le 12 Juin 1200, la situation lamentable de l'archi-
diocèse de Narbonne : P. 1177 : P. L. t. 214, c. 903, et accréditant ses légats jusqu'à
trois fois auprès des archevêques et évêques du Languedoc, sans doute récalcitrants, à tout
le moins apathiques : 21 Avril, 13 Mai, 7 et 12 Juillet 1199 : P. 95, 169, 764, 785 :
P. L. t. 214, c. 81, 142, 675. Cf. Origines, p. 137 et Y Dossat : Le clergé méridional
à la veille de la Croisade Albigeoise, dans la Revue du Languedoc, 1944, p. 263-278.
Cependant notre traduction, outre qu'elle respecte la version des manuscrits, s'éclaire si on
considère une lettre d'Innocent III, du 6 Décembre 1204, enjoignant aux légats de se
conformer strictement, exclusivement à l'objet précis de leur mission : la prédication aux
hérétiques : « Super negotio vobis injuncto vehementius intendentes, non raquiratis in aliis
qui possint impedire commissa » P. 2337 : P. L. t. 215, c. 474 : de même une protestation
de Bérenger, archevêque de Narbonne, accusant les légats d'outrepasser leur mandat : « Cum
pro hereticis expellendis solummodo legatio prima vobis injuncta fuisset, vos ad ampliandam
vestre legationis potestatem, clericorum excessus heresim esse interpretantes, multa contra
forman mandati apostolici et in detrimentum ecclesie Narbonensis egistis » d'après Vaissète,
VIII, n° 124.

(1) Actes, I, 1.

(2) Mtt : X, 9.

(3) Saint-Dominique : Voir dans P. Mandonnet : Saint-Dominique, Paris, 1938, les
études de H. Vicaire : La sainte prédication de Narbonnaise, t. 1, p. 115-140.

(4) Le Chapitre Général se tenait le 14 Septembre. Voir Mahn : L'Ordre cistercien
et son gouvernement, des origines au milieu du XIIIe siècle : 1098-1265 : Paris 1945,
p. 173-217.

(5) II Thessal. II. 3.

cacher plus longtemps et se dirigea vers le pays de Narbonne : (1) là, il jouissait auprès des hérétiques de la plus haute considération, soit parce qu'il paraissait un peu plus subtil que les autres, soit parce qu'on tirait vanité de cette recrue, de ce défenseur de leur iniquité qui venait de France (où se trouvait, on le savait bien, la source de la science et de la religion chrétienne). (2) N'oublions pas de dire que ce personnage qui se faisait appeler Théodoric s'appelait auparavant Guillaume. [23] Après avoir discuté pendant huit jours avec ces deux hérétiques, savoir Baudouin et Théodoric, nos prédicateurs retournèrent, par leur salutaires monitions, toute la population de la ville contre les hérétiques susdits : aussi, ceux-ci auraient-ils été chassés très volontiers si le seigneur du lieu, infecté du poison de perfidie, n'en avait fait ses familiers et ses amis. Il serait trop long de rapporter les propos de cette fameuse discussion ; j'ai cru devoir seulement noter ceci : lorsque le vénérable évêque eut acculé ledit Théodoric aux dernières conséquences : « Je sais, dit Théodoric, je sais de quel esprit tu es. En vérité, c'est dans l'esprit d'Elie que tu es venu » : (3) à quoi le saint évêque de répondre : « Si c'est dans l'esprit d'Elie que je suis venu, toi, c'est dans l'esprit de l'Antéchrist que tu es venu. » Au bout de huit jours, les vénérables prédicateurs sortirent de la ville et la population les accompagna pendant une bonne lieue. [24] Allant droit devant eux, ils entrèrent à Béziers, où, pendant quinze jours de prédications et de discussions, ils confirmèrent dans la foi les rares catholiques de cette ville et confondirent les hérétiques. Mais le vénérable évêque d'Osma et frère Raoul conseillèrent au frère Pierre de Castelnau de les quitter pour un temps : ils craignaient, en effet, qu'il ne fût tué, car les hérétiques le haïssaient par-dessus tout. Le frère Pierre s'éloigna donc de l'évêque et de frère Raoul pendant un peu de temps. (4) Ceux-ci, quittant Béziers, se hâtèrent vers Carcassonne, où pendant huit jours

---

(1) La région de Nevers était un foyer d'hérésie. Voir Chénon : L'hérésie à la Charité-sur-Loire, dans la Revue Historique de Droit français et étranger. 1917, p. 299-324. Ce Théodoric, de son vrai nom ,Guillaume, doit peut-être s'identifier avec un « Willelmus Nivernensis archidiaconus » témoin en 1190 à côté d'Evrard de Châteauneuf et de l'Abbé Raymond de Saint-Martin et en 1200 avec le Doyen Bernard, ces trois derniers également accusés d'hérésie : Cf. R. de Lespinasse : Cartulaire de Saint-Cyr de Nevers, dans la Société Nivernaise des lettres, sciences et arts, annexe au 25e volume de son bulletin, 1916, n° 102. Quant à son oncle, le chevalier Evrard de Châteauneuf, homme de confiance des comtes d'Auxerre et de Nevers, il fut accusé par l'évêque d'Auxerre, Hugues de Noyers, devant le Concile de Paris, en présence du cardinal Octavien, évêque d'Ostie, légat : Mansi, XXII, 739, accusé d'hérésie et livré au comte de Nevers, enfin brûlé en 1201. Cf. Robert d'Auxerre, Chronicon, dans M. G. H. ss. XXVI, 260, 21-31.

(2) Sans doute par opposition à ce Midi corrompu dont parle le chroniqueur.

(3) Luc : I, 17. L'évangéliste applique ce verset à Saint-Jean-Baptiste que les Cathares considéraient comme un démon. Quant à l'opposition entre Elie et l'Antéchrist, elle est est de tradition dans l'Eglise.

(4) Le 27 Octobre 1206, Pierre de Castelnau était à Villeneuve-lès-Maguelonne. Cf. Rouquette : Cartulaire de Maguelonne, II, n° 292. Il ne rejoignit ses collègues que six mois après. Cf. § 26.

ils continuèrent de prêcher et de discuter. [25] *Miracle*. En ce temps-là, il arriva auprès de Carcassonne un miracle qu'il importe de mentionner. Les hérétiques faisaient la moisson le jour de la Nativité de Saint Jean-Baptiste (1) qu'ils tenaient, non pour un prophète, mais pour un démon des plus malins. Comme donc ils coupaient des gerbes, l'un d'eux vit la sienne qu'il tenait à la main toute sanglante. Il crut alors qu'il s'était blessé à la main, mais il constata qu'elle était saine, alors il appela ses compagnons. Qu'ajouterai-je ? Chacun de regarder la gerbe qu'il tient à la main : la gerbe est sanglante, la main est sans blessure. C'est le vénérable Abbé des Vaux-de-Cernay, alors présent dans le pays, qui a vu la gerbe sanglante et m'a raconté cette histoire. [26] Comme il serait trop long de raconter comment les hommes apostoliques, je veux dire nos prédicateurs, s'en allaient de cité en cité pour prêcher et discuter partout, (2) omettons ces voyages et venons-en à l'essentiel. Un jour, tous les hérétiques se réunirent en un certain château sis au diocèse de Carcassonne, appelé Montréal, (3) pour discuter tous ensemble avec les hommes apostoliques si souvent nommés. A ce colloque se rendit frère Pierre de Castelnau qui, nous l'avons dit un peu plus haut, avait quitté ses compagnons à Béziers. On désigna des juges parmi les croyants des hérétiques. (4) L'argumentation dura quinze jours et fut rédigée par écrit, (5) puis remise aux juges en vue de la sentence définitive, mais ces juges, voyant leurs hérétiques manifestement dépassés, ne voulurent pas donner leur avis : bien mieux, les écrits que les nôtres leur avaient donnés ils refusèrent de les leur rendre dans la crainte d'une divulgation, et ils les passèrent aux hérétiques. [27] Ensuite, frère Pierre de Castelnau quitta ses compagnons et s'en alla dans le Languedoc pour essayer de mettre la paix entre les princes du pays, dans l'intention de se servir de ceux qui avaient juré la paix pour arracher les hérétiques de la province de Narbonne. (6) Mais le

---

(1) Le 24 Juin 1207 : l'année résulte de la présence de l'Abbé des Vaux-de-Cernay. Cf. § 47-53.

(2) Luc : IX, 6. Verfeil, jadis maudite par Saint-Bernard : « Viride folium, dissiccet te Deus », dans Guillaume de Puylaurens, éd. Beyssier, p. 120, fut une de leurs premières étapes : item, p. 127.

(3) Centre d'hérésie : Guiraud, Cartulaire, I, pp. CCLI-CCLII. Le seigneur de Montréal, Aimery, combattit les Croisés jusqu'à sa mort, § 227.

(4) Bernard de Villeneuve, Bernard d'Argens, Raimond Got, d'après Guillaume de Puylaurens, p. 128. Les deux premiers sont connus comme faidits, cf. L. Delisle : Enquêtes, dans Rec. des Hist. XXIV, 550 c. 556 a, 558 b, 573 g, 574 b, 575 d, 579 c, 580 h, 582 g, 591 k, 602 a, 605 g, 607 c. Le troisième assista à plusieurs réunions cathares de Montréal et à un « consolamentum » donné par Benoit de Termes, cf. Doat 23, 163-165 et 24, 100.

(5) Nous possédons le résumé des propositions albigeoises et l'indication que les arguments des catholiques étaient empruntés au Nouveau Testament : Guillaume de Puylaurens, p. 128, qui confirme l'absence de sentence et la disparition des actes.

(6) Les deux idées de paix et de répression de l'hérésie sont à ce point liées qu'il est difficile de les concevoir séparément. La guerre, en effet, empêche la répression de l'hérésie. De même que l'Eglise a cherché, dès le XI⁰ siècle, à réconcilier les princes et à les orienter soit vers l'Espagne, soit vers la Terre Sainte, de même, au XII⁰ siècle, elle a cherché à faire la paix entre les seigneurs pour les utiliser contre l'hérésie. En 1177, Louis VII et

comte de Toulouse, Raymond, un ennemi de la paix, ne voulut pas souscrire à la paix : il fallut que les seigneurs du Languedoc, à l'instigation de l'homme de Dieu, lui fissent la guerre et que l'excommunication fut par le même homme de Dieu fulminée contre lui (1)

Henri II, pressés par le légat Pierre de Pavie, cardinal de Saint-Chrysogone, font la paix à Nonancourt, d'abord en vue de la croisade de Terre Sainte, puis sur l'invitation sans doute de l'Abbé de Clairvaux, Henri de Marsiac, lui-même alerté par Raymond V, comte de Toulouse, en vue d'une intervention dans le Languedoc. Voir Origines, p. 91 et suivantes. D'autre part, la guerre favorise le développement de l'hérésie, moins sous un aspect doctrinal que sous un aspect social, dans l'un et l'autre cas préjudiciable aux intérêts de l'Eglise. Les seigneurs engagent des mercenaires qui, sous des noms divers, Cottereaux, Brabançons, Aragonais, s'en donnent à cœur-joie sur les terres et au plus grand dam des populations. Voir Géraud : Les Routiers au XIIe siècle, dans la Bibliothèque de l'Ecole des Chartes, t. III, 1841, 1842, p. 125-147, surtout Boussard : Les Mercenaires au XIIe siècle, Henri II Plantegenet et les Origines de l'Armée de métier, dans la même Biblioth., t. CVI, 1945, 1946, p. 198-224 et tiré à part 1947. Leurs sacrilèges, profanations d'églises et pillages de biens ecclésiastiques contribuaient indirectement à la propagande hérétique et les faisaient eux-mêmes passer pour hérétiques. D'où les doléances du clergé, des princes qui pourtant les utilisaient, et la législation tant séculière qu'ecclésiastique dirigée contre eux. En 1171, Louis VII et Frédéric Barberousse s'accordent en principe pour chasser de leurs domaines et du domaine de leurs vassaux toutes espèces de routiers : quiconque entretiendra des routiers sera excommunié par son évêque et ses terres seront interdites jusqu'à satisfaction, dans M. G. H. Legum IV, p. 237. En 1173, l'archevêque de Narbonne, Pons d'Arsac, presse Louis VII d'intervenir, dans Rec. des Hist. XVI, 159-160. En 1176, Raymond V écrit dans le même sens au Chapitre de Citeaux : lettre in-extenso dans Vaissète, VI, p. 77-78. En 1179, le IIIe Concile de Latran, c. 27, dénonce à la fois l'insolence des hérétiques et les crimes des routiers « qui tantam in christianos immanitatem exercent ut nec ecclesiis nec monasteriis deferant non viduis et pupillis, non senibus et pueris nec cuilibet parant ætati aut sexui, sed more paganorum omnia perdant et vastent ». Cf. dans Quinque Compilationes Antiquae de Friedberg, Leipzig, 1882, Comp. I, Liv. V, tit. V, c. 27. Frédéricq : Corpus Documentorum., t. I, n° 47, Mansi, t. XXII, c. 231 et suivantes. Les peines qui frappent les défenseurs, protecteurs et « fauteurs » des hérétiques et des routiers sont les mêmes : solution du serment de fidélité et de toute espèce de contrat qui lierait un catholique à un hérétique ou à un routier. Enfin, le Concile organise la croisade en pays hérétique par la levée d'une armée sainte et la concession des indulgences et il met sous la protection spéciale du Saint-Siège les personnes et les biens des croisés. En 1181, la guerre avait repris dans le Languedoc : de nouveau des bandes de routiers ravageaient le pays. Deux lettres d'Etienne de Tournai, envoyé par Philippe-Auguste auprès du cardinal d'Albano, en témoignent . lettre à Raymond, prieur de Sainte-Geneviève, lettre à Jean de Belles-Mains, évêque de Poitiers, élu archevêque de Narbonne et presque aussitôt archevêque de Lyon. Cf. Desilve, Lettres d'Etienne de Tournai, Paris, 1893, lettres LXXXVI, LXXXVIII, p. 101, 103. Item Vaissète, VI, p. 97. En 1184 ,1185, les routiers du comte de Toulouse ravagent les terres du roi d'Angleterre et les routiers du roi envahissent les terres du Comte, Géraud, art. cité, p. 136 et suivantes, Boussard, p. 26. « En 1190, écrit Vaissète, VI, p. 140, les églises étaient fermées depuis Vêpres jusqu'au lendemain à cause des troupes qui mettaient le pays dans une désolation continuelle ». En 1191, Roger Trancavel et Raymond V se réconcilient, ils s'entendent avec l'évêque d'Albi, Guillaume, et les seigneurs du pays pour établir une paix durable. La même année, Célestin III rappelle à l'archevêque d'Arles, Humbert, les canons du Concile de Latran sur la paix, les hérétiques et les routiers, J. n° 16753, P. L. t. 206, c. 897. En 1195 enfin, un concile de Montpellier, présidé par le légat Michel, rappelle à son tour les canons du Concile de Latran et ordonne à l'archevêque de Narbonne et à ses suffragants de fulminer l'excommunication et l'anathème dans chaque paroisse au son des cloches et à la lueur des cierges contre quiconque reçoit un hérétique ou un routier, le défend, lui accorde quelque faveur, lui achète ou lui vend quelque chose ou même se permet de ferrer ses chevaux. Frédéricq, T. I, n° 58, Mansi, XXII, 667

(1) En Avril 1207, confirmation donnée par Innocent III, 29 Mai 1207, P. 3114, P. L. t. 215, c. 1166. Bourilly et Busquet : La Provence au Moyen-Age, extrait du T. II de l'Encyclopédie départementale des Bouches-du-Rhône, Marseille, 1924, p. 183.

pour qu'il se décidât à jurer la paix. Mais ce renégat, qui était pire
qu'un infidèle (1) et ne tenait jamais compte de ses serments, jura
plusieurs fois et plusieurs fois se parjura. Or cet homme très saint,
frère Pierre de Castelnau, déployait pour le corriger un grand courage, il approchait sans crainte de ce tyran (2) et il lui résistait en
face (3) car il était — oh combien ! — répréhensible et disons davantage, digne de la damnation. Cet homme de grand cœur, cet homme
de conscience pure le confondait au point de lui reprocher qu'il
était en toutes choses hypocrite et parjure, et cela était bien vrai.

[28] *Récit de l'infidélité du Comte Raymond.* Puisque l'occasion
se présente, donnons quelques brèves explications sur l'infidélité du
comte Raymond. Remarquons d'abord que dès le berceau, (4) pour-
rait-on dire, il a toujours aimé et favorisé les hérétiques : ceux qui
étaient sur sa terre, (5) il les a honoré autant qu'il a pu. Jusqu'à
maintenant, à ce qu'on rapporte, partout où il va, il mène avec lui
des hérétiques, vêtus comme tout le monde, afin, au cas où il viendrait à mourir, de mourir entre leurs mains : il se figure, en effet,
qu'il pourra se sauver sans aucune pénitence, quelque grand pécheur
qu'il puisse être, si à l'article de la mort il peut recevoir l'imposition de leurs mains. Il fait aussi porter le Nouveau Testament afin
que, en cas de nécessité, il reçoive des hérétiques l'imposition des
mains avec le livre : quant à l'Ancien Testament, les hérétiques le
détestent : ils disent que le dieu de l'Ancienne Loi est « mauvais »,
(6) ils l'appellent « traître », à cause des plaies d'Egypte, « homicide » à cause du Déluge et de l'engloutissement des Egyptiens ;
ils disent que Moïse, Josué, David ont été les routiers et les minis-
tres de ce dieu « mauvais ». (7) [29] Le comte de Toulouse dit un
jour aux hérétiques, nous le tenons pour certain, qu'il voulait élever
son fils, (8) à Toulouse, parmi les hérétiques afin qu'il fut instruit
dans leur foi (plutôt leur infidélité). [30] Il dit encore un jour qu'il
donnerait volontiers cent marcs d'argent pour convertir à la foi
des hérétiques un de ses chevaliers qu'il avait invité bien souvent

---

(1) I Tim, V, 8.

(2) Expressions tirées de la lettre d'Innocent III du 29 Mai 1207 : « Impie, crudelis
et dire tyranne (liturgie de la fête de Sainte-Agathe, 5 Février) non est confusus in pravitatem hæreticam usque adeo declinare ut ei qui te corripuit super hæreticorum defensione
responderes ».

(3) Gal, II, 11.

(4) Raymond VI naquit en 1156. Cf. Guillaume de Puylaurens, p. 124.

(5) Un memorandum de 1209 donne la liste des « castra comitis in quibus sunt heretici
et credentes » : Castelnaudary, Saint-Martin-la-Lande, Avignonnet, Montferrand, Montmaur,
Saint-Félix, Montbrun, Montesquieu, Castelsarrasin, Montauban, Montegut, Rabastens, Saint-
Marcel, Verfeil, Saint-Paul-Cap-de-Joux, Sénégats, Arifat, Cadalen, Graulhet, Cestayrols,
Lanta, Caraman, Auriac, Saint-Martin-Laguépie, Cahusac, Baziège « et multa alia »
Rouquette : Cartulaire de Maguelonne, II, n° 300.

(6) Voir ci-dessus, § 10.

(7) « Moyses et omnes antiqui patres... fuerunt... ministri Diaboli » Rainier Sacconi,
Summa, dans Martène et Durand, Thesaurus, V, c. 1.769.

(8) Raymond le jeune, né à Beaucaire en 1197, et plus tard comte de Toulouse sous
le nom de Raymond VII, 1222-1249.

à embrasser cette croyance, en la faisant prêcher devant lui. [31]
En outre, quand les hérétiques lui envoyaient des cadeaux ou des
vivres, (1) il les recevait avec une vive reconnaissance, il les faisait conserver avec le plus grand soin : il ne tolérait pas que d'autres
que lui-même et quelques-uns de ses familiers pussent y goûter. Très
souvent même, comme nous l'avons appris avec une très grande certitude, il adorait les hérétiques, les genoux à terre, il leur demandait
leur bénédiction et leur donnait le baiser de paix. (2) [32] Certain jour,
le comte attendait certains hommes qui devaient venir à lui, mais
comme ils ne venaient pas : « On voit bien que c'est le Diable qui
a fait le monde, dit-il, puisque rien ne nous arrive à souhait. » [33]
Le même comte dit encore au vénérable F. (Foulques) évêque de
Toulouse, qui me l'a rapporté lui-même, que les moines de Citeaux
ne pouvaient être sauvés parce qu'ils avaient des brebis qui s'adonnaient à la luxure. O hérésie insensée ! [34] Il invita même ledit
évêque de Toulouse à venir la nuit dans son palais pour y entendre
les prêches des hérétiques : d'où il faut conclure qu'il les entendait
souvent pendant la nuit. [35] Certain jour, le comte se trouvait dans
une église où se disait une messe : il était accompagné d'un mime
qui, suivant l'habitude des bouffons de cette espèce, se moquait
des gens en faisant des grimaces et des gestes de comédien. Comme
le prêtre qui disait la messe se tournait vers le peuple en disant
« Dominus vobiscum » cet ignoble comte dit à son histrion de con-
trefaire le prêtre et de se moquer de lui. [36] Ledit comte dit aussi
une autre fois qu'il aimerait mieux ressembler à tel dangereux hérétique de Castres, au diocèse d'Albi, qui n'avait plus de membres et
vivait dans la misère, que d'être roi ou empereur. [37] Qu'il accordait
toujours sa faveur aux hérétiques, nous en avons un argument
patent : car jamais aucun légat du Siège Apostolique ne réussit à
lui faire chasser les hérétiques de sa terre, bien que, pressé par ces
mêmes légats, il leur eût juré plusieurs fois de le faire. (3) [38] En
outre, il avilissait à ce point le sacrement de mariage qu'il prenait
une autre femme chaque fois que la sienne lui déplaisait. Il eut ainsi
quatre épouses dont trois vivent encore. Il eut d'abord la sœur du
vicomte de Béziers, Béatrice : l'ayant répudiée, il prit la fille du
duc de Chypre : (4) celle-ci répudiée à son tour, il épousa la sœur

---

(1) Si les Parfaits s'abstenaient de viandes, œufs, fromage, ils ne se faisaient aucun
scrupule d'autoriser les croyants à en manger et au besoin ils leur en offraient : Voir Guiraud,
Cartulaire de Notre-Dame de Prouille, p. CXVII : item, Doat 22, 197.

(2) Sur les génuflexions, la bénédiction et le baiser de paix, voir également Guiraud,
p. CXVII et suivantes.

(3) Notamment à Saint Gilles, en 1209. Plus tard, quand il se présentera devant le
Concile de Saint Gilles, en 1210, pour tenter de se justifier, le légat Thédise refusera de
l'entendre aussi longtemps qu'il n'aura pas chassé les hérétiques de sa terre : voir ci-dessus,
§§ 77 et 164.

(4) Béatrice, sœur de Roger II, mariée avant 1193 : Bourguigne, fille d'Amaury de
Lusignan, comtesse de Toulouse entre 1193 et 1196. Vaissète, VI, p. 30 et 146. En réalité,
Raymond VI eut cinq épouses. La première fut Ermessinde de Pelet, qui mourut en 1176.
Vaissète, VI, p. 69.

du roi d'Angleterre Richard qui lui était parente au troisième degré de consanguinité ; à sa mort, il épousa la sœur du roi d'Aragon qui lui était de même parente au troisième et quatrième degré. (1) [39] Ne passons pas sous silence l'anecdote suivante. Le comte avait jadis une épouse qu'il pressait vivement à prendre l'habit religieux. Elle, comprenant ce qu'il voulait, lui demanda insidieusement s'il voulait qu'elle se fît moniale dans l'Ordre de Citeaux ; il dit non. Elle lui demanda encore s'il voulait qu'elle se fît moniale dans l'Ordre de Fontevrault ; le comte répondit qu'il ne voulait pas. Alors, elle lui demanda ce qu'il voulait : il lui déclara que, si elle voulait devenir hérétique, il pourvoirait à tous ses besoins, et ainsi fut fait. (2) [40] Il y avait à Toulouse un détestable hérétique, Hugues Faure : un jour, il fut pris d'un accès de démence tel qu'il fit ses besoins près de l'autel d'une église et en signe de mépris de Dieu il s'essuya avec la nappe de l'autel. O crime inouï ! Cet hérétique dit encore un jour que le prêtre, quand il communiait à la messe, c'était le démon qu'il faisait passer dans son corps. Comme le vénérable Abbé de Citeaux, Arnaud, qui était alors Abbé de Grandselve sur le territoire de Toulouse, faisait au comte de Toulouse le récit d'un si grand crime et l'invitait à punir le coupable, le comte répondit qu'il n'infligerait pour cela aucune sanction à un de ses sujets. Ces abominations ont été racontées par l'Abbé de Citeaux, qui était alors archevêque de Narbonne aux évêques, une vingtaine environ, du Concile de Lavaur. J'étais présent. [41] Ledit comte de Toulouse fut toujours adonné à

---

(1) La parenté de Raymond VI avec ses deux dernières femmes s'établit de la manière suivante, d'après les notes de P. Guébin et le Tableau Généalogique, dans la Croisade contre les Albigeois, de P. Belperron.

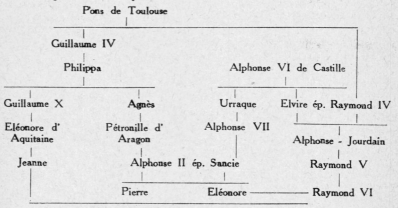

On voit que Raymond VI est parent :

1° avec Jeanne, non pas au 3° degré, mais du 5° au 4°, par Pons de Toulouse ;

2° avec Eléonore, non pas au 3° degré, mais du 6° au 4° par Pons de Toulouse, et au 4° égal par Alphoonse VI. Dans tous les cas, il y avait inceste ; les empêchements dirimants s'étendaient, en effet, avant la réforme du IV° Concile de Latran, jusqu'aux 6° et 7° degrés de consanguinité collatérale.

(2) Gen., I, 7.

la luxure et à ce point lubrique, nous l'affirmons expressément, qu'il abusa de sa propre sœur, au mépris de la religion chrétienne. Dès l'enfance, il recherchait avec grand soin les concubines de son père et il couchait avec elles on ne peut plus volontiers : à peine, en effet, une femme pouvait-elle lui plaire s'il n'avait la certitude qu'elle avait auparavant couché avec son père. Aussi son père lui-même lui prédisait-il bien souvent qu'il perdrait son héritage, tant pour le fait d'hérésie qu'à cause de cette monstruosité. [42] En outre, ledit comte de Toulouse eût toujours pour les routiers une étonnante prédilection. Avec eux, il pillait les églises, détruisait les monastères, il volait leur héritage à tous ceux qu'il pouvait atteindre. Toujours il se conduisit comme membre du Diable, fils de perdition, ennemi de la croix, persécuteur de l'Eglise, oppresseur des catholiques, ministre de perdition, apostat, plein de crimes, réceptacle de tous les péchés. (1) [43] Un jour, le comte jouait aux échecs avec son chapelain et en jouant il dit au chapelain : « Le Dieu de Moyse en qui vous croyez ne pourra vous aider au point de m'empêcher de gagner à ce jeu », et il ajouta : « Puisse jamais ce Dieu me venir en aide ! » [44] Une autre fois, comme le comte se disposait à quitter la terre de Toulouse pour combattre quelqu'un de ses ennemis qui se trouvait en Provence, voici qu'à minuit il se lève, se rend à la maison où les hérétiques toulousains étaient réunis et leur dit : « Seigneurs et frères, les guerres ont des hasards divers, (2) quoiqu'il m'arrive, je remets entre vos mains mon corps et mon âme. » (3) Ceci fait, il emmena avec lui en surnombre deux hérétiques vêtus d'habits ordinaires, (4) afin que, si d'aventure il lui arrivait de mourir, il mourut entre leurs mains. [45] Ce maudit comte, un jour, tomba malade en territoire aragonnais. Comme sa maladie s'aggravait sensiblement, il se fit faire une litière, il y entra, on mit la litière sur des chevaux et on le porta ainsi à Toulouse : et comme on lui demandait pourquoi il se faisait transporter avec une si grande hâte alors qu'il était affligé d'une maladie si grave, ce misérable

---

(1) On a vu ci-dessus que le légat Pierre de Castelnau excommunia Raymond VI qui refusait de jurer la paix, § 27. La sentence fut confirmée par Innocent III dans une lettre du 29 Mai 1207 p. 3.114 : P. L. t. 215, c. 1.166 . Vaissète VI, p. 254-257. Il reproche au comte, outre son refus de jurer la paix, les dévastations des routiers dans la province d'Arles, malgré la défense de l'évêque d'Orange, Cf. Gal. Christ. Noviss. t. VI, n° 105, p. 57, le refus d'indemniser les moines de Candeil pour avoir détruit leurs vignes, l'expulsion de l'évêque de Carpentras, Cf. Gal. Christ. Noviss. t. VII, n° 351, p. 114, les fortifications d'églises, Cf. Teulet, Layettes du Trésor des Chartes, T. I, p. 74, n° 139 : en 1155, Raymond V avait juré à l'évêque de Carpentras précisément de ne jamais élever contre son gré de forteresses sur sa terre : quant aux fortifications d'églises, elles avaient été formellement défendues par le Ier Concile de Latran, c. 14, Cf. Mansi, XXI. c. 284-285 ; la violation de la paix du carême, des fêtes et des quatre-temps, le refus tacite d'expulser les hérétiques, la présence de Juifs dans son administration et enfin, grief suprême qui résume à lui seul tous les autres : la suspicion d'hérésie.

(2) II Rois : II, 25.

(3) Formule liturgique des Complies.

(4) Les « parfaits » portaient un habit noir, §§ 13 et 19.

répondit : « C'est qu'il n'y a pas de « bons hommes » en ce pays, entre les mains desquels je puisse mourir. » Les fauteurs des hérétiques s'appelaient en effet « bons hommes. » [46] Mais lui-même se reconnaissait hérétique par des gestes et des faits plus explicites : il disait en effet : « Je sais que je serai deshérité pour ces bons hommes. Mais je suis prêt à souffrir pour eux, non seulement la privation de mon héritage, mais la privation même de la vie. » En voilà assez sur l'incroyance et la malice de ce misérable. [47] *Retour sur ce qu'on avait commencé de dire.* Maintenant revenons à notre propos. Après le colloque de Montréal, pendant que nos prédicateurs se trouvaient à Montréal, semant partout la parole de foi et les avertissements du salut, le vénérable Abbé de Citeaux, Arnaud, revint de France avec douze abbés. (1) Ces hommes de religion totale, de science consommée, de sainteté incomparable, vinrent au nombre de douze, le nombre sacro-saint des Apôtres, avec leur père Abbé le treizième, prêts à justifier devant n'importe quel contradicteur la foi et l'espérance qu'ils portaient en eux. (2) Tous, avec plusieurs moines qu'ils s'étaient adjoints, dans la pratique de l'humilité la plus parfaite, suivant l'exemple qui leur avait été montré sur la montagne, (3) c'est-à-dire suivant les avis de l'évêque d'Osma, s'en allaient à pieds. Immédiatement, l'Abbé de Citeaux les dispersa au loin, chacun préposé à un territoire déterminé (4) qu'il parcourait en s'adonnant à la prédication et au labeur ingrat des controverses avec les hérétiques. [48] L'évêque d'Osma voulut rentrer dans son diocèse, pour veiller aux besoins de sa maison et aussi pour entretenir de ses propres revenus les prédicateurs de la parole de Dieu dans la province de Narbonne. (5) Comme il s'en allait en direction de l'Espagne, il vint à Pamiers, sur le territoire de Toulouse : il s'y rencontra avec Foulques, évêque de Toulouse, Navarre, évêque de Couserans et plusieurs abbés. Ils discutèrent avec les Vaudois Ceux-ci furent entièrement convaincus et confondus et la population de la cité, notamment les pauvres, se rangea presque toute entière au parti des nôtres : celui qui avait été institué comme juge de la discussion et qui inclinait du côté des Vaudois — c'était un notable de la cité — renonça à l'hérésie et remit sa personne et ses biens aux

---

(1) Arnaud-Amaury quitta Citeaux en Mars 1207, d'après Robert d'Auxerre, dans M. G. H. ss. XXVI, p. 271, 31, reproduit par Guillaume de Nangis dans Réc. des Hist. XX, 752 d avec erreur de mois. Quant aux abbés cisterciens, deux sont connus : Gui, abbé des Vaux-de-Cernay, oncle du chroniqueur, § 300 et Henri, abbé de Mont-Sainte-Marie, dans le Jura, § 201.

(2) I Pierre, III, 15.

(3) Exode, XXV, 40.

(4) Guy prêcha dans la région de Carcassonne, § 52-53 : Henri participe en Septembre à une procession aux environs de Pamiers, § 201.

(5) Le 8 Août 1207, deux habitants de Villasavary (Aude), Sans Gasc et sa femme Ermengarde Godoline, donnent et leurs personnes et tous leurs biens « Domino Deo et Beatæ Mariæ et omnibus sanctis Dei et sanctæ praedicationi et domino Dominico de Osma et omnibus fratibus et sororibus qui hodie sunt, vel in futuro erunt », Guiraud, cartulaire, II, n° 234.

mains de l'évêque d'Osma : à partir de ce jour et dans la suite il combattit avec courage les sectateurs de la superstition hérétique. (1) A cette discussion prit part ce sinistre traître, le Comte de Foix, ce très cruel persécuteur de l'Eglise, cet ennemi du Christ : il avait une femme, hérétique fieffée, qui appartenait à la secte vaudoise et deux sœurs, dont l'une était vaudoise, l'autre professait les erreurs communes des autres hérétiques. Ledit colloque eut lieu au palais même du comte : celui-ci entendait tel jour les vaudois, tel autre jour nos prédicateurs. O feinte courtoisie ! [49] Après quoi, l'évêque d'Osma retourna dans son diocèse, avec l'intention ferme de revenir le plus tôt qu'il pourrait pour faire avancer l'affaire de la foi dans la province de Narbonne, mais après avoir passé quelques jours dans son diocèse, il se disposait à revenir lorsque, surpris par la mort, il s'endormit heureusement dans une bonne vieillesse. [50] Avant son décès, frère Raoul, dont on a souvent parlé, homme de bonne mémoire, l'avait précédé dans la mort, à l'abbaye cistercienne de Franquevaux, près de Saint Gilles. [51] Après la disparition de ces deux luminaires, savoir l'évêque d'Osma et frère Raoul, le vénérable Abbé des Vaux-de-Cernay, au diocèse de Paris, Guy, qui était venu avec d'autres abbés pour prêcher dans la province de Narbonne — il était noble d'origine mais beaucoup plus noble encore par la science et la vertu : il devint dans la suite évêque de Carcassonne — fut institué le premier tout ensemble et le chef des prédicateurs, d'autant que l'Abbé de Citeaux se transporta ailleurs pour certaines affaires importantes qui le retenaient à ce moment-là. (2) Les saints prédicateurs s'en allaient donc et discutaient avec les hérétiques

---

(1) Durand de Huesca et d'autres vaudois convertis fondèrent l'Ordre des Pauvres Catholiques qui se répandit en Lombardie, en Provence, en Languedoc et en Aragon. Ils pratiquaient les trois vœux de pauvreté, de chasteté et d'obéissance. Ils se consacraient entièrement, dit le texte de leurs statuts, « à la lecture, à la prédication, à l'enseignement et à la discussion pour combattre tous les genres d'hérésie ». Aussi tenaient-ils des écoles qui ressemblaient à de véritables séminaires : Lettres d'Innocent III à l'archevêque de Tarragone et à ses suffragants : 18 Décembre 1208, P. 3571 : P. L. t. 215, c. 1510. Deux ans plus tard, Innocent III réconcilia pareillement avec l'Eglise Romaine les « Pauvres Lombards » de Bernard Primus ; 14 Juin 1210, P. L. t. 216, c. 289 et suivantes. Les deux formules de réconciliation sont à peu près semblables : on en retrouve l'essentiel dans la constitution dogmatique du IVe Concile de Latran, Mansi, XXII, c. 982 ; au Corpus Juris Canonici : 1-X-I-1. Mais les évêques prirent ombrage des Pauvres Catholiques : Innocent III, tout en leur recommandant la soumission à l'évêque diocésain, dut les mettre sous la protection spéciale du Saint-Siège : P. 3572, 3573, 4508, 4510, et les défendre contre les archevêques de Milan, Gênes, Narbonne, Tarragone, les évêques de Béziers, Uzès, Nîmes, Carcassonne, Barcelone, Huesca et contre le roi d'Aragon lui-même. P. 3694, 3766, 3767, 3768, 3999, 4512, 4515, 4516 et 4506. P. L. t. 215, c. 1514 et t. 216, c. 29. 73, 74, 256, 274, 607, 608. Gal. Christ. Noviss. Marseille, p. 99, n° 202. Les Pauvres Catholiques disparurent au cours de la Croisade Albigeoise ou se fondirent avec les premiers dominicains. Voir Pierron, art. Poor Catholics dans The Catholic Encyclopedia.

(2) A Marseille avec Pierre de Castelnau au sujet de l'affaire Roncelin « moine, sous-diacre, abbé » qui, à la mort de son frère Barral, vicomte de Marseille, s'était adjugé son héritage, malgré les droits de son neveu Hugues de Baux. Lettre d'Innocent III, 21 Août 1207 : P. 3163, P. L. t. 215, c. 1206 : Gal. Christ, I, c. 689, avec erreur de date.

qu'ils écrasaient sous le poids de leurs raisons pertinentes. Mais
ceux-ci étaient ancrés dans leur malice et ne pouvaient se convertir :
alors, après un long temps, devant l'échec à peu près total de leurs
prédicateurs et de leurs réunions contradictoires, ils retournèrent en
France. (1) [52] N'omettons pas de raconter le fait suivant. Ledit
Abbé des Vaux-de-Cernay avait plusieurs fois discuté avec le susdit
Théodoric et un certain hérésiarque des plus fameux, Bernard de
Simorre (2) qui se tenait principalement dans le diocèse de Carcassonne, et il les avait bien souvent confondus. Or, certain jour, ledit
Théodoric, ne sachant que répondre, dit à l'abbé : « La prostituée
m'a longtemps retenu. Dorénavant elle ne me tiendra plus » : en
parlant ainsi, c'est l'Eglise Romaine qu'il appelait prostituée. [53]
N'oublions pas d'ajouter qu'une autre fois l'Abbé des Vaux-de-Cernay
se disposait à entrer pour y prêcher dans une ville appelée Laure.
En franchissant la porte de la ville il fit le signe de la croix, ce
que voyant un certain chevalier hérétique qui était dans la ville,
dit à l'Abbé : « Puisse-t-il ne jamais me venir en aide, le signe de
la croix ! » [54] *Miracle.* En ce temps-là, il se produisit un miracle
que nous croyons digne de mentionner ici .Certain jour, plusieurs
de nos prédicateurs, hommes plein de religion, avaient discuté avec
les hérétiques. L'un des nôtres, Dominique, homme de sainteté parfaite, qui avait été le compagnon de l'évêque d'Osma, avait rédigé
par écrit les arguments qu'il avait employés dans le cours de la discussion et avait remis le papier à un certain hérétique pour qu'il
en discutât. La nuit donc, les hérétiques étaient réunis dans une
maison, assis devant le feu : celui à qui l'homme de Dieu avait
donné le papier le sortit au milieu de leur réunion : ses compagnons
lui dirent de le jeter au feu : si le papier brûlait, ce serait signe
que la foi (plutôt la perfidie) des hérétiques était vraie : mais, s'il
ne brûlait pas, ils reconnaîtraient comme bonne la foi de nos prédicateurs. Qu'ajouterai-je ? Tous sont d'accord : le papier est jeté
au feu. Mais, après être resté quelque temps au milieu des flammes,
il sauta du feu absolument indemne. Devant la stupeur de tous,
l'un d'eux, plus endurci que les autres, leur dit : « Rejetons le papier
au feu et alors nous ferons une expérience plus complète de la
vérité. » Le papier est de nouveau jeté et de nouveau il sort du
feu : ce que voyant, cet hérétique, dur et lent à croire, (3) dit :
« Jetons-le encore une troisième fois et alors sans aucun doute nous
connaîtrons l'issue de cette aventure. » Une troisième fois le papier
est jeté, et non seulement il n'est pas brûlé, mais il saute hors du

---

(1) Le 17 Novembre, Innocent III se plaint auprès de Philippe-Auguste de l'échec
des prédications. C'est d'ailleurs pour inviter le roi à la croisade. P. 3223 : P. L. t 215,
c. 1246.

(2) Bernard de Simorre aurait assisté au Concile cathare de Saint-Félix-de-Caraman,
d'après Dondaine : Les actes du Concile albigeois de Saint-Félix de Caraman, p. 338,
surtout note 26, dans Miscellanea Giovanni Mercati, t. V, Cité du Vatican, 1946.

(3 Luc : XXIV, 25.

feu absolument indemne. (1) Quant aux hérétiques, malgré des signes si évidents, loin de vouloir se convertir à la foi, ils demeurèrent endurcis et se défendirent formellement les uns aux autres de porter ce miracle à la connaissance des nôtres, mais un certain chevalier qui était avec eux et qui inclinait quelque peu du côté de notre foi (2) ne voulut pas cacher ce qu'il avait vu et il le révéla à plusieurs. Le fait se passa près de Montréal, comme je l'ai appris de la bouche de cet homme extrêmement saint qui avait donné ce papier à un hérétique.

———

(1) Le miracle du feu est représenté sur une fresque du couvent de Saint-Sixte, à Rome, et sur un tableau de Fra Angelico, le Couronnement de la Vierge, au musée du Louvre.

(2) Bernard de Villeneuve, d'après Guill. de Puylaurens, éd. Beyssier, p. 128.

TROISIEME PARTIE

LES CROISÉS

Chapitre Premier

L'ORGANISATION DE LA CROISADE

[55] *Martyre de frère Pierre de Castelnau.* — Après ce bref préliminaire sur les prédicateurs de la parole de Dieu, venons-en, avec l'aide du Seigneur, au martyre de cet homme vénérable, de ce vigoureux champion, frère Pierre de Castelnau (1). Nous ne pouvons, croyons-nous, en donner un meilleur récit ni plus authentique qu'en insérant dans notre texte la lettre du Seigneur pape, destinée à tous les croisés et rapportant tous les détails de ce martyre. En voici le texte.

[56] *Contenu de la lettre.* « Innocent, évêque, serviteur des ser-
« viteurs de Dieu, (2) à nos fils bien-aimés les nobles hommes,
« comtes et barons et à tous les habitants des provinces de Narbonne,
« Embrun, Aix et Vienne, salut et bénédiction apostolique. [57] Nous
« venons d'apprendre un événement cruel qui va mettre en deuil
« l'Eglise tout entière : frère Pierre de Castelnau, de sainte mémoire,
« moine et prêtre, qui parmi les hommes vertueux se faisait remar-
« quer par sa conduite, son savoir et sa bonne réputation, avait été
« envoyé par nous avec d'autres dans le midi de la France pour y
« prêcher la paix (3) et affermir la foi. Dans la tâche qui lui était
« confiée, il avait réussi d'une façon digne d'éloges et ne cessait
« d'y réussir. En vérité, c'est à l'école du Christ qu'il avait appris
« tout ce qu'il prêchait : il était capable d'exhorter le fidèle selon
« la saine doctrine et de réfuter les contradicteurs (4) : il était
« toujours prêt à rendre raison à quiconque l'interrogeait (5) car
« c'était un homme de foi catholique, de science juridique et de
« parole éloquente. Mais le Diable suscita contre lui son ministre...
« le comte de Toulouse. Celui-ci, à cause des grands et nombreux
« excès qu'il avait commis contre Dieu et contre l'Eglise avait sou-
« vent encouru la censure ecclésiastique et souvent il s'était fait

---

(1) Ce meurtre serait du 14 Janvier 1208 ; d'après Vaissète, V, 36.
(2) Sur cette expression, voir note de Levillain, dans le Moyen-Age, t. 40, 1930, p. 5-7.
(3) Ephes. II, 17.
(4) Tite. I, 9.
(5) I Pierre. III, 15

« absoudre après un simulacre de repentir (1) en homme qu'il était
« rempli de souplesse astucieuse et d'insaisissable inconstance. (2)
« Comme il était incapable de réfréner la haine qu'il avait conçu
« contre frère Pierre dont la bouche ne gardait point enfermée la
« parole de Dieu pour exercer la vengeance sur les nations et répan-
« dre les châtiments sur les peuples, (3) poussé en outre par une
« rage d'autant plus vive qu'il méritait d'être plus fortement répri-
« mandé pour ses crimes, il convoqua à Saint-Gilles ledit frère Pierre
« et son collègue, légats du Siège Apostolique, promettant de donner
« sur tous les points qui lui étaient reprochés une entière satisfac-
« tion. [58] Les légats une fois arrivés dans cette ville, le comte de
« Toulouse se montra à leur égard tantôt docile et sincère dans ses
« promesses d'exécuter les ordres qui lui étaient donnés pour son
« bien, (4) tantôt fourbe et obstiné dans son refus de s'y soumettre.
« Lorsque les légats décidèrent de se retirer, il les menaça publique-
« ment de mort : il déclara que leur départ, qu'il se fît par terre
« ou par eau, serait par lui avec soin épié, et aussitôt, passant des
« paroles aux actes, il dressa un guet-apens et y envoya ses com-
« plices. Sourd aux prières de l'Abbé de Saint-Gilles, et aux ins-
« tances des consuls et des bourgeois qui essayaient vainement de
« calmer sa fureur, il les vit d'un mauvais œil conduire malgré
« lui les légats avec une escorte armée jusqu'au bord du Rhône.
« A la nuit tombante, les légats s'arrêtèrent pour se reposer sans
« s'apercevoir que des satellites du comte se tenaient auprès d'eux
« et, comme la suite l'a prouvé, cherchaient à répandre leur sang.
« [59] Le lendemain, quand le jour fut levé et la messe célébrée
« comme de coutume, les vertueux chevaliers du Christ (5) se dis-
« posaient à traverser le fleuve (6) quand l'un des susdits satellites
« de Satan, brandissant sa lance, blessa par derrière entre les côtes
« ledit Pierre, lequel appuyé fortement sur le Christ comme sur un
« roc inébranlable, (7) ne s'attendait pas à pareille trahison. Il re-

---

(1) En 1196, Raymond VI fut menacé d'excommunication par Célestin III pour avoir
spolié ou détruit des églises et construit une forteresse sur les terres de l'abbaye de Saint-
Gilles. Le pape lui ordonna de raser la forteresse et de réparer les dommages qu'il avait
causés, sous peine d'excommunication, d'interdit, d'anathème et de solution du serment de
fidélité : Lettre du 1er Mars 1196 : J. n° 17338 : P. L. t. 206, c. 1155. L'excommunication et l'interdit furent sans doute fulminés puisque, deux ans plus tard, Innocent III
accordait à Raymond VI son pardon : il lui imposait toutefois comme pénitence un pélerinage en Terre Sainte, mais lui permettait de l'accomplir par procuration : Lettre du
4 Novembre 1198 : P. 407 ; P. L. t. 214, c. 374. Il n'en fit probablement rien. Innocent III
comptait peut-être sur lui pour expulser les hérétiques et confisquer leurs biens : Lettre de
Novembre-Décembre 1201, P. 1549.
(2) « Homo versipellis » : on pourrait traduire assez justement, croyons-nous : qui-
retourne-sa-veste : « et callidus, lubricus et inconstant » : trompeur, fuyant, capricieux.
(3) Ps. CXLIX, 7.
(4) Tobie, I, 15.
(5) Timothée, II, 3.
(6) A Arles. Cf. Chronique de Saint-Victor de Marseille, éd. Albanès, dans les
Mélanges d'archéologie et d'histoire de l'Ecole française de Rome, t. VI, 1886, p. 320.
(7) Mtt. VII, 25 et I Cor X, 4.

« garda pieusement son impie agresseur et, suivant l'exemple de
« son Maître Jésus-Christ et du bienheureux Etienne, il dit : « Que
« Dieu te pardonne comme moi je t'ai pardonné » : (1) il redit à
« plusieurs reprises ces paroles pieuses et résignées, puis l'espoir
« du ciel lui fit oublier la douleur de la blessure qui le traversait :
« il continua, pendant que s'approchait le moment de son précieux
« trépas, à régler avec ses compagnons les mesures destinées à pro-
« mouvoir la paix et la foi et, après plusieurs prières, il finit par
« s'endormir bienheureusement dans le Seigneur. (2) [60] La Paix
« et la Foi ! C'est la plus noble cause pour souffrir le martyre : c'est
« pour elle que frère Pierre a versé son sang. Aussi d'éclatants mi-
« racles auraient déjà glorifié sa mort, nous en sommes convaincus,
« sans la présence de ces incrédules, pareils à ceux dont parle l'Evan-
« gile : « Jésus ne fit pas beaucoup de miracles en ce lieu à cause
« de leur incrédulité. » (3) Quoique le miracle des langues fut des-
« tiné aux incrédules et non aux croyants, (4) cependant quand notre
« Sauveur parut devant Hérode (qui au témoignage de saint Luc (5)
« éprouva à sa vue une grande joie parce qu'il espérait lui voir
« opérer quelque prodige), il ne daigna ni faire de miracle ni répon-
« dre à celui qui l'interrogeait, sachant qu'en fait de prodige Hérode
« cherchait à satisfaire, non le besoin de croire mais la recherche
« de sa vanité. Si donc cette génération dépravée et perverse (6) n'est
« pas digne de recevoir de si tôt, comme peut-être elle le cherche, (7)
« de cet homme qu'elle a fait son martyr le signe qu'elle attend,
« quant à nous, nous estimons utile qu'un seul soit mort pour l'em-
« pêcher de périr tout entière, (8) elle que la contagion de l'hérésie
« avait contaminée et qui pourra être ramenée de son erreur, mieux
« par l'appel du sang (9) que par les discours de sa victime. Tel est
« l'antique artifice de Jésus-Christ, le merveilleux stratagème em-
« ployé par notre Sauveur : quand on le croit vaincu dans la per-
« sonne des siens, c'est alors qu'il remporte sur eux sa plus forte
« victoire, et en vertu de ce même pouvoir par lequel en mourant
« il a vaincu la mort, (10) il l'emporte en la personne de ses servi-
« teurs sur ceux qui croyaient l'avoir emporté sur eux. Si le grain
« de blé qui tombe dans le sillon ne meurt pas, il reste seul : mais
« si au contraire il meurt, il porte beaucoup de fruit (11) [61] De la
« mort de ce grain très fécond, nous avons le ferme espoir de voir

---

(1) Luc. XXIII, 34.
(2) Actes. VII, 60.
(3) Mtt. XIII, 58.
(4) I Cor. XIV, 22.
(5) Luc.XXIII, 8,9.
(6) Deut. XXXII, 5.
(7) Mtt. XII, 39.
(8) Jean. XI, 50.
(9) Gen. IV, 10.
(10) Préface de Pâques et du Temps Pascal.
(11) Jean, XII, 24-25.

« sortir une riche moisson pour l'Eglise du Christ, car celui-là serait
« obstinément cruel et cruellement obstiné dont l'âme ne serait pas
« traversé par un tel glaive. (1) Le sang de la victime aura, nous
« n'en doutons pas, une efficacité telle que l'œuvre de la sainte pré-
« dication qu'il avait inauguré dans le midi de la France et pour
« laquelle il est descendu dans la corruption (2) recevra de Dieu le
« développement désiré. (3) C'est pourquoi nous estimons devoir
« avertir et exhorter avec soin nos vénérables frères les archevê-
« ques de Narbonne, d'Arles, d'Embrun, d'Aix et de Vienne (4) ainsi
« que leurs suffragants, et nous leur ordonnons fermement de par
« le Saint-Esprit et en vertu de l'obéissance qu'ils nous doivent d'ar-
« roser et faire germer par leurs prédications la parole de paix et
« de foi semée par le défunt. Qu'ils travaillent avec un zèle infati-
« gable à combattre la dépravation hérétique et à fortifier la foi
« catholique, à déraciner les vices et à planter les vertus. (5) Qu'au
« nom de Dieu le Père Tout Puissant et du Fils et du Saint-Esprit,
« par l'autorité des saints Apôtres Pierre et Paul et par la nôtre,
« dans tous leurs diocèses ils déclarent excommuniés et anathèmes
« (6) le meurtrier du serviteur de Dieu et tous ceux qui ont conseillé,
« favorisé et aidé son crime. Qu'ils aillent en personne jeter l'inter-
« dit sur tous les lieux où se réfugieront les coupables. (7) Que cette

----

(1) Luc. II, 35.

(2) Ps. XXIX, 10.

(3) I Cor. III, 6-7.

(4) Bérenger, Michel, Raymond, Guy, Humbert : Gal. Christ. VI, c. 565-566 ; III,
c. 1076 ; I, c. 313 ; XVI, c. 88-89.

(5) Allusion à Jérémie : I, 10. Ce texte revient à chaque instant sous la plume d'Innocent III.

(6) Entre excommunication et anathème, il n'y avait guère qu'une différence de degré.
L'anathème frappait surtout les grands criminels : homicides, adultères, sacrilèges, incendiaires, déjà excommuniés et impénitents. Il supposait en principe une procédure plus
complexe que celle de l'excommunication, savoir le consentement du métropolitain et des
évêques de la province. Il se fulminait avec solennité : douze prêtres entouraient l'évêque,
tenant à la main des cierges allumés. Quand la formule d'anathème était prononcée, ils
jetaient leurs cierges à terre et les foulaient aux pieds. Guillaume de Tudèle y fait allusion,
quand il dit que le pape, ayant prononcé la formule d'anathème, éteignit son cierge. Cf.
Chanson [5]. Ce rite, mentionné par Burchard de Worms et Yves de Chartres, est aussi
mentionné par Gratien, dans sa « Concordia discordantium » c. 106, C. XI, q. III.
L'excommunié était ainsi « livré au démon », suivant l'expression de Saint-Paul : « Tradi-
tit hominem Sathanæ in interitum carnis » I Cor. V, 5, expression reprise par Saint Augustin : De Verbis Apostoli, sermon, 79, et par toute la tradition canonique. Cf. c. 32, C. XI,
q. III. Au Concile de Rome, en 1059, Nicolas II appelle sur les excommuniés frappés
d'anathème toutes les malédictions contenues dans l'Ancien Testament à l'adresse des impies :
« Fiat habitatio eorum deserta et in tabernaculis eorum non sit qui inhabitet : Ps. LXVIII,
26 et encore : « Fiant ejus orphani : Ps. CVIII, 9 : etc... Cf. Gratien, D. XXIII, c. I,
§ 8.

(7) Il s'agit ici de cette forme d'interdit appelé ambulatoire dont la formule canonique
a été donnée par Alexandre III en 1173, parce que le roi d'Angleterre Henri II séquestrait
les femmes de ses fils avec qui il était en guerre : J. 8.286 et 12.248 : P. L. t. 200,
c. 965 : Corpus J. C. c. 11-X-IV-I. On sait qu'Innocent III a usé et abusé de l'interdit :
Cf. Krehbiel : The Interdict : its history and its operation with especial attention to the
time of Pope Innocent III, Washington, 1909.

« condamnation soit solennellement renouvelée les dimanches et
« jours de fête au son des cloches et à la lueur des cierges, jusqu'à
« ce que le meurtrier et ses complices se présentent au Siège Apos-
« tolique et méritent par une satisfaction convenable d'obtenir l'ab-
« solution. A tous ceux par contre qui, animés par le zèle de la foi
« catholique pour venger le sang du juste qui élève de la terre au
« ciel un appel incessant (1) jusqu'à ce que le Dieu des vengeances
« (2) descende du ciel sur la terre pour la confusion des corrupteurs
« et des corrompus, (3) à tous ceux donc qui prendront vaillamment
« les armes contre ces pestiférés, ennemis de la vraie foi tout ensem-
« ble et de la paix, que les susdits archevêques et évêques garantis-
« sent l'indulgence accordée par Dieu et son Vicaire pour la rémis-
« sion de leurs péchés et qu'une pareille entreprise suffise à tenir
« lieu de satisfaction pour les fautes, celles du moins dont une réelle
« contribution de cœur et une sincère confession de bouche seront
« offertes au Dieu de Vérité. (4) Ces pestiférés, en effet, ne se con-
« tentent plus de viser à la destruction de nos biens, ils cherchent
« à machiner la perte de nos personnes : non seulement ils aiguisent
« leurs langues, (5) pour ruiner les âmes, mais ils étendent leurs
« mains pour prendre les corps : ils pervertissent les âmes et détrui-
« sent les corps. [62] Quant au Comte de Toulouse, déjà frappé d'ana-
« thème pour des fautes graves et nombreuses qu'il serait trop long
« d'énumérer, (6) sa responsabilité dans le meurtre du saint homme
« ressort d'indices certains : non seulement il l'a publiquement me-
« nacé de mort et a dressé un guet-apens contre lui, mais encore il
« a, dit-on, reçu dans son intimité le meurtrier et lui a donné une
« forte récompense, (7) sans parler d'autres présomptions qui nous
« sont clairement apparues. (8) Qu'il soit donc publiquement déclaré

---

(1) Gen. IV, 10 ; I Rois, VII, 8 ; Mtt, XXIII, 35 ; Apoc. VI, 10
(2) Ps. XCIII, 1.
(3) Saint-Bernard : de Consideratione, III, 13. P. L. t. 182, c. 765.
(4) Innocent III ne fait que reprendre à son compte la théorie de la croisade déjà
formulée au IIIe Concile de Latran, précisément contre les Albigeois. Voir ci-dessus, p. 15.
(5) Ps. CXXXIX, 4.
(6) Allusion à toute les fautes pour lesquelles Raymond VI avait déjà encouru les
Censures ecclésiastiques, notamment en 1196, sous le pontificat de Célestin III et en 1207,
sous Innocent III. Cf. ci-dessus, p.
(7) Cependant, d'après un historien du XIVe siècle, cité par Vaissète : VI, p. 262,
Raymond VI aurait été extrêmement fâché de cette mort et il prit toutes les mesures
propres à découvrir l'assassin afin de le châtier. Cf. Amaury Duval, biographie de Milon,
dans l'Histoire Littéraire de la France, t. XVII, p. 21.
(8) D'après la Chanson [5], Arnaud-Amaury se trouvait à Rome au moment où
Innocent III fulmina l'anathème contre Raymond VI. Comme, toujours d'après la Chanson,
l'Abbé de Citeaux se trouvait, sinon avec Pierre de Castelnau, du moins dans la région,
rien ne s'oppose à ce qu'il ait pu avoir sur l'assassinat du légat des détails circonstanciés
qu'il aurait fait connaître à Innocent III. Il aurait même conseillé au pape d'envoyer des
bulles de croisade à toute la chrétienté et sans doute en a-t-il inspiré la rédaction. Il n'y
a pas grand argument à tirer de la bulle, adressée à Arnaud, P. 3357, invitant le légat à
prendre d'accord avec l'évêque de Couserans toutes dispositions nécessaires, à la suite du
meurtre de Pierre de Castelnau : la bulle, n'étant pas datée, pourrait être du mois de
Février 1208, entre la mort de Pierre et la venue d'Arnaud à Rome.

« anathème pour ce nouveau motif également par les susdits arche-
« vêques et évêques. Et, comme selon les canons des saints pères,
« on ne doit plus garder la fidélité envers celui qui n'a pas gardé
« sa fidélité envers Dieu et qui est isolé de la communion des fidèles
« comme un homme à éviter plutôt qu'à fréquenter, que tous ceux
« qui sont liés audit comte par un serment de fidélité, d'association
« ou d'alliance soient déclarés par notre autorité apostolique relevés
« de ce serment. (1) Qu'il soit permis à tout catholique, sous réserve
« des droits du seigneur principal, (2) non seulement de combattre
« le comte en personne, mais encore d'occuper et de conserver ses
« biens, afin que la sagesse d'un nouveau possesseur purge cette terre
« de l'hérésie dont par la faute du comte elle a été jusqu'ici honteu-
« sement souillée : il convient, en effet, que toutes les mains se
« lèvent contre celui dont la main s'est levée contre tous, (3) et si
« ce tourment ne lui donne pas l'intelligence, (4) nous aurons soin
« d'appesantir davantage nos mains sur lui. (5) Par contre, s'il s'en-
« gage à donner satisfaction, il conviendra indubitablement qu'il
« fournisse d'abord les gages suivants de son repentir : qu'il con-
« sacre toutes ses forces à expulser les hérétiques et qu'il se hâte

---

(1) Cum juxta sanctorum Patrum canonicas sanctiones ei qui Deo fidem non servat fides servanda non sit... » Innocent III s'inspire ici d'une tradition à la fois patristique, grégorienne et conciliaire. Plusieurs Pères de l'Eglise, notamment Saint Ambroise, Saint Augustin, Saint Jérôme, Saint Isidore, Saint Bède ont affirmé que la valeur juridique du serment était fonction de sa valeur morale : Voir les textes dans Gratien : C. XXII, q. IV, passim. Ces textes ont été utilisés par les Grégoriens pour justifier la politique de Grégoi-re VII. Manégold de Lautenbach dit expressément que le prince coupable de détruire la justice, de troubler la paix, d'abandonner la foi, n'a plus le droit à la fidélité de ses vassaux : le peuple est libre de le déposer et d'en élire un autre. Cf. M. G. H. Libelli de lite, t. I, p. 392. De même Gerhard de Salzbourg dit que la fidélité due au prince est limitée par les droits de la conscience chrétienne. Si donc, le prince commet des actes que la conscience réprouve, la fidélité qui lui est due cesse et le refus d'obéissance ne constitue pas un péché. Item, Libelli, p. 276-277. Cette théorie est passée dans la légis-lation au III° Concile de Latran, c. 27. Cf. ci-dessus, p.

(2) « Salvo jure domini principalis ». L'excommunication, à plus forte raison l'ana-thème, avaient pour effet la perte des biens et même du droit de propriété : Cf. Roland-Gosselin : La morale de Saint-Augustin, Paris, 1925, p. 168 à 219. Les textes les plus fameux sont passés dans le Décret de Gratien, C. XXIII, q. VII, notamment les canons 2, 3, 4, 5, et ont été glosés par les décrétistes. Voir Origines, p. 34-47. La confiscation des biens se fait, en régime féodal, par le seigneur, quel qu'il soit : Empereur ou Roi, Comte, Baron, Consuls des villes, etc... tous tenus par un serment spécial et obligatoire de fournir à l'Eglise une assistance effective dans sa lutte contre l'hérésie : Décrétale « Ad Abolen-dam » de Lucius III : 4 Novembre 1184 . 9-X-V-7. Décrétale « Vergentis in senium » d'Innocent III : 25 Mars 1199 : 10-X-V-7. La confiscation est en principe tellement radicale que les héritiers, même catholiques, des hérétiques n'ont même plus le « jus ad rem », mais comme la censure ecclésiastique et la confiscation qui la suit ont un caractère médicinal, l'Eglise pourra restituer leurs biens aux convertis. Mais on ne voit guère en pratique comment cette restitution pourrait se faire. Sans doute y faudrait-il encore le consentement du seigneur principal. Il y a là le germe d'un conflit entre le Droit Canonique et le Droit Féodal. Cf. Maisonneuve : Un conflit juridique dans la chrétienté du XIII° siècle, dans Mélanges de science religieuse, Lille, 1947.

(3) Gen. XVI, 12.

(4) Isaïe. XXVIII, 19.

(5) I rois. V, 6

« d'ahérer à une paix fraternelle : c'est surtout, en effet, parce que
« sa culpabilité a été établie sur ces deux points que la censure
« ecclésiastique a été prononcée contre lui. Et pourtant, si le Sei-
« gneur voulait tenir compte de toutes ses iniquités, (1) il ne pourrait
« guère donner de satisfaction suffisante, non seulement pour lui-
« même, mais encore pour la foule des autres qu'il a entraînés dans
« le piège de la damnation. (2) [63] Selon la parole de vérité, il ne
« faut pas craindre ceux qui tuent le corps, mais bien celui qui peut
« envoyer le corps et l'âme en enfer. (3) Aussi nous mettons notre
« confiance et notre espoir dans celui qui ressuscita le troisième jour
« afin de libérer ses fidèles de la crainte de la mort, (4) pour que la
« mort du susdit serviteur de Dieu, loin d'effrayer notre vénérable
« frère l'évêque de Couserans ou notre aimé fils, l'Abbé de Cîteaux,
« légats du Siège Apostolique, et les autres fidèles catholiques, excite
« au contraire leur ardeur : qu'ils suivent l'exemple de celui qui a
« eu le bonheur de gagner la vie éternelle au prix d'une mort tem-
« porelle : qu'ils ne craignent pas d'exposer au besoin dans un si
« glorieux combat leur vie pour le Christ. (5) C'est pourquoi nous
« estimons devoir conseiller et commander aux archevêques et évê-
« ques susdits, corroborant nos prières par nos ordres et nos ordres
« par nos prières, de tenir scrupuleusement compte des avis et com-
« mandements salutaires de nos légats et de collaborer avec eux
« comme de vaillants frères d'armes (6) dans tout ce que ceux-ci
« leur enjoindront. Nous ordonnons, sachez-le, de respecter et d'exé-
« cuter inviolablement toute sentence que nos légats prononceraient
« contre des rebelles ou même contre des nonchalants. [64] En avant,
« chevaliers du Christ ! En avant, courageuses recrues de l'armée
« chrétienne ! Que l'universel cri de douleur de la sainte Eglise vous
« entraine ! Qu'un zèle pieux vous enflamme pour venger une si
« grande offense faite à votre Dieu ! Souvenez-vous que votre Créa-
« teur n'avait nul besoin de vous quand il vous créa. Mais, bien
« qu'il puisse se passer de votre concours, néanmoins, comme si
« votre aide lui permettait d'agir avec plus d'efficacité, comme si
« votre carence affaiblissait sa Toute-Puissance, il vous donne aujour-
« d'hui l'occasion de le servir d'une manière qui soit digne de lui.
« Depuis le meurtre de ce juste, l'Eglise de ce pays reste sans con
« solateur, assise dans la tristesse et dans les larmes. (7) La foi,
« dit-on, s'en est allée, la paix est morte, la peste hérétique et la
« rage guerrière ont pris des forces nouvelles : la barque de l'Eglise
« est exposée à un naufrage total si dans cette tempête inouïe on ne

---

(1) Ps. CXXIX, 3.
(2) Ps. LX V,11.
(3) Mtt X, 28.
(4) Luc. XXIV, 7 .Hebr. II, 14-15.
(5) I Jean. III, 16.
(6) Philipp. II, 25.
(7) Isaïe. III, 26.

« lui apporte un puissant secours. C'est pourquoi nous vous prions
« de bien entendre nos avertissements, nous vous exhortons avec
« bienveillance, nous vous enjoignons avec confiance au nom du
« Christ, devant un tel péril nous vous promettons la rémission de
« vos péchés afin que sans tarder vous portiez remède à de si grands
« dangers. Efforcez-vous de pacifier ces populations au nom du Dieu
« de paix et d'amour. (1) Appliquez-vous à détruire l'hérésie par
« tous les moyens que Dieu vous inspirera. Avec plus d'assurance
« encore que les Sarrazins, car ils sont plus dangereux, combattez
« les hérétiques d'une main puissante et d'un bras étendu. (2) Pour
« ce qui est du comte de Toulouse qui semble avoir fait un pacte
« avec la mort (3) et ne pas songer à la sienne, si par hasard le
« tourment lui donne l'intelligence (4) et si son visage, couvert d'igno-
« minie commence à demander le nom de Dieu, (5) continuez à faire
« peser sur lui la menace jusqu'à ce qu'il nous donne satisfaction,
« à nous, à l'Eglise et à Dieu. Chassez-le, lui et ses complices, des
« tentes du Seigneur. Dépouillez-les de leurs terres afin que des habi-
« tants catholiques y soient susbtitués aux hérétiques éliminés et,
« conformément à la discipline de la foi orthodoxe qui est la vôtre,
« servent en présence de Dieu dans la sainteté et dans la justice. »
(6) [65] Donné au Latran, le six des Ides de Mars, l'an II de notre
pontificat. (7) [66] Après ces quelques pages consacrées à la mort de
cet homme très saint, reprenons le fil de notre récit.

[67] *Suite du récit.* Les prélats de la province de Narbonne et
d'autres qu'intéressent l'affaire de la paix et de la foi, ayant vu mourir les hommes bienheureux l'évêque d'Osma, frère Pierre de Castelnau et frère Raoul, qui avaient été les initiateurs et les chefs de la
prédication dans ce pays, considérant en outre que cette prédication
avait déjà remplie une grande partie de son objet et sans grand
profit, même qu'elle était presque totalement dépourvue du résultat
souhaité, jugèrent bon d'envoyer des délégués au Souverain Pontife.
Les hommes vénérables, Foulques, évêque de Toulouse, et Navarre,
évêque de Couserans, s'équipent donc et se hâtent vers Rome (8) pour
supplier le seigneur pape de tendre à l'Eglise en péril et prête à
sombrer dans la province de Narbonne et dans une partie des provinces de Bourges et de Bordeaux (9) une main secourable. Le seigneur pape qui remédiait de toutes ses forces aux problèmes posés

---

(1) II Cor. XIII, 11.
(2) Deut. V, 15.
(3) Isaïe. XXVIII, 15.
(4) Isaïe. XXVIII, 19.
(5) Ps. LXXXII, 17.
(6) Luc. I, 74-75.
(7) 10 Mars 1208.
(8) Entre le 14 Janvier et le 1er Mars, puisque la légation de Milon est du 1er Mars :
Cf. § 69.
(9) L'hérésie albigeoise n'avait pénétré que dans une partie des provinces de Bourges
et de Bordeaux : diocèses d'Albi, Rodez, Cahors et diocèse d'Agen. Guill. de Puyl. p. 119.

par la défense de la foi catholique appliqua sur ce mal si grave la
main qui guérit en envoyant dans la France du Nord des bulles géné-
rales et efficaces comme nous le dirons plus en détail ci-après. [68]
Quand le comte de Toulouse ou mieux le comte « tout dol et ruse »
(1) apprit que les deux évêques susdits se dirigeaient vers la Curie
Romaine, il craignit d'être puni comme il le méritait. Voyant que
ses actions ne pouvaient échapper à l'impunité, il simula le repentir
et autant que possible se précautionna pour l'avenir. Bien qu'il eût
déjà envoyé plusieurs délégués à Rome, il en envoya certains autres,
exécrables et malfaisants, l'archevêque d'Auch et Raymond de Rabastens, ancien évêque de Toulouse qui avait été déposé à juste titre. (2)
Par le truchement de ses envoyés, (3) le comte se plaignit au seigneur
pape de l'Abbé de Cîteaux qui était chargé de la légation sur l'affaire
de la foi, assurant que celui-ci l'irritait avec trop de dureté et plus
qu'il n'était juste : le comte promettait encore que si le seigneur pape
lui envoyait un légat à *latere*, il se soumettrait en tout à ses volontés:
il ne disait pas cela dans l'intention de se corriger, mais il s'imagina
que si le seigneur pape lui envoyait un de ses cardinaux, il pourrait le
circonvenir par sa souplesse et sa fourberie. (4) [69] Le Tout-Puissant
qui scrute les cœurs et connaît les secrets, (5) ne voulut pas que la
candeur du seigneur pape fut abusée ni que la perversité du comte
demeurât cachée plus longtemps. Avec justice et miséricorde, le juste
juge (6) fit en sorte que le seigneur pape donnât satisfaction au comte
comme si sa demande était juste et que cependant sa malice ne
restât pas dissimulée plus longtemps. Le seigneur pape envoya donc
dans le midi de la France un des clercs de sa suite, Maître Milon,
de vie honnête, de science illustre et de parole éloquente : pour résumer en quelques mots ses vertus, il ne pouvait être dompté par la
crainte, ni corrompu par des dons. (7) Le susdit comte, apprenant
l'arrivée de Maître Milon, eut une grande joie (8) car il escompta

(1) Tholosanus, dolosanus, jeu de mots comme Tolosa, dolosa. Cf. ci-dessus, § 8.
(2) Bernard, archevêque d'Auch depuis 1201 sera déposé en 1211. P. 4027. Raymond
de Rabastens, dont l'élection était entachée de simonie, fut déposé dès 1205, mais Innocent III l'autorisa néanmoins à exercer les fonctions liturgiques les jours de fête et sur
l'invitation du clergé. Il voulut ainsi prélever pour lui sur les biens de l'évêché de Toulouse une somme de 30 livres afin qu'il ne fût pas réduit à la mendicité, P. 2.557. P. L.
t. 215, c. 682. Avec lui fut également déposé la même année le prévôt de la cathédrale,
Mascaron, et pour le même motif. P. 2561. P. L. t. 215, c. 683. 26-X-I-6.
(3) L'ambassade de Raymond VI comprenait encore, d'après la Chanson [10] l'Abbé
de Condom et le Prieur de l'Hôpital. Tous prêtèrent serment à Innocent III au nom de
Raymond VI « quod, si ad partes suas legatum miseritis, ipse ad mandatum ipsius pres-
tabit sufficientissimam cautionem. Rouquette et Villemagne : Cartulaire de Maguelonne, II,
n° 300.
(4) « Homo versipellis et callidus ». Ce sont les expressions mêmes d'Innocent III.
Cf. § 57.
(5) Jérémie, XVII, 10. Daniel, XIII, 42.
(6) II Tim. IV, 8.
(7) Milon, notaire d'Innocent III, nommé légat le 1er Mars 1209. P. 3683. Les
ambassadeurs de Raymond VI essayèrent de corrompre la Curie. Cf. Chanson [11] ; Item.
Rouquette et Villemagne : Cartulaire de Maguelonne, II, n° 300, et le légat lui-même :
lettre de Milon. P. L. t. 216, c. 126.
(8) Mtt. II, 10.

que celui-ci se plierait à sa volonté. (1) Il se mit à parcourir sa terre
en fanfaronnant et en disant : « Maintenant, tout va bien pour moi,
car j'ai un légat selon mon cœur ou plutôt c'est moi qui serai le
légat. » Mais les événements donnèrent un démenti à ses désirs comme on le verra plus loin. [70] Avec ledit Maître Milon fut envoyé un
clerc nommé Maître Thédise, chanoine de Gênes, (2) pour le stimu-
ler et l'aider à se débrouiller dans l'affaire de la foi. Quelle fut de
ce Thédise, homme de grand savoir, de ténacité admirable et d'exquise bonté, l'admirable conduite dans l'affaire de Jésus-Christ,
quelles fatigues et quels dangers grands et nombreux (3) il endura
dans cette affaire, la suite de cette histoire en témoignera plus amplement. [71] Le seigneur pape avait donné comme instruction à
Maître Milon de prendre l'avis de l'Abbé de Cîteaux pour tout ce
qui concernait l'affaire de la foi et notamment sur le cas du comte
de Toulouse, parce que l'Abbé était pleinement au courant de la
situation et des fourberies du comte. C'est pourquoi le seigneur pape
avait dit expressément à Maître Milon : « L'Abbé de Cîteaux décidera
et tu seras son instrument, car il est suspect au comte de Toulouse,
tandis que toi, tu ne lui seras point suspect. » (4) Donc, Maître Milon
et Maître Thédise se rendirent dans la France du nord et trouvèrent
l'Abbé de Cîteaux à Auxerre : Maître Milon consulta l'Abbé sur plusieurs points précis qui se rapportaient à l'affaire de la foi : l'Abbé
lui remit son avis écrit et scellé et lui donna sur toutes choses des
instructions très précises. De plus, il le pria très expressément, avant
d'affronter le comte de Toulouse, de convoquer les archevêques, les
évêques et les autres prélats qu'il jugerait utile de convoquer, de
leur demander leur sentiment et enfin il désigna tout particulièrement à Maître Milon quelques-uns des prélats dont il devait suivre
de préférence les avis. [72] Ensuite l'Abbé de Cîteaux et Maître Milon
se rendirent auprès du roi de France, Philippe, qui tenait parlement
avec plusieurs de ses grands vassaux à Villeneuve, dans le Sénon-
nais. (5) Il y avait là Eudes, duc de Bourgogne, les comtes de Nevers
et de Saint-Pol et beaucoup d'autres nobles et puissants seigneurs.
Le seigneur pape envoyait au roi des lettres personnelles, le priant
d'accorder une aide opportune, soit en personne, soit au moins par
son fils Louis, à l'Eglise en péril dans la province de Narbonne. (6)

---

(1) Actes. XIII, 22.
(2) Thédise, chanoine de Gênes en 1203. P. 2024. Nommé en même temps que Milon.
P. 3.683.
(3) Tobie, IV, 4.
(4) Innocent III répéta ce mot à Arnaud : P. 3885.
(5) Le 1ᵉʳ Mai 1209. L. Delisle. Catalogue des Actes de Philippe-Auguste. Paris.
1856, n° 1136.
(6) Le roi de France était tout désigné pour contraindre son vassal à expulser les
hérétiques et au besoin à lui reprendre son fief, comme « seigneur principal ». Mais Philippe-Auguste ne se souciait pas d'aller guerroyer dans le Midi de la France alors que
le roi d'Angleterre, ennemi traditionnel, régnait sur la moitié du territoire. Innocent III
s'avisa de faire conclure la paix entre les rois. Mal lui en prit : Philippe-Auguste lui déclara
qu'en matière féodale « jure feudi » il n'avait pas à recevoir de leçon du pape et que la

Le roi répondit au messager du seigneur pape qu'il avait sur les flancs deux grands lions dangereux : Othon, soi-disant empereur, et Jean, roi d'Angleterre qui de part et d'autre s'efforçaient à qui mieux mieux de troubler le royaume de France, et pour cette raison il refusait de quitter le nord de la France ou d'envoyer son fils : il jugeait suffisant pour l'instant d'autoriser ses vassaux à partir dans la province de Narbonne pour y combattre ceux qui troublaient la paix et la foi. [73] Pour décider les populations catholiques à extirper promptement la peste de l'hérésie, le Souverain Pontife avait envoyé des bulles circulaires à tous les prélats, barons et à tous les habitants du royaume de France : (1) il les pressait fortement d'aller dans la province de Narbonne venger l'injure du Crucifié et il leur faisait savoir que Dieu et son Vicaire accordaient la rémission de tous les péchés à tous ceux qui, embrasés du zèle de la foi catholique, prendraient les armes pour cette œuvre de piété, à condition qu'ils fussent repentants et confessés. Que dirai-je de plus ? Cette indulgence est publiée dans le nord de la France : un grand nombre de fidèles prennent le signe de la croix.

[74] *Le légat en Provence.* Après la tenue du parlement de Villeneuve, Maître Milon se dirigea vers le midi de la France avec son collègue Maître Thédise. Arrivés à la ville appelée Montélimar, il convoqua des archevêques et des évêques en grand nombre. Quand ceux-ci furent arrivés, il leur demanda avec beaucoup de précision, comment il devait s'y prendre dans l'affaire de la paix et de la foi et spécialement dans le cas du comte de Toulouse : il voulut même que les prélats lui donnassent individuellement leur avis écrit et scellé relativement aux points sur lesquels l'abbé de Citeaux lui

---

querelle des rois ne le regardait pas. Innocent III répondit par la fameuse distinction dans laquelle les théologiens et les canonistes voient la formule même de ce qu'on appelle le Pouvoir Indirect : « non ratione feudi, cujus ad te spectat judicium, sed occasione peccati, cujus ad nos pertinet sine dubitatione censura ». P. 2009. Cf. Luchaire : Innocent III : Les royautés vassales, Paris, 1908, p. 268. Dès 1204, il expose au roi la théorie des deux glaives, l'invite à intervenir dans le Midi contre les hérétiques et lui accorde l'indulgence de Terre Sainte : 28 Mai 1204, P. 2225. Il invite expressément ses légats Arnaud, Raoul et Pierre à intervenir dans le même sens auprès du roi : 31 Mai 1204, P. 2229. En 1205, il insiste encore : 16 Janvier, 7 Février. P. 2.373, 2.404, avec un même insuccès. En 1207, après l'excommunication de Raymond VI, Innocent III multiplie ses instances : 17 Novembre, P. 3223. La lettre du pape fut remise au roi par l'évêque de Paris : or, à ce moment, le roi d'Angleterre créait de l'agitation dans l'ouest de la France. Philippe-Auguste répondit par une fin de non-recevoir. Delisle : Catalogue n° 1069. En 1208, après la mort de Pierre de Castelnau, nouvelle instance auprès du roi : P. 3353. Il dépêche auprès des rois de France et d'Angleterre les abbés cisterciens de Perseigne et du Pin en vue d'une trève de deux ans. P. 3355. — comme en 1177 le légat Pierre de Pavie était intervenu avec succès auprès de Louis VII et d'Henri II. Cf. p. 15. Même refus du roi et pour les mêmes motifs. Cependant, devant l'enthousiasme suscité par la croisade, Cf. Luchaire. La Croisade des Albigeois, p. 127, il autorisa ses vassaux à partir. Cf. Cartellieri : Philipp II August, Leipzig, 1899, 1921, IV-2, 268. Mais cette autorisation n'avait aucunement valeur d'une délégation. En 1209, 3 Février, nouvelle instance : P. 3638.

(1) Bulles des 8, 9 et 11 Octobre 1208. P. 3510 et suivantes. Innocent III s'occupe des conditions financières de la croisade : moratoire des dettes et levée d'une aide. Cf. Origines, p. 178, 179. De même en 1209 : 3 Février. P. 3639 et suivantes.

avait donné ses instructions particulières. Ses ordres furent exécu-
tés et, chose inouïe, les avis de l'abbé et des prélats se trouvèrent
d'accord sur tous les points sans nulle exception. C'est Dieu qui l'a
voulu. (1) [75] Ensuite, Maître Milon donna un rendez-vous au comte
de Toulouse à date précise dans la ville de Valence. Le comte vint
au jour fixé. Cet homme cruel, ondoyant et parjure, promit au légat
Maître Milon qu'il ferait en tout sa volonté, mais il était de mauvaise
foi. Le légat, en homme prudent et avisé, se conforma à l'avis des
prélats : il voulut et ordonna que le comte de Toulouse lui remit
en gage pour la sécurité de la terre qu'il tenait en Provence sept
châteaux : (2) il exigea de plus des consuls d'Avignon, de Nîmes et
de Saint-Gilles la promesse que, si le comte avait l'audace de contrevenir aux ordres du légat, ils seraient déliés dorénavant de tout
serment d'hommage ou d'alliance avec lui. (3) Quant au comté de
Melgueil, il serait confisqué par l'Eglise Romaine. (4) Le comte de
Toulouse, contraint par la nécessité, (5) promit en outre d'exécuter
tous les préceptes du légat, mais il le fit à contre-cœur et avec un
grand chagrin. Ainsi fut-il amené, après avoir dénoncé la dureté de
l'abbé de Citeaux, à déclarer le nouveau légat plus dur encore. Nous
croyons que Dieu a tout réglé et que ce fut en toute justice que là
où le tyran croyait trouver quelque apaisement, il trouva des verges
pour le châtier. [76] Aussitôt Maître Thédise, homme de toute bonté
alla sur l'ordre du légat recevoir les sept châteaux de Provence dont
nous avons parlé plus haut pour en prendre possession au nom de
la sainte Eglise Romaine et y mettre garnison.

[77] *Réconciliation du comte de Toulouse.* Tout ceci dûment
réglé, le légat se rendit à Saint-Gilles pour y réconcilier le comte
de Toulouse. Voici qu'elle fut la cérémonie de la réconciliation et
de l'absolution. Le comte fut amené devant le portail de l'église de

---

(1) Ps. CXVII, 23.

(2) Processus negotii Raymundi comitis Tolosani, dans P. L. t. 216, c. 89 à 98.
Raymond dût reconnaître tous ses torts, puis jurer de se conformer à toute la législation
canonique des conciles antérieurs, notamment du IIIe Concile de Latran, enfin de se croiser
à son tour dans les rangs de l'armée sainte. En signe de sa fidélité, il livrait les châteaux
d'Oppède, Monferrand, Beaumes, Mornas, Roquemaure, Fourques, Largentière qui furent
confiés aux Ordinaires des lieux sur lesquels ils se trouvaient ; chaque Ordinaire prêta à
ce sujet un serment spécial en vertu duquel il s'engageait à ne restituer au comte le ou les
châteaux dont il avait la garde qu'avec l'autorisation expresse du pape, de Milon ou d'un
autre légat spécialement qualifié. L'Ordinaire nommait un baile, mais les soldats étaient
ceux du comte et l'entretien des châteaux était aux frais du comte.

(3) Les serments des consuls de Saint-Gilles, le 18 Juin, de Nîmes, le 19, d'Avignon,
le 20, suivis de beaucoup d'autres serments, présentent tous un caractère commun : mêmes
clauses relatives à la paix, aux immunités ecclésiastiques, aux hérétiques, puis promesse de
soustraction de fidélité envers le comte en cas de désobéissance du comte envers l'Eglise.
Forma juramenti Baronum, Civitatum aliorumque locorum Domino Papae danda, dans
P. L. t. 216, c. 127 à 138. C'est l'application pure et simple de la théorie canonique :
« ...ei qui Deo fidem non servat fides servanda non sit... » Cf. Origines, p. 159 à 166.

(4) Le comté de Melgueil appartenait aux comtes de Toulouse depuis 1172. Vaissète,
VI, 45.

(5) « Necessitate compulsus », I Rois XIII, 12.

Saint-Gilles. Là, en présence des légats, des archevêques et des évêques réunis au nombre d'une vingtaine, (1) il jura sur l'Hostie et les
reliques des saints, que les prélats tenaient nombreuses et avec grand
respect exposées devant le portail, d'obéir en tout aux commandements de la sainte Eglise Romaine. Puis le légat fit placer son étole
au cou du comte et, le tirant par cette étole, il le fouetta de verges
et le fit entrer dans l'église. [78] N'oublions pas de signaler que le
comte de Toulouse, ayant été introduit à coups de verges, comme
nous venons de le dire, dans l'église de Saint-Gilles, fut, par une
disposition providentielle empêché de ressortir à cause de la foule,
par le même itinéraire qu'il avait suivi pour y entrer : il dut descendre dans la crypte et passer nu auprès du tombeau du bienheureux martyr, frère Pierre de Castelnau, qu'il avait fait assassiner.
Juste jugement de Dieu ! Il fut forcé de témoigner du respect au
cadavre de celui qui, vivant, avait essuyé son mépris. [79] *Miracle*.
Je crois aussi devoir noter que le corps du martyr, enseveli d'abord
dans le cloître des moines de Saint-Gilles, ayant été exhumé assez
longtemps après (2) pour être transporté dans l'église, fut trouvé
intact comme s'il venait d'être enterré le jour même et un merveilleux parfum se dégagea de son corps et de ses vêtements.

[80] *Le Comte de Toulouse prend la croix*. Après tous ces événements, le très astucieux comte de Toulouse, craignant l'arrivée
des croisés qui allaient bientôt venir du nord de la France vers la
province de Narbonne pour en chasser les hérétiques et leurs fauteurs, demanda au légat de lui donner la croix afin de mettre sa
terre à l'abri (3) d'une attaque des croisés. Le légat y consentit et
croisa le comte ainsi que deux de ses chevaliers. (4) O fourbe et très
perfide croisé, je dis bien le comte de Toulouse qui prit la croix.
non pour venger l'injure du Crucifié, mais pour couvrir un temps
son hypocrisie ! [81] Tout ceci terminé, Maître Milon et Maître Thédise remontèrent vers Lyon (5) pour aller à la rencontre des croisés

---

(1) Les trois archevêques d'Arles, Aix, Auch, et les dix-neuf évêques de Marseille,
Avignon, Cavaillon, Carpentras, Vaison, Saint-Paul-Trois-Châteaux, Nîmes, Adge, Maguelonne, Lodève, Toulouse, Béziers, Fréjus, Nice, Apt, Sisteron, Orange, Viviers, Uzès. P. L.
t. 216, c. 94.

(2) Un an, d'après les Annales Colonienses maximi, dans M. G. H. ss. XVII, 823.

(3) En prenant la croix, Raymond VI bénéficiait de l'indulgence et surtout protégeait
sa terre contre l'invasion possible des croisés du nord, conformément aux Bulles d'Innocent III et aux dispositions canoniques du IIIe Concile de Latran, c. 27.

(4) Le 22 Juin. P. L. t. 216, c. 95.

(5) Le légat ne se rendit à Lyon, semble-t-il, qu'à la fin de Juillet ou même au commencement d'Août. Il resta encore quelque temps dans la région du Rhône, du côté de
Saint-Gilles. Le 18 Juin, il impose à Guillaume de Baux, prince d'Orange, un serment
identique à celui de Raymond VI, avec la tradition des châteaux de Vitrole, Montmirat
de Clarensans ; le même jour, Pierre Bermond de Sauve, Raymond Pelet, seigneur d'Alais,
Raymond Rascas, seigneur d'Uzès, Rostaing de Posquières et Raymond Gaucelin, seigneurs
de Lunel, livrent au légat les châteaux de Grefeuille, de Roquefourcade et de Sade. Processus negotii, ch. XII et XIII. Le 21 Juin, il impose à Guillaume Porcelet, seigneur du
bourg d'Arles, une pénitence à peu près semblable à celle de Raymond VI. Le 2 Juillet
Artaud de Roussillon prête lui aussi serment de poursuivre les hérétiques et d'assurer la paix

dont l'arrivée était imminente contre les hérétiques méridionaux.
Car l'indulgence accordée par le seigneur pape à ceux qui partiraient contre les susdits hérétiques avait été publiée dans tout le
nord de la France et une foule de nobles et de roturiers avaient
contre les ennemis de la croix mis une croix sur la poitrine comme
une armure. Et maintenant que dans la France du nord les fidèles
s'étaient croisés par milliers ou se préparaient à prendre la croix
pour venger l'offense faite à notre Dieu, (1) que restait-il à faire
pour le Seigneur des Armées ? Dans son habituelle bonté et son
inlassable générosité envers ses ennemis les hérétiques et leurs partisans, il leur avait envoyé à plusieurs reprises et en grand nombre
ses prédicateurs, mais les hérétiques, entêtés dans leur perversité et
obstinés dans leur méchanceté, couvrirent les uns d'outrage et même
assassinèrent les autres et il ne lui restait donc plus qu'à lancer ses
armées pour exterminer ces cruels meurtriers. (2)

––––––––––

––––––––––

et livre son propre château de Roussillon. Le 12 Juillet, les co-seigneurs de Montélimar,
Giraud et Lambert, prêtent serment et livrent au légat la ville de Montélimar avec ses
dépendances et le château de Roquemaure. A la fin de ce même mois de Juillet, Milon,
estimant sa mission terminée, se disposait à rentrer en Italie. Mais l'abbé de Citeaux lui
demanda de faire conclure la paix entre le comte de Foncalquier et le comte de Provence,
Alphonse II, frère de Pierre II et de quêter pour la croisade ; de son côté, le pape prolongea la légation de Milon : Lettre du 27 Juillet 1209. P. L. t. 216, c. 100. Mais quand
il reçut la lettre d'Innocent III, le légat était déjà en route vers la Provence. A Arles,
il fit démolir deux églises fortifiées que Guillaume Porcelet avait élevées sur une île du
Rhône et grâce auxquelles il levait d'injustes péages. Cf. Origines, p. 162.

(1) Ps. CXLIX, 7
(2) Mtt, XXII, 6-7.

CHAPITRE II

LA CONQUETE DE LA VICOMTE DE BEZIERS

[82] *Arrivée des Croisés.* L'an 1209 de l'Incarnation, dans la dou-
zième année du pontificat du seigneur pape Innocent, sous le règne
de Philippe, roi de France, aux environs de la fête de saint Jean-
Baptiste, tous les croisés qui s'étaient mis en marche dans les diverses parties de la France du nord se concentrèrent à Lyon, ancienne
capitale de la Gaule, selon un plan uniforme et réglé d'avance. Parmi
eux on remarquait l'archevêque de Sens, les évêques d'Autun, de
Clermont, de Nevers, le duc de Bourgogne, le comte de Nevers, le
comte de Saint-Pol, le comte de Montfort, le comte de Bar-sur-Seine,
Guichard de Beaujeu, Guillaume des Roches, sénéchal d'Anjou, Gaucher de Joigny et beaucoup d'autres seigneurs nobles et puissants
dont il serait trop long de donner les noms. (1)

[83] *Le Comte de Toulouse va au-devant des Croisés.* Le comte
de Toulouse, Raymond, apprenant qu'un grand nombre de croisés
approchait, craignit l'invasion de sa terre, car l'aiguillon de sa conscience lui reprochait les fautes qu'il avait commises : il alla à leur
rencontre jusque près de Valence, mais ils en étaient sortis, conduits
par la main d'en-haut. (2) Le comte Raymond les rejoignit donc hors
de la ville, affecta de vouloir la paix, promit hypocritement sa soumission, prenant l'engagement formel d'obéir aux ordres de l'Eglise
Romaine et même aux décisions des croisés : comme garanties, il
donna quelques châteaux en gage aux principaux seigneurs de l'armée : il offrit même comme caution la personne de son fils ou la
sienne. Qu'ajouterai-je ? l'ennemi du Christ se mêle aux chevaliers
du Christ : ils font route ensemble et sans perdre de temps arrivent
dans la ville de Béziers.

---

(1) Pierre, archevêque de Sens : Gauthier, évêque d'Autun, Robert, évêque de Clermont, Guillaume, évêque de Nevers : Eudes III, duc de Bourgogne, Hervé IV, comte de
Nevers, Gaucher de Châtillon, comte de Saint-Pol, Simon IV, comte de Montfort, Milon IV,
comte de Bar-sur-Seine. Il faut ajouter Guy de Lévis, Lambert de Thuri, Philippe Goloin.
Sur chacun d'eux, voir les notes de P. Guébin, aux numéros correspondants de l'édition
critique. La Chanson [12] ajoute Pierre, comte d'Auxerre, Guillaume, comte de Génevois,
Adhémar de Poitiers, comte de Valentinois et Pierre Bermond d'Anduze, seigneur de Sauve.
Guillamue le Breton : Gesta Philippi : éd. Delaborde, dans la Société de l'Histoire de
France, 1882, t .I, p. 258, mentionne en outre l'archevêque de Rouen, les évêques de
Bayeux, Lisieux, Chartres, lesquels ne se croiseront, d'après Pierre des Vaux-de-Cernay,
le premier qu'en 1212, les autres en 1211. Cf. §§ 310, 216, 174.

(2) Ex. XIV, 8, ou mieux « en troupe nombreuse » sans exclure l'allusion biblique.

[84] *Siège et destruction de Béziers.* Béziers était une ville très remarquable, mais contaminée tout entière par le poison de l'hérésie : non seulement les habitants étaient hérétiques, mais ils étaient au plus haut point voleurs, injustes, adultères (1) et larrons, remplis de tous les péchés. Le lecteur ne trouvera pas fastidieux (2) que nous donnions quelques exemples de leur perversité.

[85] *Exemple de cruauté.* Une nuit, vers le point du jour, un prêtre de cette ville se rendait à l'église pour célébrer la messe : il portait un calice dans ses mains : quelques Biterrois embusqués saisirent le prêtre, le frappèrent avec une extrême brutalité et le blessèrent gravement en lui cassant le bras : ils prirent ensuite le calice, le découvrirent et urinèrent dedans, au mépris du corps et du sang de Jésus-Christ. [86] *Autre exemple.* Une autre fois, (3) dans l'église de la Madeleine, située à l'intérieur de cette ville, les Biterrois, par une horrible trahison, tuèrent leur seigneur Raymond-Trencavel (4) et cassèrent les dents de leur évêque qui s'efforçait de prendre la défense du vicomte. [87] *Miracle.* Un chanoine de Béziers sortait un jour de la cathédrale après la messe. Entendant le bruit des travailleurs dans le fossé, il demanda ce qui se passait : les assistants lui répondirent : « C'est le bruit de ceux qui travaillent aux fossés, car nous mettons la ville en état de défense contre les gens du Nord qui approchent. » L'arrivée des croisés était en effet imminente. Pendant ce dialogue surgit un vénérable vieillard qui leur dit : « Vous fortifiez cette ville contre les croisés : mais qui vous protégera contre le danger venu d'en-haut ? » Il voulait dire par là que le Seigneur du haut du ciel se disposait à les combattre. A ces mots, les assistants furent vivement troublés et profondément agités. Mais quand ils voulurent se jeter sur le vieillard celui-ci disparut et on ne put le retrouver nulle part.

[88] *Reprenons maintenant notre récit.* Avant l'arrivée des croisés devant Béziers, le vicomte, Raymond-Roger, d'illustre famille, neveu du comte de Toulouse, (5) imitant la perversité de son oncle et ne réprimant d'aucune façon l'hérésie, avait promis formellement aux habitants de Béziers qu'il ne les abandonnerait sous aucun prétexte, qu'il leur resterait fidèle jusqu'à la mort et qu'il attendrait dans Béziers l'arrivée des croisés. Mais dès qu'il apprit l'approche

---

(1) Luc, XVIII, 11.

(2) « Non sit onerosum » : tournure imitée de Saint Grégoire : Homélie 13 sur Luc : XII, 35-40 ; P. L. t. 76, c. 1123.

(3) Le 15 Octobre 1167. L'événement est raconté par Guillaume de Newborough, dans *Rerum brittanicarum medii aevi scriptores*, Londres, 1858, n° 82 ; une charte de 1205, Rouquette, Cartulaire, n° 348 ; les légats de 1209, P. L. t. 216, c. 139 ; Guillaume de Puylaurens, p. 131.

(4) Raymond Trencavel I, 1130-1167. Vaissète, VI, p. 28-29.

(5) Raymond-Roger, 1194-1209, fils de Roger II Trencavel et d'Adélaïde, sœur de Raymond VI. A la mort de ses parents, en 1194, il fut placé sous la tutelle de Bertrand de Saissac, hérétique notoire. Il n'est pas accusé d'hérésie. Vaissète, VI, p. 156.

des nôtres, il oublia ses conventions, (1) ignora ses engagements, dénonça ses serments et s'enfuit à Carcassonne, autre ville importante de ses domaines, en emmenant avec lui plusieurs hérétiques biterrois. [89] Quand les nôtres arrivèrent devant Béziers, ils déléguèrent dans la ville l'évêque de cette cité, Maître Renaud de Montpellier (2) que son âge, sa vie et sa culture rendaient vénérable et qui était venu au-devant d'eux. Les nôtres déclaraient : « Nous sommes venus pour chasser les hérétiques. Nous demandons aux habitants catholiques, s'il s'en trouve, de nous livrer les hérétiques dont le vénérable évêque donnera les noms car il les connaît bien et il en a même dressé la liste. (3) En cas d'impossibilité, que les catholiques sortent de la ville en y laissant les hérétiques, pour ne pas partager leur sort ni périr avec eux. » Lorsque l'évêque de Béziers, porte-parole des croisés, eût transmis ce message aux habitants, ceux-ci refusèrent ces conditions. Se dressant contre Dieu et contre l'Eglise, faisant un pacte avec la mort, (4) ils aimèrent mieux mourir hérétiques que vivre chrétiens. Quelques-uns firent une sortie et commencèrent à accabler les nôtres de flèches avant que ceux-ci eussent dirigé contre eux la moindre attaque. (5) [90] Indignés par ce spectacle, les serviteurs de l'armée, qu'on appelle « ribauds » en langue vulgaire, vont jusqu'aux remparts, (6) sans prévenir et sans consulter le moins du monde les nobles de l'armée ils donnent l'assaut et (chose étonnante) prennent la ville à l'instant même. Qu'ajouterai-je ? Aussitôt entrés, ils massacrent presque toute la population, du plus petit jusqu'au plus grand (7) et incendient la ville. (8) [91] Béziers est prise le jour de sainte Marie-Madeleine. O suprême justice de la Providence ! Comme nous l'avons dit au début de cet ouvrage, les hérétiques prétendaient que sainte Marie-Madeleine était la concubine de Jésus-Christ : de plus, c'est à l'intérieur de l'église qui lui est dédiée dans la ville que les Biterrois avaient tué

---

(1) « pacti oblitus », peut-être inspiré de Proverbes, II, 18.

(2) Renaud II, dit aussi de Montpeyroux. Cf. Mabille : Suite chronologique des évêques de Béziers, dans Vaissète, IV, p. 265, n° 38. Gal. Christ T. VI, c. 326-329.

(3) Cette liste est conservée : L. Domairon : Rôle des hérétiques de la ville de Béziers à l'époque du désastre de 1209, dans Le Cabinet Historique, 1863, 1re partie, 95-103, comprenant 222 personnes, des différents bourgs composant la ville. C'étaient surtout des gens de métiers. On comptait peu de bourgeois, et quatre médecins.

(4) Isaïe, XXVIII, 15.

(5) Raymond-Roger aurait cherché à se justifier auprès du légat, mais il fut éconduit. L'entrevue aurait eu lieu vers le 10 Juillet : Cf. Vaissète, VI, p. 286 et note de Molinier. D'après de Lacger : L'Albigeois pendant la crise de l'albigéisme, les légats auraient sans doute exigé du vicomte une capitulation semblable à celle de Raymond VI, et il aurait refusé. Voir Revue d'Histoire ecclésiastique de Louvain, 1933, p. 851.

(6) C'est pour avoir vu massacrer un croisé que le roi des « ribauds » appela et rassembla tous ses truands, plus de quinze mille. N'ayant comme armes que des massues, ils descendent dans les fossés de la ville et se mettent à saper les remparts. Cf. Chanson [19].

(7) Une vingtaine de mille, d'après le rapport des légats à Innocent III. P. L. t 216. c. 139 : « a minimo usque ad maximum », Gen., XIX, 11.

(8) « Tradentes incendio civitatem », Juges, I, 8.

leur vicomte et cassé les dents à leur évêque : (1) c'est donc à juste
titre que ces chiens dégoûtants (2) furent pris et massacrés pendant
la fête de celle qu'ils avaient insultée et dont ils avaient souillé
l'église du sang de leur vicomte et de leur évêque. C'est là, dans
cette même église où les Biterrois avaient tué leur seigneur, comme
je l'ai déjà dit plusieurs fois, que sept mille d'entr'eux furent tués
le jour où la ville fut prise. Fait remarquable : de même que la
destruction de Jérusalem par Titus et Vespasien eut lieu quarante
deux ans après la passion de Notre-Seigneur, de même le sac de
Béziers par les français du nord eût lieu quarante-deux ans après la
mort du vicomte. (3) Ajoutons que Béziers fut dévastée plusieurs
fois pour le même motif et ce fut toujours pendant la fête de sainte
Marie-Madeleine dans l'église de laquelle le crime avait été accompli qu'elle en reçut le châtiment mérité. (4)

[92] *Siège de Carcassonne.* Après la prise et la destruction de
Béziers, les nôtres décidèrent de marcher droit sur Carcassonne, car
les habitants de la ville étaient les pires des hérétiques et de grands
pécheurs devant Dieu : (5) en outre, les habitants des localités situées
entre Béziers et Carcassonne s'étaient enfuis par crainte des croisés,
laissant les habitations désertes, (6) sauf quelques-uns non suspects
d'hérésie et qui vinrent faire leur soumission. (7) [93] Le vicomte
de Béziers, apprenant que les nôtres se dirigeaient vers Carcassonne
pour l'assiéger, rassembla le plus grand nombre possible de chevaliers, se réfugia avec eux dans la ville et se prépara à la défendre
contre les croisés. N'oublions pas de dire que, pour renforcer les
remparts, les habitants, gens pervers et sans foi, démolirent le réfectoire et le cellier des chanoines de la cathédrale qui étaient des chanoines réguliers, et même, chose encore plus exécrable, les stalles
de l'église. O Décision sacrilège ! O Fortifications impuissantes ! (8)
La sainte immunité de la maison de Dieu isolée, détruite, votre
ouvrage ne pouvait être que voué à une juste destruction ! Les fermes

---

(1) Cf. §§ 11 et 86.

(2) Isaïe, LVI, 11.

(3) La seconde indication chronologique est exacte : 1167-1209 : mais la première
est en désaccord avec la plupart des calculs : on la retrouve néanmoins chez Clément
d'Alexandrie, Stromata, 1, 21. Cf. la note de Migne, P. G. t. 8, c. 886.

(4) Césaire de Heisterbach : Dialogus Miraculorum, liv. V, ch. 21, éd. Strange, Cologne, 1851, rapporte une réflexion malheureuse d'Arnaud-Amaury : « Caedite eos ; novit
enim Dominus qui sunt ejus : Tuez-lez tous ; Dieu reconnaîtra les siens ».

(5) Gen. XIII, 13.

(6) Une centaine de châteaux se rendirent aux croisés, d'après le rapport d'Arnaud
et de Milon à Innocent III. P. L. t. 216, c. 141 : « Reliquerunt castra nobilia plus quam
centum, referta tamen cibariis et reliqua supellectili quam fugientes secum nequiverant
asportare ».

(7) Le vicomte de Narbonne, Aimery, et l'archevêque Bérenger, soucieux l'un et l'autre
de garder leur couronne et leur siège, firent ensemble un édit très sévère contre les hérétiques :
Vaissète : VI, p. 290-291. Depuis 1198, Bérenger était en lutte avec les légats et Innocent III lui avait envoyé plusieurs fois des lettres sévères. Cf. Origines, p. 144-146.

(8) « Munitio immunita », mot à mot : « fortification sans force ».

des paysans demeurent intactes, les demeures des serviteurs de Dieu sont jetées à bas. [94] Arrivés devant la ville, les nôtres plantent leurs tentes tout autour et rendent le siège effectif : les troupes ainsi disposées s'abstinrent de combattre et ce jour-là et le suivant. La cité de Carcassonne, bâtie sur une hauteur, (1) était flanquée de deux faubourgs : chacun était garni de murs et de fossés. [95] Le troisième jour, (2) les nôtres, comptant s'emparer d'assaut et sans recours aux machines de guerre du premier faubourg qui était un peu moins fortifié que l'autre, s'y précipitent tous ensemble. (3) Evêques, Abbés, le clergé, tous réunis, (4) chantent avec grande dévotion le « Veni Sancte Spiritus » suppliant Dieu de se hâter à leur secours. (5) Aussitôt les ennemis abandonnent la place et les nôtres s'emparent de ce premier faubourg. N'oublions pas de signaler que Simon, le noble comte de Montfort, le premier de tous, le seul même de tous les chevaliers, osa se jeter dans le fossé et contribua plus que les autres à la prise du faubourg. Celui-ci, une fois pris, fut rasé jusqu'au sol et les fossés comblés. [96] Voyant qu'ils avaient pris si aisément le premier faubourg, les nôtres s'imaginèrent pouvoir prendre de même par assaut le deuxième faubourg qui était de beaucoup le plus fortifié et le mieux défendu. Le lendemain, ils se dirigèrent donc vers le rempart de ce deuxième faubourg et donnèrent l'assaut : le vicomte et les siens (6) se défendirent avec un tel courage que les nôtres, sous des jets de pierres fréquents et drus, dûrent évacuer le fossé où ils avaient pénétré. Dans ce combat, il arriva qu'un de nos chevaliers, la cuisse brisée, resta dans le fossé : personne n'osait aller l'en retirer, à cause des jets de pierres incessants, mais un homme courageux, le comte de Montfort, sauta dans le fossé, accompagné d'un seul écuyer et sauva le blessé au péril de sa propre vie. Ceci fait, les croisés mirent bientôt en batterie des machines appelées pierrières (7) afin de démolir le mur du faubourg. Quand les pierrières l'eûrent quelque peu touché à son sommet, les croisés amenèrent au pied du mur avec la plus grande difficulté un chariot à quatre roues, couvert de peau de bœuf, à l'abri duquel des spécialistes devaient saper le rempart : (8) ce chariot fut bientôt détruit par les ennemis qui lançaient sans arrêt du feu, du bois, des pierres, mais les sapeurs se réfugièrent dans la niche déjà creusée si bien que leur travail ne souffrit aucun retard. Qu'ajouterai-je ? Au point

---

(1) « In montis cujusdam supercilio », Luc, IV, 29.

(2) Le 3 Août 1209.

(3) Actes, VII, 56.

(4) Jean, XX, 19.

(5) II Macc. XV, 7.

(6) Entr'autres Pierre-Roger de Cabaret : Chanson [24].

(7) D'après Du Cange. Glossarium, une pierrière est une espèce de mangonneau qui jetait des pierres. D'après C. Enlart : Manuel d'Archéologie française : Architecture civile et militaire, Paris, 1904, p. 440, qui décrit l'engin et en explique la manœuvre, le jet de pierre pouvait être très fort et abattre les remparts.

(8) C'était ce qu'on appelait un « chat » ou une « chatte ». §§ 190, 227.

du jour, le mur sapé s'écroule et les nôtres à grand fracas pénètrent
par la brêche : les ennemis battent d'abord en retraite vers les parties
hautes de la cité, mais, voyant nos chevaliers se retirer du faubourg
et retourner à leurs tentes, ils sortent de la ville, chassent les traî-
nards qui restaient dans le faubourg, tuent ceux qui ne pouvaient
sortir, incendient tout le faubourg et se retirent de nouveau sur la
hauteur. [97] *Miracle*. Ce siège fut marqué par une circonstance qu'il
ne faut pas passer sous silence, mais qu'on doit tenir pour un grand
miracle. L'armée, dit-on, comptait cinq cent mille hommes : les
moulins des environs de Carcassonne avaient été détruits par les
ennemis, si bien que les croisés ne pouvaient se procurer du pain
que dans quelques localités des alentours : néanmoins le pain était
en telle abondance qu'on le vendait à vil prix : (1) les hérétiques
disaient même, à cause de cela, que l'Abbé de Citeaux était un
enchanteur et qu'il avait amené des diables sous figure humaine, car
il leur semblait que les croisés ne manquaient de rien.

[98] *Capitulation de Carcassonne*. Ceci fait, les croisés tinrent
conseil pour savoir comment ils s'empareraient de la ville : si les
choses se passaient là comme à Béziers, la ville serait détruite, tout
ce qu'elle contenait serait perdu : ainsi celui qui allait être désigné
comme nouveau vicomte n'aurait aucune ressource pour solder les
chevaliers et les sergents nécessaires à la défense de son fief. Sur
l'avis des principaux seigneurs, la paix fut déterminée de la manière
suivante : il fut décidé que tous les habitants sortiraient nus de la
ville et seraient libres : l'ancien vicomte serait mis en prison : tout
le butin serait réservé au nouveau vicomte pour le motif indiqué
ci-dessus. Ainsi fut fait. (2) Tous les habitants sortirent nus de la
ville, n'emportant rien que leurs péchés. [99] Alors fut accomplie la
prédiction du vénérable Bérenger, jadis évêque de Carcassonne. (3)
Un certain soir, il prêchait, dans sa ville, et comme à l'ordinaire il
reprochait aux habitants leur hérésie : ceux-ci faisaient la sourde
oreille, et il leur dit : « Ah ! Vous ne voulez pas m'écouter ? Eh bien,
croyez-moi, je m'en vais pousser un tel mugissement contre vous (4)
que des pays éloignés on viendra détruire cette ville. Et soyez bien
certain que le plus gigantesque des remparts, fut-il bâti de fer, (5)
ne pourra vous protéger contre la vengeance que réserve à votre incrédulité et à votre méchanceté le plus juste des juges. » A cause
de ces propos et d'autres semblables lancés d'une voix tonnante par
cet homme intrépide, les habitants le chassèrent de la ville : ils inter-
dirent formellement par la voix du crieur public et sous les peines
les plus sévères que nul ne fut assez hardi pour avoir de rapport

(1) Trente pains pour un denier. Cf. Chanson [25].
(2) Gen., I, 7.
(3) Mtt., II, 17 ; Vaissète : IV, 331.
(4) Jérémie, XXV, 30-31.
(5) Deut. III, 5 et II Macc. XI, 9.

avec lui ou avec les siens, pour vendre ou pour acheter. (1) [100] Revenons à notre récit interrompu. Après la capitulation de la ville, et la sortie des habitants, on désigne des chevaliers de l'armée pour garder fidèlement le butin. (2)

[101] *Election du Comte de Montfort.* Tout ceci réglé, les principaux seigneurs se consultèrent pour savoir à qui attribuer la vicomté. La suzeraineté fut offerte d'abord au comte de Nevers, puis au duc de Bourgogne, mais ils refusèrent. Alors de toute l'armée on désigne pour procéder à l'élection du nouveau vicomte, deux évêques, quatre chevaliers et l'Abbé de Citeaux, légat du Siège Apostolique : tous s'engagèrent formellement à choisir celui qu'ils estimeraient le plus utile à Dieu et au siècle. (3) Ces sept personnages, avec l'aide des sept dons du Saint-Esprit qui jette sur toute la terre un regard de miséricorde, élirent un homme de foi catholique, de mœurs honnêtes et d'une grande bravoure militaire : Simon, comte de Montfort. Aussitôt, l'Abbé de Citeaux, légat, étant comme le père et le chef de la croisade, puis le duc de Bourgogne et même le comte de Nevers se rendent auprès de l'élu : ils le pressent vivement et de leurs prières et de leurs conseils d'accepter ensemble et la charge et l'honneur. Mais cet homme d'une suprême délicatesse oppose un très ferme refus : il se reconnaît pareillement incapable et indigne. Alors l'Abbé et le duc se jettent à ses pieds, redoublent leurs prières, et, comme le comte ne voulait pas fléchir, l'Abbé recourut à ses pouvoirs de légats et lui donna l'ordre formel, au nom de l'obéissance, de se conformer à leurs demandes. (4) [102] *Le comte devient seigneur de toute la terre.* Cet homme illustre prit donc le gouvernement de la terre pour la gloire de Dieu, l'honneur de l'Eglise et la ruine de l'hérésie. (5)

[103] *Fait remarquable.* Rappelons ici un fait remarquable, arrivé peu auparavant au noble comte de Montfort dans le nord de la France. Le vénérable abbé des Vaux-de-Cernay, déjà nommé, Guy, qui promouvait de toutes ses forces l'affaire de la foi contre les hérétiques, revenait un jour d'une visite faite au duc de Bourgogne qui lui avait remis des lettres où il demandait au comte de Montfort de s'engager avec lui dans l'armée du Christ contre les hérétiques et de l'accompagner : au cas où il recevrait une réponse favorable

---

(1) C'est la législation conciliaire appliquée par les hérétiques à un catholique.
(2) Ils furent excommuniés trois mois plus tard pour avoir détourné 5.000 livres. P. 3821. Lettre d'Innocent III, 9 Novembre 1209 aux évêques d'Auxerre et d'Orléans et au doyen d'Auxerre.
(3) En application pure et simple des Bulles d'Innocent III, de la Décrétale « Vergentis in senium » et du c. 27 du IIIe Concile de Latran. Cf. ci-dessus, § 62.
(4) D'après la Chanson [35], « Seigneur, lui dit l'abbé de Citeaux, au nom du Dieu Tout-Puissant, recevez la terre dont on vous fait présent : Dieu et le pape vous la garantiront bien, et nous après eux, et tous les autres aussi ».
(5) En Août 1209, il demande à Innocent III de bien vouloir confirmer son élection et de garantir la terre à lui et à ses successeurs. P. L. t. 216, c. 142. Le pape ratifie l'investiture, les 11 et 12 Novembre. P. 3833, 3834. P. L. t. 216, c. 151, 152.

il lui faisait de grands dons et lui en promettait d'autres encore. Mais il advint que ledit abbé, venant chez le duc, trouve le comte dans l'église de Rochefort, ville forte de son domaine, occupé à certaines affaires. Comme l'abbé lui demandait de venir à part pour lui montrer la lettre du duc, le comte traverse le chœur, et, poussé par une inspiration divine, saisit le psautier qu'il trouve sur le lutrin, il l'ouvre intentionnellement et, posant le doigt sur la première ligne, il dit à l'abbé : « Expliquez-moi ce passage. » Le psaume de l'Ecriture était celui-ci : « Dieu a ordonné à ses anges de te protéger dans toutes tes voies : ils te porteront dans leurs mains, de peur que tu ne heurtes le pied contre la pierre. » (1) Que ce fut là disposition providentielle, la suite de cette histoire l'a amplement confirmé.

[104] *Le comte de Montfort se recommande à tous les points de vue.* Comme l'occasion nous y invite et que la logique de notre plan le demande, intercalons ici ce que nous savons personnellement sur le noble comte de Montfort. (2) Mettons en premier lieu son illustre origine, son inébranlable courage et sa connaissance approfondie du maniement des armes. De plus, si nous passons à l'aspect physique, sa stature était haute, (3) sa chevelure remarquable, son visage élégant, son aspect agréable, (4) ses épaules saillantes, ses bras musclés, son torse gracieux, tous ses membres agiles et souples, son allure vive et alerte : il ne prêtait à la critique, si peu que ce fut, même aux yeux d'un ennemi ou d'un jaloux. Pour nous élever à des considérations plus hautes, disons que sa parole était éloquente, son affabilité accessible à tous, sa camaraderie aimable, sa chasteté absolue, son humilité exceptionnelle : il était doué de sagesse tenace dans ses décisions, avisé dans ses conseils, équitable dans ses jugements, compétent dans les questions militaires, prudent dans ses actions, difficile à mettre en train, mais persévérant jusqu'à l'achèvement de sa tâche, adonné tout entier au service de Dieu. [105] Combien furent prévoyants les chefs qui l'ont élu, combien raisonnables les croisés qui l'ont acclamé en désignant un homme si religieux pour défendre la vraie religion, en voulant qu'un homme si compétent pour servir les intérêts de la chrétienté fut appelé à conduire contre les hérétiques pestiférés l'affaire sacro-sainte de Jésus-Christ. Il convenait, en effet, que l'armée du Dieu des Armées fut commandée par un tel chef, (5) qualifié, comme on l'a vu, par la noblesse de ses origines, l'intégrité de ses mœurs, la valeur de ses

---

(1) Ps. XC, 11, 12. Ces versets ont servi de thème à trois sermons de St-Bernard : 11, 12, 13 pour le carême, P .L. t. 183, cc. 225-238.

(2) Voir Rhein : La seigneurie de Montfort, catalogue des actes, dans les Mémoires de la Société archéologique de Rambouillet, 1910, p. 124-246.

(3) Nombres, XIII, 33.

(4) Gen. XXXIX, 6.

(5) Hebr. VII, 26.

vertus guerrières. Il convenait, dis-je, de commettre à la défense de l'Eglise en péril, un homme dont la protection et la compétence pussent garantir la sécurité des chrétiens innocents et empêcher les hérétiques orgueilleux et téméraires d'espérer l'impunité de leurs détestables erreurs. Et il est assez remarquable que cette mission ait été confiée à un Montfort (plutôt caractère fort) appelé par le Christ qui est une vraie montagne pour secourir contre les attaques des hérétiques l'Eglise prête à sombrer. (1) Autre remarque. On pouvait assurément en trouver d'autres qui lui fussent pareils en telle ou telle vertu : je ne crains pas néanmoins d'affirmer qu'on aurait eu beaucoup de peine à découvrir un autre qui réunit en sa personne un ensemble aussi complet de qualités physiques et morales. Et pour l'empêcher de tirer vanité des largesses accordées par la libéralité divine, Dieu lui donna l'aiguillon (2) de soucis incessants et d'une extrême pauvreté. Tantôt le Seigneur agissait magnifiquement avec lui, (3) en lui faisant prendre des places-fortes et détruire ses ennemis, tantôt il le tourmentait de tant de préoccupations, il l'accablait de tels embarras pécuniaires qu'il lui laissait à peine du repos afin de lui enlever la fantaisie de s'enorgueillir. (4) [106] Pour mettre plus en relief le courage de cet homme remarquable, le lecteur ne trouvera pas mauvais (5) si nous évoquons quelques souvenirs personnels sur sa carrière antérieure. En ce temps-là, le noble comte de Montfort et l'abbé des Vaux-de-Cernay, Guy, le futur évêque de Carcassonne, dont nous avons souvent parlé. s'en allaient avec des barons français pour une expédition d'outre-mer. Arrivés à Venise, ville très riche, où ils devaient d'un commun accord s'embarquer pour la traversée, ils durent louer les navires à très haut prix. Il y avait là les plus grands noms de la France du nord : Baudouin, comte de Flandre, et son frère Henri, Louis, comte de Blois, et le noble comte de Montfort et beaucoup d'autres qu'il serait difficile d'énumérer. Les vénitiens, gens roués et pervers, s'étant aperçu que nos pélerins, à cause du loyer excessif des navires, étaient à bout de ressources (6) et considérant que leur détresse financière quasi-totale ne leur permettait pas de s'acquitter de la plus

---

(1) Lettre d'Innocent III à Simon de Montfort : 12 Novembre 1209, P. 3.834 : « ...sicut mons infirmas partes ecclesie muniturus, ad verbum predicatorum fidelium es translatus, ut, tue denominationis alludendo vocabulis, in bello Domini fortis esses ». Layettes, I, n° 898. Sur la comparaison du Christ et de la montagne, voir Saint Ambroise, Comm. sur Saint Luc, Liv. IX, n. 2 ; P. L. t. 15, c. 1.793.

(2) II Cor. XII, 7.

(3) Ps. CXXV. 2, 3.

(4) II Cor. XII, 7.

(5) « Non sit onerosum » : tournure imitée de St-Grégoire : Homélie 13 sur Luc : XII, 35-40 ; P. L. t. 76, c. 1.123.

(6) Grousset : Histoire des Croisades, t. III, p. 169-171. Villehardouin : La Conquête de Constantinople, édition Faral, dans Les Classiques de l'Histoire de France au Moyen-Age, Paris, 1938. Les 85.000 marcs du pacte franco-vénitien de nolis étaient payables en 4 échéances : 15.000 + 10.000 en 1201 : 10.000 + 50.000 en 1202, p. 215. Les vénitiens avaient reçu 25.000 en 1205, p .37. : il restait dû 60.000 marcs. La dette en Août-Septembre 1202, p. 65, était encore de plus de 34.000, soit plus de la moitié

grande partie de leur dette, et les mettait ainsi à leur plus entière
discrétion, profitèrent de cet avantage pour amener nos pélerins à
détruire une ville chrétienne qui appartenait au roi de Hongrie et
qui se nommait Zara. Après leur arrivée, nos pélerins plantèrent
leurs tentes près des remparts selon l'usage des assiégeants. Toutefois, le comte de Montfort et l'abbé des Vaux-de-Cernay ne suivirent point la multitude pour faire le mal : (1) ils refusèrent de participer au siège et allèrent camper loin de la ville. Entre temps, le
seigneur pape adressa une bulle à l'assemblée des croisés : il leur
interdisait formellement de causer le moindre tort à la ville de
Zara, sous peine de perdre l'indulgence qu'il leur avait accordée
et d'encourir l'excommunication la plus grave. (2) Pendant que l'abbé
des Vaux-de-Cernay lisait un jour cette bulle devant les nobles de
l'armée assemblés, (3) les vénétiens voulurent les tuer, mais le noble
comte de Montfort surgit entr'eux et, tenant tête aux vénétiens, il
s'opposa au meurtre de l'abbé : de plus s'adressant aux habitants
de Zara qui étaient venus demander la paix, le noble comte en présence de tous les barons leur parla en ces termes : « Je ne suis pas
venu ici pour détruire des chrétiens : je ne vous ferai aucun mal,
quelle que soit la conduite des autres : je vous donne, quant à moi,
l'assurance que moi-même et les miens nous vous protégerons. »
Ainsi dit-il, en homme très courageux et aussitôt lui et les siens quittèrent le lieu de l'assemblée. A quoi bon insister ? Les grands seigneurs croisés, désobéissant à l'ordre du seigneur pape, prennent
la ville et la détruisent. Une nouvelle bulle du seigneur pape confirma
l'excommunication de ces misérables. Et moi qui étais là, je me porte
garant de la vérité, (4) car j'ai vu et j'ai lu la bulle contenant l'excommunication pontificale. Le très noble comte ne voulut pas se
ranger à l'avis du plus grand nombre afin de ne pas dévier du droit
chemin : (5) il quitta la société des pécheurs, (6) traversa péniblement
et à grands frais une terre déserte et sans route (7) et, après bien
des difficultés et des fatigues inouïes, il atteignit Barletta, ville notable de la Pouille. (8) Là, il loua des navires, s'embarqua, et après

---

(1) Ex. XXIII, 2.
(2) Innocent III envoya trois lettres aux croisés de Zara : une de menace connue
par le passage ici traduit de l'Hystoria Albigensis, par Robert de Clari : La conquête de
Constantinople ,édition Lauer, Paris, 1924, dans Les Classiques français du Moyen-Age,
ch. XIV, et une allusion dans la seconde lettre ;/ l'autre d'exécution. P. 1848 ; la dernière de pardon. P. 1849.
(3) Jean. XX, 19.
(4) Jean. XVIII, 37.
(5) Ex. XXIII, 2.
(6) Allusion possible à Tobie I, 5.
(7) Ps. LXII, 2.
(8) D'après Villehardouin, d'autres seigneurs aussi quittèrent l'armée croisée et se
retirèrent en Pouille d'où ils passèrent en Syrie au mois de Mars suivant, donc Mars 1203.
Cf. Faral, p. 81. Mais Simon de Montfort n'était pas de ce nombre : il ne quitta l'armée
qu'après la prise de Zara, au moment où les croisés se disposaient à partir vers Corfou.
Il y avait avec lui son frère Guy, Simon de Neauphle, Robert Mauvoisin et Guy, abbé
des Vaux-de-Cernay. Cf. Faral, p. 111-113, n° 109.

une heureuse traversée il arriva outre-mer : il y resta plus d'un an
et fit maintes prouesses en combattant les infidèles. Tandis que les
grands seigneurs français dont il s'était séparé devant Zara furent
exposés aux plus grands dangers et périrent à peu près tous, lui-
même rentre chez lui sain et sauf avec honneur. Tel fut le résultat
des triomphes auxquels plus tard il mit heureusement le comble.
Dès cette époque, il mérita les honneurs qu'il obtint plus tard en
abattant l'hérésie. [107] Nous ne croyons pas devoir passer sous
silence qu'à ce comte, possesseur de si hautes qualités, le Seigneur
procura une aide semblable à lui, (1) une femme qui pour tout dire
en quelques mots fut toute religion, toute sagesse, toute sollicitude.
Chez elle en effet, la religion rehaussait la sollicitude et la sagesse,
la sagesse disciplinait la religion et la sollicitude, la sollicitude sti-
mulait la sagesse et la religion. De plus, son union avait été bénie
du ciel : elle donna au comte des enfants nombreux et beaux. (2)
Ceci dit à la louange du comte de Montfort, reprenons le fil de notre
récit.

[108] *Le comte de Nevers retourne en France.* Aussitôt après
l'élection du comte de Montfort selon le cérémonial indiqué plus
haut, l'abbé de Citeaux et le comte lui-même se rendirent auprès du
duc de Bourgogne et du comte de Nevers pour les supplier instamment
de consentir à prolonger un peu leur présence à l'armée de Jésus-
Christ, car il restait à conquérir beaucoup de localités hérétiques et
dans des positions très fortes. Il y avait entr'autres autour de Carcassonne trois places entièrement fortifiées où habitaient alors les
plus grands ennemis de notre foi : c'étaient d'un côté Minerve, de
l'autre Termes, d'un autre Cabaret. Le duc de Bourgogne, très bienveillant, accueillit avec faveur ceux qui le suppliaient et promit de
rester avec notre comte quelque temps encore. Au contraire, le comte
de Nevers ne voulut rien entendre et repartit chez lui sur-le-champ :
non seulement ce comte ne s'accordait pas bien avec le duc, mais
l'ennemi de la paix, le Diable, suscitait entr'eux de telles inimitiés
que l'on craignait journellement de les voir s'entre-tuer. Les nôtres
supposaient aussi que le comte de Nevers était mal disposé à l'égard
de notre comte parce que celui-ci était l'intime du duc de Bourgogne et était venu avec lui du nord de la France. [109] O vieille ruse
du vieil ennemi ! (3) Il vit et il envie l'affaire de Jésus-Christ : alors,
il voulut empêcher les progrès d'une œuvre qui l'affligeait profondément. L'armée des croisés qui était à Carcassonne était si nombreuse et si forte que, s'ils avaient poursuivi leur avance tous ensemble, et pourchassé les ennemis de la vraie foi, ils auraient, sans
rencontrer de résistance, rapidement conquis tout le pays. Mais dans
la mesure où la raison humaine peut donner une explication, (nous

---

(1) Gen. II, 18.

(2) Sur la famille de Simon de Montfort, Cf. Belperron, ouvr. cité, p. 181-186.

(3) Apoc. XII, 9.

dirons que) la Providence en disposait autrement. Soucieuse du salut du genre humain, elle voulut réserver aux pécheurs la conquête de la terre. Le Seigneur compatissant ne voulut pas l'achèvement rapide de cette très sainte guerre, afin d'accorder aux pécheurs le pardon et d'élever les justes à un plus haut état de grâce. Peu à peu, dis-je, et progressivement, il voulut écraser ses ennemis afin que peu à peu et progressivement les pécheurs pussent se croiser pour venger l'injure faite à Jésus-Christ et qu'ainsi la guerre en se prolongeant, prolongeât pour les pécheurs le temps de la miséricorde. (1)

[110] *Le comte quitte Carcassonne.* Lorsqu'il eût passé quelques jours à Carcassonne, le noble comte en sortit avec le duc de Bourgogne et une grande partie de l'armée pour avancer plus outre avec l'aide du Seigneur. Le plus grand nombre des croisés était, en effet, retourné chez eux en même temps que le comte de Nevers. Partant de Carcassonne, on planta le jour même les tentes à Alzonne. (2) Le lendemain, le duc donna au comte le conseil d'aller à Fanjaux. (3) Cette localité avait été par crainte des nôtres abandonnée de ses chevaliers et autres habitants. Elle avait été occupée et mise en état de défense par des chevaliers aragonnais, partisans de notre comte, (la plupart des châteaux de la région, même les mieux situés et les mieux fortifiés, avaient été eux aussi par crainte des croisés complètement abandonnés). Le comte, escorté de quelques chevaliers, se dirigea vers Fanjaux, en prit possession et y mit garnison. Le duc de Bourgogne était resté au camp d'Alzonne. [111] Il ne faut pas dissimuler que le comte de Toulouse qui avait été parmi les assiégeants de Carcassonne et qui jalousait nos succès, conseilla à notre comte de détruire quelques châteaux voisins de sa terre à lui, comte de Toulouse. Lui-même, par hypocrisie et avec l'autorisation de notre comte, ruina de fond en comble plusieurs châteaux et il les incendia sous prétexte de les empêcher de nuire aux nôtres. En réalité, cet homme perfide et inique agissait ainsi parce qu'il voulait dévaster tout le pays et briser toute opposition à son pouvoir. [112] *Les Bourgeois de Castres se rendent au comte.* En même temps, les bourgeois de l'importante localité de Castres (4) en Albigeois se rendirent auprès

---

(1) Innocent III, dans une lettre du 12 Novembre 1209 adressée aux archevêques d'Arles, Besançon, Vienne, Lyon, Aix, Narbonne, Embrun, Auch et à leurs suffragants, exprime la même idée : « Laudes et gratias Omnipotenti referimus, quod in una eademque misericordie sue causa, duo dignatus est justitie opera exercere, ita perfidis faciendo dignam supervenire pernicien ut quam multi fideles meritam ex ipsorum assequerentur exterminatione mercedem. Cum, etsi eos in solo spiritu oris sui potuisset quandocumque conterere, suorum tamem exercitui signatorum in illorum contritione dignatus sit salutis causam, immo salvationis occasionem, prebere ». P. 3828. Teulet : Layettes, I, n° 899.

(2) Alzonne, connue par une enquête, faite en 1204 par un baile du comte de Toulouse au sujet de ses possessions à Alzonne. Molinier : Catalogue des Actes de Raymond VI, dans Vaissète, VIII, p. 1947, n° XLI.

(3) Fanjaux, centre d'hérésie, Cf. Guiraud. Cartulaire, p. CCXXXII et suivantes.

(4) L'importance de cette ville et l'existence de Burgenses dès le XII⁰ siècle est confirmée par ailleurs, Cf. Nauzières : Origines de Castres, dans l'Avenir du Tarn, 8 et 15 Février 1925.

de notre comte, prêts à le reconnaître comme suzerain et à se soumettre à ses ordres. Le duc de Bourgogne conseilla au comte d'aller
prendre possession de ce lieu qui était comme la clef de toute la
région d'Albi. Le duc restant au camp, le comte partit avec une petite
escorte. Comme, il était à Castres et que les habitants lui faisaient
hommage et lui livraient la ville, il vit venir à lui les chevaliers de
Lombers, autre ville très importante, (1) proche d'Albi. Ils étaient
prêts à se soumettre comme ceux de Castres ; mais le comte qui
voulait retourner au camp refusa de les accompagner : il se contenta
de prendre la ville sous sa protection jusqu'à ce qu'il put s'y rendre
lui-même en temps opportun. [113] *Miracle*. A Castres, en présence
de notre comte il arriva un miracle que nous n'aurions garde d'oublier. Deux hérétiques furent conduits devant le comte : l'un était
« parfait » de la secte hérétique : l'autre n'était encore pour ainsi
dire que novice et disciple du premier. Le comte tint conseil et décida
de les envoyer tous les deux au bûcher. (2) Le second des hérétiques, celui qui était le disciple de l'autre, saisi intérieurement d'une
vive angoisse de cœur, (3) commence à se repentir : il promet d'abjurer l'hérésie de son plein gré et d'obéir en tout à la Sainte-Eglise
Romaine. A ces mots, une grande discussion s'élève parmi les nôtres.
D'aucuns disaient qu'on ne devait pas le condamner à mort, puisqu'il était disposé à faire ce que nous avons dit : d'autres, au contraire, affirmaient qu'il méritait la mort : d'abord, il était de toute
évidence hérétique : ensuite on pouvait estimer que ses promesses
étaient dictées par la peur d'un mal imminent plutôt que par un
désir sincère d'observer la religion chrétienne. Qu'ajouterai-je ? Le
comte consentit à ce qu'il fût brûlé, pour ce motif que, s'il se repen-
tait réellement, il ferait dans le feu l'expiation de ses péchés : s'il
avait menti, il recevrait le juste châtiment de sa perfidie. Les deux
condamnés furent donc attachés étroitement avec des liens durs et
très solides sur les cuisses, le ventre et le cou, les mains liées derrière le dos. Ceci fait, on demanda à celui qui paraissait se repentir
en quelle foi il désirait mourir : il répondit : « J'abjure l'hérésie,
c'est dans la foi de la sainte Eglise Romaine que je veux mourir et
je prie afin que cette flamme me purifie de mes péchés. » Alors, un
grand feu fut allumé autour du poteau et consuma le « parfait » en
un instant : les liens de l'autre, quoique très solides, se rompirent
sur-le-champ et il sortit du feu sain et sauf sans aucune trace de
brûlure, sinon au bout des doigts. [114] *Le comte revient de Castres*.
De Castres, le comte revint à l'armée qu'il avait laissé dans les

---

(1) Lombers, où se tint en 1165 une réunion, appelée improprement concile : la discussion fut vive entre catholiques et hérétiques. Chacun s'affirma dans ses positions. L'évêque,
Gaucelin, fulmina des anathèmes. Mansi, t. XXII, c. 157-168.

(2) Leur condamnation au bûcher semble la première de cette croisade. Cf. J. Havet :
L'hérésie et le bras séculier au Moyen-Age jusqu'au XIIIᵉ siècle, dans la Biblioth. de
l'El. des Chartes, 1880, p .593-594. et Œuvres II, 168.

(3) Gen. VI, 6

environs de Carcassonne. Après quoi, le duc de Bourgogne et les
chevaliers croisés furent d'avis d'aller vers Cabaret pour en inquiéter, si possible, les défenseurs et les contraindre en faisant un assaut
à rendre la place. L'assaut fut donné, mais sans grand succès et ils
revinrent à leurs tentes.

[115] *Le duc de Bourgogne revient en France.* Le lendemain le
duc de Bourgogne prépara son départ ainsi que le gros de l'armée
et le troisième jour, ils quittèrent notre comte pour rentrer chez
eux. Le comte demeura seul et presque abandonné : (1) il n'avait
qu'un nombre infime de chevaliers, trente environ, qui étaient venus
du nord avec le reste des croisés et qui, plus que les autres, affec-
tionnaient l'affaire de Jésus-Christ. (2) [116] Après le départ de l'armée, le noble comte vint à Fanjaux. Là, il reçut un messager du
vénérable abbé de Saint-Antonin de Pamiers (3) en terre de Toulouse : il le priait de se rendre auprès de lui afin de prendre possession de la ville importante de Pamiers. Pendant qu'il allait à
Pamiers, le comte passa à Mirepoix et s'en empara aussitôt. (4) Cette
localité était un nid d'hérétiques et de Routiers, sous la suzeraineté
du Comte de Foix. Après la prise de cette petite ville, notre comte
alla droit à Pamiers : l'abbé l'accueillit avec honneur et lui livra la
ville. Le comte la reçut de lui et lui en fit hommage ainsi qu'il le
devait. (5) Cette ville était sous la suzeraineté de l'abbé et des chanoines de Saint-Antonin qui étaient des chanoines réguliers : personne ne devait y posséder quoi que ce fût sinon de l'abbé, mais
le méchant comte de Foix, qui devait tenir cette ville de l'abbé,
avait la malice de la vouloir entièrement à lui, comme nous le
montrerons plus loin. De Pamiers notre comte vint à Saverdun : (6)
les bourgeois firent leur soumission sans résistance : cette localité
était au pouvoir et sous la suzeraineté du comte de Foix. [117] *Reddition de Lombers.* De retour à Fanjaux, notre comte décida d'aller
à Lombers dont nous avons parlé plus haut, afin d'en prendre possession. Ce château contenait plus de cinquante chevaliers ; à son
arrivée, le comte fut accueilli avec honneur et les chevaliers lui dirent

(1) Simon de Montfort se tourna vers Innocent III qui lança un nouvel appel en faveur
de la croisade : Lettres du 11 Novembre 1209 à différents archevêques, évêques et abbés
de la vallée du Rhône et du Midi de la France, aux consuls des villes du Midi, à l'empereur Othon, aux rois d'Aragon et de Castille, et à Simon de Montfort lui-même : P.
3828-3834, aux croisés, au vicomte et aux citoyens de Narbonne : P. 3838-3839.
(2) Ce que P. Belperron appelle très justement « l'équipe de Simon de Montfort »
p. 187-189. La Chanson donne les noms de plusieurs : Chanson [36].
(3) Vital : 1206-1211. Cf Mabille : Eglise de Pamiers, abbés de Saint-Antonin,
dans Vaissète : IV, p. 430, n° 11. L'acte de tradition de la ville et des forteresses : Vaissète : VIII, p. 577, n° 147,
(4) Mirepoix, centre d'hérésie. Cf. Pasquier : Cartulaire de Mirepoix, I, Introd. 12-14,
33 et suivantes. C'est le premier acte d'hostilité envers le comte de Foix.
(5) En Septembre. Cf. Molinier : Catalogue des actes relatifs à l'Eglise de Pamiers,
dans Vaissète : V, p. 1617, n° 14.
(6) Saverdun : l'hérésie y est signalée par quelques textes. Cf. Barrière-Flavy : Histoire de la ville et de la châtellenie de Saverdun, p. 42-43.

que le lendemain ils seraient à ses ordres. Au matin, les chevaliers commencèrent à discuter de l'éventualité d'une trahison envers le comte et leur délibération se prolongea jusqu'à trois heures du soir : leur projet vint à la connaissance (1) du comte qui, sous un prétexte quelconque, sortit aussitôt du château. Ce que voyant, les chevaliers sortirent après lui, et, saisis de crainte, ils se soumirent à toutes ses volontés : ils lui livrèrent le château, lui firent hommage et jurèrent fidélité. [118] De là, le comte vint à Albi qui avait été dans la mouvance du vicomte de Béziers. L'évêque, Guillaume, (2) qui était le seigneur principal de la ville, accueillit le comte avec plaisir et lui livra la cité. Qu'ajouterai-je ? Le comte prit alors possession de tout le diocèse d'Albi, à l'exception de quelques localités qui étaient aux mains du comte de Toulouse, (3) qui les avait conquises sur le vicomte de Béziers. Ceci fait, notre comte retourna à Carcassonne. (4) [119] Peu après, le comte se rendit à Limoux, dans le Razès, pour y mettre garnison : cette ville s'était soumise aussitôt après la prise de Carcassonne. Pendant le trajet, le comte s'empara de certains châteaux qui résistaient à la Sainte Eglise et fit pendre plusieurs habitants aux potences qu'ils avaient méritées. (5) [120] *Prise de Preixan*. En revenant de Limoux, le comte arriva devant Preixan, fief du comte de Foix, près de Carcassonne : il l'assiégea : à ce moment, le comte de Foix vint à lui et jura qu'il obéirait en tout aux ordres de l'Eglise, et comme garantie il donna au comte un de ses fils (6) en otage avec le château que le comte assiégeait. Après quoi, le comte retourna à Carcassonne. (7)

---

(1) I Macc. : VII, 3.

(2) Guillaume V : 1185-1230. Cf. Mabille : Suite chronologique des évêques d'Albi, dans Vaissète IV, p. 386, n° 50.

(3) Montégut, Gaillac, Cahusac, Saint-Marcel, Saint-Martin-Laguépie, situés au nord du Tarn : ils seront pris par les croisés deux ans après, § 237.

(4) Simon de Montfort s'intitule « Dominus Albiensis » .Cf. Rhein : Catalogue, n°s 93, 96, 104. Il obtient la confirmation du pape pour lui et pour ses successeurs : lettre du 28 Janvier 1210. P. 4026. Les citoyens d'Albi participèrent à de nombreuses campagnes de Simon de Montfort. Cf. Enquêtes, dans Vaissète. VIII, p. 1507-1508.

(5) Simon s'intitule « Dominus Reddensis » et non de Rodez, commee traduit Rhein, Cat. n°s 93, 96, 104. Limoux fut confié à Lambert de Thury. Chanson [37].

(6) Roger-Bernard : accord du 29 Septembre, § 134, Chanson [41].

(7) Raymond-Roger, ancien vicomte de Béziers, était prisonnier à Carcassonne. Il mourut peu de temps après, § 124.

Chapitre III

LA REACTION DES PRINCES INDIGENES

[121] *De la mauvaise volonté du Roi d'Aragon.* Le roi d'Aragon, Pierre, dont Carcassonne était un fief, (1) ne voulait d'aucune façon recevoir l'hommage du comte, mais il voulait la ville pour lui seul. Un jour, comme il avait l'intention d'aller à Montpellier et qu'il n'osait, il envoya un messager au comte pour lui demander de venir à sa rencontre, jusqu'à Narbonne : ceci fait, le roi et notre comte se rendirent ensemble à Montpellier (2) où ils passèrent quinze jours : rien ne put décider le roi à accepter notre comte comme vassal · bien plus, à ce qu'on dit, le roi ordonna secrètement aux seigneurs qui résistaient encore à la Sainte-Eglise et à notre comte dans la vicomté de Béziers et de Carcassonne de ne pas se rallier au comte : lui-même promit de les soutenir dans leur lutte contre le comte. [122] Le fait est que, lorsque le comte eût quitté Montpellier, (3) il reçut de plusieurs côtés la nouvelle qu'un grand nombre de chevaliers des diocèses de Béziers, Carcassonne et Albi s'étaient soustraits avec leurs châteaux à la fidélité qu'ils lui avaient jurée. La nouvelle était exacte. En outre, deux chevaliers du comte, Amaury et Guillaume de Poissy étaient assiégés par des traîtres dans le donjon d'un château voisin de Carcassonne. A cette nouvelle, le comte fit diligence pour arriver à ce château avant la capture de ses chevaliers, mais il ne pouvait traverser l'Aude à cause des inondations : il fut obligé de faire un détour par Carcassonne, seul endroit par où il pouvait passer le fleuve. Pendant qu'il s'y rendait, il fut informé que ses chevaliers avaient été tués. [123] *Bouchard de Marly prisonnier.* Pendant le séjour du comte à Montpellier, Bouchard de Marly, Gaubert d'Essigny et quelques autres chevaliers, partirent un beau

---

(1) Carcassonne dépendait depuis le XIe siècle du comté de Barcelone, uni en 1137 au royaume d'Aragon. Cf. Vaissète, III, p. 361 et suivantes. Puisque Simon de Montfort était devenu vicomte de Béziers et de Carcassonne, il devait hommage à Pierre II, conformément à la réserve : « salvo jure domini principalis ».

(2) Pierre II était seigneur de Montpellier depuis son mariage avec Marie, fille de Guillaume VIII, seigneur de Montpellier, mais à titre de vassal de l'évêque de Maguelonne : Vaissète, VI, p. 213, 214. La ville fut épargnée par les croisés sur l'ordre d'Innocent III, et les consuls promirent au légat Milon de combattre l'hérésie : 24 Juillet. P. L. t. 216, c. I.

(3) Simon y séjourna au moins du 10 au 24 Novembre : Rhein, Cat. n° 87. Le vicomte de Narbonne l'avait accompagné : Vaissète, VIII, p. 580. De son côté, Pierre II, après l'entrevue, se rendit à Aix-en-Provence. Gal. Christ. Noviss. VI, n° 107.

jour de Saissac (château-fort du Carcassès que ledit Bouchard avait reçu de notre comte), (1) afin de poursuivre leurs ennemis jusqu'à Cabaret, forteresse des environs de Carcassonne, presqu'imprenable et défendue par de nombreux chevaliers. Cabaret résistait plus que les autres à la chrétienté et à notre comte : c'était un foyer d'hérésie. Son seigneur, Pierre Roger, vieillard plein de jours mauvais (2) était hérétique et ennemi déclaré de l'Eglise. Comme Bouchard et ses compagnons approchaient de Cabaret, des chevaliers de cette place qui s'étaient mis en embuscade surgirent et les entourèrent. (3) Bouchard fut pris. Gaubert, ayant refusé de se rendre, fut tué. Bouchard fut conduit à Cabaret et emprisonné dans une tour du château où il resta seize mois dans les fers. [124] A la même époque, avant que le comte revint de Montpellier, le vicomte de Béziers, Raymond-Roger, qui était détenu dans un château près de Carcassonne, fût saisi d'une maladie subite et mourut. (4) Reprenons maintenant le fil de notre récit. [125] *Défection de Giraud de Pépieux.* Pendant que le comte revenait de Montpellier à Carcassonne, un chevalier de la vicomté de Béziers, Giraud de Pépieux, que le comte avait pris en affection et reçu dans son intimité, à qui il avait même donné en garde les châteaux qu'il possédait près de Minerve, se montra le pire des traitres (5) et le plus cruel ennemi de la religion : reniant Dieu, abjurant sa foi, oublieux de l'affection et des bienfaits reçus, (6) il abandonna l'amitié du comte et la fidélité qu'il lui avait jurée : même s'il n'avait pas eu devant les yeux Dieu et sa foi, il aurait dû être détourné d'une si cruelle action par le souvenir des bontés que le comte lui avait témoignées. Donc, Giraud et quelques autres chevaliers, ennemis de la foi, se rendirent à Puissergnier, château du comte, en Biterrois : ils firent prisonniers les deux chevaliers du comte qui étaient préposés à la garde du château, ainsi que de nombreux sergents : ils leur promirent sous la foi du serment de ne pas les tuer, mais de les conduire sains et saufs jusqu'à Narbonne avec leurs bagages. A cette nouvelle, le comte se dirigea aussi vite qu'il put vers le château où se trouvaient encore Giraud et ses com-

---

(1) Bouchard de Marly, cousin par alliance de Simon de Montfort, un des croisés de la première heure : il assiste à la tradition de château de Pamiers. Vaissète, VIII, n° 147.

(2) Daniel, XIII, 52.

(3) Les « Français » étaient une cinquantaine : les défenseurs de Cabaret quatre-vingt-dix, plus quatorze archers : de part et d'autres, il y eut beaucoup de tués. Chanson [41].

(4) La Chanson [37] et [40] et Guillaume de Puyl. ch. XIV, p. 131 disent qu'il mourût de la dysentrie et protestent contre les bruits d'assassinat qui circulaient. Il mourut le 10 Novembre, d'après le nécrologe de Carcassonne, dans Vaissète, V, p. 36. Un peu plus tard, le 24, à Montpellier, la veuve de Raymond-Roger, Agnès, céda à Simon tous les droits qu'elle possédait sur les châteaux de Pézenas et de Torves en échange de trois mille sols melgoriens annuels qui lui seraient versés en trois termes : 1.000 à Noël, 1.000 à la Pentecôte, 1.000 à la Saint-Michel. Cf. Vaissète, VI, p. 314 et VIII, p. 579, n° 148.

(5) Giraud de Pépieux se serait brouillé avec Simon de Montfort parce qu'un croisé avait tué son oncle. Simon fit enterrer vif le meurtrier, suivant la coutume du pays de Béarn et de Bigorre. Cf. Chanson [41].

(6) II Macc. IX, 26.

plices. Dès son arrivée devant la place, le comte voulut l'assiéger, mais le vicomte Aimery de Narbonne (1) et les Narbonnais qui se trouvaient là avec le comte refusèrent de participer au siège et retournèrent à Narbonne sur-le-champ. En constatant qu'il restait presque seul, le comte se retira à Capestang, château voisin pour y passer la nuit, se promettant d'y revenir le lendemain dès le point du jour. [126] Nous ne devons pas omettre le récit d'un miracle qui eût lieu à Puissergnier. Après que Giraud de Pépieux fût arrivé à ce château et l'eût pris, il fit peu de cas de l'accord qu'il avait conclu, à savoir qu'il conduirait ses prisonniers jusqu'à Narbonne, sans dommage : au contraire, il incarcéra dans le donjon les cinquante sergents du comte qu'il avait pris dans le château. La nuit même où le comte s'était retiré, Giraud eût peur de le voir revenir le lendemain pour assiéger le château : il prit donc la fuite au milieu de la nuit : comme il ne pouvait dans sa hâte emmener ceux qu'il avait emprisonnés dans le donjon, il les fit descendre dans le fossé de la tour et fit jeter sur eux de la paile, du feu, des pierres et tout ce qu'il put jusqu'à ce qu'il estimât qu'ils étaient morts. Peu après il quitta le château pour aller à Minerve, emmenant les deux chevaliers du comte qu'il avait fait prisonniers. O horrible trahison ! Au point du jour, notre comte revint au château et, le trouvant abandonné, le détruisit de fond en comble. Quant aux sergents que Giraud avait jeté dans le fossé et qui avaient jeûné pendant trois jours, on les découvrit sans brûlures ni blessure. Le comte les fit tirer de leur fâcheuse position. O grand miracle, événement sans précédent ! [127] Poursuivant sa route, le comte rasa plusieurs châteaux dudit Giraud et rentra peu après à Carcassonne. Lorsque le traître Giraud eût conduit à Minerve les chevaliers du comte, il trahit sa promesse et viola son serment : sans doute il ne les tua pas, mais ce qui est pire que la mort, il leur creva les yeux : puis il leur fit couper les oreilles, le nez et la lèvre supérieure et les renvoya tout nus au comte. Quand il les eût chassés nus en pleine nuit par la bise et le gel, car l'hiver était extrêmement froid, l'un d'eux (ce qui ne peut s'écouter sans pleurer) expira sur un fumier, l'autre, comme je l'ai entendu de sa bouche, fut conduit par un pauvre à Carcassonne. O crime horrible, cruauté inouïe ! Tel fut le commencement des douleurs. (2)

[128] *Voyage de l'Abbé des Vaux-de-Cernay à Carcassonne.* En ce temps-là, le vénérable abbé des Vaux-de-Cernay, Guy, homme plein de bonté et de sagesse, qui s'intéressait passionnément à l'affaire de Jésus-Christ et la promouvait plus que quiconque, si l'on excepte l'Abbé de Cîteaux, vint de la France du nord à Carcassonne (3) afin de relever le moral des nôtres qui était alors très bas :

_____

(1) Le pape lui avait écrit le mois précédent : 13 Novembre 1209, de porter secours à Simon de Montfort, P. 3838.

(2) Mtt. XXIV, 8.

(3) Le voyage de Guy des Vaux-de-Cernay dans le Midi fut provoqué par un ordre d'Arnaud confirmé le 9 Novembre par Innocent III, P. 3822. P. L. t. 216, c. 157.

sa passion pour l'affaire du Christ était à un point tel que depuis le
début de cette affaire il avait passé son temps soit à séjourner dans
la province de Narbonne, soit à parcourir la France du nord pour
y prêcher la croisade. Ceux qui résidaient à Carcassonne étaient
en proie à une telle agitation et à une telle crainte qu'ils se trouvaient
à la limite du désespoir : ils ne pensaient qu'à fuir, entourés qu'ils
étaient de tous côtés par des ennemis très nombreux et très puissants.
Mais cet homme courageux, plein de confiance en Celui qui sait
proportionner l'énergie à l'épreuve (1) calma leurs craintes et leurs
découragements par ses quotidiennes et salutaires exhortations. [129]
Robert Mauvoisin revient de Rome. A la même époque, Robert Mauvoisin (2) revint de Rome où le comte l'avait envoyé. Très noble
chevalier du Christ, homme d'une bravoure merveilleuse, d'une
science accomplie, d'une bonté incomparable, il avait consacré depuis
longtemps sa personne et ses biens aux entreprises chrétiennes et
la présente affaire n'avait pas de promoteur plus ardent et plus efficace : c'est par lui après Dieu et avant tout autre que l'armée du
Christ reprit vigueur, comme nous le montrerons plus loin. [130]
Meurtre de l'Abbé d'Eaunes. En ce temps-là, (3) le comte de Foix
avait envoyé pour ses affaires à Saint-Gilles auprès des légats l'abbé
d'Eaunes, monastère cistercien entre Toulouse et Foix. A son retour,
l'abbé, accompagné d'un convers et de deux moines, passa à Carcassonne : quand ils furent sortis de la ville et eurent marché environ
un mille, ce cruel ennemi du Christ, ce très féroce persécuteur
de l'Eglise, Guillaume de Roquefort, (4) frère de l'évêque qui était
alors à Carcassonne, les attaqua subitement, armé qu'il était contre
des hommes sans défense, cruel envers des pacifiques, sans pitié
envers des innocents. A cause de leur seule qualité de moines cisterciens, l'abbé reçut trente-six blessures, le convers vingt-quatre
ils furent tués en ce lieu par le plus cruel des hommes. Quant aux
deux moines, l'un, seize fois blessé, fut abandonné à demi-mort.
l'autre que les complices du susdit tyran connaissaient et fréquen-

---

(1) I Cor. X, 13.

(2) Robert Mauvoisin, châtelain d'Ile-de-France, croisé le Mercredi des Cendres,
23 Février 1200, pour la Quatorzième Croisade : Villehardouin, éd. Faral, p. 11, n° 7,
fit défection après la prise de Zara et passa en Hongrie : item Villehardouin, p. 112-113,
n° 109. Croisé en 1209 contre les Albigeois, il fait partie de « l'équipe de Simon de
Montfort ». Celui-ci l'envoie à Rome en Septembre : Rhein, Cat. n° 79 ; il repartit de
Rome en Novembre. A son sujet, Innocent III envoya plusieurs lettres, notamment aux
abbés et prieurs de St-Victor et de Ste-Geneviève de Paris, pour leur confirmer les dons
qu'ils avaient reçus de Robert Mauvoisin et de sa mère et leur ordonner de contraindre
par censures ecclésiastiques quiconque, profitant de l'absence de Robert, de sa fille, de sa
mère et de sa sœur oserait porter quelque préjudice à leurs personnes ou à leurs biens.
P. 3826, 3835. Item, lettre à Arnaud pour donner un aumônier à Robert et à sa femme
avec le consentement de l'évêque diocésain. P. 3827.

(3) Entre le 4 Octobre et le 25 Décembre, d'après Robert d'Auxerre : M. G. H. ss.
XXVI, p. 274.

(4) Guillaume de Roquefort, indiqué comme « faidit ». L. Delisle : Enquêtes, Hist.
des Gaul. XXIV, 591 k 607 e.

taient quelque peu, réussit à s'enfuir. O combat sans gloire, honteuse victoire ! [131] Quand notre comte qui était à Carcassonne fut informé, il donna l'ordre d'enlever les cadavres et de les ensevelir honorablement à Carcassonne. O homme catholique, ô prince rempli de piété ! Quant au moine abandonné à demi-mort, il le fit soigner par des médecins et le renvoya guéri à son monastère. Cependant, le comte de Foix, qui avait envoyé pour ses affaires l'abbé et ses compagnons, donna bientôt à leur meurtrier les marques de la plus grande et plus intime amitié : bien plus, il retint ce bourreau auprès de lui ; en outre, les montures de l'abbé que le traître susdit avait volées furent retrouvées peu après dans l'entourage du comte de Foix. O sinistre créature (je veux dire le comte de Foix) ô abominable traître ! Il ne faut point oublier que l'assassin souvent nommé, touché par la divine vengeance de Dieu, le juste juge, à cause du sang des tués qui de la terre criait vers Dieu contre lui, (1) reçut le châtiment de sa cruauté : lui qui avait infligé à des religieux de nombreuses blessures fut peu après frappé de coups innombrables et mis à mort comme il le méritait par les chevaliers du Christ devant une porte de Toulouse. O juste sentence, ô équitable mesure de la divine Providence ! Car il n'est pas de loi plus juste que de voir les meurtriers subir la peine du talion. (2) [132] *Trahison des habitants de Castres*. A la même époque, les habitants de Castres rejetèrent l'amitié et la suzeraineté de notre comte : ils firent prisonnier un de ses chevaliers qu'il avait préposé à la garde du château ainsi que plusieurs sergents, mais ils n'osèrent pas leur faire de mal, car quelques notables de Castres étaient retenus à Carcassonne comme otages. [133] *Perte de Lombers*. Le même jour ou presque, les chevaliers de Lombers abandonnèrent Dieu et notre comte, se saisirent des sergents que celui-ci avait placé dans le château et les envoyèrent à Castres pour y être incarcérés et mis aux fers. Les bourgeois de Castres les enfermèrent dans une tour avec les chevaliers et les autres sergents qu'ils avaient déjà pris, comme nous l'avons dit ci-dessus, mais une nuit, après avoir fabriqué une sorte de corde avec leurs vêtements tous les prisonniers se laissèrent glisser par une fenêtre et s'évadèrent avec l'aide de Dieu. [134] *Défection du comte de Foix*. Le comte de Foix qui, nous l'avons dit plus haut, s'était rallié au comte reprit par trahison la ville de Preixan qu'il lui avait abandonné et, se détachant de l'intimité de notre comte, il commença à l'attaquer durement. Peu après, en effet, à la fête de Saint-Michel, (3) ce traître vint de nuit à Fanjaux et fit dresser l'échelle contre le mur extérieur : les ennemis entrèrent, escaladèrent les murs et commencèrent à courir çà et là dans la ville. Alertés, les nôtres, très peu nombreux, passèrent à la contre-attaque, forcèrent leurs adversaires à sortir en désordre et à se précipiter dans

---

(1) II Tim., IV, 8 et Gen., IV, 10.
(2) Ovide : Art d'aimer, I, v. 655-656.
(3) 29 Septembre 1209.

le fossé : ils en tuèrent même quelques-uns. [135] *Perte de Montréal*.
Aux environs de Carcassonne était l'importante place-forte de
Montréal dont le seigneur était un chevalier nommé Aimery. Nul
dans le pays, à l'exception des comtes, n'était plus puissant ni plus
noble que lui : (1) à l'époque du siège de Carcassonne, il avait évacué
Montréal par crainte des nôtres : plus tard, il s'était rallié à notre
comte pendant quelque temps ; même il avait vécu dans son intimité, et quelques jours plus tard, comme le pire de traîtres, il se
détacha de Dieu et de notre comte. Ce dernier occupa Montréal et
commit à sa garde un clerc du nord de la France. Mais ce clerc,
poussé au mal par le diable et devenu pire que l'infidèle, (2) livra
peu après par la plus cruelle des trahisons la ville audit Aimery
et demeura quelque temps avec nos ennemis. Mais, par une disposition providentielle de Dieu, le très juste juge, comme le noble comte
peu après assiégeait le château de Bram, voisin de Montréal, ledit
clerc fût pris avec les ennemis de la foi. Le comte le fit dégrader
par l'évêque de Carcassonne, puis traîner par toute la ville à la queue
d'un cheval et pendre, digne châtiment de son crime. [136] Que
tardons-nous à dire le reste ? Presque tous les seigneurs du pays,
poussés par le même esprit mauvais, rompirent à la fois avec notre
comte : il perdit en très peu de temps plus de quarante place-fortes :
il ne lui resta que Carcassonne, Fanjaux, Saissac, Limoux (dont on
désespérait), Pamiers, Saverdun, Albi et Ambialet. Ajoutons que les
traîtres du pays tuèrent ou mutilèrent plusieurs de ceux que le noble
comte avait commis à la garde de ses châteaux. Qu'allait faire le
comte du Christ ? Qui n'aurait perdu courage au milieu d'une telle
adversité ? Qui ne se serait laissé aller au désespoir devant un si
grand péril ? Mais le noble comte mit en Dieu toute sa confiance :
comme la prospérité ne sut l'enfler d'orgueil, ainsi l'adversité ne
put l'abattre. (3)

[137] *Voyage du comte de Toulouse dans le nord de la France*.
Pendant ce temps, le comte de Toulouse se rendit auprès du roi
de France. (4) Il espérait obtenir, si possible, l'appui et l'autorisation du roi pour lever de nouveau les péages (5) auxquels il avait

---

(1) Aimery de Montréal, seigneur puissant, protecteur des hérétiques : cathares et
vaudois : Cf. Guiraud, Cart. I, introd. p. CCLI et suivantes. Item, Chanson [68].

(2) I Tim. V, 8.

(3) Cette maxime se retrouve avec des variantes dans divers écrits de l'antiquité. Cf.
Thesaurus linguae latinae des cinq Académies germaniques, I, 871-872.

(4) Après la capitulation de Carcassonne : 15 Août, à laquelle il assistait, § 111,
Raymond VI résolut d'aller à Rome, et dans la France du Nord. Cf. Le testament du
comte, dans Vaissète : VIII, p. 573, nº 146 : « Raimundus... volens ire ad Romanam
curiam et sedem Apostolicam, Deo annuente, visitare, si in hoc itinere ab eo decesserit,
sanus tamen atque incolumis suum composuit testamentum ». Item : Lettre des légats au
pape, P. L. t. 216, c. 127. Chanson [40].

(5) Ces péages se trouvaient en Toulousain, en Agenais et en Provence : Vaissète,
VIII, p. 527-530, nº 130 ; P. 3.910 ; Raymond avait été excommunié en 1207 pour avoir
entr'autres délits « considérablement augmenté les péages » : Lettre déjà citée d'Innocent III :
29 Mai 1207. P. 3114. P. L. t. 215, c. 1166. Vaissète, VI, p. 257. En 1209, à Saint-Gilles,

dû renoncer sur l'ordre des légats. Le comte de Toulouse, en effet,
avait tellement exagéré les péages sur ses domaines qu'il avait
encouru plusieurs fois l'excommunication. Mais il dut quitter le roi
sans avoir rien pu obtenir pour la levée de ses péages. Il se rendit
alors auprès du seigneur pape pour essayer de récupérer les châteaux que les légats avaient saisis à titre de gages comme on l'a dit
plus haut. (1) Cet homme, d'une hypocrisie consommée, simulait
l'obéissance et l'humilité et il promettait d'accomplir scrupuleusement tout ce que le seigneur pape lui ordonnerait de faire. Mais le
seigneur pape l'accabla de tels reproches et lui infligea de telles
hontes, le traitant d'incrédule, de persécuteur de la croix, d'ennemi
de la foi — ce qui était bien vrai — que le comte de Toulouse, presque réduit au désespoir, ne savait plus que faire. (2) Cependant, le
seigneur pape, considérant que le comte de Toulouse, acculé au
désespoir, deviendrait pour l'Eglise, à peu près orpheline dans la
province de Narbonne, un ennemi d'autant plus acharné et plus
déclaré, lui signifia qu'il aurait à se justifier sur les deux crimes
principaux qui lui étaient reprochés : la mort du légat frère Pierre
de Castelnau et le délit d'hérésie. A cet effet, le seigneur pape
envoya des bulles à l'évêque de Riez, en Provence, à maître Thédise : (3) il leur ordonnait, au cas où le comte de Toulouse pourrait
offrir une justification satisfaisante au sujet des deux crimes ci-
dessus mentionnés, de le réconcilier. [138] Entre temps, maître Milon,
légat dans le midi de la France pour l'affaire de la paix et de la foi,
comme on l'a dit plus haut, convoqua un concile à Avignon. (4) Le
concile notamment excommunia les habitants de Toulouse pour avoir

---

il promit à Milon de renoncer entièrement à ces péages, « nisi quas regum vel imperatorum
concessione probaveris te habere ». Cf. Rouquette et Villemagne : Cart. de Maguelonne,
II, nº 298.

(1) § 75.

(2) Guillaume de Tudèle dit au contraire que le pape et la curie le reçurent princière-
ment et qu'Innocent III « lui donna l'absolution complète de tous ses péchés » ; ce qui est
une exagération, puisque le pape voulut précisément que le comte se justifiât des deux délits
qui avait motivé son excommunication en 1207, de laquelle il avait été relevé en 1209 sans
avoir fourni sur ce double chapitre des explications satisfaisantes.

(3) Lettres d'Innocent III adressées à Raymond lui-même pour lui expliquer le sens
précis de certaines expressions : Heretici manifesti : « qui contra fidem catholicam publice
predicant aut profitentur seu defendunt eorum errorem, vel qui coram prælatis suis convicti
sunt, vel confessi, vel ab eis sententialiter condemnatis super heretica pravitate : quorum
bona propria confiscantur et ipsi juxta sanctiones legitimas puniuntur ». De plus, il explique
que les Pedagia, Guidagia, Salinaria défendus par le légat doivent s'entendre de ceux
« quae non apparent Imperatorum vel Regum vel Lateran. Concilii largitione concessa, vel
ex antiqua consuetudine a tempore cujus non extat memoria introducta ». P. 3886 ; P. L.
t. 216, c. 173, au Corpus J. C. c. 26-X-V-40. De même, lettres sur le même sujet à
Guillaume, évêque d'Agen, Arnaud, Bérenger de Narbonne, Michel d'Arles, Hugues de
Riez, Thédise, etc.. P. 3.883, 3.885, 3.887, 3.888, 3.889, 3.901, 3.902, 3.903, 3.909, 3.910,
3.911.

(4) Concile d'Avignon : Mansi, t. XXII, c. 783 et suivantes. Ce fut surtout un
concile réformateur du clergé : la plupart des canons reprennent la législation du IIIᵉ Concile de Latran et passeront à peu près tels quels dans la législation du IVᵉ de Latran.
Quant à Milon, on sait qu'à la fin de Juillet il se dirigeait vers la Provence. A Arles, il
fait raser les deux églises fortifiées que Guillaume Porcelet avait élevé sur une île du Rhône,

négligé de tenir leurs promesses envers le légat et les croisés au sujet de l'expulsion des hérétiques : il menaça également le comte de Toulouse au cas où il tenterait de lever à nouveau les péages auxquels il avait renoncé.

[139] *Le Comte de Toulouse revient de Rome.* Après avoir quitté la curie Romaine, le comte de Toulouse alla voir Othon, soi-disant empereur, (1) pour se le rendre favorable et solliciter son appui contre le comte de Montfort. De là, il revint près du roi de France avec l'intention de le circonvenir et de gagner sa sympathie. Le roi, en homme sage et prévoyant, lui témoigna son mépris : (2) le comte était en effet tout à fait méprisable. (3) A la nouvelle que le comte de Toulouse allait dans le nord de la France, le comte de Montfort donna à ses vassaux de France, l'ordre de mettre à la disposition du comte sa terre et tous ses biens : il n'existait encore entr'eux aucune hostilité déclarée, et même le comte de Toulouse avait juré de donner son fils en mariage à la fille du comte de Montfort. Plus tard, au mépris de la foi jurée, cet homme faux et fuyant (4) refusa de tenir ses promesses. Quand le comte de Toulouse s'aperçut qu'il n'obtiendrait rien du roi de France, il rentra chez lui tout confus. Reprenons le fil de notre récit. [140] Cet hiver-là, le noble comte de Montfort, entouré de tous côtés par ses ennemis, se replia sur lui-même, protégeant le peu de terre qui lui était resté et harcelant souvent ses adversaires. Il faut dire que, malgré la faiblesse de ses troupes et la quantité infinie de ses ennemis ceux-ci n'osèrent jamais l'attaquer en rase campagne. [141] *Arrivée de la Comtesse de Montfort.* Au début du carême, on annonça au comte l'arrivée de la comtesse sa femme que plusieurs chevaliers accompagnaient. Il l'avait en effet appelée de la France du Nord. A cette nouvelle, le comte alla au-devant d'elle jusqu'à Pezenas dans le territoire d'Agde, il l'y trouva et revint par le chemin de Carcassonne avec un bonheur extrême. Comme il arrivait à Capendu, on lui dit que les habitants de Montlaur, près de l'abbaye de Lagrasse, l'avaient trahi et commençaient

---

puis il se rendit à Marseille pour essayer de régler l'affaire Roncelin. Les Marseillais se moquèrent de lui. Peut-être aurait-il excommunié Roncelin, d'après une lettre d'Innocent III du 4 Août 1211, P. 4.295 : P. L. t. 216, c. 457. De retour à la fin d'Août, il s'arrêta à Aix où il obligea le comte de Forcalquier, Guillaume de Sabran, à prêter un serment, semblable à ceux de Saint-Gilles, et à lui livrer en gages trois châteaux : Forma juramenti, ch. XII. Cf .de Tournadre : Histoire du comte de Forcalquier, Paris, 1931, p. 100 et suivantes.

(1) C'est à son retour de Rome que Raymond VI rencontra Othon IV qui se trouvait alors en Italie. Il n'était pas encore excommunié. Cf. Luchaire : Innocent III. La Papauté et l'Empire, Paris, 1906, pp. 250 et suivantes. D'après son testament, il laissait à l'empereur Othon les terres qu'il possédait au-delà du Rhône. C'est en Toscane, probablement qu'il rencontra l'empereur.

(2) A Paris : Chanson [44]. Philippe-Auguste ne pouvait voir que d'un très mauvais œil la démarche de Raymond VI auprès d'Othon IV.

(3) Abdias, 2.

(4) Epithètes appliquées à Raymond VI par Innocent III. Cf. § 57, 58 : déja reprises par Pierre des Vaux-de-Cernay, § 68.

même d'attaquer ses troupes qui étaient dans le donjon ; aussitôt,
le comte et ses chevaliers, laissant la comtesse dans un certain château, se dirigent vers Montlaur. La situation était bien telle qu'on
la leur avait décrite : ils saisirent de nombreux traîtres et les pendirent : un plus grand nombre s'était enfui à la vue des nôtres
Après quoi, le comte revint à Carcassonne avec ses compagnons.
[142] De là, ils se dirigèrent vers Alzonne qu'ils trouvèrent déserte.
Poursuivant leur marche, ils parvinrent au château de Bram qui
avait été mis en état de défense. Après trois jours de siège, ils le
prirent d'assaut sans le concours de l'artillerie. Quant aux défenseurs de cette place, plus d'une centaine eurent les yeux crevés, le
nez coupé : un seul fut éborgné afin de mener à Cabaret le cortège
ridicule de nos ennemis. Le comte donna cet ordre, non qu'il prit
plaisir à de telles mutilations, mais parce que ses adversaires en
avaient eu l'initiative et que ces féroces bourreaux mutilaient tous
ceux des nôtres qu'ils pouvaient faire prisonniers. C'était justice
de les voir tomber dans la fosse qu'ils avaient creusée (1) et goûter
de temps en temps au calice qu'ils avaient si souvent fait boire aux
autres. (2) Jamais le noble comte ne se complaisait à un acte de
cruauté ni aux souffrances d'autrui : il était le plus doux des hommes et les vers suivants pouvaient s'appliquer parfaitement à lui :
« Prince lent à punir, prompt à récompenser, il souffre quand il est
obligé d'être dur. » (3) [143] A partir de ce jour, le Seigneur qui semblait avoir un peu sommeillé, se leva pour secourir ses serviteurs (4)
et montra avec plus d'évidence qu'il agissait magnifiquement avec
nous. (5) Nous conquîmes en peu de temps toute la région du Miner-
vois sauf Minerve et le château de Ventajou. [144] *Glorieux miracle.*
Près de Cabaret se produisit un jour un miracle que nous devons rapporter. Sur l'ordre du comte, des croisés venus du nord arrachèrent
les vignes de Cabaret : un des ennemis dirigeait vers l'un des nôtres
une flèche d'arbalète et le frappa violemment à la poitrine, là où la
croix était posée. Tout le monde le croyait tué, car il ne portait aucune armure: on reconnut qu'il était indemne : bien plus, la flèche, loin
de percer si peu que ce fut ses habits, rebondit comme si elle avait
frappé une pierre très dure. O puissance de Dieu, admirable et sans
borne! [145] *Siège d'Alaric.* Vers Pâques, le comte et les siens allèrent
assiéger le château d'Alaric, entre Carcassonne et Narbonne. Ce château était en pleine montagne et de tous côtés entouré de neige. Au
prix de difficultés extrêmes et malgré des conditions atmosphériques
défavorables, les nôtres l'assiégèrent pendant une quinzaine de jours
et l'emportèrent. Ses défenseurs s'enfuirent pendant la nuit: plusieurs
cependant qui ne purent échapper aux nôtres furent tués. [146] De

---

(1) Ps. VII, 16 et Prov. XXVI, 27. Allusion aux évènements racontés ci-dessus, § 127.
(2) Jérémie, XLIX, 12.
(3) Ovide : Pontiques, Liv. I, lettre II, vv. 123-124.
(4) Ps. XXXIV, 2 et XLIII, 23.
(5) Ps. CXXV, 3, 4. Cf. interprétation donnée au § 109.

retour à Carcassonne, les nôtres repartirent peu après pour Pamiers. Aux environs de cette ville avait lieu une conférence entre le roi d'Aragon, le comte de Toulouse et le comte de Foix pour rétablir la paix entre notre comte et celui de Foix. Après avoir échoué, le roi et le comte de Toulouse allèrent à Toulouse. [147] De son côté, le comte de Montfort se dirigea vers Foix et y fit preuve d'une bravoure admirable. Arrivé devant le château avec un seul chevalier, il chargea tous les ennemis placés en dehors de la porte et (chose étonnante) les refoula tous à l'intérieur : ils les aurait même poursuivi dans le château s'ils ne lui avaient fermé la porte au nez. Comme le comte se retirait, le chevalier qui l'avait accompagné fut assommé à coups de pierres par les défenseurs postés en haut des murs, car le passage était étroit et bordé de murailles. Après avoir dévasté les champs de vignes et les vergers aux environs de Foix, notre comte revint à Carcassonne.

[148] *Les seigneurs hérétiques font appel au roi d'Aragon.* A cette époque, Pierre-Roger, seigneur de Cabaret, Raymond, seigneur de Termes, Aimery, seigneur de Montréal (1) et d'autres chevaliers qui résistaient à l'Eglise et à notre comte, demandèrent au roi d'Aragon qui était dans le pays de venir avec eux . ils le reconnaîtraient comme suzerain et lui livreraient toute la région. A cette nouvelle, notre comte tint conseil avec ses chevaliers pour savoir ce qu'il devait faire : après des avis différents, ils tombèrent d'accord pour aller assiéger une place-forte située près de Montréal : c'était en effet à Montréal qu'étaient réunis les susdits seigneurs et qu'ils attendaient l'arrivée du roi. Notre comte prit cette décision pour montrer à ses adversaires qu'il ne les craignait pas et cependant il avait avec lui très peu de chevaliers. Qu'ajouterai-je ? Les nôtres vont assiéger la place susdite qui s'appelait Bellegarde. [149] Le lendemain, le roi vint près de Montréal. Les seigneurs qui l'avaient appelé et avaient préparé depuis longtemps de copieuses victuailles sortirent de Montréal, s'avancèrent au devant du roi et l'invitèrent à entrer dans la place pour y recevoir leurs hommages, comme ils l'en avaient prié : c'était pour chasser du pays le comte de Montfort. Dès son arrivée, le roi voulût qu'on lui livrât le donjon de Cabaret : il ajouta qu'il les recevrait comme vassaux à une condition : qu'ils s'engagent à lui livrer toutes leurs place-fortes. Les seigneurs tinrent conseil et demandèrent de nouveau au roi d'entrer à Montréal afin de recevoir les hommages promis. Mais le roi refusa d'entrer aussi longtemps qu'ils ne se conformeraient pas à ses volontés. Comme ils s'y refusaient, chacun, quittant le lieu de la conférence, s'en retourna chez soi. [150] Le roi d'Aragon envoya un message au comte de Montfort

---

(1) Ces trois seigneurs, tous accusés d'hérésie, cf. § 108, 135, étaient vassaux du vicomte de Carcassonne et par conséquent arrière-vassaux du roi d'Aragon. Mais de même que le roi ne voulait pas recevoir l'hommage du comte, de même ils ne voulaient pas prêter hommage au comte. Il s'agit donc ici d'un essai d'immédiatisation.

qui assiégeait Bellegarde (1) et le pria d'accorder une trêve au comte
de Foix jusqu'à Pâques. Ce qui fut fait. (2) La place une fois prise,
plusieurs autres furent abandonnées par crainte de notre comte,
d'autres se rendirent à lui. Après quoi, le comte revint à Carcassonne.

[151] *Siège de Minerve.* L'an 1210 de l'Incarnation, vers la fête
de Saint Jean-Baptiste, les Narbonnais incitèrent notre comte à faire
le siège de Minerve : ils s'engageaient à l'aider le mieux possible. Ils
agissaient ainsi parce qu'ils étaient en butte aux vexations conti-
nuelles des habitants de Minerve et que le souci de leurs intérêts
personnels, les poussaient autrement que le zèle de la religion chrétienne. Le comte fit savoir à Aimery, vicomte de Narbonne, et à tous
ses sujets que, s'ils voulaient l'aider mieux qu'ils ne l'avaient fait
auparavant et persévérer avec lui jusqu'à la prise de la ville, il
assiégerait Minerve : la promesse donnée, le comte et ses chevaliers
se dirigèrent rapidement vers Minerve pour l'assiéger. [152] Arrivé
devant la ville, le comte planta ses tentes du côté de l'est : un de ses
chevaliers, nommé Guy de Lucy, planta ses tentes à l'ouest avec des
croisés gascons : Aimery de Narbonne et ses sujets s'installèrent au
nord : d'autres croisés au sud. Dans tout le camp, personne ne pouvait donner d'ordres en dehors de notre comte et d'Aimery de Narbonne. La position de la ville était d'une force incroyable : elle était
protégée par deux ravins très profonds et taillés dans la roche vive
de sorte qu'en cas de nécessité chaque corps d'assiégeants n'aurait
pu porter secours aux autres sans s'exposer aux plus grands périls.
Puis du côté des Gascons on dressa un mangonneau où l'on travaillait sans arrêt nuit et jour. Au sud et au nord, de part et d'autre de
la ville on dressa également deux machines : enfin, du côté du comte,
c'est-à-dire à l'est se trouvait une grande et excellente pierrière : on

---

(1) Bellegarde fut attribuée au croisé Guy de Levis : Vaissète, VIII, p. 679, n° 185.
(2) Nous ne croyons pas devoir suivre ici la chronologie proposée par P. Guébin en
raison des difficultés que lui oppose justement E. Martin-Chabot, p. 110, n° 2. Aussi nous
proposons à notre tour la chronologie suivante. Nous savons par l'itinéraire de Pierre
d'Aragon : Cf J. Miret y Sans, Itinerario del rey Pedro, dans le Boletin de la real Academia de buenas letras de Barcelona, 1905-1906, 512-513, que son voyage en France se
situe entre les deux dates extrêmes du 13 Avril et du 13 Juin 1210. De son côté, Pierre
des Vaux-de-Cernay donne la date approximative du siège d'Alaric : aux environs de
Pâques, soit du 18 Avril, § 145. Comme le siège se prolonge une quinzaine de jours, il se
termine à la fin d'Avril, peut-être même au début de Mai. A ce moment, le roi d'Aragon
a franchi les Pyrénées et se rencontre aux environs de Pamiers avec les comtes de Toulouse
et de Foix. Simon de Montfort les y rejoint, § 146. On est peut-être au milieu de Mai.
Ensuite, Simon de Montfort fait une chevauchée aux environs de Foix et retourne à
Carcassonne. C'est peut-être pendant ce temps que Pierre II et Raymond VI se rendent
à Toulouse pour y saluer le légat : entrevue de Portet, entre Muret et Toulouse, Chanson
[45]. De là, Pierre II rejoint les seigneurs de Cabaret, Termes, Montréal dans la banlieue
de cette ville : Simon vient alors assiéger Bellegarde où il reçoit un message du roi le
priant d'accorder une trêve au comte de Foix jusqu'à Pâques, § 150, Il ne peut s'agir,
puisque nous sommes à la fin de Mai, peut-être au début de Juin, que de Pâques 1211.
D'ailleurs, à partir de ce moment, il n'y a pas d'hostilités entre les comtes de Montfort et
de Foix : l'année suivante, en Janvier 1211, c'est encore Pierre II qui insiste auprès des
légats, à la conférence de Narbonne, en vue de la paix avec le comte de Foix. § 196.

dépensait chaque jour vingt et une livres pour le salaire des hommes
qui la mettaient en marche. (1) [153] Depuis longtemps les nôtres
attaquaient la ville, quand un dimanche les défenseurs firent une
sortie de nuit : ils arrivèrent à l'endroit où était la pierrière et au
moyen de crochets fixèrent sur le dos de la machine des paniers
remplis d'étoupe, de bois sec et de graisse, puis ils mirent le feu ;
une haute flamme s'éleva : la chaleur était extrêmement forte, car
on était en été, vers la Saint Jean-Baptiste, comme on l'a dit. Mais
la Providence voulut qu'à ce moment un des artilleurs de la pierrière
se retira pour satisfaire aux besoins de la nature : à la vue du feu,
il poussa de grands cris, mais alors un des incendiaires brandit sa
lance et le blessa grièvement : l'alerte est donnée au camp, beaucoup
se pressent et aussitôt protègent la pierrière d'une façon si étonnante
et si rapide, qu'elle ne cessa de fonctionner sinon pendant l'intervalle de temps correspondant à deux manœuvres. [154] Quelques
jours plus tard, la ville était en très grande partie endommagée par
le bombardement et comme les vivres manquaient, le courage aussi
manqua aussi aux défenseurs. Qu'ajouterai-je ? Les assiégés demandent la paix. Le seigneur Guillaume de Minerve sort de la ville pour
parlementer avec le comte. Pendant leur entrevue survinrent a l'improviste l'Abbé de Citeaux et maître Thédise (2) dont nous avons
parlé plus haut. Notre comte, homme avisé qui faisait tout par
conseil, (3) déclara qu'il s'en remettait entièrement au sujet de la
capitulation et de la prise de la ville à la décision de l'Abbé de
Citeaux, chef suprême de l'affaire du Christ. A ces mots, l'abbé fut
extrêmement contrarié : il souhaitait vivement la mort des ennemis
du Christ, mais comme il était moine et prêtre il n'osait pas les faire
mourir. Cherchant donc comment il pourrait obliger le comte et
ledit Guillaume, qui s'offrait à l'arbitrage de l'Abbé touchant la capitulation de la ville, à renoncer à leur projet de compromis, il leur
ordonna à tous les deux (le comte et Guillaume) de rédiger par écrit
les conditions de la capitulation dans l'espoir que l'écrit de l'un
serait inacceptable pour l'autre et que, par conséquent le recours à
l'arbitrage serait annulé. On lut au comte les propositions de Guillaume : il les repoussa : bien plus, il invita le seigneur de Minerve
à rentrer dans sa ville et à se défendre comme il le pourrait. L'autre

---

(1) Guillaume de Tudèle décrit lui aussi le siège de Minerve : Chanson [48-49]. Il
nous apprend que la pierrière s'appelle Malevoisine, que les croisés étaient Français (d'Ile-
de-France), Manceaux, Angevins, Bretons, Lorrains, Frisons, Allemands. Pierre des Vaux-
de-Cernay parle de Gascons recrutés sur ordre d'Innocent III à l'archevêque d'Auch :
P. 3.828 : Teulet : Layettes, I, n° 899.

(2) Arnaud venait sans doute de Toulouse où il avait été reçu par Raymond VI avec
beaucoup d'égards. Le comte de Toulouse lui avait même livré son propre château : Chanson
[45]. Le légat, avec l'évêque Foulques, se dépensait en prédications, sans grand succès,
et organisait à Toulouse une confrérie. tant bien que mal. Là dessus, Thédise, revenant de
Rome, se rendit à son tour à Toulouse, § 162. De là, les deux légats s'en viennent au siège
de Minerve. Il n'est pas question de l'évêque de Riez.

(3) Prov. XIII, 16.

refusa et il se mit au contraire à la plus entière discrétion du comte.
Mais le comte voulut que tout fut réglé suivant les décisions de l'Abbé
de Citeaux. L'abbé ordonna donc que le seigneur et tous les habitants auraient la vie sauve, y compris les « croyants des hérétiques »,
s'ils voulaient être réconciliés et obéir à l'Eglise, mais la ville appar-
tiendrait au comte. Quant aux hérétiques « parfaits », qui étaient
extrêmement nombreux, ils seraient eux aussi épargnés s'ils voulaient se convertir. Quand Robert Mauvoisin, noble et parfait catholique, (1) entendit parler d'une libération possible des hérétiques
dont la perte était précisément le but de la croisade, il craignit de
les voir, poussés par la peur, puisque prisonniers, s'engager à accomplir toutes les exigences des nôtres. Il résista en face (2) à l'Abbé et
lui dit que cette mesure jamais les nôtres ne la supporteraient.
L'Abbé répondit : « Ne craignez rien, je crois que très peu se convertiront. » [155] Ceci dit, les nôtres entrent dans la ville : en tête
vient la croix, ensuite les bannières du comte. Tous chantent « Te
Deum laudamus » et se dirigent vers l'église : celle-ci une fois purifiée, ils placent la croix du Seigneur au sommet de la tour et mettent
ailleurs la bannière du comte. Le Christ avait pris la ville, il était
juste que son enseigne fut à la première place exposée au plus haut
lieu, commé pour rendre témoignage d'une victoire chrétienne. Toutefois, le comte n'entra pas encore dans la ville. Ceci fait, le vénérable abbé des Vaux-de-Cernay qui était avec le comte parmi les
assiégeants et qui affectionnait avec un zèle unique l'affaire de Jésus-
Christ, ayant entendu dire qu'une foule d'hérétiques étaient réunis
dans une certaine maison, se rendit auprès d'eux avec des paroles
de paix et des avis salutaires (3) tant il désirait les ramener au bien.
Mais eux l'interrompirent et tous d'une même voix : Pourquoi venir
nous prêcher, disent-ils ? Nous ne voulons pas de votre foi · nous
renions l'Eglise Romaine : c'est en vain que vous vous donnez de la
peine. Ni la mort ni la vie ne pourront nous séparer (4) de la foi à
laquelle nous sommes attachés. » A ces mots, le vénérable abbé se
hâta de quitter cette maison et se dirigea vers les femmes qui étaient
réunies dans une autre maison pour leur adresser la parole, mais
s'il avait trouvé les hommes endurcis et obstinés, il trouva les femmes plus obstinées et plus endurcies encore. [156] Notre comte entra
peu après dans la ville : il vint à la maison où les hérétiques étaient
réunis ; en bon catholique, voulant que tous fussent sauvés et vins-
sent à la connaissance de la vérité, (5) il les invita à se convertir à
la foi catholique, mais en vain : alors, il les fit conduire en dehors
de la ville : les « parfaits » étaient au nombre d'au moins cent-
quarante. On prépare un grand bûcher, on les y jette tous. A vrai

---

(1) Robert Mauvoisin, un des plus fidèles compagnons de Simon de Montfort, § 129.
(2) Gal. II, 11.
(3) Tobie, I, 15.
(4) Ps. CXXVI, I et Rom. VIII, 38, 39.
(5) I Tim. II, 4.

dire les nôtres n'eurent même pas besoin de les y jeter : tous, obstinés qu'ils étaient dans le mal, se précipitaient dans le feu. (1) Trois femmes seulement échappèrent que la noble dame, mère de Bouchard de Marly, (2) sauva du bûcher et fit réconcilier avec la Sainte Eglise. Après que les hérétiques eurent été brûlés, les autres habitants de la ville renièrent l'hérésie et furent réconciliés. [157] Guillaume, ci-devant seigneur de Minerve, reçut de notre comte d'autres terres près de Béziers, mais peu après il renia sa foi envers Dieu et le comte et les abandonna l'un et l'autre pour rejoindre les ennemis de la foi. (3) [158] *Miracles*. Nous ne croyons pas devoir passer sous silence deux miracles qui eurent lieu au siège de Minerve. A l'arrivée des croisés un filet d'eau longeait la ville, mais par la miséricorde divine il devint tout à coup si abondant qu'il suffit largement aux hommes et aux chevaux pendant toute la durée du siège, c'est-à-dire sept semaines environ. Quand les croisés partirent, l'eau diminua et reprit son débit primitif. Tels sont les hauts faits de Dieu, (4) telle est la générosité du Rédempteur. [159] *Autre miracle*. Quand le comte partit de Minerve, la piétaille mit le feu à toutes les huttes de branches ou de feuillages que les croisés avaient faites : à cause de leur grande sécheresse, elles flambèrent aussitôt et la vallée fût pleine de flammes aussi hautes que s'il s'agissait de l'incendie d'une grande ville. Au milieu des autres huttes, il y en avait une, de feuillages également, dans laquelle un prêtre avait officié pendant le siège. celle-ci fut si miraculeusement préservée de l'incendie qu'elle ne présenta aucune trace de combustion, et cependant, comme je l'ai entendu dire de vénérables personnes qui étaient sur les lieux, quand les nôtres coururent pour voir cet étonnant spectacle, ils constatèrent qu'une distance d'un demi-pied seulement séparait les huttes incendiées de celle qui était demeurée indemne. O Puissance infinie ! [160] *Miracle inouï*. Il convient de raconter ici un troisième miracle contemporain du siège de Minerve et qui eut lieu à Toulouse. Dans cette ville, près du palais du comte de Toulouse s'élève une église consacrée à la Bienheureuse Vierge Marie. Les murs avaient été récem-

---

(1) Chanson [49]. La peine du feu paraît ici pour la première fois dans la guerre albigeoise. Elle était peine courante contre les hérétiques dans le nord de la France, depuis le XIe siècle. Elle fut infligée à divers hérétiques, plus par le fanatisme des populations catholiques, il est vrai, que par les tribunaux ecclésiastiques : encore ne saurait-on les excuser entièrement. Sous le règne de Philippe-Auguste précisément, les bûchers s'allumèrent un peu partout. Cf. Guillaume le Breton, éd. Delaborde, t. II, p. 24. Les croisés amènent avec eux les coutumes de leur pays d'origine. Voir Origines de l'Inquisition, p. 52 et suivantes. La peine du feu fut reconnue du moins pour l'Italie et l'Allemagne, par Innocent IV : Bulle « Ad Extirpanda » P. 15.375. Registre, éd. Elie Berger, Paris, 1897, t. III, n° 7.799.

(2) Mathilde de Garlande : sa présence à la croisade est confirmée par une lettre d'Innocent III : P. 3836.

(3) Guillaume de Minerve figure peu de temps après parmi les partisans de Raymond VI. Cf. Chanson, éd. Meyer, dans la Société de l'Histoire de France, 1875, 1879, v. 4.718, 4.877, 9.462.

(4) II Macc. III, 34.

ment blanchis à l'extérieur. Un soir, on vit apparaître sur toute la
surface des murs une infinité de croix, comme argentées, plus blanches que les murs et toujours en mouvement : elles apparaissaient
et disparaissaient presque en même temps : beaucoup de personnes
les voyaient, mais sans pouvoir les montrer aux autres, le temps de
lever le doigt et la croix qu'on voulait montrer avait disparu. Elles
venaient comme des éclairs, grandes, moyennes et petites. Ce spectacle se renouvela tous les soirs pendant au moins une quinzaine de
jours : aussi la plupart des Toulousains purent les voir. Et pour
qu'on accorde créance à mon récit, le lecteur saura que les évêques
Foulques de Toulouse et Raymond d'Uzès, (1) ainsi que l'Abbé de
Citeaux, légat du Siège Apostolique, et maître Thédise se trouvaient
alors à Toulouse : ils furent témoins de ces choses et me les rappor-
tèrent en détail. [161] Dieu permit toutefois que le curé de cette
église (2) n'arrivât pas à voir les croix. Une nuit, il entra dans l'église
et supplia le Seigneur de daigner lui montrer ce que tout le monde
ou presque avait vu. Tout à coup, il aperçut des croix innombrables,
non pas sur les murs, mais dans l'air : l'une d'elles était plus grande
et plus remarquable que les autres : bientôt elle sortit de l'église,
toutes les autres sortirent après elle et se dirigèrent ensemble vers
une porte de la ville. Le curé, stupéfait au plus haut point, suivit
les croix. Lorsqu'elles furent arrivées à la sortie de la ville, le prêtre
vit un homme imposant et beau à voir (3) tourné vers la cité, l'épée
à la main. (4) Il mettait à mort avec l'aide des croix un homme de
grande taille au moment où celui-ci sortait de la ville. Le curé, presque mort de saisissement, courut à l'évêque d'Uzès, se jeta à ses
pieds et lui fit le récit détaillé de ce qu'il avait vu.

[162] *Le Comte de Toulouse revient de Rome.* Le comte de Toulouse qui s'était rendu auprès du seigneur pape, comme il est dit plus
haut, (5) était revenu vers cette époque de la Curie Romaine. Le
seigneur pape avait ordonné, nous l'avons dit, à l'évêque de Riez
et à maître Thédise d'imposer au comte une justification, notamment sur la mort de frère Pierre de Castelnau, légat du Siège Apostolique, et sur le crime d'hérésie. Maître Thédise se rendit à Toulouse
pendant le siège de Minerve, ainsi qu'on l'a vu dans le récit du
miracle précédent, pour s'entendre à ce sujet avec l'Abbé de Citeaux
qui était dans la région de Toulouse et pour exécuter la bulle du
Souverain Pontife qui ordonnait d'absoudre les Toulousains suivant
les formes canoniques, (6) c'est-à-dire en leur faisant jurer d'obéir
aux ordres de l'Eglise, mais l'évêque de Toulouse les avait déjà

---

(1) Raymond d'Uzès, évêque réformateur, futur légat du pape. Cf. § 195.
(2) La Dalbade, à cinq-cents mètres du Château Narbonnais. Note de P. Guébin.
(3) Gen. XLIX, 22.
(4) Josué, V, 13.
(6) Cf. §§ 137-139.
(5) Lettre d'Innocent III aux légats Arnaud et Hugues de Riez et à Thédise, leur
ordonnant d'absoudre les Toulousains et de lever l'interdit qui pesait sur la ville. P. 3881.

absous selon la forme prescrite et il avait reçu comme otages et
cautions dix habitants parmi les plus notables de la ville. [163] Une
fois entré dans Toulouse, maître Thédise eut un entretien secret
avec l'Abbé de Citeaux : fallait-il recevoir la justification du comte
de Toulouse ? (1) Maître Thédise, scrupuleux et prévoyant, très préoccupé de l'affaire de la foi, souhaitait de tout cœur trouver un moyen
juridique pour déclarer irrecevable la justification du comte. Il
voyait bien, en effet, que si le comte était admis à se purifier et qu'il
réussit à le faire, à force de mensonges et de fourberies, l'Eglise
serait ruinée, la foi et la religion du Christ disparaîtraient de ce
pays. Comme il était ainsi préoccupé et réfléchissait en lui-même,
Dieu lui fraya la voie et lui suggéra un moyen de refuser au comte
sa justification. En effet, maître Thédise recourut à une bulle du
seigneur pape où le Souverain Pontife disait entr'autres choses :
« En attendant, nous voulons que le comte de Toulouse exécute les
ordres que nous lui avons donnés. » (2) Car beaucoup d'ordres
avaient été donnés au comte de Toulouse, par exemple : expulser
les hérétiques de sa terre, renoncer aux nouveaux péages et beaucoup d'autres choses qu'il ne s'était point soucié d'accomplir. Pour
ne pas avoir l'air d'accabler ni de lier le comte, maître Thédise
et son collègue l'évêque de Riez lui donnèrent rendez-vous à Saint-
Gilles pour recevoir sa justification. [164] L'évêque de Riez et maître
Thédise convoquèrent donc à Saint-Gilles des archevêques, des évêques et un grand nombre d'autres prélats. Le comte de Toulouse
se présenta pour essayer de se justifier de la mort du légat et de
l'accusation d'hérésie. Alors, maître Thédise, porte-parole des membres du concile, déclara au comte que sa justification était irrecevable en vertu même des instructions pontificales, puisqu'il n'avait rien
accompli de ce qu'on lui avait précédemment ordonné et fait jurer
à maintes reprises. Maître Thédise ajouta : « Il est vraisemblable,
« il est même évident qu'après avoir violé ses serments sur des
« points secondaires, le comte ne se fera pas le moindre scrupule
« de se parjurer encore, lui et ses co-jureurs, de ces deux énormes
« crimes : la mort du légat et le crime d'hérésie. C'est pourquoi
« le comte ne doit en aucune façon être reçu sur ces points impor-
« tants avant de s'être mis en règle sur les points secondaires. » (3)

(1) D'après une lettre des Consuls de Toulouse au roi d'Aragon, de Juillet 1211. Les
consuls se plaignent de la duplicité d'Arnaud et de leur évêque, qui, les ayant réconcilié
avec l'Eglise, et ayant exigé des otages, de nouveau les attaquent, sous prétexte qu'ils n'ont
pas suffisamment aidé les croisés, alors occupés au siège de Lavaur. Layettes, I, n° 968. Sur
le siège de Lavaur, cf. § 215 et suivants.

(2) Dans ses bulles de Janvier 1210, P. 3883 et suivantes, Innocent III ordonne à
ses légats de réconcilier le comte de Toulouse à la condition qu'il puisse se justifier des
deux crimes : la mort de Pierre de Castelnau et le délit d'hérésie. Cf. § 137.

(3) Sur le Concile de Saint-Gilles, voir Mansi, t. XXII ,c. 807. La procédure suivie
au concile est la procédure dite accusatoire. Elle n'existait qu'en matière criminelle. Elle
supposait la dénonciation d'un délit, faite en bonne et due forme au tribunal ecclésiastique
par un sujet idoine. L'official convoquait l'accusé et l'invitait à se justifier. Cf. P. Fournier :
Les Officialités au Moyen-Age, Paris, 1880, p. 233 et ss. La justification présenta souvent

A ces mots, le comte de Toulouse, poussé par sa mauvaise nature, se mit à pleurer. Maître Thédise, sachant que ce n'était pas des larmes de dévotion et de repentir, mais de félonie et de rage, dit au comte : « Dans le déluge des grandes eaux, tu ne te rapprocheras pas de Dieu. (1) Aussitôt de l'avis unanime des prélats, le très mauvais comte de Toulouse fut de nouveau excommunié pour maintes causes très raisonnables ainsi que tous ses partisans et ses complices. [165] N'oublions pas de dire que l'hiver précédent, avant tous ces événements, maître Milon, légat du Siège Apostolique, était mort à Montpellier. (2) Et maintenant, reprenons le fil de notre récit.

[166] *Soumission de Ventajou.* La ville de Minerve ayant été prise vers la fête de la Bienheureuse Marie-Madeleine et pourvue d'une garnison, notre comte vit venir à lui un certain chevalier, seigneur de Ventajou, qui se rendit à lui avec son château. Comme les chrétiens avaient beaucoup souffert à cause de ce château, notre comte se dirigea de ce côté et renversa le donjon de fond en comble. [167] *Reprise de Montréal.* Quant Aimery, seigneur de Montréal, et les habitants de cette ville apprirent la prise de Minerve, poussés par la crainte, ils envoyèrent à notre comte un messager pour demander la paix aux conditions suivantes : Aimery s'engagerait à livrer au comte la ville de Montréal en échange d'une autre terre équivalente, en plaine et dépourvue de fortifications. Le comte accepta et lui accorda ce qu'il demandait. Mais ensuite ce détestable traître rompit l'alliance, abandonna Dieu et le comte et rejoignit les ennemis de la croix.

[168] *Siège de Termes.* En ce temps-là, survint de la France du nord, un seigneur nommé Guillaume de Cayeux, qui avait pris le signe de la croix et plusieurs croisés avec lui. L'approche d'une grande troupe de bretons fut également annoncée au comte. Celui-ci tint conseil et confiant dans l'appui de Dieu, marcha vers le château de Termes. [169] Pendant que le comte était en route, des chevaliers qui se trouvaient à Carcassonne tirèrent les machines de guerre qui étaient dans la ville et les firent placer hors des remparts afin d'être

dans le nord de la France un caractère germanique : les ordalies par l'eau ou le feu. Innocent III les défendit en vain, P. 4.358. Devant les Tribunaux ecclésiastiques, l'accusé devait prouver son innocence par serment et ce serment était appuyé par les serments de plusieurs — en principe sept : les témoins de la « septième main » — cojureurs de même ordre ou condition que lui, qui témoignaient moins de l'innocence de l'accusé que de la valeur de sa personne et par conséquent de la véracité de son témoignage. C'était la « Purgatio canonica ». Les canons, la plupart d'Innocent III, sont au Corpus J. C. L. V., T. 34. Typiques à ce sujet sont les procès des hérétiques de la Charité-sur-Loire. Cf. Origines, p. 126-132. Au concile de Saint-Gilles, le légat commit envers le comte de Toulouse un véritable déni de justice, en refusant a priori sa justification ou purgation canonique, contrairement aux instructions d'Innocent III, P. 3889.

(1) Ps. XXXI, 6.
(2) Milon mourut en Décembre 1209. Innocent III lui substitua, le 23 Janvier 1210, comme légat maître Thédise, mais avec la même réserve par laquelle il avait subordonné Milon à Arnaud : « Thédise, écrit-il à Arnaud, ne sera que l'hameçon dont tu te serviras pour attirer et prendre le poisson ». P. 3885. P. L. t. 216, c. 174-176.

amenées au comte qui se hâtait d'assiéger Termes. Quand nos ennemis postés à Cabaret apprirent que nos machines étaient placées
hors des murs de Carcassonne, ils vinrent au milieu de la nuit en
troupe nombreuse et bien armée pour essayer de les détériorer à
coup de hâche. A leur approche, les nôtres sortirent de la ville et,
quoique très peu nombreux, attaquèrent les ennemis, les mirent
vigoureusement en fuite et poursuivirent les fuyards de tous côtés
à une grande distance. La rage de nos adversaires n'en fut pas cal-
mée, car ils revinrent cette même nuit, un peu avant le point du
jour pour essayer d'abîmer les machines. Quand les nôtres s'en aperçurent, ils firent une sortie et les mirent en fuite encore plus loin
et plus vigoureusement que la première fois : à deux ou trois reprises, ils faillirent s'emparer du seigneur de Cabaret, Pierre-Roger,
mais celui-ci, pris de peur, se mit à crier . « Montfort, Montfort »
avec les nôtres, comme s'il était l'un d'entr'eux. Il échappa ainsi
se réfugia dans les montagnes et ne regagna Cabaret que deux jours
après. [170] Les Bretons dont nous avons parlé, voulant rejoindre
le comte passèrent par Castelnaudary (1) qui appartenait encore au
comte de Toulouse et était situé dans le Toulousain. Les Bourgeois
de Castelnaudary refusèrent de les laisser entrer dans la ville neuve
et les obligèrent à passer la nuit dans les jardins et dans les champs,
car le comte de Toulouse entravait de toutes ses forces, quoique
secrètement, l'affaire du Christ. Arrivés à Carcassonne, les Bretons
emmenèrent les machines de guerre dont nous avons parlé pour les
conduire au comte qui allait assiéger Termes. [171] *Description de
Termes.* Termes, situé en territoire Narbonnais, à cinq lieues de Carcassonne, était d'une force étonnante et incroyable. (2) Il semblait
humainement tout à fait imprenable : il était bâti au sommet d'une
haute montagne sur un grand rocher naturel, entouré de ravins
profonds et inaccessibles où couraient des torrents qui entouraient
le château : ces ravins étaient bordés de rochers si hauts et si réfrac-
taires pour ainsi dire à la descente que celui qui voulait atteindre
le château devait d'abord se laisser glisser dans le ravin et ensuite
ramper pour ainsi dire vers le ciel. De plus, à un jet de pierre du
château un piton isolé portait un fortin de petite dimension, mais
d'une grande solidité, nommé Termenet. Ainsi disposé, le château
n'était abordable que d'un seul côté où les rochers étaient moins
hauts et plus accessibles. [172] Le seigneur de Termes était un chevalier nommé Raymond, vieillard livré à un sens réprouvé (3) et
hérétique avéré. En un mot, il ne craignait ni Dieu ni les hommes. (4) Il avait une telle confiance dans sa forteresse qu'il com-

---

(1) Castelnaudary, centre d'hérésie. Cf. Guiraud, Cartulaire, t. I, introduction, p.
CCXXX-CCXXXI.

(2) Noter les mêmes expressions : « Castrum illud incredibilis erat fortitudinis » § 152
et 171.

(3) Rom. I, 28.

(4) Luc. XVIII, 2.

battait tantôt le comte de Toulouse, tantôt son propre suzerain, le vicomte de Béziers. (1) Quand ce tyran apprit que notre comte se proposait d'assiéger Termes, il recruta le plus grand nombre de chevaliers possibles, approvisionna le château d'une grande quantité de vivres et autres choses nécessaires à la défense et se prépara à la résistance [173] *Début du Siège.* Arrivé devant Termes, notre comte commença le siège avec peu de troupes et s'installa dans une petite partie des constructions. Les défenseurs, nombreux et bien armés, nullement intimidés par notre petit camp, sortaient et rentraient librement pour chercher de l'eau et tout ce qu'il leur fallait sous les yeux des nôtres qui étaient incapables de les en empêcher. Pendant ces allées et venues, des croisés du nord arrivaient au camp de jour en jour, peu nombreux et goutte à goutte. Dès que nos ennemis voyaient approcher ces croisés, ils montaient sur les remparts et s'écriaient ironiquement pour se moquer des nôtres, comme les nouveaux venus étaient en petit nombre et sans armes : « Fuyez de la face du camp, fuyez de la face du camp. » (2) Peu après, des croisés de la France du nord et des pays germaniques commençaient à arriver par troupes nombreuses. (3) A cette vue, nos ennemis prirent peur, cessèrent leurs moqueries et devinrent moins présomptueux et moins hardis. Cependant, les défenseurs de Cabaret, qui étaient alors les principaux et les plus cruels ennemis de la religion chrétienne, venaient aux environs de Termes, parcouraient jour et nuit les grandes routes et chaque fois qu'ils faisaient prisonniers quelques-uns des nôtres, ou bien ils les condamnaient à la mort la plus honteuse, (4) ou bien ils les renvoyaient au camp après leur avoir cruellement crevé les yeux, coupé le nez ou infligé d'autres mutilations pour afficher le mépris qu'ils avaient pour Dieu et pour nous. (5) [174] *Arrivée des Evêques de Chartres et de Beauvais et d'un grand nombre d'autres nobles personnages.* Les choses en étaient là, quand arrivèrent du nord de la France des personnages nobles et puissants : l'évêque Renaud de Chartres, l'évêque Philippe de Beauvais, le comte Robert de Dreux, même le comte de Ponthieu qu'accompagnait une énorme foule de croisés. Notre comte et tout le camp en furent heureux et se réjouirent de leur arrivée. On espérait que ces puissants personnages feraient des actions puissantes et qu'ils écraseraient les ennemis de la foi chrétienne d'une main puissante et d'un bras étendu, (6) mais Celui qui dépose les

---

(1) Termes avait été cédé en 1179 par le roi d'Aragon, Alphonse II, au vicomte de Béziers. Vaissète, VI, p. 91.

(2) I Macc. VI, 6.

(3) En 1210, des départs de croisés sont signalés par Albert de Stade, les annales du Parc-lès-Louvain et celles de Floresse et par Rainier de Liège : M. G. H. ss. XVI, p. 355, 606, 626, 653.

(4) Sagesse, II, 20.

(5) Analogie avec les procédés de Giraud de Pépieux, § 127 et les représailles de Simon de Montfort, § 142.

(6) Ps. CXXXV ,12.

puissants (1) et donne sa grâce aux humbles, (2) pour des motifs
secrets que lui seul connaît, (3) ne voulut pas que ces puissants
accomplissent rien de grand ni de glorieux. Autant que la raison
humaine peut en connaître, sans doute le Juste Juge (4) a-t-il estimé
que ceux-là n'étaient pas dignes de réaliser les grands et admirables desseins du grand et admirable Seigneur, (5) ou bien crai-
gnait-il que les nobles gestes de ces nobles seigneurs ne fussent ins-
crits à l'activité de la puissance humaine, non à celle de Dieu. Le
Céleste Ordonnateur voulut donc pour le mieux que la victoire appar-
tint aux humbles et qu'ainsi le glorieux triomphe que sa gloire rem-
porterait conservât sa gloire à son nom. (6) Cependant notre comte
faisait dresser des pierrières qui bombardèrent le premier rempart
du château : les nôtres s'occupaient tous les jours aux travaux du
siège. [175] *Portrait de l'Archidiacre de Paris.* Il y avait au camp
l'archidiacre de Paris, Guillaume. Cet homme vénérable, vaillant,
(7) enflammé de zèle pour la foi chrétienne, se livrait aux occupations les plus pénibles pour le service du Christ. Il prêchait tous les
jours, organisait des quêtes pour subvenir aux dépenses des machines de guerre : sa sagesse et son zèle faisaient face à tous les devoirs.
Il allait souvent dans la forêt avec une partie des croisés et faisait
rapporter une grande quantité de bois pour les pierrières. Un jour,
comme les nôtres voulaient installer une machine près du château
et qu'un ravin profond les en empêchait, cet homme de grande
fermeté (8) et d'ardeur incomparable, guidé par l'esprit de conseil
et de force, (9) trouva la solution la meilleure : il emmena des croisés
dans la forêt, leur ordonna d'emporter du bois en grande quantité
et fit combler le ravin avec du bois, de la terre et des pierres : après
quoi, les nôtres installèrent leurs machines sur ce terre-plein. Et
comme il est impossible de raconter en détail tous les témoignages
de sagesse et de sollicitude donnés par cet archidiacre et les fatigues
qu'il endura pendant le siège, nous pouvons affirmer en un mot que
c'est à lui plus qu'à tout autre, ou même à lui seul après Dieu que
revint la conduite vigilante et si diligente du siège et le mérite de
la victoire. De sainteté remarquable, de conseil excellent, d'âme
vertueuse, il avait reçu de Dieu de si heureuses dispositions pour
la poursuite de cette entreprise, qu'il était de tous le plus compétent.
Il donnait des leçons aux forgerons, il dirigeait le travail des charpentiers, il l'emportait sur chaque spécialiste dans tout ce qu'il fallait
savoir pour la bonne conduite de l'opération. Ainsi que nous l'avons

---

(1) Luc, I, 52.
(2) I Pierre, V, 5
(3) Prov. XX, 24 ; Rom. XI, 33.
(4) II Tim. IV, 8.
(5) Ps. XCV, 4.
(6) Ps. XCV, 8.
(7) « Vir virtutis » I Macc. VI 37.
(8) Sagesse, V, 1.
(9) Isaïe, XI, 2.

dit, il faisait combler les vallées et, quand il le fallait, abaisser les hautes collines au niveau des vallées profondes. (1) [176] *Assaut contre le premier faubourg*. Les machines mises en batterie près du château bombardaient tous les jours les murailles. Dès que les nôtres s'aperçurent que le premier rempart était affaibli par le jet continuel des pierres, ils s'armèrent pour prendre d'assaut le premier faubourg : quand les ennemis les virent s'approcher des remparts, ils incendièrent ce faubourg et battirent en retraite vers le faubourg supérieur : les nôtres pénétrèrent dans le premier faubourg, mais ils en furent promptement chassés par une sortie de l'ennemi [177] Les choses en étaient là, quand les nôtres remarquèrent que la tour de Termenet, déjà nommée, garnie de chevaliers, entravait la prise du château dont elle était voisine : ils cherchèrent le moyen de s'en emparer. Au pied de la tour, bâtie, comme nous l'avons dit, au sommet d'un piton rocheux, ils mirent des sentinelles pour empêcher les défenseurs d'aller au château et la garnison du château de porter secours en cas de besoin à ceux de la tour. De plus, quelques heures plus tard, les nôtres installèrent un mangonneau, non sans extrême difficulté ni périls dans un endroit (presque) inaccessible entre la tour et le château. A son tour, la garnison du château dressa un mangonneau qui lançait de gros projectiles sur le nôtre sans toutefois pouvoir l'endommager. Notre mangonneau bombardait la tour sans discontinuer : les défenseurs se rendaient compte qu'ils étaient bloqués et que ceux du château ne pouvaient leur porter aucun secours. Une nuit, saisis de peur, ils cherchèrent leur salut dans la fuite, (2) et évacuèrent les lieux. Aussitôt que les sergents de l'évêque de Chartres, qui faisaient le guet à la base, s'en aperçurent, ils entrèrent dans la tour et arborèrent au faîte la bannière de leur évêque. [178] Pendant ce temps, d'un autre côté, nos pierrières bombardaient sans cesse les murailles du château. Toutefois, aussitôt que nos ennemis, en homme pleins de courage et d'ingéniosité, s'apercevaient que nos machines avaient endommagé une de leurs murailles, ils élevaient tout près et à l'intérieur une barricade de pierre et de bois : aussi chaque fois que les nôtres ouvraient une brèche, ils ne pouvaient avancer à cause de la barricade que l'ennemi avait élevée. Comme il nous est impossible de redire toutes les péripéties de ce siège, nous dirons en un mot que les assiégés n'abandonnèrent jamais une de leurs murailles sans en construire une autre à l'intérieur comme je l'ai dit plus haut. [179] Sur ces entrefaites, les nôtres installèrent un mangonneau près des remparts à l'abri d'un rocher dans un endroit (presque) inaccessible. Lorsqu'il fonctionnait, il causait beaucoup de dégâts chez l'ennemi. Notre comte préposa trois cents sergents et cinq chevaliers à la garde de ce mangonneau dont la sécurité inspirait beaucoup de craintes : les nôtres, en effet, n'igno-

(1) Isaïe, XL, 4.
(2) Judith, XV, I.

raient pas que leurs adversaires mettraient tout en œuvre pour
détruire un engin si nuisible pour eux ; et puis, les croisés du camp
n'auraient pu en cas de besoin secourir les gardiens du mangonneau
à cause de sa position dans un lieu d'un accès si difficile. Un jour,
les assiégés, au nombre de quatre-vingts, sortirent du château : armés
de boucliers, ils accouraient pour détruire la machine : derrière eux,
une infinité d'ennemis apportaient du bois, du feu et toutes sortes
de combustibles. Pris de panique, les trois cents sergents de garde
près de la machine se sauvèrent tous ; bientôt il ne resta que les
cinq chevaliers. Qu'ajouterai-je ? A l'approche des adversaires, tous
nos chevaliers prirent la fuite, à l'exception d'un seul, Guillaume de
l'Ecureuil. Celui-ci, voyant venir les ennemis, se mit avec la plus
grande difficulté à grimper sur la roche, face à eux : mais ils se pré-
cipitèrent sur lui, tous à la fois. (1) Lui se défendait avec une bravoure remarquable. Les ennemis, comprenant alors qu'ils n'arrive-
raient pas à le faire prisonnier, le renversèrent avec leurs lances sur
le mangonneau et jetèrent sur lui du bois sec et du feu, mais notre
vaillant chevalier se relève aussitôt et disperse le feu : (2) l'engin
demeure intact, puis il recommence à grimper vers les ennemis :
ceux-ci à nouveau le renversent et jettent sur lui des matières inflammables. Qu'ajouterai-je ? Il se relève encore et s'élance sur eux. Ils
le renversent une fois de plus sur le mangonneau, et ceci à quatre
reprises. Quand les nôtres jugèrent que notre chevalier ne pourrait
échapper, puisque personne ne pouvait le secourir, ils créèrent une
diversion et se dirigèrent vers la partie opposée des remparts comme pour donner l'assaut. Alors, les ennemis dessérèrent leur étreinte
autour de Guillaume de l'Ecureil et se replièrent dans le château.
Notre chevalier, quoique très épuisé, demeure vivant et notre mangonneau intact, grâce à son incomparable exploit. [180] Entre temps,
le noble comte de Montfort souffrait d'une détresse si grande et si
pressante, que très souvent il n'avait rien à manger : le pain même
faisait défaut à plusieurs reprises : nous le savons de source sûre,
il lui arriva de s'absenter volontairement quand approchait le moment des repas et, de honte, il n'osait rentrer sous sa tente parce
qu'il était l'heure de manger et qu'il n'avait pas seulement de pain.
Quand au vénérable archidiacre Guillaume, il fondait des confréries,
organisait des quêtes, comme nous l'avons dit : (3) collecteur vertueux
et pieux ravisseur, tout ce qu'il pouvait saisir il le consacrait soigneusement aux dépenses des machines et aux autres frais du siège
[181] A ce moment, nos ennemis manquèrent d'eau. Leurs voies
d'accès étant bloquées depuis longtemps par les nôtres, ils ne pou-

---

(1) Actes, VII, 56.
(2) Nombres, XVI, 37.
(3) Les confréries avaient pour but, semble-t-il, le ravitaillement et l'équipement des
croisés. Voir en ce sens un autre texte du XIII° siècle, indiqué par Le Bras : « Les Confréries chrétiennes », dans la Revue Historique de Droit Français et Etranger, 1940, 1941,
p. 31, n° 1.

vaient plus sortir pour puiser de l'eau, et quand l'eau manqua, le
courage et l'envie de résister leur manquèrent également. (1) Qu'a-
jouterai-je ? Ils parlementent avec les nôtres, ils négocient la capitulation sur les bases suivantes : Raymond, seigneur de Termes, promettait de livrer son château au comte pourvu que celui-ci lui laissât
le reste de sa terre et lui rendît le château aussitôt après Pâques.
Pendant qu'on discutait les clauses de cette capitulation, les évêques
de Chartres et de Beauvais, le comte Robert et le comte de Ponthieu
s'apprêtèrent à quitter le camp. Le comte de Montfort les supplia
et tout le monde avec lui de prolonger leur séjour au camp. Comme
rien ne pouvait les fléchir, la noble comtesse de Montfort se jeta à
leurs pieds et les supplia affectueusement de ne pas tourner le dos (2)
à l'affaire du Seigneur en un tel besoin et de venir en aide, dans un
péril si pressant, au comte de Jésus-Christ, qui s'exposait chaque jour
dans l'intérêt de l'Eglise Catholique. L'évêque de Beauvais, les comtes
de Dreux et de Ponthieu refusèrent d'accéder aux prières (3) de la comtesse: ils répondirent qu'ils partiraient le lendemain et ne reculeraient
pour rien leur départ, fut-ce d'un seul jour. Par contre, l'évêque de
Chartres promit de rester encore un peu. [182] *Le Comte accepte le
projet de capitulation.* Notre comte, voyant que le départ des susdits
croisés allait le laisser presque seul, réduit à une telle extrémité, accepta, quoique à regret, la proposition de l'ennemi. Qu'ajouterai-je ?
Les nôtres parlementent de nouveau avec les assiégés : la capitulation
est ratifiée et notre comte fit dire à Raymond, seigneur de Termes,
de sortir du château et de lui livrer. Celui-ci refusa de sortir ce
jour-là et s'engagea formellement à rendre son château le lendemain
au début de la matinée. La justice divine voulut et décida cet ajour-
nement, comme la suite en donne des preuves certaines. (4) Dieu,
le très Juste Juge, (5) ne voulut pas laisser partir, indemne et impuni, après tant de cruautés, celui qui avait fait à l'Eglise des torts
si considérables (et qui aurait continué, s'il l'avait pu). Pour ne rien
dire de ses autres méfaits, disons qu'il y avait plus de trente ans
qu'on n'avait officié dans l'église du château de Termes, selon le
récit de personnes dignes de foi. [183] La nuit suivante, comme si le
ciel était rompu et toutes ses cataractes ouvertes, (6) il s'en échappa
soudain une pluie si abondante que les assiégés, après avoir longtemps souffert du manque d'eau et offert de capituler pour ce motif,
en furent saturés. Notre harpe se transforma en plainte lugubre : le
deuil des ennemis se changea en joie. (7) Devenus aussitôt arrogants,
ils reprirent la force et la volonté de résister : ils devinrent d'autant

---

(1) « Deficiente igitur aqua, defecit eis virtus et animus resistendi ». Mêmes expressions
au siège de Minerve, § 154.
(2) II Esdras, IX, 29.
(3) Nombres, XX, 31.
(4) « In eventu rei » : tournure de Genèse, XLI, 13.
(5) II Tim. IV, 8.
(6) Gen. VII, 11.
(7) Job. XXX, 31 et Jérémie, XXXI, 13.

plus cruels et plus disposés à nous combattre qu'ils avaient l'audace
d'interpréter cette aventure comme le signe d'une intervention divine
au moment du péril. O stupide et injurieuse présomption ! Se vanter
d'être secourus par Celui dont ils avaient rejeté le culte et dont ils
rejetaient la foi ! Ils disaient, en effet, que Dieu ne voulait pas qu'ils
se rendissent . ils prétendaient même que Dieu avait fait dans leur
intérêt ce que sa Justice avait ordonné à leur perte. [184] *Départ des
nobles croisés.* Les choses en étaient là, quand l'évêque de Beauvais,
les comtes de Dreux et de Ponthieu quittèrent le camp pour retourner chez eux, laissant l'affaire du Christ inachevée ou pour mieux
dire en proie aux plus grandes difficultés et périls. Et s'il nous est
permis de dire ce qu'ils se sont permis de faire, nous dirons qu'ils
s'en allèrent avant d'avoir achevé leur quarantaine. Les légats du
Siège Apostolique, en raison de la tiédeur de très nombreux croisés,
sans cesse tourmentés par la nostalgie du retour, avaient en effet
prescrit que nul n'obtiendrait l'indulgence accordée par le seigneur
pape aux croisés à moins d'avoir accompli intégralement une période de quarante jours au service de Jésus-Christ. [185] Dès le commencement du jour, notre comte envoya un message à Raymond,
seigneur de Termes, et lui ordonna de livrer son château conformément à sa promesse de la veille. Mais celui-ci, approvisionné abondamment de cette eau dont la privation l'avait poussé à se rendre et
voyant en outre les gens de l'armée se retirer, rompit en homme
pétri d'inconséquence et de duplicité (1) qu'il était, l'engagement
qu'il avait pris. Toutefois, deux chevaliers sortirent du château et
vinrent se rendre au comte, parce que la veille ils avaient promis
formellement à son maréchal (2) de se constituer prisonniers. Quand
le maréchal fut revenu auprès du comte (car c'est lui qui avait été
envoyé pour parlementer avec Raymond) et qu'il eût rapporté la
réponse du seigneur de Termes, l'évêque de Chartres qui tenait à
partir le lendemain, conseilla de renvoyer encore le maréchal auprès
de Raymond et de lui offrir la capitulation à n'importe quelles conditions, pourvu qu'il livrât son château. Pour convaincre plus facilement ledit Raymond, l'évêque de Chartres conseilla au maréchal
d'emmener avec lui l'évêque de Carcassonne (3) qui était dans le
camp pour ce motif qu'il était originaire du pays et qu'il était bien
connu du tyran : (4) de plus, parmi les assiégés se trouvait la mère de
l'évêque, (fameuse hérétique) et le frère de l'évêque, savoir Guillaume
de Roquefort, déjà nommé. Ce Guillaume était très cruel et autant
qu'il était en lui un des pires ennemis de l'Eglise. Ainsi donc, l'évêque
de Carcassonne et le maréchal du comte se rendirent auprès de Raymond : aux paroles ils ajoutèrent les prières et aux prières les menaces : ils s'efforcent avec persistance d'amener ce tyran à écouter leurs

---

(1) Epithètes adressées déjà par Innocent III à Raymond VI : Cf. § 57.
(2) Le maréchal du comte est Guy de Lévis, Cf. § 82.
(3) Bernard de Roquefort, évêque de Carcassonne. Cf. § 130.
(4) Allusion à J. XVIII, 15

conseils (1) et à se soumettre de la manière dont on l'a dit plus haut
à notre comte ou plutôt à Dieu même, mais celui dont le maréchal
avait déjà éprouvé l'entêtement et l'obstination témoigna envers
l'évêque de Carcassonne et le maréchal d'un entêtement plus obstiné
encore. Ledit Raymond ne voulut même pas tolérer que l'évêque eût
un entretien secret avec son frère Guillaume. L'évêque et le maréchal, ayant échoué dans leur mission, revinrent auprès du comte.
Les nôtres n'avaient pas encore bien compris que, nous l'avons déjà
dit, la Piété divine en décidait ainsi afin de mieux pourvoir à l'intérêt
de son Eglise. (2) [186] *Départ de l'Evêque de Chartres.* L'évêque de
Chartres partit le lendemain au point du jour : notre comte sortit
du camp avec lui pour l'accompagner un peu. Quand il fut suffisamment éloigné du camp, les assiégés firent une sortie, nombreux
et armés : ils projetaient de démolir un de nos mangonneaux. Quand
notre comte entendit l'alerte au camp, il retourna précipitamment
sur ses pas, s'élança sur ceux qui attaquaient la machine, les refoula
vers le château bon gré mal gré à lui tout seul et poursuivit longtemps et courageusement les fuyards au péril de sa vie. Audace de
prince, bravoure virile ! [187] Après le départ des susdits nobles
évêques et comtes, notre comte, se voyant presque seul et à peu près
abandonné, (3) inquiet et troublé, ne savait que faire. Lever le siège ?
Il ne le voulait à aucun prix. Prolonger son séjour ? Cela lui était
impossible, vu le grand nombre et l'armement de ses ennemis, l'insuffisance de ses propres troupes, en majorité non équipées. Comme
nous l'avons dit plus haut, le gros de l'armée était parti avec les
évêques et les comtes : le château était encore très fort : on estimait
que seule une très puissante armée d'assiégeants était capable de
s'en emparer : enfin l'hiver approchait, très rude d'ordinaire en ces
régions : Termes était situé dans les montagnes, nous l'avons déjà
dit : (4) les pluies torrentielles, le vent qui tourbillonnait, la neige
qui tombait en abondance rendirent cet endroit glacial et presque
inaccessible. [188] Le comte était plongé dans la tribulation et l'angoisse (5) et se demandait quel parti prendre quand un beau jour
des croisés à pied survinrent de Lorraine. (6) Le comte, enchanté de
leur arrivée, resserre le siège autour de Termes et sous l'impulsion
du vénérable archidiacre Guillaume, les nôtres reprirent leur courage et leur activité. Ils traînèrent plus près des remparts les machines dont le rendement jusqu'ici avait été faible : ils les manœuvrè-
rent sans discontinuer et affaiblirent sensiblement les remparts. Il
arriva ceci de merveilleux — événement admirable et incompréhen-

----

(1) Gen., XXVII, 8.
(2) Hébr. XI, 40.
(3) Comme en 1209, § 115.
(4) § 171.
(5) Ps. CXVIII, 143.
(6) En 1210, les Annales de Cologne mentionnent un départ de croisés et décrivent
ensuite le siège de Termes : M. G. H. ss. XVII, p. 825.

sible de Dieu — (1) que le tir des engins, à peu près inefficace pendant le séjour des nobles au camp, devint si précis après leur départ que chaque boulet de pierre semblait conduit par Dieu lui-même. Et en vérité, c'est bien par le Seigneur que cela était fait et c'était invisible aux yeux (2) de nos croisés. [189] Après un bombardement prolongé qui affaiblit en grande partie les remparts et le donjon, le jour de la Sainte Cécile, le comte ordonna de creuser une tranchée et de la couvrir de claies, afin que les mineurs puissent atteindre le rempart et en saper la base. Il travailla toute la journée à prendre ses dispositions, il jeûna aussi, et, à la nuit tombante, veille de la Saint-Clément, (3) il rentra sous sa tente. Par une disposition de la clémence divine et le secours du bienheureux Clément, les assiégés, saisis de crainte et complètement désespérés, sortirent tout à coup du château et essayèrent de fuir. Quand les nôtres au camp s'en aperçurent, ils donnèrent l'alarme et commencèrent à courir çà et là pour encercler les fuyards. Pourquoi tarder davantage ? Beaucoup réussirent à s'échapper, quelques-uns furent faits prisonniers, plusieurs furent mis à mort. Un croisé chartrain, pauvre et non-noble, qui courait avec les nôtres en poursuivant les fuyards, fit prisonnier, par une disposition de la Justice Divine, Raymond, seigneur du château, qui s'était caché en quelque retraite, et il le conduisit au comte qui le reçut comme un don précieux et au lieu de le faire mourir le fit enfermer au fond d'une tour de Carcassonne où pendant plusieurs années il subit le châtiment et connut des misères qu'il avait bien méritées. [190] *Miracle*. Au sujet de Termes, il arriva un événement que nous ne devons pas passer sous silence. Notre comte faisait un jour conduire un petit engin appelé « chat » en langue vulgaire, destiné à saper les remparts. (4) Comme le comte se tenait près de l'engin et qu'il causait avec un chevalier, le bras passé familièrement au cou de celui-ci, une énorme pierre, lancée par un mangonneau des ennemis, arriva de très haut avec une grande force et frappa à la tête ledit chevalier. Par la merveilleuse opération divine, le comte qui étreignait le chevalier fut épargné, tandis que celui-ci, frappé d'un coup mortel, expirait. [191] *Autre fait digne de mémoire*. Un dimanche, notre comte était dans sa tente et écoutait la messe : un sergent se tenait derrière lui, presque contre son dos : la clémente Providence de Dieu l'avait ainsi disposé. Tout à coup, une flèche lancée par une baliste ennemie, frappa le sergent et le tua. Personne ne peut mettre en doute l'intervention divine . le sergent debout derrière lui reçut la flèche, mais le bon Dieu conserva à la Sainte-Eglise son valeureux champion. [192] Après la prise de

(1) Rom. XI, 33.

(2) Ps. CXVII, 23.

(3) Nuit du 22 au 23 Novembre 1210 : même date chez Rainier de Liège, dans M.G.H. ss. XVI, p. 663

(4) D'après Du Cange : Glossarium, c'était une machine de guerre à l'abri de laquelle les soldats pouvaient, cachés aux regards des ennemis, commes des félins, approcher des remparts pour les ébranler à coups de sape ou de bélier.

Termes, la veille de la Saint-Clément, et l'installation d'une garnison de croisés dans cette ville, notre comte marcha sur le château de Coustaussa, qu'il trouva abandonné, (1) puis sur Puivert qui capitula au bout de trois jours. (2) [193] Ceci fait, il décida de se rendre dans le diocèse d'Albi pour y recouvrer les localités qui s'étaient soustraites à son hommage. Il vint donc à Castres : les bourgeois lui livrèrent la ville et se soumirent à toutes ses volontés. De là, il se dirigea sur Lombers, dont nous avons déjà parlé : il trouva la ville remplie de vivres et vide d'habitants, les chevaliers et les bourgeois s'étaient tous enfuis par peur du comte à cause de leurs précédentes trahisons. Le comte y mit garnison et aujourd'hui il l'a encore (3) en son pouvoir. Pourquoi tarder davantage ? Le noble comte du Christ recouvra à la même époque toutes les localités de l'Albigeois au sud du Tarn.

[194] *Trahison du Comte de Toulouse envers le Comte de Montfort*. En ce temps-là, le comte de Toulouse vint dans une localité proche d'Albi pour s'entretenir avec notre comte. (4) Celui-ci se rendit à l'entretien. Les ennemis étaient prêts à l'enlever, (5) car le comte de Toulouse avait amené avec lui de détestables traîtres qui combattaient notre comte ouvertement. Ce dernier dit au comte de Toulouse : « Qu'avez-vous fait là ? Vous m'avez appelé à une conférence et vous y avez amené des gens qui me trahissent. » Le comte de Toulouse répondit : « Ce n'est pas moi qui les ai amenés. » A ces mots, notre comte voulut les saisir, mais le comte de Toulouse intercéda en leur faveur et ne voulut pas tolérer qu'ils fussent pris. Désormais, le comte de Toulouse commença à montrer chaque jour un peu davantage l'inimitié qu'il avait conçue (6) contre l'Eglise et contre notre comte.

[195] *Conférence de Narbonne*. Peu après, le roi d'Aragon, le comte de Montfort et même celui de Toulouse se réunirent à Narbonne pour tenir une conférence à laquelle participèrent l'évêque d'Uzès et le vénérable Abbé de Cîteaux, principal animateur après Dieu de l'affaire de Jésus-Christ. Depuis longtemps, cet évêque d'Uzès, appelé Raymond, témoignait d'un zèle ardent pour l'affaire de la foi : il la faisait avancer autant qu'il le pouvait. A cette époque, il exerçait les fonctions de légat (7) de concert avec l'Abbé de Cîteaux.

---

(1) Après avoir décrit de son côté le siège de Termes, Chanson [51-57], Guillaume de Tudèle dit aussi que les châteaux de l'Albigeois, abandonnés de leurs garnisons, se rendirent sans coup férir. Lui aussi parle de miracles et notamment d'un temps exceptionnel qui favorisa la marche des croisés. [58].

(2) En 1213, Lambert de Thury se qualifie de seigneur de Puivert. Cf. Guiraud, cart., II, n° 393.

(3) « Usque in hodiernum diem », Matt. XXVII, 8.

(4) A Ambialet, pendant les fêtes de Noël : Aubry de Trois-Fontaines : M. G. H. ss. XXIII, p. 892.

(5) I Macc. VII, 29.

(6) I Macc. VII, 26.

(7) Raymond d'Uzès est qualifié de légat dans plusieurs actes de cette année : Lettres d'Innocent III au sujet de la déposition des évêques de Rodez et de Carcassonne, P. 4.222-

Maître Thédise, déjà nommé, fut également présent, ainsi que beaucoup d'autres personnages honnêtes et sages. A cette conférence on
s'occupa du comte de Toulouse qui aurait bénéficié d'une grande
faveur et d'une abondante miséricorde s'il avait consenti à recevoir
des conseils de sagesse. Voici en effet ce que désirait l'Abbé de
Citeaux, légat du Siège Apostolique : le comte de Toulouse conser-
verait entiers et intacts tous les biens qui constituaient son domaine
propre, à condition de chasser les hérétiques de sa terre : il conser-
verait aussi intégralement ses droits (1) sur les localités hérétiques
qui étaient de son fief : quant aux autres localités hérétiques qui
n'étaient pas de son fief (cinq cents au moins d'après lui) le légat
voulait que le quart ou le tiers fussent confisqués au profit dudit
comte et réunis à son domaine. Le comte repoussa cette grande
faveur — Dieu veillait sur les intérêts de son Eglise — et se rendit
ainsi indigne de toute grâce et de tout bienfait. [196] On s'occupa
en outre à la même conférence de rétablir la paix entre l'Eglise
et son sauvage persécuteur, le comte de Foix. (2) A la prière du roi
d'Aragon, (3) on décida qu'au cas où le comte de Foix jurerait d'obéir
aux ordres de l'Eglise et de ne plus combattre les croisés, surtout
le comte de Montfort, notre comte lui restituerait ce qu'il avait conquis de sa terre, à l'exception toutefois de Pamiers. Le comte de Foix
ne devait à aucun prix recouvrer cette ville pour plusieurs motifs
qui seront indiqués plus tard. Mais le Dieu éternel qui connaît tous
les secrets et sait toutes choses avant qu'elles ne soient faites (4) ne
voulut pas laisser impunies les grandes et nombreuses cruautés de
son sauvage ennemi : il savait aussi combien un tel accord entraî-
nerait de maux pour l'avenir : dans son profond et incompréhen-
sible jugement (5) il endurcit le cœur (6) du comte de Foix à tel
point qu'il refusa les conditions de paix. Ainsi Dieu visita miséricordieusement son Eglise, afin que son ennemi, en refusant la paix,
légitimât lui-même d'avance les châtiments auxquels il serait plus
tard condamné. Le roi d'Aragon, n'oublions pas de le dire, suzerain
de la majeure partie du comté de Foix, envoya de ses propres chevaliers pour tenir le château de Foix : il promit aussi devant l'évêque
d'Uzès et l'Abbé de Citeaux que de son côté il n'arriverait rien de mal

4.225, au sujet du comte de Forcalquier et de Roncelin de Marseille, P. 4.229, 4.230. Dans
leur lettre de 1211 adressée au roi d'Aragon : Layettes, I, n° 968, les consuls de Toulouse
parlent de Raymond d'Uzès comme d'un légat.

(1) Les droits d'albergue, quête, chevauchée. Cf. § 379.

(2) Lettres d'Innocent III à Raymond de Toulouse, Bernard de Comminges, Raymond-
Roger de Foix, Gaston de Béarn, en date du 17 Décembre 1210, les invitant à prêter tout
leur concours à Simon de Montfort et aux croisés. P. 4.148 : Layettes, I, n° 948.

(3) Suivant notre interprétation, § 150, note 2, la trêve demandée par le roi d'Aragon
au comte de Montfort, l'année précédente, en Mai-Juin, devait durer jusqu'à Pâques. On
comprend que le roi, suzerain d'une grande partie du comté de Foix, cherche encore ici
à faire conclure la paix entre son vassal et le comte de Montfort.

(4) Daniel, XIII, 42.

(5) Rom, XI, 33.

(6) Exode, IX, 12.

à la chrétienté. Le roi jura même devant lesdits légats que si jamais
le comte de Foix voulait abandonner la communion de la Sainte-
Eglise ainsi que l'intimité, l'amitié et le service du comte de Montfort, il remettrait le château de Foix aux mains de notre comte dès
la première exigence desdits légats ou de notre comte. Sur ce point,
le roi délivra à notre comte des lettres-patentes contenant les détails
de cet engagement. Et moi, qui ai vu ces lettres, (1) qui les ai maniées
et examinées avec soin, je rends hommage à la vérité. (2) Mais combien le roi tint mal sa promesse par la suite et comment pour cette
raison il se déshonora aux yeux des nôtres, c'est ce qui apparaîtra
plus clair que le jour.

[197] *Portrait du Comte de Foix, sa cruauté, sa malice.* Puisque
l'occasion s'en présente et que notre plan le réclame, parlons ici
brièvement de la cruelle malignité et de la maligne cruauté du comte
de Foix, bien que nous ne puissions en raconter que la centième
partie. En premier lieu, ce qu'il faut savoir, c'est qu'il donna l'hospitalité sur son fief aux hérétiques et à leurs fauteurs, qu'il les favorisa tant qu'il put et contribua à leurs progrès. [198] Dans la ville
de Pamiers qui appartenait en propre à l'abbé et aux chanoines de
Saint-Antonin, (3) il hébergeait sa femme et ses deux sœurs, hérétiques, (4) avec une foule d'autres hérétiques : ceux-ci, au grand
déplaisir des chanoines qui y firent toute l'opposition possible, ré-
pandaient le poison de l'hérésie dans les réunions publiques ou privées et séduisaient les cœurs des simples. (5) Sur le propre alleu
des chanoines, le comte fit même construire une maison pour ses
sœurs et pour sa femme. Ainsi que nous l'avons dit, la ville de
Pamiers appartenait aux chanoines, mais le comte de Foix la tenait
en viager de l'abbé, auquel il avait juré (6) sur la sainte Eucharistie
de ne lui faire aucune violence, non plus qu'à la ville. Le monastère des chanoines s'élève hors de la ville, à une distance d'un demi-
mille. [199] Un jour, deux chevaliers hérétiques avérés et dangereux
entre tous, cousins et intimes du comte qui suivait leurs conseils en
toutes choses, amenèrent leur mère, hérétique parfaite, tante du
comte, afin qu'elle y séjournât et fit de cette ville un centre de
propagande hérétique. Ce que voyant, l'abbé et les chanoines ne
purent supporter une telle injure faite au Christ et à l'Eglise et ils
expulsèrent la parfaite. A cette nouvelle, ledit traître, je veux dire
le comte de Foix, fut saisi de colère et de fureur. (7) L'un des deux
chevaliers hérétiques, fils de la parfaite, vint à Pamiers et en haine

---

(1) Au Concile de Lavaur, qui en publia un extrait authentique. Cf. § 381.
(2) Jean, XVIII, 37.
(3) Lire également dans J. Guiraud : « Histoire de l'Inquisition », t. I, p. 311-314.
(4) Philippa, comtesse de Foix, ses deux filles, dont Esclarmonde est la plus connue,
§ 48.
(5) Rom. XVI, 18.
(6) En 1198 : Vaissète, V, p. 1.616, n° 11.
(7) Ecclésiastique : XXXII, 33.

des chanoines, surprenant l'un d'eux qui était prêtre en train d'officier dans une église voisine de la ville, cet ignoble bourreau le dépeça
sur l'autel qui aujourd'hui encore (1) reste tâché du sang de la victime : d'une rage inassouvie, ce boucher s'empara d'un des frères du
monastère et l'aveugla pour marquer sa haine de la religion chrétienne et son mépris des chanoines. [200] Peu après, le comte de Foix,
en personne, accompagné de routiers, de mimes et de courtisanes,
pénétra dans le monastère : il fit venir l'abbé à qui, nous l'avons
dit, il avait juré sur l'Hostie de ne faire aucune violence et lui
ordonna de lui remettre sur-le-champ toutes les clefs du monastère.
L'abbé refusa, et, de peur que le tyran ne les lui arrachât de force,
il entra dans l'église et les déposa sur la châsse du saint martyr
Antonin, patron de l'église, qui était placée sur l'autel avec d'autres
reliques. Le comte de Foix suivit l'abbé, et, là, sans respect pour
l'église, sans égards pour les reliques des saints, cet impudent pro-
fanateur des choses saintes saisit les clefs sur le corps même du
saint martyr. Qu'ajouterai-je ? Il enferma dans cette même église,
à clef, pendant trois jours, l'abbé et les chanoines qui ne purent ni
manger, ni boire, ni sortir pour satisfaire aux besoins de la nature.
Pendant ce temps, le comte pillait les biens du monastère et, pour
afficher son mépris de la religion, il couchait avec les courtisanes
dans l'infirmerie des chanoines. Au bout de trois jours, il fit sortir
de l'église l'abbé et les chanoines et il les chassa à peu près nus du
monastère : de plus, dans tout Pamiers (ville qui appartenait aux
chanoines, comme on l'a dit), il fit proclamer par le héraut que nul
ne fût assez téméraire pour recevoir en sa maison l'un des chanoines
ou l'abbé, et cette interdiction fut faite sous peine des plus graves
châtiments. O Barbarie d'un nouveau genre ! L'église est par tradition un lieu d'asile (2) pour quiconque est condamné à la prison ou
à la mort. Mais cet artisan de perversité fait de l'église elle-même
la prison des innocents ! Aussitôt le tyran se mit à détruire en grande
partie l'église de Saint-Antonin : il démolit même le dortoir et le
réfectoire des chanoines, comme je l'ai constaté plus tard de mes
propres yeux, et il réutilisa les matériaux pour bâtir une forteresse
dans Pamiers. [201] Pour grossir le nombre des méfaits de ce traître,
ajoutons ici une anecdote digne d'être rapportée. Au sommet d'une
colline voisine du monastère s'élève une église où les chanoines
avaient l'habitude d'aller une fois par an et de porter avec honneur
en une procession majestueuse les reliques de leur patron, le vénérable martyr Antonin. Le comte de Foix s'y trouva par hasard, monté
à cheval. Méprisant Dieu, le saint martyr et la pieuse procession, il
ne voulut pas s'humilier, même extérieurement, ni prendre la peine
de quitter sa monture : levant orgueilleusement le cou (3) et dans

---

(1) « Usque in hodiernum diem », Matt. XXVII, 8.
(2) Sur le Droit d'asile, voir la Thèse de P. Timbal Duclaux de Martin : Paris, 1939.
(3) Job, XV, 26.

une attitude hautaine qui lui était familière, il passa son chemin avec affectation. A cette vue, le vénérable abbé de Mont-Sainte-Marie, de l'Ordre de Citeaux (l'un des douze prédicateurs mentionnés au début de ce livre) (1) qui était venu prêcher et qui participait à la procession, l'apostropha en ces termes : « O Comte, Comte, tu dénies le respect que tu dois à ton suzerain, le saint martyr : sache que cette ville où tu domines en son nom te sera enlevée et que par sa puissance tu en seras de ton vivant dépouillé. » Les paroles de cet homme de bien ont été reconnues dignes de foi comme la suite de cette histoire l'a prouvé abondamment. C'est de la bouche même de l'abbé de Pamiers, homme digne de confiance, de grande piété et d'une bonté remarquable que j'ai recueilli le récit de ces cruautés du comte de Foix et de celles qui vont suivre. [202] *Autre exemple de la méchanceté du comte de Foix.* En d'autres circonstances le comte, à la tête d'une foule de routiers, marcha sur le monastère de Sainte-Marie, siège d'un évêché dans le comté d'Urgel. Effrayés à la vue (2) du comte, les chanoines se réfugièrent dans l'église où ils furent si longtemps assiégés que pour calmer leur soif, ils durent boire leur urine. Quand ils se furent rendus, ce féroce ennemi de l'Eglise entra dans l'église, enleva tout le mobilier, la croix, les vases sacrés, brisa les cloches, ne laissa rien que les murs nus et exigea même de l'église une rançon de cinquante mille sous. Ceci fait, un détestable chevalier lui dit : « Voici que nous avons détruit Saint-Antonin et Sainte-Marie, il ne nous reste plus qu'à détruire Dieu. » [203] *Cruauté inouïe.* Une autre fois, le comte et ses routiers pillaient cette même église : ils en vinrent à une telle débauche de cruauté qu'ils coupèrent les bras et les jambes à tous les crucifix et s'en servirent pour piler le poivre et les légumes dont ils assaisonnaient leur nourriture afin de tourner en dérision la passion de Notre-Seigneur. O les atroces bourreaux, O les ignobles insulteurs, plus cruels que ceux qui crucifièrent le Christ plus méchants que ceux qui crachèrent sur lui ! (3) Quand les serviteurs d'Hérode virent que Jésus était déjà mort, dit l'Evangile, ils ne lui brisèrent pas les jambes. (4) O nouvelle invention de barbarie, ô signe de cruauté inouïe, ô homme (je parle du comte de Foix) le plus sinistre de tous les scélérats, ô bête la plus féroce des plus féroces des bêtes ! Toujours dans la même église, les routiers installèrent leurs chevaux et les firent manger sur les saints autels. [204] *Cruauté extraordinaire.* Un jour, le tyran se trouvait dans une église avec une grande quantité d'hommes armés. Tout à coup, son écuyer coiffa d'un casque le crucifix et lui attacha éperons et boucliers, puis ce même écuyer, saisissant sa lance, porta de nombreux coups au crucifix en lui disant : « Rachète-toi. » O perversité sans exemple ! [205] A une autre époque, le comte appela

---

(1) Un des douze abbés cisterciens amenés avec Arnaud-Amaury en 1207. Cf. § 47.
(2) Judith, IV, I.
(3) Marc, XIV, 65 et XV, 19.
(4) Jean, XIX, 33.

les évêques de Toulouse et de Couserans pour s'entretenir avec eux et leur fixa le jour et le lieu du rendez-vous. Or, à la date même où les évêques allèrent au rendez-vous, le comte passa toute la journée à attaquer un château appartenant en propre à l'abbé et aux chanoines de Saint-Antonin. O trahison méchante et perverse ! [206] Ce tyran fit encore autre chose que nous ne croyons pas devoir omettre. Il s'était rallié au comte de Montfort, comme nous l'avons déjà dit au commencement de cette histoire et lui avait livré son fils comme garantie de l'accord conclu. (1) Le vénérable abbé de Pamiers avait déjà livré cette ville au comte de Montfort. (2) Un beau jour, le comte de Foix amena ses routiers aux environs de Pamiers et les disposa en embuscade : arrivé devant la ville, il invita les bourgeois à sortir pour venir lui parler : il leur donna sa parole sur la foi du serment qu'il les laisserait sortir en toute sécurité et ne leur ferait aucun mal, mais à peine les bourgeois avaient-ils franchi les limites de la ville pour répondre à l'appel du comte, que celui-ci appela en secret ses routiers, dissimulés dans leurs embuscades. Les routiers arrivèrent avant que les bourgeois pussent rentrer dans la ville : ils en prirent un grand nombre et les emmenèrent prisonniers. O affreuse trahison ! [207] Le comte de Foix allait jusqu'à dire que s'il pouvait faire mourir de sa main tous les croisés présents et à venir, les collaborateurs de l'affaire de la foi et leurs sympathisants, il croirait ainsi rendre hommage à Dieu. (3) [208] Il faut savoir également que le comte jura plusieurs fois en présence des légats du seigneur pape, qu'il chasserait les hérétiques de sa terre et que rien ne put le décider à tenir sa promesse. [209] Ce chien très féroce a perpétré contre l'Eglise et contre Dieu de si nombreux forfaits que si nous voulions en donner la liste nous n'y pourrions suffire et nos paroles n'obtiendraient pas facilement créance, car sa méchanceté dépasse la mesure. Il a pillé des monastères, il a ruiné des églises, plus cruel que les plus cruels, humant le massacre des chrétiens, (4) toujours altéré de sang, il rejetait sa nature d'homme pour imiter la fureur des brutes, il cessait d'être un homme pour devenir une bête féroce. Après avoir dépeint brièvement sa méchanceté, revenons à notre récit.

[210] *Reprise de la narration.* Dans ladite conférence de Narbonne, (5) l'évêque d'Uzès et l'Abbé de Cîteaux supplièrent le roi d'Aragon de recevoir comme vassal le comte de Montfort, car la ville de Carcassonne relevait de la suzeraineté du roi d'Aragon : (6) sur son refus, ils revinrent le lendemain, accompagnés du comte, et se jetèrent aux pieds du roi, lui demandant avec humilité et

---

(1) En 1209, Cf. § 120.
(2) En Septembre 1209, Cf. § 116.
(3) Jean, XVI, 2.
(4) II Mcc. IX, 17 ; Actes, IX, 1.
(5) Cf. §§ 195-196.
(6) Cf. § 121.

insistance extrême de consentir à recevoir l'hommage du comte ; le comte lui-même, s'agenouillant devant le roi, lui offrait humblement son hommage. Cédant à leurs prières, le roi finit par consentir et reçut le comte comme vassal pour Carcassonne, afin que le comte tint cette ville du roi. (1) [211] Ceci fait, le roi d'Aragon, les comtes de Montfort et de Toulouse et l'évêque d'Uzès quittèrent Narbonne et se rendirent à Montpellier. Pendant leur séjour dans cette ville, on négocia le mariage du fils aîné du roi avec la fille du comte de Montfort. (2) Qu'ajouterai-je ? Ce mariage fut approuvé de part et d'autre par le roi et les consuls sous la foi du serment. En outre, le roi confia son fils aîné au comte pour que celui-ci l'eût en sa garde. Et cependant, bien qu'il eût livré son fils au comte, le roi donna peu après sa sœur en mariage au fils du comte de Toulouse. (3) Ce geste le déshonora singulièrement et le rendit hautement suspect aux yeux des nôtres, et à juste titre, car, lorsque ce mariage se fit, le comte de Toulouse avait déjà commencé à combattre ouvertement la Sainte Eglise de Dieu. [212] Ajoutons qu'à Montpellier, pendant le séjour des susdits personnages et de nombreux évêques ou prélats, on s'occupa de nouveau de la situation du comte de Toulouse. Les deux légats, c'est-à-dire l'évêque d'Uzès et l'Abbé de Citeaux, lui offrirent la grande faveur et miséricorde dont nous avons parlé plus haut. (4) Mais le comte de Toulouse, après avoir promis le lendemain de se conformer en toutes choses aux ordres des légats, quitta

---

(1) Conformément à la réserve « salvo jure domini principalis », Cf. § 62. De même, lettre d'Innocent III à Simon de Montfort : 15 Janvier 1213 pour l'obliger à prêter serment à son suzerain, Pierre d'Aragon, et à remplir toutes les obligations auxquelles le vicomte de Béziers est tenu envers le roi : P. 4.647.

(2) Jacques d'Aragon, fiancé à Amicie de Montfort. Après la mort de Pierre d'Aragon, à Muret, les fiançailles furent rompues et Jacques fut remis par Simon de Montfort sur l'ordre d'Innocent III au légat Pierre de Bénévent. Cf. § 506.

(3) Sancie d'Aragon épousa Raymond le jeune, futur Raymond VII, entre la mi-Mars, début des hostilités entre le comte de Toulouse et les croisés, et le 3 Avril. Cf. Guillaume de Puylaurens, p. 134.

(4) Ce Concile ou cette Conférence de Montpellier est à identifier avec un certain Concile d'Arles dont fait mention Guillaume de Tudèle, Chanson [59]. Quant au contenu des propositions si miséricordieuses des légats, comme dit Pierre des Vaux-de-Cernay, les voici résumées d'après la Chanson [60]. Le comte de Toulouse devra, entr'autres obligations, se soumettre entièrement à l'Eglise, réparer tous les dommages causés, restituer aux clercs tous leurs droits, licencier les routiers, chasser les Juifs et les hérétiques, renoncer à tous péages non autorisés par les rois ou les empereurs, s'en aller en Terre Sainte servir dans l'Ordre du Temple ou de Saint-Jean de Jérusalem et y rester aussi longtemps « que le voudront les moines ou les cardinaux de Rome ou celui qu'ils délégueront ». A son retour, il recouvrera ses châteaux. S'il refuse d'obéir à ces ordres, il sera chassé de partout. Quant à ses vassaux, ils devront, non seulement livrer leurs châteaux, mais encore les démolir et s'établir dans la campagne « comme les vilains ». Ces ordres, plus draconiens encore que ceux qui avaient été imposés au comte par Milon, à Saint-Gilles, en 1209, étaient inacceptables et destinés à provoquer la rupture. Cf. Vaissète, p. 347, et la longue note de Molinier. Le départ précipité du comte, interprété avec juste raison comme un refus, lui valut une nouvelle excommunication, le 6 Février 1211. Raymond VI perdait ainsi sa qualité de croisé, sa terre devenait « exposée », n'importe quel seigneur catholique pouvait donc s'en emparer

Montpellier de grand matin, sans même les saluer. Il avait vu voler vers la gauche un oiseau que les gens du pays appellent « oiseau de Saint-Martin » (1) et en avait été épouvanté : à la manière des Sarrasins, il se guidait d'après le vol et le chant des oiseaux et autres sortes de présages.

---

et s'y installer, sous la seule réserve des droits du seigneur principal, conformément à la théorie de la croisade. Les légats dépêchèrent à Rome l'abbé de Saint-Ruf, Arnaud, pour obtenir la confirmation d'Innocent III, qui fut donnée le 15 Avril 1211 : Lettres à Raymond d'Uzès, Arnaud-Amaury, Michel d'Arles et ses suffragants : P. 4.225-4.227.

(1) Buffon décrit l'oiseau de Saint-Martin : « Il est un peu plus gros qu'une corneille ordinaire, et il a proportionnellement le corps plus mince et plus dégagé ; il a les jambes longues et menues, en quoi il diffère des faucons qui les ont robustes et courtes ». Œuvres de Buffon, éditées chez Baudouin, 1826, t. XX, p. 202. On l'appelle actuellement « busard Saint-Martin » : C'est le Circus cyaneus de la famille des Falconides « Sédentaire, estival ou de passage, dans les champs, les prairies, les marais de presque toute la France ». Faune de France, éditée chez Lechevalier, t. II ; Oiseaux, par P. Paris, p. 234, 235. « Oiseau de proie qui fait surtout la chasse aux poulets... On appelle communément cet oiseau busard de marais... le busard soubuse ou bleuâtre, oiseau de Saint-Martin, milan bleu, milan des grains, milan blanc... plumage gris-cendré à la tête, au dos, à la poitrine... son vol est lent, incertain : il plane longtemps sans qu'on s'aperçoive d'autre mouvement qu'un balancement singulier de son corps. Il fait son nid à terre, dans les bois marécageux, chasse le soir en rasant le sol ; se nourrit de grenouilles, lézards, rats, petits oiseaux ; fait la chasse aux pigeons jusque dans les colombiers ». P. Guérin, Dictionnaire des Dictionnaires, Paris, 1888, t. 2, p. 520. « L'hiver, lorsque la faim la presse, elle recherche le voisinage des habitations rustiques et se rabat sur les immondices » : Degland et Gerbe, Ornithologie européenne, Paris 1867, t. I, p. 108.

Chapitre IV

L'ACHEVEMENT DE LA CONQUETE

[213] *L'Evêque de Paris, P. et de nombreux nobles viennent de la France du nord en pays albigeois.* L'an 1210 de l'Incarnation, vers le dimanche de la mi-carême, arrivèrent de la France du nord des croisés nobles et puissants. (1) Pierre, évêque de Paris, (2) Enguerrand de Coucy, Robert de Courtenay, (3) Juhel de Mayenne et beaucoup d'autres. Ces nobles personnages se conduisirent avec noblesse dans l'affaire du Christ. [214] Quand ils eurent fait étape à Carcassonne, le comte de Montfort tint conseil et tomba d'accord avec ces nouveaux croisés pour aller assiéger Cabaret. Certains chevaliers du Carcassès, ayant évacué leurs châteaux depuis longtemps par crainte des nôtres, s'étaient en effet réfugiés à Cabaret : parmi eux, deux frères, Pierre Mire et Pierre de Saint Michel (ils avaient participé à la capture de Bouchard de Marly dont nous avons parlé plus haut). Ces deux chevaliers avaient ensuite quitté Cabaret : accompagnés de beaucoup d'autres, ils étaient venus auprès de notre comte et avaient fait leur soumission, moyennant quoi le comte leur avait rendu leurs biens. Quand Pierre-Roger, seigneur de Cabaret, comprit que notre comte et les croisés avaient l'intention d'assiéger son château et que la désertion des susdits chevaliers était pour lui une grande cause de faiblesse, il prit peur et conclut l'accord suivant avec notre comte et les principaux seigneurs croisés. Il livra Cabaret, il mit en liberté Bouchard de Marly (4) et reçut du comte une autre terre digne de lui. Après la prise de Cabaret, notre comte et les seigneurs croisés ne tardèrent pas à se diriger vers Lavaur pour l'as-

---

(1) « Nobiles et potentes » : mêmes expressions que ci-dessus à propos des évêques de Chartres et de Beauvais, etc..., 174.

(2) Pierre de Nemours : 1208-1218, avait réuni l'année précédente un concile à Paris où avaient été condamnés les disciples d'Amaury de Chartres : Mansi, XXII, c. 811-812. Denifle et Chatelain : Cartularium Universitatis Parisiensis, t. I, année 1889, p. 70-71, n° 11-12. Ceux-ci furent excommuniés, les clercs furent dégradés, d'aucuns furent conduits dans un champ et brûlés en présence du roi. Cf. Césaire de Heisterbach : Dialogus, éd. Strange, p. 304.

(3) Robert de Courtenay, frère de Pierre de Courtenay, comte d'Auxerre, § 216. La Chanson [63] mentionne encore la présence de Guillaume de Nemours, chantre de la cathédrale de Paris et frère de l'évêque, peut-être à identifier avec l'archidiacre de Paris, § 175 et suivants, d'après une note de Martin-Chabot, p. 156.

(4) Cf. § 123. Guillaume de Tudèle raconte en détail la libération de Bouchard et son retour auprès des croisés. Chanson [63-66]

siéger. [215] *Siège de Lavaur*. Lavaur était une ville très remarquable et étendue, située sur la rive de l'Agout, à cinq lieues de Toulouse. Parmi les défenseurs se trouvait le traître Aimery, ancien seigneur de Montréal et quatre-vingts chevaliers, ennemis de la croix, (1) qui étaient venus dans la ville pour la mettre en état de résister aux nôtres. La dame de Lavaur, une veuve, nommée Giraude, (2) était une fieffée hérétique et la sœur dudit Aimery. [216] A leur arrivée devant la ville, les nôtres mirent le siège d'un côté seulement, car leurs effectifs ne leur permettaient pas de l'assiéger de toutes parts. Au bout de quelques jours, les machines furent dressées et les nôtres commencèrent d'attaquer selon les règles. Les ennemis se défendaient de toutes leurs forces : il y avait en effet dans la ville une foule innombrable d'hommes fort bien armés à tel point que les assiégés étaient presque plus nombreux que les assiégeants. Ajoutons que, dès l'arrivée des croisés, les ennemis firent une sortie, prirent un de nos chevaliers, l'emmenèrent et le mirent à mort aussitôt. Les assiégeants, bien que placés d'un seul côté de la ville, étaient répartis en deux camps et disposés de telle sorte qu'en cas de besoin l'un des camps ne pourrait que très difficilement porter secours à l'autre. Peu de temps après, survinrent du nord de la France plusieurs nobles, savoir les évêques de Lisieux et de Bayeux, (3) le comte d'Auxerre (4) et plusieurs autres croisés. Ils assiégèrent la ville d'un autre côté. En outre, les nôtres lancèrent un pont de bois sur l'Agout, franchirent la rivière et entourèrent la ville de toutes parts. [217] Cependant, le comte de Toulouse persécutait de toutes ses forces l'Eglise de Dieu et notre comte, mais non pas ouvertement, car les nôtres pouvaient encore se procurer des vivres à Toulouse. Les choses étant ainsi, le comte de Toulouse vint parmi les assiégeants. Le comte d'Auxerre et Robert de Courtenay, ses cousins germains, (5) se mirent à la chapitrer pour que, faisant un retour sur lui-même, (6) il obéit aux ordres de l'Eglise. Ils échouèrent. C'est avec rancœur et indignation que le comte de Toulouse quitta le comte de Montfort, ses hommes quittèrent aussi le siège : enfin, il interdit aux Toulousains d'apporter désormais des vivres aux assiégeants. C'est ici le lieu de raconter un horrible crime, une trahison inouïe des comtes de Toulouse et de Foix. [218] *Le Comte de Foix tue des Croisés*. Pendant ladite conférence tenue près

---

(1) Philipp. III, 18.

(2) Giraude de Lavaur, mentionnée par plusieurs contemporains : Aubry de Trois-Fontaines dans M. G. H. ss. XXIII, p. 892 : Robert d'Auxerre, ibid. XXVI, 276 : Chanson [68] : Guill. de Puyl. p. 132 et suivantes.

(3) Jourdain et Robert. Note de P .Guébin.

(4) Pierre de Courtenay avait déjà pris part à l'expédition de 1209, d'après la Chanson [12].

(5) Pierre et Robert de Courtenay étaient, par leur père Pierre de Courtenay, petits-fils de Louis VI le Gros : de même, Raymond VI était, par sa mère Constance, petit-fils du même Louis le Gros. Voir Belperron, Tableau généalogique.

(6) Isaïe, XLVI, 8.

de Lavaur, comme nous l'avons dit, pour établir la paix entre le
comte de Toulouse et la Sainte-Eglise, une foule de croisés se dirigeaient de Carcassonne vers le camp. Mais ces serviteurs du dol et
ces artisans de trahison, le comte de Foix, Roger-Bernard, son fils
et Giraud de Pépieux, accompagnés de plusieurs hommes du comte
de Toulouse, se mirent au guet avec d'innombrables routiers à Montgey, près de Puylaurens. Quand ils virent approcher les croisés, ils
profitèrent de ce que les nôtres étaient sans armes et ne soupçonnaient pas une telle trahison pour se jeter sur eux et les massacrer
en grand nombre (1) et emporter l'argent de leurs victimes à Toulouse
où se fit le partage du butin. (2) O cruelle trahison, ô rage des impies,
ô bienheureuse assemblée de victimes, ô mort des saints, précieuse
aux yeux du Seigneur ! (3) [219] Pendant que les susdits bourreaux
massacraient les croisés, n'oublions pas de dire qu'un prêtre croisé
chercha asile dans une église voisine afin que, s'il mourait pour
l'Eglise, il mourut aussi dans l'église. Cet horrible traître, Roger-
Bernard, fils du comte de Foix, et héritier de la perversité paternelle, (4) suivit ledit prêtre, osa pénétrer dans l'église et marchant
sur lui : « Qui es-tu ? demanda-t-il. Je suis croisé et prêtre. Prouve-
moi que tu es prêtre ? dit le bourreau. L'autre aussitôt de rabattre
son capuchon (car il portait capuce) et de lui montrer sa tonsure. Le
cruel Roger-Bernard, sans égard pour le caractère sacré, ni du lieu,
ni de la personne, leva la hache bien aiguisée qu'il tenait à la main,
frappa le prêtre au milieu de sa tonsure et frappa de mort dans
l'église ce serviteur de l'Eglise. Revenons à notre récit. [220] *Hypocrisie du Comte de Toulouse*. Relevons encore ceci : dans la ville de
Lavaur, qui n'appartenait pas au comte de Toulouse (5) et même
avait fait la guerre jadis aux Toulousains, le comte de Toulouse,
ennemi implacable et très cruel persécuteur du Christ, poussé par
la haine de la religion chrétienne, envoya secrètement son séné-

---

(1) Nicolas de Bazoches et plus de mille autres pélerins, d'après Aubry de Trois-Fontaines, M. G. H. ss. XXIII, p. 892 ; d'après la Chanson [69], ils étaient bien cinq mille.

(2) Guillaume de Tudèle dit au contraire qu'ils étaient armés et se défendirent longtemps près d'un petit bois avant de succomber sous le nombre : ils reçurent la sépulture :
Robert d'Auxerre, M. G. H. ss. XXVI, p. 276. Après la prise de Lavaur, Simon de Montfort vint les venger, § 232.

(3) Ps. CXV, 15 : expression passée dans la liturgie, souvent citée par Saint-Bernard
dans ses sermons.

(4) I Rois, XX, 13.

(5) Lavaur appartenait trente ans auparavant au vicomte de Béziers. Elle était un centre
d'hérésie : c'est à Lavaur que s'étaient réfugiés les deux chefs cathares Raymond de Bai-
miac et Bernard Raymond qui avaient été excommuniés par le cardinal de Saint-Chrysogone
en 1178. Ils y vivaient sous la protection du vicomte de Béziers, Roger II Trencavel. En
1180 ou 1181, le cardinal d'Albano, ancien abbé de Citeaux, précurseur d'Arnaud-Amaury,
lève une petite armée de partisans, d'après Robert d'Auxerre, M. G. H. ss. XXVI, p. 245,
et assiège le château. Le vicomte se soumet, les deux hérétiques se convertissent, entrent
dans les Ordres et finissent leurs jours dans le canonicat. Cf. Origines, p. 93, 96.

chal (1) et plusieurs chevaliers pour coopérer à la défense contre les
nôtres. Notre comte les découvrit après la prise de la ville et les tint
longtemps dans les fers. O procédé inédit de trahison ! A l'intérieur
des remparts il avait introduit ses chevaliers pour aider les assiégés. (2) A l'extérieur, faisant semblant d'aider les assiégeants, il auto-
risait leur ravitaillement par Toulouse. Ainsi que nous l'avons dit,
au début du siège, les croisés recevaient des vivres de Toulouse,
quoique en petite quantité : mais s'il laissait venir les vivres, le
comte de Toulouse interdisait formellement d'apporter des machines.
Environ cinq mille Toulousains étaient venus au siège pour aider
les nôtres sur l'initiative de leur vénérable évêque, Foulques, (3)
lequel, banni de Toulouse pour la foi catholique, vint lui aussi au
camp. Je ne crois pas superflu de raconter les péripéties de son
départ. [221] *Bannissement de Foulques, évêque de Toulouse.* Ledit
évêque était à Toulouse, le samedi après la mi-carême et voulait
faire les Ordinations ce jour-là comme c'est l'usage dans les églises
cathédrales, (4) mais dans la ville se trouvait le comte de Toulouse
que les légats du Siège Apostolique avaient personnellement excommunié à cause de ses nombreux excès de sorte que nul ne pouvait
officier dans une ville où il séjournait. (5) L'évêque pria respectueusement le comte d'aller se promener hors de la ville, comme pour se
distraire, juste pendant le temps des Ordinations. Le tyran, pris de
fureur, envoya à l'évêque un chevalier pour lui signifier sous peine
de mort de quitter au plus tôt Toulouse et toute sa terre. A ces paroles, le vénérable évêque répondit, paraît-il au chevalier avec un
accent de ferveur tout ensemble et de fermeté et un visage souriant :
« Ce n'est pas le comte de Toulouse, dit-il, qui m'a fait évêque, ce
n'est ni par lui, ni pour lui que j'ai été ordonné. C'est la discipline

---

(1) Raymond de Ricaud dont le gendre, Guillaume Saisset, était coseigneur de Lavaur
avec Giraude. Layettes, I, p. 245, n° 695. La ville était encore dans la mouvance des
vicomtes de Béziers « qui la tenaient en fief des comtes de Toulouse » d'après Vaissète,
VI, p. 351.

(2) En 1204, au siège de Falaise, le comte de Toulouse avait de même envoyé quelques-
uns de ses hommes pour aider les assiégés contre Philippe-Auguste. Lettre du Roi de
France à Innocent III au sujet de la mort de Pierre de Castelnau : Avril 1208. L. Delisle :
Catalogue, n° 1.085 et p. 512, 513.

(3) On a vu plus haut, § 154, que l'évêque de Toulouse organisait des confréries. Si
les débuts furent pénibles, Chanson [46], les résultats durent être satisfaisants. Cette situation
ne laissait pas de créer quelque tension à Toulouse entre les partisans de l'évêque et ceux
du comte. Allusion dans la lettre des Consuls, déjà citée : Layettes, I, p. 369-370.

(4) Le Samedi des Quatre-Temps : Corpus J. C. c. 3, X-I-11.

(5) La discipline ecclésiastique défendait à l'excommunié d'assister aux offices divins
et le mettait au ban de la société chrétienne. Cf. IIIe Concile de Latran, c. 9 : Cum et
plantare, au Corpus J. C. c. 3, I-X-V-33. Mais elle n'empêchait pas les offices d'avoir
lieu, hors la présence physique des excommuniés. Le cas de Raymond VI est spécial. La
sentence que les légats ont fulminée contre lui à Montpellier comporte, outre l'excommunication, un interdit ambulatoire : « Precipimus civitates, castra, villas et loca ad que dictus
comes Tolosanus... devenerit... a divinis officiis abstinere » d'après F. Galabert : Album
de Paleographie, 2e fascicule, XIIIe siècle, pl. V n° 2. Ce n'était pas la première fois que
le comte de Toulouse était frappé d'une telle censure. Les légats, en 1211, ne font que
reprendre les dispositions d'Innocent III, dans sa fameuse bulle de 1208. Cf. § 61 et note.

ecclésiastique qui m'a élu, ce n'est pas la violence du prince qui m'a intronisé. Je ne partirai pas sur son ordre. Qu'il vienne, s'il ose. Je suis prêt à affronter le glaive pour parvenir à la gloire en buvant le calice de la Passion. Qu'il vienne, ce tyran, flanqué de soldats et bien armés, il me trouvera seul et sans armes. J'attends la récompense. (1) Je ne craindrai pas ce que l'homme pourrait me faire. » (2) O grandeur d'âme, ô étonnante force de caractère ! Cet intrépide serviteur de Dieu demeure donc à Toulouse, attendant de jour en jour le glaive du tyran. Mais celui-ci n'osait tuer l'évêque : il avait déjà commis envers l'Eglise tant de mauvaises actions qu'il craignait pour sa peau, comme on dit familièrement. (3) Après avoir attendu la mort pendant quinze jours, l'évêque décida de quitter Toulouse. [222] Donc, certain jour, qui était la veille de Pâques, l'évêque quitta sa ville et rejoignit notre comte au siège de Lavaur. Les nôtres étaient occupés sans arrêt à attaquer la ville. Les ennemis se défendaient avec une superbe opiniâtreté. Il faut dire que, montés sur leurs chevaux bardés de fer, il allaient et venaient sur leurs remparts pour se moquer des nôtres et montrer l'épaisseur et la solidité de leurs murailles. O vanité ! [223] *Incident notable*. Les nôtres avaient dressé près des remparts une tour de bois au sommet de laquelle les chevaliers du Christ avaient placé une croix. Les ennemis s'appliquaient à viser la croix avec leurs machines jusqu'à ce qu'ils en eussent brisé l'un des bras. Aussitôt, ces chiens sans pudeur (4) se mirent à hurler et à éclater de rire si fort qu'on aurait dit qu'en brisant la croix ils avaient remporté une grande victoire. Mais Celui qui a sanctifié la croix vengea cette injure d'une façon visible et merveilleuse, car peu après il arriva cette chose admirable et digne de louanges infinies, que les ennemis de la croix (5) qui s'étaient réjouis de sa mutilation furent faits prisonniers le jour de l'Invention de la Croix, comme on le verra plus loin, la croix vengeant les injures qu'elle avait reçues. [224] Sur ces entrefaites, les nôtres construisirent une machine appelée « chat » en langue vulgaire (6) Quand elle fut prête, ils la tirèrent jusqu'aux fossés de la ville : ensuite, ils apportèrent avec de grands efforts des morceaux de bois et des branchages et en firent des fagots qu'ils jetèrent dans le fossé pour le combler. Mais les ennemis, très ingénieux, creusèrent une sape qui aboutissait près de notre machine. Sortant la nuit par cette sape, ils enlevaient et

---

(1) I Cor, IX, 24.

(2) Ps. CXVII, 6.

(3) Rigord emploie cette expression : Œuvres de Rigord et de Guillaume le Breton, éd. Delaborde, t. I, p. 125, § 92.

(4) Isaïe, LVI, 11.

(5) Philipp. III, 18.

(6) Il a été déjà question de ce genre de machine § 190. C'était d'après Martin-Chabot, p. 75 des « engins de siège, galeries couvertes formées de poutres et montées sur roues, qui étaient amenées près des remparts pour abriter ceux qui jetaient des branchages ou des troncs d'arbres et de la terre dans les fossés, afin de les combler et permettre ainsi d'attaquer l'enceinte fortifiée ». On disait encore une « chatte ».

emportaient dans la ville les fagots que les nôtres avaient jeté dans le fossé : de plus, certains d'entr'eux s'avançaient près du « chat » et avec des crochets de fer s'efforçaient sournoisement et traîtreusement de harponner les nôtres qui comblaient sans arrêt le fossé sous le couvert de la machine. Bien plus, sortant une nuit de la ville par leur sape, les ennemis pénétrèrent dans le fossé et voulurent incendier notre engin en y jetant sans discontinuer des dards enflammés, du feu, de l'étoupe, de la graisse et autres sortes de combustibles. (1) Deux comtes germaniques qui faisaient partie de l'armée montaient la garde cette nuit là auprès de la machine : l'alerte est immédiatement donnée au camp, on court aux armes, notre engin est sauvé. Les comtes susdits et les autres Allemands qui étaient avec eux, voyant qu'ils ne pouvaient atteindre les ennemis placés dans le fossé, s'élancèrent dans ce fossé avec un grand courage et au péril de leur vie, ils attaquèrent vaillamment leurs adversaires et les refoulèrent dans la ville après en avoir tué quelques-uns, et blessé un plus grand nombre. [225] Cependant les nôtres commençaient à désespérer en quelque sorte de jamais prendre la ville, parce que tout ce qu'ils arrivaient à jeter dans le fossé pendant le jour était enlevé la nuit par les ennemis et emporté à l'intérieur des remparts. Tandis que les nôtres s'inquiétaient ainsi, quelques-uns, d'imagination plus subtile, trouvèrent un remède efficace contre les ruses des ennemis : devant le débouché de la sape par laquelle les assiégés avaient l'habitude de sortir, ils firent jeter du bois vert et des rameaux, ensuite ils entassèrent du petit bois sec, du feu, de la graisse, de l'étoupe et autres combustibles au débouché même de la sape : par dessus, ils jetèrent du bois, du blé vert et beaucoup d'herbes. Le feu produisit une telle fumée qu'elle emplit toute la sape et empêcha les ennemis de sortir : cette fumée ne pouvait s'échapper par en-haut à cause de la verdeur du bois et du blé superposés et, comme nous l'avons dit, elle emplissait la sape dans toute sa longueur. Quand ils eurent constaté ce résultat, les nôtres achevèrent de combler le fossé avec plus de tranquilité qu'auparavant. Le fossé comblé, nos chevaliers et sergents armés, roulèrent le « chat » à grand'peine jusqu'au pied des remparts et y portèrent les sapeurs. Les assiégés jetaient sans cesse sur le « chat » du feu, du bois, de la graisse, des pierres et même de grosses poutres taillées en pointe, mais ils ne purent ni incendier le « chat » ni éloigner les sapeurs des remparts, car les nôtres défendirent notre engin avec une étonnante ardeur. [226] Pendant que les nôtres consacraient toute leur vaillance à cette attaque, les évêques (2) et le vénérable abbé de la Cour-Dieu de l'Ordre de

---

(1) Mêmes manœuvres aux sièges de Minerve et de Termes. Cf. § 153 et 179.

(2) Pierre de Paris, Jourdain de Lisieux, Robert de Bayeux, Foulques de Toulouse, §§ 213, 216, 222.

Citeaux (1) qui avait reçu des légats le pouvoir de les remplacer à l'armée, groupés avec le reste du clergé, (2) chantaient avec une grande dévotion le « Veni Sancte Spiritus. » A ce spectacle, les ennemis furent tellement stupéfaits, Dieu aidant, qu'ils perdirent presqu'entièrement la force de résister. Ils avouèrent plus tard qu'ils avaient été plus terrifiés par les chanteurs que par les combattants, par ceux qui psalmodiaient que par ceux qui les attaquaient. La brèche ouverte, les nôtres entrèrent dans la ville : les ennemis incapables de résister se rendirent. C'est ainsi que Lavaur fut prise, le jour de l'Invention de la Sainte-Croix, (3) par la volonté de Dieu qui visite miséricordieusement les siens. [227] On fit bientôt sortir de la ville l'ancien seigneur de Montréal, Aimery, dont nous avons déjà parlé et quatre-vingts autres chevaliers. Le noble comte décida qu'ils seraient tous pendus. On commença par pendre Aimery qui était d'une taille supérieure à celle des autres, mais la potence tomba : elle n'avait pas été suffisamment enfoncée en terre par suite d'une trop grande précipitation : notre comte, voyant le retard qui en résultait, ordonna de mettre à mort les autres : les croisés les saisirent avec empressement et les tuèrent sur place en moins de temps qu'il n'en faut pour le dire. Quand à la Dame de Lavaur, sœur d'Aimery et hérétique fieffée, elle fut jetée dans un puits et notre comte ordonna que son corps fut recouvert de pierres. Enfin, nos croisés brûlèrent une infinité d'hérétiques avec une joie extrême. (4)

[228] *Soumission de Roger de Comminges.* Pendant le siège de Lavaur, un certain seigneur de Gascogne, nommé Roger de Comminges, parent du comte de Foix, (5) se rendit auprès de notre comte pour lui faire sa soumission. Comme il était en sa présence pour lui faire hommage le jour du Vendredi-Saint, (6) à ce moment par hasard, le comte se mit à éternuer. Ledit Roger, remarquant que le comte n'avait éternué qu'une fois, prit à part ceux qui l'accompagnaient et leur demanda conseil, car il lui répugnait d'exécuter son

---

(1) La présence de l'abbé de la Cour-Dieu, Hugues, « qui tunc in exercitu plenarie vices legatorum gerebat », est attestée dans la lettre des Consuls de Toulouse au roi d'Aragon, Layettes, I, p. 370. Les légats étaient occupés à pourvoir aux archevêchés et évêchés dont les titulaires venaient d'être déposés : Lettres d'Innocent III du 15 Avril 1211, déjà citées, P. 4.221-4.223, 4.225, 4.229-4.230.

(2) « Congregati in unum » expression liturgique : antienne du 1er Dimanche après Pâques, d'après Jean. XX, 19.

(3) Le 3 Mai 1211.

(4) I Paralip., XXIX, 17. Guillaume de Tudèle dit qu'Aimery fut pendu et quatre-vingt chevaliers avec lui. Il décrit le supplice de Giraude « prise, criant, pleurant, hurlant et jetée en travers dans un puits... on l'y enfouit sous des pierres, au grand émoi de la foule ». Il évalue à quatre-cents hérétiques au moins qui furent brûlés les victimes de Simon de Montfort. Cf. Chanson [71]. Guillaume de Puylaurens explique ce grand nombre d'hérétiques, sur le témoignage de quelqu'un qui s'y connaissait bien, par l'appât du lucre, p. 132, 133.

(5) Roger II de Comminges, vicomte de Couzerans, neveu du comte de Foix, Chanson, v. 6.731

(6) Le 1er Avril 1211. Vaissète, VIII, n° 158, p. 608, 609.

projet à ce moment. Dans tout le midi, les gens sont tellement bêtes et superstitieux à l'égard des présages que, s'ils n'éternuent qu'une seule fois, eux-mêmes ou quiconque se dispose à entreprendre une affaire quelconque, ils croient dur comme fer que ce jour-là il ne pourra rien leur arriver de bon. Cependant, Roger s'aperçut que les nôtres se moquaient de lui : il craignit que le comte ne remarquât son absurde superstition : il lui fit hommage à contre-cœur et reçut de lui sa terre en fief. Il resta assez longtemps à son service, mais ensuite, ce malheureux et misérable (1) renia la fidélité qu'il lui avait jurée. [229] *Miracle.* Nous tenons de source digne de foi, le récit d'un miracle survenue au siège de Lavaur et que nous ne croyons pas devoir passer sous silence. Le manteau d'un chevalier croisé prit feu, je ne sais par quelle aventure, et quand il fut entièrement consumé il arriva par un miraculeux jugement de Dieu, que le morceau où la croix était cousue (2) resta intact sans aucune trace de brûlure. [230] *Le Comte occupe Puylaurens.* Sicard, seigneur de Puylaurens, (3) s'était d'abord rallié à notre comte, puis l'avait quitté. Quand il apprit la chute de Lavaur, saisi de crainte, il abandonna son château et conduisit ses chevaliers en toute hâte à Toulouse. Puylaurens était dans un site remarquable, à trois lieues de Lavaur, dans le diocèse de Toulouse. Quand notre comte en eût pris possession, il le donna à Guy de Lucy, (4) homme noble et loyal, qui aussitôt y entra et y mit garnison. Pendant ce temps, l'évêque de Paris, Enguerrand de Coucy, Robert de Courtenay et Juhel de Mayenne, quittant le camp après la prise de Lavaur, retournèrent chez eux.

---

(1) Apoc. III, 17. Cf. § 358.

(2) Sur la poitrine, en haut et à droite : Chanson [8].

(3) Biographie par Pradel, dans les Mémoires de l'Académie des Sciences, Inscriptions et Belles-Lettres de Toulouse ,1902, p. 248-259.

(4) Guy de Lucy, § 152.

CHAPITRE V

OUVERTURE DES HOSTILITES CONTRE RAYMOND VI

[231] *La malice du Comte de Toulouse éclate au grand jour.* Lavaur une fois prise, les croisés y découvrirent les renforts envoyés par le comte de Toulouse. (1) Ils se rappelèrent en outre la rancune de ce comte au moment où il quitta le nôtre, son interdiction aux Toulousains de passer aux assiégeants des vivres et des machines et surtout la sentence d'excommunication prononcée par les légats contre lui à cause de ses nombreux excès. Tout cela, dis-je, bien considéré, ils résolurent de le traiter en ennemi déclaré et de le combattre ouvertement. [232] Après avoir levé le camp, (2) notre comte prit la direction de Montgey où le comte de Foix avait massacré des croisés. Pendant que l'armée était en marche et se trouvait encore à quelque distance du lieu du massacre, les nôtres virent apparaître une colonne de feu (3) brillant et descendant sur les corps des victimes. Parvenus au lieu même, ils virent tous les cadavres couchés sur le dos, les bras étendus comme les branches d'une croix. Spectacle merveilleux ! Je tiens le récit de ce miracle de la bouche même du vénérable évêque Foulques de Toulouse, qui en fut le témoin oculaire. Arrivé à Montgey, notre comte le détruisit de fond en comble, car la peur avait mis en fuite les habitants. [233] *Siège des Cassés.* De là, notre comte se dirigea vers les Cassés, château qui appartenait en propre au comte de Toulouse. Ce dernier alla pendant ce temps à Castelnaudary (localité importante), (4) l'incendia de peur qu'elle ne fût prise par les nôtres et la laissa déserte. Arrivé devant les Cassés, notre comte en fit le siège : les hommes du comte de Toulouse, jugeant qu'ils ne pourraient prolonger la résistance malgré la force du château, capitulèrent aux conditions suivantes : ils s'engagèrent à livrer aux nôtres tous les hérétiques de la ville, tandis qu'eux-mêmes pourraient sortir librement. Ainsi fut fait. (5) Il y avait là de nombreux hérétiques « parfaits » : les évêques de l'armée entrèrent dans la ville et se mirent à prêcher aux hérétiques avec le

---

(1) Voir ci-dessus, §§ 220 et suivants.
(2) Le 15 Mai, Simon de Montfort se trouvait encore à Lavaur. Rhein, Catalogue, n° 92.
(3) Ex. XIII, 21.
(4) Castelnaudary, centre d'hérésie, § 170.
(5) Gen. I, 24.

désir de les convertir, mais ils ne purent en toucher pas même un
seul : alors, ils sortirent de la ville : les croisés, saisissant soixante
hérétiques environ, (1) les brûlèrent avec une très grande joie. (2)
On vit alors clairement combien le comte de Toulouse affectionnait
les hérétiques puisqu'on avait trouvé plus de cinquante « parfaits »
dans un de ses châteaux les moins importants. [234] *Le Clergé de
Toulouse quitte la ville*. Ceci fait, l'évêque de Toulouse qui était dans
l'armée ordonna au prévôt de sa cathédrale (3) et au reste du clergé
toulousain de quitter la ville. Ceux-ci obéirent sur-le-champ à ses
ordres (4) et sortirent de Toulouse, nu-pieds, en emportant le Saint-
Sacrement. (4) [235] *Siège de Montferrand*. Après la prise des Cassés,
notre comte poursuivit sa marche en avant et parvint à Montferrand,
autre château du comte de Toulouse, qui en avait confié la défense
à son frère Baudouin. (6) Arrivé devant le château, notre comte
l'assiégea et peu de jours après les nôtres donnèrent l'assaut. Quand
le comte Baudouin (car on lui donnait ce titre) eut constaté qu'il ne
pouvait prolonger la résistance, il livra le château à condition d'en
sortir librement avec les siens : (7) il s'engagea sous serment à ne
plus combattre en aucune façon l'Eglise ni notre comte et même si
ce dernier le voulait, lui, Baudouin serait son allié en tout et contre
tous. [236] *Soumission du Comte Baudouin*. Sorti du château, le comte
Baudouin se rendit d'abord auprès de son frère, le comte de Toulouse, mais peu de jours après il retourna vers le comte de Montfort,
l'aborda, lui demanda de consentir à le recevoir comme vassal, promettant de le servir fidèlement en tout et contre tous. Qu'ajouterai-je?
Notre comte donna son consentement. Le comte Baudouin se réconcilia avec l'Eglise : de serviteur du Diable il devint chevalier du Christ.
(8) Fidèle à ses engagements, il combattit désormais de toutes ses forces les ennemis de la foi. O Jugement de Dieu, ô miséricorde du Rédempteur ! Voici deux frères, nés du même père, mais bien différents
entr'eux. Celui qui a dit par la bouche de son prophète : « J'ai aimé

---

(1) D'après la Chanson [84], on trouva, dissimulés dans une tour, quatre-ving-quatorze
hérétiques : ils s'y trouvaient malgré leur seigneur Raymond VI, mais grâce à la complaisance des Roqueville à qui appartenait la seigneurie des Cassés.

(2) § 227, I Par. XXIX, 17.

(3) Non pas Mascaron, comme dit la note de P. Guébin. Mascaron a été déposé en
1205 comme simoniaque : lettre d'Innocent III, 6 Juillet 1205. P. 2.561, P. L. t. 215,
c. 683 ; c. 26-X-I-6.

(4) Josué, III, 6.

(5) Conformément à la sentence des légats.

(6) Baudouin, fils de Raymond V et de Constance, élevé dans la France du nord,
mal vu de son frère, d'après Guillaume de Puylaurens, p. 130. Cependant, c'est à Baudouin
que Raymond VI, dans son testament de 1209, confie, en même temps qu'à Bernard de
Comminges, la personne et les intérêts de son fils. Vaissète, VIII, p. 575. Son rôle dans
la croisade albigeoise a été étudié par G. de Clausade : Le château de Bruniquel sous
Baudouin de Toulouse, dans les Mémoires de l'Académie Impériale des Sciences, Inscriptions et Belles-Lettres de Toulouse, 1859-, p. 284-302.

(7) Ex. XXI, 2.

(8) II Tim. II, 3.

Jacob, mais j'ai haï Esaû », (1) laissant l'un deux s'enfoncer dans la
boue de l'impiété (2) en retira l'autre de façon merveilleuse et misé-
ricordieuse en vertu de son jugement secret que lui seul connaît. (3)
N'oublions pas de dire qu'après le départ du comte Baudouin de
Montferrand et avant son retour auprès de notre comte, quelques
routiers par haine des croisés détroussèrent des pélerins qui revenaient de Saint-Jacques de Compostelle : à cette nouvelle, le comte
Baudouin s'informa du nom des coupables et les obligea à restituer
entièrement tout ce qu'ils avaient pris aux pélerins. Tel fut pour le
comte Baudouin le commencement d'une nouvelle carrière de vaillance et de piété. [237] *Le Comte occupe plusieurs châteaux.* Après
avoir pris Montferrand et plusieurs localités des environs, après
avoir mis garnison à Castelnaudary que le Comte de Toulouse avait
incendié, comme nous l'avons dit, notre comte traversa le Tarn (4)
et marcha sur Rabastens en Albigeois, qui lui fut livré par les bourgeois. (5) De là, il avance, s'accroît et progresse et conquiert (6) de
même sans résistance six autres châteaux importants : Montégut.
Gaillac, (7), Cahusac, Saint-Marcel, Laguépie, Saint-Antonin : (8)
tous voisins les uns des autres, ces châteaux avaient appartenu au
vicomte de Béziers à qui le comte de Toulouse les avaient pris.

[238] *Arrivée du Comte de Bar.* Ceci fait, notre comte apprit que
le comte de Bar (9) était à Carcassonne et se hâtait de rejoindre l'armée du Christ. A cette nouvelle, il éprouva une grande joie, (10) car
on disait beaucoup de bien de ce seigneur et les nôtres concevaient
de grandes espérances de sa venue, mais il se conduisit tout autrement qu'on ne l'escomptait, pour permettre au Seigneur de montrer
qu'il faut placer sa confiance non pas dans un homme, mais en Dieu

---

(1) Malachie, I, 2, 3 et Rom, IX, 13.

(2) Ps. LXVIII, 3 et 15.

(3) Prov., XX, 24 ; Rom., XI, 33.

(4) Il traverse le Tarn le 5 Juin : Layetttes, V, n° 185.

(5) Les coseigneurs de Rabastens, suspects d'hérésie dès le commencement de la croisade, § 28, avaient conclu un accord avec Raymond VI au début de 1211. Cf. Marty :
Cartulaire de Rabastens, dans la Revue historique, scientifique et littéraire du département
du Tarn, 1901, p. 101-103, n° 5.

(6) Style imité de I Paralipomènes, XI, 9.

(7) L. de Lacger : Gaillac en Albigeois, son évolution historique, Paris, 1924.

(8) Voir Belperron,, p. 224, qui note justement, semble-t-il, la cohésion de l'armée de
Simon de Montfort, cependant réduite par le départ des Croisés de Lavaur, § 230, et
l'oppose au désarroi de l'autre partie.

(9) Thibaud I, comte de Bar (-le-Duc) avait été croisé par un abbé qui prêchait à
Metz et à Verdun : Aubry de Trois-Fontaines, M. G. H. ss. XXIII, p. 892. D'après
Daunou, dans la biographie d'Arnaud-Amaury : Histoire Littéraire, t. XVII, p. 318,
Arnaud fit prêcher la croisade à Metz et à Verdun, mais les comtes de Châlons et de
Bar « osaient plaindre Raymond VI et accuser Arnaud d'ambition, d'astuce et d'injustice ».
D'où l'échec du siège de Toulouse. Dès le 3 Avril 1211, le comte de Bar annonçait son
prochain départ contre les Albigeois : Cf. Grosdidier de Matons, Catalogue des actes des
comtes de Bar, n° 201.

(10) Mtt., II, 10.

et rendre à Celui-ci la gloire due à son Nom. (1) Notre comte envoya
au comte de Bar des chevaliers chargés de le conduire en suivant
une certaine rivière du côté de Toulouse où il le rejoindrait avec
l'armée. Ainsi fut fait. (2) Quand les comtes de Toulouse et de Foix,
accompagnés d'ennemis du Christ en grand nombre apprirent que
les croisés se dirigeaient sur Toulouse, ils se rendirent au bord de
ladite rivière qui n'était pas à plus d'une demi-lieue de la ville. Là,
se trouvaient face à face les nôtres et les ennemis. Nos adversaires,
pour empêcher les nôtres de passer, s'étaient hâtés de détruire le
pont qui enjambait la rivière : comme les nôtres faisaient un détour
à la recherche d'un gué, ils découvrirent un autre pont que les ennemis étaient aussi en train de démolir. Avec un grand courage, les
croisés traversèrent le cours d'eau les uns à la nage, les autres par
la superstructure du pont et ils mirent bravement en fuite leurs
ennemis jusqu'aux portes mêmes de Toulouse, puis ils revinrent au
bord de la rivière et y passèrent la nuit. (3) C'est alors que notre
comte reçut le conseil d'assiéger Toulouse. [239] Le lendemain, les
nôtres levèrent le camp, vinrent sous les remparts de Toulouse et
plantèrent leurs tentes devant les portes. Parmi les assiégeants figuraient le comte de Bar et plusieurs seigneurs germaniques. (4) La
ville ne fut assiégée que d'un côté à cause de l'insuffisance de nos
effectifs. Parmi les défenseurs se trouvaient le comte de Toulouse et
son cousin le comte de Comminges (5) qui le soutenaient de toutes
ses forces, le comte de Foix ainsi qu'une infinité de chevaliers, enfin,
la foule innombrable des habitants de Toulouse. Qu'ajouterai-je ?
Comparée à la foule des assiégés, notre armée paraissait bien petite.
Comme il serait trop long de raconter tous les combats de ce siège,
disons brièvement qu'à chaque sortie des assiégés pour repousser
les nôtres, ceux-ci résistèrent courageusement et repoussèrent l'ennemi en désordre jusqu'à l'intérieur des remparts. [240] Un jour,
comme les nôtres repoussaient aussi une sortie des ennemis, ils

---

(1) Ps., CXVII, 8 et XCV, 8. Rapprocher ce passage relatif au comte de Bar des
passages de même style relatifs aux évêques de Chartres et de Beauvais, aux comtes de
Dreux et de Ponthieu, § 174.

(2) Gen., I, 7 et suivants.

(3) Les deux comtes se rencontrèrent sur les bords de l'Hers, à Montgiscard. Le jeudi
matin 16 Juin, ils décidèrent de franchir la rivière au pont de Montaudran à quatre kilomètres au sud-est de Toulouse. Cependant les comtes de Toulouse, Foix et Comminges
organisaient la résistance : il y avait là cinq cents chevaliers et une piétaille innombrable,
dont les routiers navarrais. Au combat de Montaudran, le fils, probablement illégitime de
Raymond VI, Bertrand, fut tué. Cf. Chanson [77-78].

(4) Les Annales de Cologne mentionnent qu'en 1211 « multitudo nobilium... cum turba
innumerabili ad Begginos iterum profecta... Tolosam obsederunt, sed, cum nichil proficerent,
recesserunt ». M. G. H. ss. XVII, p. 825.

(5) Bernard IV, comte de Comminges — qu'il ne faut pas confondre avec Roger de
Comminges, qui se soumit à Simon de Montfort pendant le siège de Lavaur, § 228 —
avait pour mère une sœur de Raymond V : il était donc cousin germain de Raymond VI.
C'est à lui, en même temps qu'au comte Baudouin, que Raymond VI dans son testament
de 1209 confia la personne et les intérêts de son fils Raymond le jeune. Vaissète, VIII,
c. 575.

tuèrent dans la mêlée un cousin du comte de Comminges et Guillaume de Roquefort (1) dont nous avons déjà parlé, méchant homme,
frère de l'évêque Bernard de Carcassonne. [241] Un autre jour, (2)
les nôtres venaient de déjeuner et faisaient la sieste selon l'usage
(car on était en été) nos adversaires, apprenant que les nôtres se
reposaient, sortirent par une voie imprévue et envahirent le camp.
Les nôtres se levèrent, résistèrent bravement aux ennemis et les
refoulèrent dans la ville. Au même instant, Eustache de Cayeux (3)
et Simon de Neauphle, (4) deux nobles hommes qui étaient sortis du
camp pour escorter ceux qui ravitaillaient l'armée revenaient avec
un convoi de vivres : comme ils arrivaient à l'entrée du camp, les
ennemis qui étaient, nous l'avons dit, sortis de la ville, foncèrent
sur eux et essayèrent de les saisir : devant leur résistance, un ennemi lança son javelot selon la coutume toulousaine et porta à Eustache un coup mortel dans le flanc : quant au châtelain de Neauphle,
il réussit à s'échapper sain et sauf après beaucoup d'efforts et de
traits de courage. [242] L'absence de ravitaillement entraîna au camp
une grande cherté de vivres. (5) De plus, on ne disait rien de bon
du comte de Bar ; tous les croisés avaient de lui une opinion défavorable. O juste jugement de Dieu ! On espérait que ce seigneur
accomplirait de hauts faits : (6) les hommes avaient présumé d'un
autre homme plus que de raison, mais le Seigneur qui a dit par la
bouche de son prophète : « Je ne donnerai pas ma gloire à un autre »
(7) savait bien que si les nôtres remportaient de trop grands succès
dans ce siège, tout le mérite en serait attribué aux hommes et non
à Dieu : c'est pourquoi il ne voulut pas y réaliser de grands exploits.

[243] *Levée du siège de Toulouse.* Quand notre comte s'aperçut
qu'il ne faisait aucun progrès, que la situation s'aggravait au contraire et que l'avancement de l'affaire du Christ en souffrait. (8) il
leva le siège de Toulouse (9) et marcha sur Auterive vers la terre du
comte de Foix : il y mit une garnison et se rendit ensuite à Pamiers.
[244] Tout à coup, des routiers survinrent à Auterive. Les habitants
voulurent aussitôt se saisir des sergents que notre comte y avait laissés et les livrer aux routiers. Les sergents se réfugièrent dans le
donjon qui était d'une force médiocre et commencèrent à se défen-

---

(1) Guillaume de Roquefort, § 130.

(2) Le 27 Juin, Lettres des Consuls : Layettes, I, n° 968.

(3) Eustache de Cayeux, fils de Guillaume de Cayeux, d'après un acte de Septembre 1209 : Layettes, I, n° 888. Son père s'était croisé en 1210, § 168.

(4) Simon de Neauphle, compagnon de Simon de Montfort à la quatrième croisade.
passa comme lui en Hongrie. Cf Villehardouin, § 109 : Faral, p. 111.

(5) Le pain coûtait 720 fois plus cher qu'au siège de Carcassonne : ici, on avait
trente pains pour un denier : là, on avait un pain pour vingt-quatre deniers. Chanson [25]
et [83].

(6) Répétition de ce qui a été dit ci-dessus § 238.

(7) Isaïe, XLII, 8.

(8) I Cor., III, 15.

(9) Le 29 Juin, d'après la lettre des consuls, déjà citée, Layettes, I, n° 968.

dre. O furieuse trahison, ô crime horrible ! Quand lesdits sergents s'aperçurent qu'ils ne pouvaient prolonger leur résistance, ils offrirent aux routiers de leur livrer le donjon à condition qu'on les laissât sortir vivants et sans dommages. Ainsi fut fait. (1) Peu après, notre comte passa par là et brûla entièrement le château. [245] Quittant Pamiers, il vint près de Foix, à Varilhes, qu'il trouva vide et incendié et où il mit garnison. De là, pénétrant sur la terre du comte de Foix, il ruina plusieurs de ses châteaux, il brûla même entièrement le faubourg de Foix. Après avoir passé huit jours aux environs de cette ville et avoir coupé les arbres fruitiers et arraché les vignes, (2) le comte revint à Pamiers. [246] L'évêque de Cahors (3) était venu auprès du comte, envoyé par les seigneurs du Quercy (4) qui suppliaient notre comte de se rendre chez eux afin qu'ils le reconnussent comme suzerain et tinssent de lui leurs terres Le comte de Toulouse possédait en effet tout le territoire du Quercy. Le noble comte demanda au comte de Bar et aux seigneurs germaniques de l'accompagner : tous acceptèrent et donnèrent leur parole : ils se mirent en marche, mais, en arrivant près de Castelnaudary, le comte de Bar manqua à sa promesse sans se soucier de sa réputation ni de son honneur et déclara à notre comte qu'il ne l'accompagnerait pas plus loin à aucun prix. Tout le monde fut frappé d'étonnement, (5) notre comte éprouva une vive contrariété : (6) à ses supplications se joignirent sans succès les prières des autres croisés. Le noble comte demanda aux autres seigneurs germaniques s'ils consentiraient à l'accompagner : après avoir reçu leurs promesses qu'ils le feraient très volontiers, il se mit en marche dans la direction de Cahors. Le comte de Bar, suivant une autre route, prit la direction de Carcassonne et il encourut au moment de la séparation un deshonneur difficile à décrire : tous ceux qui étaient dans l'armée, du plus petit au plus grand, (7) le poursuivirent publiquement de telles injures que nous aurions honte à les répéter. Ainsi par un juste jugement de Dieu celui qui avait inspiré à tous le respect et la crainte à son arri-

---

(1) Gen., I, 7, etc...

(2) Comme l'année précédente, § 147.

(3) L'évêque de Cahors, Guillaume de Cardaillac, croisé en 1209, Chanson [13], vint au Camp des Croisés pendant le siège de Toulouse : son nom paraît avec ceux des légats et quelques autres, parmi lesquels Saint Dominique et le banquier de Simon de Montfort, d'après Layettes, V, n° 186. Il se reconnut à deux reprises vassal de Simon de Montfort. Cf. E. Albe : L'hérésie albigeoise et l'inquisition en Quercy, dans la Revue d'Histoire de l'Eglise de France, 1910, p. 272, 466.

(4) Les quatres principaux seigneurs du Quercy : le vicomte de Turenne, Bertrand de Cardaillac, neveu de l'évêque de Cahors, Bertrand de Gourdon, le seigneur de Castelnau-de-Montratier, s'étaient croisés en 1209 : Chanson [13]. Tandis que les croisés ravageaient le comté de Foix, l'Abbé de Citeaux se cachait apeuré dans un couvent de Cahors. Ce serait à son initiative beaucoup plus qu'à celle des seigneurs qu'il faudrait attribuer la soumission de ces seigneurs et leur vassalité à Simon de Montfort. Chanson [84, 85].

(5) Marc, I, 27.

(6) Ps., VI, 11.

(7) Gen., XIX, 11.

vée dans le pays des hérétiques, aussi bien dans les grandes villes que dans les autres localités, fut lors de son départ méprisé et deshonoré à tous les yeux. [247] *Marche du Comte sur Cahors*. Pendant sa marche sur Cahors, notre comte passa devant Caylus, château du comte de Toulouse au terroir de Quercy. Il l'attaqua et incendia tout le faubourg. De là, il vint à Cahors où il fût reçu avec honneur. Après quelques jours, il en repartit avec les croisés germaniques et les conduisit jusqu'à Rocamadour. De là, les Allemands retournèrent chez eux et notre comte revint à Cahors avec très peu de monde. [248] *Des chevaliers croisés sont faits prisonniers*. Pendant le séjour de notre comte à Cahors, il apprit que des chevaliers du comte de Foix avaient fait prisonniers deux chevaliers croisés, Lambert de Thury et l'anglais Gautier Langton, frère de l'archevêque de Cantorbery. Disons quelques mots de la manière dont ils furent faits prisonniers ainsi que tous les deux nous l'ont raconté. Accompagnés de plusieurs habitants du pays, ils chevauchaient un jour près de la terre du comte de Foix. Quand ce dernier l'apprit, il se mit à leur poursuite avec une importante escorte. Tous les gens du pays qui étaient avec les nôtres et qui avaient, dit-on, prémédité cette trahison, prirent aussitôt la fuite à la vue de la foule des ennemis si bien que les nôtres ne restèrent que six : de nombreux ennemis les enveloppèrent et tuèrent tous leurs chevaux (pendant que le comte de Foix poursuivait les gens du pays en fuite). Quoiqu'ayant perdu leurs chevaux, les nôtres se défendaient bravement contre la foule qui les entouraient. Un des ennemis, plus noble que les autres et parent du comte de Foix, ordonna à Lambert de se rendre car il le connaissait. A ces mots, le vaillant Lambert répondit : « L'heure n'est pas encore venue. » (1) Toutefois, quand il comprit qu'il ne pouvait échapper, il ajouta : « Nous nous rendons à condition que tu nous promettes cinq choses : tu ne nous tueras ni mutileras, tu nous mettras dans une prison décente, tu ne nous sépareras pas, tu nous échangeras contre une rançon convenable, tu ne nous livreras pas au pouvoir d'un autre. Si tu t'engages formellement à respecter ces conditions, nous nous rendrons : si tu refuses, nous sommes prêts à mourir, mais nous croyons que Dieu ne nous laissera pas périr seuls. Avec l'aide du Christ, nous vendrons chèrement notre vie. Avant de mourir, nous tuerons une grande quantité d'entre vous : nos mains ne sont pas encore enchaînées. (2) Vous ne nous prendrez ni aisément ni impunément. » A ces paroles de Lambert, le chevalier promit de remplir toutes ces conditions. « Viens donc, dit Lambert et donne-moi la main en signe de promesse. » ; l'autre n'osa pas approcher avant d'avoir reçu une nouvelle assurance : Lambert et les nôtres la lui renouvelèrent. Alors il s'avança et les emmena prisonniers aux conditions fixées. Mais il tint mal sa promesse : bientôt

(1) Jean, II, 4.
(2) II Rois, III, 34.

il les livra au comte de Foix. Celui-ci les fit charger de grosses chaî-
nes et les jeta dans un cachot si affreux et si étroit qu'on ne pouvait s'y tenir debout ni s'y étendre de tout son long : comme éclai-
rage, ils n'avaient qu'une chandelle et seulement pendant leurs
repas : le cachot avait un tout petit guichet par lequel on leur passait
la nourriture. Ils y restèrent longtemps prisonniers du comte de
Foix, jusqu'au paiement d'une forte rançon. Reprenons le fil de
notre récit. [249] *Le Comte revient de Cahors.* Quand le noble comte
eût terminé à Cahors les affaires qui l'avaient appelé dans cette ville,
il décida de retourner au pays albigeois. Il quitta donc Cahors, passa
par ses châteaux, inspecta ses frontières (1) et se dirigea vers
Pamiers. [250] Près de Pamiers, notre comte arriva devant une petite
forteresse qu'il trouva armée contre lui : elle contenait six chevaliers et beaucoup d'autres défenseurs. Le comte ne put s'en emparer
le jour même, mais le lendemain matin, il donna l'assaut : la porte
incendiée et les remparts ruinés, la place fut prise de vive force et
démolie : trois des chevaliers et tous les autres défenseurs furent
tués. Sur le conseil des siens, notre comte épargna trois chevaliers :
ceux-ci avaient promis de se rendre pour être échangés contre Lambert de Thury et l'anglais Gauthier Langton, prisonnier du comte
de Foix, comme nous l'avons dit.

----

(1) Simon passa par Saint-Antonin : Chanson [85]. L'Abbé de Citeaux et le comte
Baudouin l'accompagnaient. De Saint-Antonin, ils allèrent à Gaillac. Tandis que l'Abbé
de Citeaux se dirigeait vers Albi, le comte de Montfort s'en retournait à Carcassonne :
Chanson [86].

CHAPITRE VI

LA REVANCHE DES PRINCES INDIGENES

[251] De là, notre comte vint à Pamiers. Pendant qu'il y était, on lui annonça que les habitants de Puylaurens avaient livré la ville par trahison à leur ancien seigneur Sicard. Déjà, ce dernier, aidé de ses chevaliers et des habitants, assiégeait dans le donjon les chevaliers croisés auxquels Guy de Lucy avait confié la garde de la ville. Comme nous l'avons dit, notre comte avait donné celle-ci à Guy de Lucy. Le comte, ému de cette nouvelle, se mit rapidement en route pour venir au secours des assiégés. Il avait atteint Castelnaudary quand on vint lui dire que les chevaliers de Guy avaient rendu le donjon aux ennemis. C'était exact. Celui des chevaliers auquel Guy avait principalement confié la garde de Puylaurens avait (à prix d'argent, dit-on) livré à nos adversaires le susdit donjon : il fut, quelque temps après, accusé de trahison devant la cour du comte, refusa de se soumettre au duel judiciaire et fut pendu sur l'ordre de Guy. [252] Le comte laissa à Castelnaudary quelques-uns de ses chevaliers pour renforcer la garnison et partit pour Carcassonne, mais avant son départ il envoya quelques chevaliers et des arbalétriers à Montferrand, pour mettre ce château en état de défense, car le comte de Toulouse et d'autres ennemis de la foi avaient repris courage en voyant notre comte presque seul et ils couraient çà et là par le pays pour tenter de recouvrer par la trahison de ceux qui en avaient la garde les châteaux qu'ils avaient perdus. Pendant que notre comte était à Carcassonne, on lui annonça que les ennemis arrivaient en foule pour assiéger Castelnaudary. De plus, ceux que le comte avait chargé de défendre Montferrand l'avaient abandonné par peur des ennemis et s'étaient réfugiés à Castelnaudary. Profondément ému par ces nouvelles, le comte fit dire à la garnison de Castelnaudary de ne pas craindre l'arrivée des ennemis, car il allait venir à leur secours. [253] *Siège de Castelnaudary*. Un Dimanche, le comte, étant à Carcassonne, venait d'entendre la messe et de communier : il était sur le point de partir pour Castelnaudary quand un convers cistercien qui se trouvait là se mit à lui adresser de son mieux des paroles de réconfort et d'encouragement. Le comte, plein de noblesse et de confiance en Dieu lui répondit : « Vous vous imaginez que j'ai peur ? Il s'agit de l'affaire du Christ. Toute l'Eglise prie pour moi. J'ai la certitude que nous ne pouvons être vaincus. » Ceci dit, le très noble seigneur partit en toute hâte pour Castelnaudary. Quelques

localités des environs avaient déjà rejeté sa suzeraineté (1) et plusieurs des hommes qu'il avait préposé à la garde des châteaux avaient été traîtreusement assassinés par les ennemis. [254] Après l'arrivée de notre comte à Castelnaudary, voici que les comtes de Toulouse et de Foix avec un seigneur gascon, nommé Gaston de Béarn, et une foule innombrable de soldats sortirent de Toulouse et se hâtèrent d'assiéger Castelnaudary. Avec nos ennemis venait également ce dangereux apostat, ce prévaricateur inique, (2) ce fils du Diable, ce ministre de l'Antéchrist, Savary de Mauléon, (3) ce comble d'hérétique, pire que tout infidèle, (4) hostile à l'Eglise, ennemi du Christ, homme ou plutôt poison dangereux, (5) je parle de Savary, criminel et corrompu, sans pudeur ni sagesse, qui accourait la tête levée contre Dieu, (6) et osait s'attaquer à la Sainte Eglise ! O Prince d'apostasie, artisan de cruauté et de perversité, complice des méchants et des pervers, opprobre de l'humanité, (7) homme sans vertu, suppôt du Diable et Diable incarné ! A la nouvelle de l'approche d'un si grand nombre d'ennemis, certains d'entre les nôtres conseillèrent à notre comte de laisser quelques-uns des siens pour défendre la ville, et quant à lui de s'en aller à Fanjaux ou à Carcassonne, mais grâce à la divine Providence il écouta un meilleur conseil (8) et préféra attendre dans Castelnaudary l'arrivée des ennemis. [255] N'oublions pas de dire que notre comte étant à Carcassonne et les ennemis déjà presque aux portes, Dieu fit avancer Guy de Lucy avec cinquante chevaliers environ que le noble comte avait envoyé au roi d'Aragon comme renfort contre les musulmans. Leur retour réjouit le comte et ranima le courage de tous les nôtres. Le méchant roi d'Aragon qui n'avait jamais eu de sympathie pour l'affaire de la foi ni pour notre comte se montra fort discourtois envers les chevaliers qui lui avaient été envoyés en renfort : quand ceux-ci retournèrent vers notre comte sur son ordre écrit, ce roi très perfide prépara, dit-on, une embuscade pour les arrêter en chemin,

---

(1) Avignonnet, entr'autres, § 281 ; Chanson [90] important centre d'hérésie : Guiraud, Cartulaire, t. I, p. CCXXX.

(2) Prov., XIII, 2.

(3) Savary de Mauléon, puissant seigneur du Poitou, sénéchal de Jean-sans-Terre, aurait reçu du roi d'Angleterre l'ordre de secourir Raymond VI, son beau-frère. Savary aurait adressé à la comtesse de Toulouse, Eléonore d'Aragon, une poésie en huit vers décasyllabiques où il se dit prêt à intervenir dans le Languedoc avec cinq cents cavaliers, des Basques et des Brabançons. Il vint de Bergerac. Chanson, [61, 86, 87]. Voir B. Ledain : Savary de Mauléon, dans les Mémoires de la Société des Antiquaires de l'Ouest, 1890 et dans la Revue poitevine et saintongeaise, 1892 : sur les travaux résents, J. Anglade, dans Romania, 1924, p. 98, 99.

(4) I Tim., V, 8.

(5) « O virum, immo virus, pessimum », jeu de mots.

(6) Job, XV, 26.

(7) Ps., XXI, 7.

(8) Notamment celui de Hugues de Lacy, croisé anglais, banni par Jean-sans-Terre, futur seigneur de Castelnaudary. Cf. Chanson [36] et note de Martin-Chabot, et [91].

mais ils eurent vent de la trahison et évitèrent la grand'route. (1)
O cruelle récompense d'une œuvre pie ! Qu'il est dur d'être ainsi
payé d'un si grand service ! Retournons à notre récit. [256] Le comte
attendait avec sang-froid dans Castelnaudary l'arrivée des ennemis
quand un beau soir ils survinrent à l'improviste en masses innombrables, couvrant la terre comme des sauterelles (2) et se mirent à
courir de tous côtés (3) autour de la ville. A leur approche, les habitants du faubourg escaladèrent les murs, passèrent à l'ennemi et
abandonnèrent de prime abord le faubourg. Nos adversaires y pénétrèrent et se mirent à courir çà et là, en grande liesse. Pendant ce
temps, notre comte était à table. Quand le repas fût terminé, les
nôtres revêtirent leurs armes, sortirent du château, contraignirent à
s'enfuir sur-le-champ tous les ennemis qu'ils trouvèrent dans le faubourg, refoulèrent les fuyards tremblant de peur et les forcèrent
tous à évacuer le faubourg. [257] Ceci fait, le comte de Toulouse et
ceux qui l'accompagnaient plantèrent leurs tentes sur une hauteur
du côté de la ville où était le château. Après quoi, ils s'entourèrent
de tranchées, de palissades et de barrières à tel point qu'on aurait
dit des assiégés plutôt que des assiégeants. La position où était leur
camp paraissait presque plus forte et d'accès plus difficile que le
château. Comme la nuit tombait, les ennemis réoccupèrent le faubourg, qui était désert, car les nôtres, en raison du petit nombre
qu'ils étaient, ne pouvaient le garnir (les défenseurs du château,
tant cavaliers que sergents, n'étaient pas plus de cinq cents, tandis
que l'on estimait à cinq mille le nombre des assiégeants). Ceux des
ennemis qui avaient pénétré dans le faubourg, craignant d'en être
chassés comme auparavant, le fortifièrent face aux nôtres avec du
bois et tout ce qu'ils purent trouver, afin d'empêcher les assiégés de
faire une sortie de ce côté : par contre ils ouvrirent plusieurs brèches
dans le mur extérieur entre le faubourg et leur camp afin de faciliter
leur retraite en cas de besoin. Mais le lendemain les nôtres sortirent
du château, démolirent tout ce que les ennemis avaient élevé, les
expulsèrent du faubourg comme précédemment et les mirent en fuite
jusqu'à leurs tentes. [258] Il faut dire en quelle situation critique
était le noble comte. La comtesse était à Lavaur, leur fils aîné, Amaury, malade, à Fanjaux : une fille, née dans le midi, (4) était élevée
à Montréal : il leur était impossible de se voir et de se porter secours.
Ajoutons autre chose. Quoique nos adversaires fussent innombrables et les nôtres très peu nombreux, ceux-ci sortaient chaque jour

---

(1) Après la prise de Lavaur, donc après le 3 Mai, Guy de Lucy reçoit la garde de
Puylaurens, § 230. Quand Simon revient de Cahors à Pamiers, en Juillet, la garnison de
Puylaurens est passée à l'ennemi, § 251. Le retour de Guy de Lucy coïncide avec le désas-
tre de Salvatierra, ce qui explique l'atttitude du roi d'Aragon.

(2) Judith, II, 11.

(3) Juges, XV, 5.

(4) Sans doute Pétronille de Montfort, née en 1211, la comtesse n'étant arrivée dans
le Midi qu'en Mars 1210, § 141. Elle avait à peine douze ans quand elle fut confiée aux
religieuses de Saint-Antonin de Paris ; Rhein. Cat. n° 183.

et lançaient contre l'ennemi des attaques violentes et répétées ; comme nous l'avons dit, ils n'avaient pas l'air d'assiégés, mais d'assiégeants. Nos adversaires étaient entourés de tant de barrières, on l'a vu, que les nôtres, malgré leurs efforts et leur adresse, ne pouvaient arriver jusqu'à eux. Disons enfin que chaque jour sous les yeux de l'ennemi, nos sergents menaient boire leurs cheveaux à une demi-lieue du château et que chaque jour nos piétons vendangeaient les vignes aux environs du camp, malgré les ennemis qui les regardaient et les enviaient. C'était en effet l'époque des vendanges. [259] Un beau jour, ce dangereux traître, le comte de Foix et son fils, Roger-Bernard, son égal en méchanceté, et une grande partie des assiégeants s'approchèrent du château avec l'intention d'attaquer ceux des nôtres qui se tenaient tous armés devant les portes. Quand les nôtres virent les ennemis s'approcher, ils les attaquèrent avec une extrême vigueur, désarçonnèrent le fils du comte de Foix et plusieurs autres et les obligèrent à battre en retraite honteusement jusqu'à leurs tentes. Comme il nous est impossible de raconter en détail tous les combats et épisodes de ce siège, déclarons ceci en quelques mots : chaque fois que nos ennemis eurent la témérité de se diriger vers les nôtres pour les attaquer, les nôtres, qui passaient la journée entière devant les portes, souhaitant le combat, les reconduisaient tout honteux jusqu'à leur camp. [260] Pendant ce temps, les localités du voisinage tout autour de la ville, renièrent la suzeraineté de notre comte et se rendirent au comte de Toulouse. Même les Bourgeois de Cabaret firent dire un jour à celui-ci de venir chez eux ou d'envoyer quelqu'un à qui ils remettraient aussitôt Cabaret. Une nuit donc, un grand nombre d'ennemis envoyés par le comte de Toulouse, sortirent de leurs tentes et se mirent en marche pour récupérer Cabaret, qui est à cinq lieues de Castelnaudary. Tandis qu'ils étaient en route, ils perdirent par une disposition de la divine clémence le chemin qui conduisait à Cabaret et, après s'être égarés dans une région impraticable, ils ne purent atteindre leur but et après de longs détours revinrent à leur point de départ. [261] Entre temps, le comte de Toulouse fit dresser un mangonneau qui commença à bombarder le château, mais ne fit chez les nôtres que peu ou point de dégâts. Quelques jours plus tard, le comte de Toulouse fit mettre en batterie pour ruiner les murailles du château une machine giganstesque : (1) elle lançait des pierres énormes qui démolissaient tout ce qu'elles touchaient : après plusieurs jours de bombardement à l'aide de cette machine, un jongleur du comte de Toulouse vint lui dire : « Pourquoi tant de frais dans cette machine, pourquoi tant de mal pour démolir les remparts de ce château ? Ne voyez-vous pas que vos ennemis vont chaque jour jusqu'à vos tentes sans que vous osiez en sortir ? Vous devriez plutôt souhaiter

---

(1) Un trébuchet : mais les pierres étaient de mauvaise qualité et se brisaient « au choc bruyant du tir » : néanmoins ils réussirent à démolir une tour et à éventrer une salle, du château probablement. Chanson [92].

que leurs remparts fussent de fer pour les empêcher de venir à
vous. » [262] Il arrivait en effet à ce sujet une chose étonnante et
inaccoutumée. Tandis que d'ordinaire ce sont les assiégeants qui
prennent l'offensive, ici, au contraire c'était nos assiégés qui
dirigeaient de fréquentes attaques contre leurs ennemis, et de plus
ils les raillaient ainsi : « Pourquoi faites-vous tant de dépenses avec
votre machine : pourquoi vous fatiguez-vous depuis si longtemps à
essayer de détruire nos remparts ? Croyez-nous : nous vous épar-
gnerons dépenses et fatigues : donnez-nous simplement vingt marcs
d'argent, nous démolirons jusqu'à ras de terre cent coudées de rempart et, l'obstacle ayant disparu, vous pourrez librement venir jusqu'à nous si vous en avez l'audace. » O grandeur d'âme, ô admirable
force de caractère ! [263] Notre comte sortit un jour du château dans
la direction de cette machine avec l'intention de la démolir. Mais.
elle avait été entourée par les ennemis d'une telle quantité de barrières et de tranchées que les nôtres ne purent l'approcher. L'homme de grand courage, je veux dire notre comte, voulut, étant à
cheval, franchir une tranchée très large et très profonde et attaqua
hardiment ses ennemis. Quelques-uns des nôtres s'en aperçurent et
se rendirent compte du péril inévitable auquel le comte s'exposait :
ils saisirent la bride de son cheval et le retirèrent pour l'empêcher
de courir au-devant de la mort. Ceci fait, ils rentrèrent tous au
château sans aucune perte après avoir tué plusieurs ennemis. [264]
Sur ces entrefaites, notre comte envoya son maréchal Guy de Lévis,
homme de confiance et vaillant au combat, pour assurer le ravitaillement (1) par Fanjaux et Carcassonne et pour donner l'ordre aux
habitants de cette ville et à ceux de Béziers de venir en hâte au
secours du comte : la mission de Guy ayant échouée, (car toute cette
région avait corrompu sa voie) (2) ce dernier revint au comte qui
le renvoya de nouveau, accompagné du noble personnage Mathieu
de Marly, frère de Bouchard. Tous deux se rendirent auprès des
vassaux du comte et les supplièrent à plusieurs reprises de venir le
rejoindre : aux prières, ils ajoutèrent mêmes les menaces. Mais comme ces hommes pervers et de fidélité douteuse faisaient la sourde
oreille, ils allèrent jusqu'à Narbonne et demandèrent au vicomte
Aimery et aux habitants de la ville d'accourir à l'aide du comte.
Les Narbonnais répondirent au maréchal que, si le vicomte consen-
tait à venir, ils le suivraient, mais rien ne put décider ce seigneur,
le plus misérable de tous, à agir. Nos deux chevaliers quittèrent
donc Narbonne, n'ayant pu rencontrer dans une ville si peuplée que
trois cents hommes à peine : de là, ils allèrent à Carcassonne et
dans toute la région ils ne purent réunir plus de cinq cents hommes.
Et quand ils voulurent les conduire au comte, ceux-ci s'y refusèrent
et s'enfuirent chez eux sur-le-champ. [265] Pendant ce temps, le
plus perfide des hommes, le comte de Foix, avait occupé et fortifié

---

(1) « Un grand convoi de vin et de froment, de pain et d'avoine », Chanson [93].
(2) Gen., VI, 12.

contre les nôtres un château de Bouchard de Marly, nommé Saint-Martin, (1) près de Castelnaudary à l'est dans la direction de Carcassonne, ainsi que d'autres places-fortes des environs. Cependant, notre comte avait ordonné à Bouchard de Marly et à Martin Algai (2) qui étaient à Lavaur avec la comtesse de venir à Castelnaudary. Ce Martin, chevalier espagnol était à cette époque avec les croisés, mais nous montrerons plus loin quel fut l'odieux de sa conduite. [266] Un chevalier du Carcassès, de la seigneurie de Montréal, nommé Guillaume Cat, (3) tel était son surnom se trouvait alors près du comte qui lui avait donné un fief, l'avait armé chevalier et l'avait pris en telle intimité qu'il en avait fait le parrain de sa dernière fille : le comte, la comtesse et tous les nôtres avaient confiance en lui plus que dans tous les autres gens du pays, à ce point que le comte lui donna quelque temps son fils aîné à garder et l'envoya de Castelnaudary à Fanjaux pour recruter des soldats dans les localités voisines. Mais Guillaume, pire que tout autre ennemi, plus dangereux que tous les traîtres, sans reconnaissance des bienfaits reçus, sans mémoire de l'affection témoignée, avec la complicité de quelques indigènes, poussés au crime par les instincts de cruauté, complota de saisir le maréchal et ses compagnons à leur retour de Carcassonne pour les livrer au comte de Foix. O procédé inique de trahison, O méchanceté pernicieuse, ô ruse cruelle, ô invention diabolique ! Mais le maréchal eut vent de la trahison et évita le guet-apens. [267] Il ne faut pas omettre de dire que plusieurs seigneurs de ce pays, possesseurs de châteaux nombreux et forts abandonnèrent alors notre comte et prêtèrent en secret serment de fidélité au comte de Toulouse. O serment exécrable, ô déloyale fidélité ! [268] Pendant ce temps, Bouchard de Marly, Martin Algai et d'autres chevaliers de notre comte, se hâtant au secours de celui-ci, avaient quitté Lavaur et étaient arrivés à Saissac, fief de Bouchard, car ils n'osaient pas venir en droite ligne de Lavaur à Castelnaudary. (4) La veille du jour où ils devaient entrer à Castelnaudary, le comte de Foix, averti de leur approche, sortit du camp et se rendit au lieu de Saint-Martin, déjà nommé, afin d'attaquer nos chevaliers qui devaient passer par là. Quand le noble comte l'apprit, il envoya comme renfort à ses gens Guy de Lucy, Simon, châtelain de Neauphle, le vicomte de

---

(1) Saint-Martin-la-Lande, à cinq kilomètres de Castelnaudary, centre d'hérésie : Guiraud, Cartulaire, I, p. CCXXXII.

(2) Chanson [89], Martin Algai, à identifier avec Martinet le Hardi et Martin d'Olite ville de Navarre, capitaine de routiers, d'abord au service des rois d'Angleterre Richard et Jean, puis de Simon de Montfort, enfin de Raymond VI. Cf. Chanson [108, 109] et notes de Martin-Chabot, p. 210 et 243.

(3) Ce personnage paraît pour la première fois parmi les adversaires de Simon de Montfort au moment du siège de Termes : Chanson [54] : il dut se soumettre au moment où Pierre-Roger de Cabaret rendit la liberté à Bouchard de Marly, Mars 1211 ; § 214.

(4) Parce que les châteaux qui gardaient la région étaient alors hostiles aux croisés. Cf. § 281 et Chanson [93] où il est dit qu'ils allèrent tout droit à Castelnaudary.

Donges (1) et quarante autres chevaliers et prévint Bouchard et ses
compagnons que le lendemain ils auraient sans doute à livrer bataille
au comte de Foix. Après le départ de ces chevaliers, il ne resta
auprès de notre comte que soixante chevaliers et écuyers montés.
Quand le comte de Foix s'aperçut que notre comte avait envoyé des
chevaliers en renfort à ses gens, il quitta Saint-Martin, revint au
camp de Castelnaudary pour y chercher des soldats et revenir ensuite
combattre le maréchal et ceux qui l'accompagnaient. [269] Cependant, notre comte s'adressa en ces termes à Guillaume Cat et aux
autres chevaliers du pays qui étaient avec lui à Castelnaudary : « Très
chers, dit-il, voici des hommes puissants, les comtes de Toulouse et
de Foix avec une armée innombrable qui veulent ma mort, et je
suis presque seul entouré de mes ennemis. Si, poussés par la crainte
ou guidés par la sympathie vous voulez aller au-devant d'eux et vous
séparer de moi, je vous prie de par Dieu, de ne pas le cacher et je
vous ferai conduire sains et saufs jusque dans leur camp. » Quelle
noblesse chez cet homme, quelle excellence digne d'un prince ! Guillaume Cat, ce nouveau Judas, répondit : « Seigneur, à Dieu ne plaise
que nous nous séparions de vous. Certes, si tous les autres venaient
à vous abandonner, moi, je resterais avec vous jusqu'à la mort. » (2)
Les autres dirent de même. Mais peu après, ce traître quitta le comte
avec quelques-uns de ses compagnons, les autres restant fidèles aux
croisés, et après avoir été le plus intime ami il devint le persécuteur le plus cruel. [270] De grand matin, après la messe, la confession et la communion, le maréchal, (3) Bouchard de Marly et leurs
compagnons montèrent à cheval et se dirigèrent vers notre comte.
A cette nouvelle, le comte de Foix prit au camp ses meilleurs cavaliers en nombre considérable, plusieurs milliers de piétons d'élite,
forma trois groupes et se hâta d'aller à la rencontre des nôtres pour
les attaquer. [271] A cette heure, notre comte était devant les portes
de Castelnaudary et attendait avec anxiété l'arrivée des siens, quand
il vit le comte de Foix se diriger en toute hâte vers eux pour leur
livrer bataille, il consulta ses compagnons pour savoir ce qu'il devait
faire. Les avis furent partagés. Les uns lui dirent de rester à Castelnaudary pour défendre le château, les autres, au contraire, lui conseillèrent de sortir rapidement pour porter secours à ses chevaliers.
L'homme de courage inlassable et de bravoure invincible déclara,
dit-on : « Il reste bien peu de monde dans ce château et de ce combat
dépend le sort de l'affaire du Christ. A Dieu ne plaise que je laisse
mes chevaliers trouver dans la bataille une mort glorieuse, tandis

---

(1) Roard, vicomte de Donges, région de Saint-Nazaire, un croisé de la première
heure, Cf. Chanson [36] de « l'équipe de Simon de Montfort ».

(2) Mtt. XXVI, 33-35.

(3) Guy de Lévis, maréchal de Simon, et Matthieu de Marly venaient de Carcassonne,
§ 264 : Bouchard de Marly et Martin Algai venaient de Saissac, § 268 : leur jonction
s'opéra à l'est de la localité de Saint-Martin-la-Lande, près de laquelle eut lieu la bataille
contre le comte de Foix.

que je leur survivrais dans la honte. Vaincre avec les miens ou tomber avec eux, voilà ce que je veux. En avant, et mourrons, s'il le faut. » A ces mots qui aurait pu retenir ses larmes ? Notre comte pleurait en parlant, puis se hâta de sortir au secours des siens. [272] Le comte de Foix, en se rapprochant des nôtres, réunit en une seule les trois troupes qu'il avait formées. C'est ici le lieu de dire que notre maréchal était accompagné de l'évêque de Cahors (1) et d'un moine cistercien qui sur l'ordre de l'Abbé de Citeaux s'occupait de l'affaire de Jésus-Christ. Tous deux, voyant l'approche des ennemis et l'imminence du combat, se mirent à exhorter les nôtres, les engageant à se conduire vaillamment, leur donnant l'assurance formelle que, s'ils tombaient dans ce glorieux combat pour la foi chrétienne, couronnés aussitôt d'honneur et de gloire, ils auraient la rémission de tous leurs péchés et recevraient la récompense de leur peine et de leur combat. Nos vaillants chevaliers, assurés de la récompense, pleins de confiance en la victoire, joyeux et intrépides, marchaient droit à leurs ennemis. Ceux-ci, réunis en un seul corps, avaient disposés de cette manière leurs forces de bataille : au centre, les cavaliers dont les chevaux étaient bardés de fer, à l'une des ailes le reste des cavaliers, à l'autre aile la piétaille fort bien armée de lances. Les nôtres tinrent conseil et décidèrent d'attaquer d'abord ceux qui montaient les chevaux bardés de fer. [273] Pendant ces préparatifs, les nôtres aperçurent de loin notre comte qui sortait de Castelnaudary et accourait à leur secours. Cette vue redoubla aussitôt pour ainsi dire leur audace et augmenta leur courage. Ils invoquèrent le Christ, se lancèrent vers le centre des ennemis et percèrent leurs lignes plus vite qu'on ne saurait le dire. Les adversaires, battus en un instant, refluèrent en désordre et cherchèrent leur salut dans la fuite. (2) Quand les nôtres s'en aperçurent, ils se tournèrent vers l'aile des piétons et en tuèrent une quantité innombrable. (3) Ajoutons ce détail véridique que je tiens du maréchal lui-même : les nôtres combattaient à un contre trente. Qu'on reconnaisse donc là l'intervention de Dieu. Quant à notre comte, il ne put participer au combat, bien qu'il arrivât en toute hâte. Le Christ vainqueur avait donné la victoire à ses chevaliers. [274] Les nôtres poursuivent les fuyards, tuant tous ceux qui restaient en arrière (4) et faisant un grand massacre d'ennemis. Nos pertes ne dépassaient pas trente hommes, tandis que celles des adversaires ne se pouvaient compter. N'oublions pas de dire que Martin Algai, déjà nommé, pliant au premier choc, voulut déserter le combat : le vénérable évêque de Cahors, qui n'était pas

---

(1) Guillaume de Cardaillac, § 246 : sa présence au combat de Saint-Martin-la-Lande est sans doute antérieure à l'hommage qu'il rendit au roi de France, en Octobre à Paris : L. Delisle. Catalogue, n° 1307.

(2) Judith, XV, 1.

(3) Une centaine, Chanson [97].

(4) Josué, X, 19. Voir dans H. Delpech : La tactique au XIII° siècle, T. L. Montpellier, 1885, l'explication de cette bataille, p. 15-20.

loin, le vit prendre la fuite et lui demanda : « Que faites-vous ? Nous
sommes tous morts, répondit Martin. » L'évêque ne voulut pas le
croire, lui adressa de sévères reproches et le força à retourner au
combat. Ajoutons également que les ennemis en fuite craignant une
mort imminente, criaient de toutes leurs forces : « Montfort, Montfort » pour avoir l'air d'être des nôtres et échapper par ce stratagème
à ceux qui les poursuivaient. Nos croisés déjouèrent leur calcul par
un autre calcul. Quand un des nôtres entendait un ennemi crier de
peur : « Montfort, Montfort », il lui disait : « Si tu es avec nous, tue
donc ce fuyard et il lui montrait un de ceux qui s'enfuyaient. Le premier, poussé par la peur, mettait à mort son compagnon, mais aussitôt après, celui qui avait tué son compagnon recevait le prix de son
mensonge et de son crime, car les nôtres le tuait à son tour. Chose
inouïe et admirable ! Ceux qui étaient venus au combat avec l'intention de tuer les nôtres se sont entr'tués, devenant ainsi nos alliés
involontaires. (1) Et ce fut par le juste jugement de Dieu. Après la
poursuite prolongée et le massacre des ennemis, notre comte s'arrêta au milieu du champ de bataille pour rassembler ses soldats qui
s'étaient égayés en poursuivant leurs adversaires. [275] Entre temps,
Savary de Mauléon, le plus fameux de tous les apostats et une grande
quantité d'hommes armés étaient sortis des tentes, avaient atteint les
portes de Castelnaudary et, les bannières levées, attendaient orgueilleusement l'issue du combat. Plusieurs d'entr'eux avaient même
pénétré dans le faubourg et s'étaient mis à attaquer violemment les
défenseurs restés au château : cinq chevaliers seulement et très peu
de sergents. Mais ceux-ci, malgré leur faible effectif, opposèrent une
courageuse résistance et chassèrent du faubourg une infinité d'ennemis, munis d'arbalètes et autres armes. Quand le traître Savary
se rendit compte que les nôtres avaient remporté la victoire en rase
campagne et que ses troupes n'arrivaient pas à prendre le château,
il rassembla ses soldats et retourna honteusement au camp. [276]
Notre comte et ses compagnons, revenant du champ de bataille après
la victoire, voulurent assaillir les tentes de leurs adversaires. O Chevaliers invincibles, ô Recrues du Christ ! (2) Mais comme nous l'avons
dit plus haut, les ennemis s'étaient si bien entourés de barrières et
de tranchées qu'on ne pouvait les atteindre à moins de descendre
de cheval. Notre comte s'empressait de le faire, mais on lui conseilla
de remettre au lendemain, car les ennemis étaient frais et les nôtres
fatigués du combat. Le comte y consentit car il faisait tout par conseil et voulait toujours suivre l'avis des siens. L'homme plein de
noblesse rentra donc au château. Il savait que Dieu avait montré

---

(1) Guillaume de Tudèle note lui aussi la débandade de l'armée du comte de Foix,
mais il dit expressément que le comte de Foix, son fils, Isarn de Puylaurens, sans doute à
identifier avec Sicard de Puylaurens, et autres « faidits » ont porté de nombreux coups
à l'armée croisée. Le chiffre des morts dut être par conséquent assez considérable aussi
chez les croisés. Chanson [102].

(2) Expressions d'Innocent III : Bulle de 1208, § 64.

sa face, que Dieu avait remporté la victoire. Aussi, descendu de
cheval au moment d'entrer à Castelnaudary, il se rendit nu-pieds à
l'église pour rendre grâce au Tout-Puissant des bienfaits qu'il lui
avait accordés. Dans cette même église les nôtres chantèrent avec
dévotion intense et immense enthousiasme « Te Deum laudamus. »
Ils bénissaient par des hymnes et des louanges le Seigneur qui avait
fait de grandes choses pour son peuple et lui avait donné la victoire
sur ses ennemis. (1) [277] Nous ne croyons pas devoir passer sous
silence un miracle survenu à la même époque dans l'abbaye cistercienne de Grandselve, en Toulousain. (2) Les moines de cette maison
étaient plongés dans un grand chagrin au sujet du noble comte de
Montfort : s'il était fait prisonnier à Castelnaudary ou tombait dans
la bataille, la mort par le glaive les menaçait. (3) Le comte de Toulouse et ses complices en effet détestaient par-dessus tout les moines
de cet Ordre et particulièrement ceux de cette abbaye parce que
l'Abbé de Cîteaux, légat du Siège Apostolique, principal responsa-
ble, selon eux, de leur dépossession, avait été abbé de ce monastère.
Un jour donc qu'un moine de cette maison, plein de religion et de
sainteté, disait la messe, au moment de consacrer l'hostie, il fit du
fond du cœur une prière pour ledit comte de Montfort alors assiégé
dans Castelnaudary. Une voix du ciel lui répondit : « Pourquoi pries-
tu pour lui ? Il y en a tant d'autres qui prient pour lui qu'il n'a pas
besoin de ta prière. »

[278] *Ruse du comte de Foix*. Pendant ce temps, le comte de
Foix imagina un nouveau procédé de trahison, imitant en cela le
diable son père qui vaincu sur un point recourt à d'autres moyens
de faire le mal. (4) Il envoya ses messagers dans tous les châteaux
à la ronde annoncer que le comte de Montfort avait été vaincu :
quelques-uns même le disaient « écorché » et « pendu ». A cause
de ce faux bruit de nombreuses localités se rendirent alors à nos
ennemis.

[279] Le lendemain de la glorieuse victoire, notre comte reçut
de ses chevaliers le conseil de quitter Castelnaudary, mais d'y laisser
une garnison, et de parcourir ses terres pour y recruter le plus de
renforts possibles. Il partit donc pour Narbonne. Au même moment
des croisés arrivaient de la France du nord, Alain de Roucy, (5)

---

(1) II Mcc., X, 28, 38.
(2) Cf. § 20. Un moine de cette abbaye, Aimery, se trouvait dans l'armée des croisés
en 1211 : Layettes, V, n° 186.
(3) Lamentations, I, 20.
(4) Allusion à la Tentation de Jésus : Mtt., IV, 1-10 ; Luc, IV, 1-13.
(5) Alain de Roucy (Aisne) appartenant à une vieille famille : H. Moranvillé :
Origine de la maison de Roucy, dans la Bibliotèque de l'Ecole des Chartes, 1922, p. 11-42
et Origine de la maison de Ramerupt-Roucy, dans la même Bibliothèque, 1925, p. 168-184,
vassal du comte de Champagne et du roi de France, participe à plusieurs combats, Chanson
[111] resta dix ans dans le Midi, devint seigneur de Termes, de Bran et de Montréal :
Rhein, Cat. n° 137 : Molinier, Actes de Simon, n° 181, 185 : Guiraud, Cart. II,
n° 351, mourut en défendant Montréal en 1221 : Guilll. de Puyl., p. 146.

homme de grande vaillance et quelques autres, mais en petit nombre. Quand le comte de Toulouse et ses alliés virent que le siège ne progressait pas, au bout de quelques jours ils incendièrent leurs machines et retournèrent honteusement chez eux. Ajoutons qu'ils n'osèrent pas sortir de leurs tentes avant d'avoir eu la certitude que notre comte avait quitté le château. [280] Notre comte était à Narbonne avec les nouveaux croisés dont nous venons de parler. Il avait même recruté beaucoup de gens du pays avec l'intention de retourner combattre le comte de Toulouse et ses troupes, lorsqu'on lui apprit que ceux-ci avaient levé le siège de Castelnaudary : il licencia les recrues, ne gardant avec lui que les croisés et revint à Castelnaudary, puis il décida de détruire de fond en comble toutes les forteresses voisines qui s'étaient soustraites à sa suzeraineté. Pendant qu'il y procédait, on lui annonça que le château de Coustaussa dans la région de Termes s'était soustrait à sa juridiction et s'était rendu aux ennemis de la foi : à cette nouvelle le comte se hâta d'aller l'assiéger. Après quelques jours de combat, les défenseurs virent qu'ils ne pouvaient prolonger leur résistance : ils se rendirent à merci, eux et leurs châteaux, à notre comte qui repartit ensuite pour Castelnaudary. [281] Là, on ne tarda pas à lui annoncer que les habitants de Montégut, au diocèse d'Albi, s'étaient rendus au comte de Toulouse et qu'ils attaquaient le donjon où notre comte avait mis garnison. Notre comte se hâta d'accourir, mais avant son arrivée ceux qui étaient dans le donjon l'avaient déjà livré aux ennemis. Qu'ajouterai-je ? Les plus importants et les plus forts châteaux des environs se rendirent tous presque le même jour au comte de Toulouse : deux, moins importants, firent exception. Voici les noms des places-fortes perdues à cette époque dans le diocèse d'Albi : Rabastens, Montégut, Gaillac, Lagrave, Cahusac, Saint-Marcel, Laguépie, Saint-Antonin : les défections dans le diocèse de Toulouse avant et pendant le siège de Castelnaudary furent Puylaurens, Les Cassés, Saint-Félix, Montferrand, Avignon, Saint-Michel, Cuq et même Saverdun. (1) Il faut ajouter des localités de moindre importance que nous ne pouvons énumérer en détail et qui dépassaient, dit-on, la cinquantaine. [282] C'est ici le lieu de raconter un acte inouï de trahison et de méchanceté accompli alors dans la localité de Lagrave au diocèse d'Albi que notre comte avait confié à un chevalier du nord de la France : le malheureux avait confiance plus qu'il n'aurait fallu dans les habitants et ceux-ci complotaient sa mort. Ce chevalier faisait un jour remettre en état ses tonneaux par un certain charpentier du lieu. Ce dernier, ayant remis en état un tonneau, invita le chevalier à regarder à l'intérieur pour voir si le tonneau était bien arrangé : quand le chevalier eût entré sa tête dans le tonneau, le charpentier leva sa hache et lui coupa la tête. Cruauté inouïe ! Aussitôt les

---

(1) Plusieurs de ces localités étaient des centres d'hérésie : Guiraud, Cart., 1, CCXXX et suivantes. Plusieurs de ces châteaux avaient été occupés en Juin, § 237.

habitants se soulevèrent et massacrèrent les rares français du nord qui étaient restés dans le château. A cette nouvelle, le noble comte Baudouin, déjà nommé, frère du comte de Toulouse se présenta devant les portes. Les habitants sortirent à sa rencontre, croyant que c'était le comte de Toulouse, parce qu'il portait les mêmes armoiries, et le firent entrer, tout heureux de lui raconter l'acte cruel qu'ils avaient commis. Baudouin, avec une foule de soldats, tomba sur eux et les tua presque tous, du plus petit jusqu'au plus grand. (1) [283] Voyant qu'il avait perdu tant de châteaux, (2) dont plusieurs importants, notre comte vint à Pamiers pour le mettre en état de défense. Comme il s'y trouvait, il reçut un message du comte de Foix : « Si vous pouvez m'attendre seulement quatre jours, disait celui-ci, je viendrai et je vous combattrai. » Notre comte fit répondre qu'il attendrait à Pamiers, non seulement quatre jours, mais plus de dix. Le comte de Foix n'osa venir. Bien plus, nos chevaliers, sans que notre comte eût à intervenir, envahirent le comté de Foix et y détruisirent un château. [284] Notre comte revint ensuite vers Fanjaux et envoya Simon, châtelain de Neauphle, (3) et son frère Geoffroy, deux vaillants chevaliers, avec une faible escorte, aller chercher du blé dans une certaine localité et le rapporter pour approvisionner Fanjaux. A leur retour, le fils du comte de Foix, digne héritier des mauvais instincts de son père, se mit aux aguets aux bords de la route par laquelle lesdits chevaliers devaient passer : ce traître avait avec lui une énorme foule de soldats qui surgirent de leur embuscade au passage des nôtres, les attaquèrent, encerclèrent ledit Geoffroy et lui portèrent des coups de tous côtés. En excellent cavalier qu'il était, il se défendait avec courage, mais il avait très peu de compagnons d'armes. Quand il eût perdu son cheval, il fut réduit à la dernière extrémité. Ses adversaires lui dirent de se rendre. Cet homme de vaillance admirable répondit, à ce qu'on raconte : « Je me suis déjà rendu au Christ. A Dieu ne plaise que je rende maintenant à ses ennemis. » Et percé de coups, il rendit à Dieu son âme, nous en avons la certitude, glorieuse. Avec lui tomba un de ses parents, jeune homme très valeureux, et quelques autres en petit nombre. Mais un certain chevalier, nommé Dreux de Compans, (4) se rendit et fut tenu longtemps en prison par le comte de Foix. Quant au châtelain, il échappa sain et sauf, gémissant de la perte de son frère et de son parent et il retourna au lieu d'où ils étaient partis. Plus tard, les nôtres vinrent à l'endroit où avait eu lieu le combat, ils relevèrent les corps des victimes et les ensevelirent dans l'abbaye cistercienne de Boulbonne. [285] A cette époque, le vénérable archidiacre Guillaume de Paris et un autre

---

(1) Gen., XIX, 11.

(2) Une soixantaine, § 281.

(3) On a déjà mentionné Simon de Neauphle, compagnon de Simon de Montfort à la Quatrième Croisade, § 241.

(4) Cousin de Robert Mauvoisin. § 291.

clerc, nommé Jacques de Vitry, se mirent à prêcher la croisade (1)
sur l'ordre de l'évêque d'Uzès (que le seigneur pape avait nommé
légat (2) pour l'affaire de la foi contre les hérétiques et qui, plein
de sympathie pour cette affaire, lui donnait une heureuse impulsion). Ces deux prédicateurs, embrasés du zèle de la foi, (3) parcou-
rurent le nord de la France et même les pays germaniques et recru-
tèrent pendant tout l'hiver pour l'armée du Christ une foule incroyable de fidèles en leur mettant sur la poitrine le signe de la croix.
C'est à ces deux-là principalement après Dieu que l'affaire de la
foi dut ses progrès dans les pays germaniques et dans la France
du nord.

---

(1) En Décembre 1211. Une poésie provençale fait allusion à cette levée de renforts :
A. Jeanroy : Poésies du troubadour Gavaudan, dans Romania, 1905, p. 499-500, 504.
507. P. Guébin établit, dans une longue note, l'authenticité du second voyage de Jacques
de Vitry, en 1211, contre la thèse de P. Funk : Jacob von Vitry, Tübingen, 1909.

(2) La nomination de Raymond d'Uzès comme légat remonte au mois d'Avril 1211 :
P. 4.225 et suivants, déjà cités.

(3) I Mcc., II, 27.

Chapitre VII

L'OCCUPATION DE LA TERRE

[286] *Robert Mauvoisin et de nombreux croisés viennent du nord de la France.* Sur ces entrefaites, le plus noble des chevaliers, le serviteur du Christ, l'animateur principal de l'Affaire de Jésus-Christ, Robert Mauvoisin, (1) qui l'été précédent était allé dans la France du nord revint dans le midi avec une bonne centaine de chevaliers d'élite qui tous le suivaient comme un chef et un maître. Tous sur les exhortations de deux hommes vénérables, l'évêque de Toulouse et l'abbé des Vaux-de-Cernay, avaient pris la croix et venaient rejoindre l'armée de Jésus-Christ. Ils restèrent tout l'hiver au service du Christ et redressèrent noblement la situation assez critique où se trouvait alors l'affaire de la foi. [287] Le comte va au-devant de Robert Mauvoisin. Quand notre comte apprit l'approche de ces chevaliers, il alla au-devant d'eux jusqu'à Carcassonne. Lorsqu'ils y arrivèrent, les nôtres furent saisis d'un enthousiasme incroyable et éprouvèrent une très grande joie. (2) Delà, le noble comte emmena les chevaliers à Fanjaux. [288] A cette époque le comte de Foix assiégeait le château d'un chevalier du midi, Guillaume d'Aure (3) qui s'était rallié à notre comte et l'aidait de toutes ses forces. Ce château s'appelait Quié et se trouvait près de la terre du comte de Foix. Les nôtres quittèrent Fanjaux en toute hâte pour forcer le comte de Foix à lever le siège qui durait déjà depuis quinze jours. A la nouvelle de leur approche, le comte s'enfuit très honteusement, abandonnant le siège sans même emporter ses machines : les nôtres ravagèrent sa terre pendant quelques jours et détruisirent quatre de ses places-fortes. [289] Revenus à Fanjaux, ils en repartirent rapidement pour assiéger La Pomarède, dans le diocèse de Toulouse. Au bout de quelques jours, l'assaut est donné et les fossés comblés de vive force, mais comme la nuit tombait, la prise du château fut ajournée. Les défenseurs, se voyant déjà presque prisonniers, s'enfuirent secrètement au milieu de la nuit par une brèche qu'ils ouvrirent dans leurs remparts. Après quoi, notre comte ne tarda par à apprendre que le Bézu, dans le diocèse de Narbonne,

---

(1) Robert Mauvoisin, § 129, 154.

(2) Mtt., II, 10.

(3) Guillaume d'Aure figure dans un acte de 1214 avec l'abbé de Pamiers et Bernard Amiel de Pailhès : Bibliot. Nat. fr. nouv. acq. 7.404, 208 v°-209 v°.

avait rejeté sa suzeraineté. (1) Tandis qu'il s'y rendait, le seigneur vint à sa rencontre et se rendit, lui et son château. [290] *Le frère du comte arrive d'outre-mer.* Ceci fait, notre comte vint à Castres, ville importante du diocèse d'Albi. Il y séjournait et y célébrait la fête de Noël quand arriva son frère Guy qui revenait des pays d'outre-mer. (2) Ce Guy s'était embarqué avec son frère, mais il était resté dans les pays d'outre-mer quand son frère les avait quittés : il y avait, en effet, épousé la très noble dame de Sidon, (3) de sang royal, qui venait aussi dans le midi de la France avec les enfants qu'elle avait eus de Guy. Ajoutons que plusieurs localités de l'Albigeois qui avaient rejeté la suzeraineté de notre comte firent leur soumission à Guy, pendant qu'il allait rejoindre son frère. Personne ne saurait décrire l'immense enthousiasme que son arrivée souleva chez son frère et les croisés. [291] Peu après, les nôtres se mirent en marche pour assiéger Les Touelles, dans le diocèse d'Albi, qui appartenaient au père de Giraud de Pépieux, (4) ce sinistre traître. Ils attaquèrent le château, le prirent en peu de jours et passèrent presque tous les habitants au fil de l'épée. Seul, le père de Giraud eût la vie sauve et notre comte l'échangea contre un cousin de Robert Mauvoisin, Dreux-de-Compans, (5) que le comte de Foix tenait prisonnier.

[292] *Siège de Cahusac.* Après quoi, le noble comte alla assiéger Cahusac, en Albigeois. Il le prit de vive force avec beaucoup de fatigues et de dangers, (6) bien qu'il eût très peu de soldats et que ce ne fut pas la coutume d'entreprendre un siège en plein hiver. [293] Dans un château voisin, nommé Gaillac, (7) se trouvaient réunis les trois comtes de Toulouse, de Comminges et de Foix avec une immense armée. Ils envoyèrent un messager à notre comte pour lui annoncer qu'ils allaient venir l'attaquer (ils parlaient ainsi avec l'intention d'effrayer notre comte et de lui faire lever le siège de Cahusac) : ils envoyèrent un premier messager, puis un deuxième, et cependant n'osèrent pas venir. Quand notre comte s'aperçut qu'ils ne venaient pas, il dit aux siens : « Puisqu'ils ne se dérangent pas, c'est moi qui irai leur faire une visite » et avec une faible escorte il se dirigea vers Gaillac, humant l'odeur de la bataille. (8) A sa vue, le comte de Toulouse et ses alliés quittèrent Gaillac et s'enfuirent vers Montégut : de là, notre comte les y poursuivit : ils battirent

---

(1) Voir Delisle, Enquêtes, dans le Rec. des Hist. XXIV, 580 c, 587 c.
(2) Guy de Montfort, parti lui aussi pour la Quatrième Croisade, suivit son frère en Hongrie après la prise de Zara, Villehardouin, [109], éd. Faral, p. 111.
(3) Héloïse d'Ibelin, veuve de Renaud de Sidon : Cf. Grousset : Histoire des Croisades, T. III, Paris, 1936, p. 398.
(4) Le seigneur des Touelles s'appelait Frézoul de Lautrec. Chanson [110] et note de Martin-Chabot, p. 245.
(5) Dreux-de-Compans, § 284.
(6) Deut. XXVI, 7.
(7) Gaillac, § 237 ; Chanson [109].
(8) II Mcc., IX, 7 ; Actes, IX, 1.

en retraite vers Rabastens où le comte continua de les poursuivre.
Alors, ils sortirent de ce château et prirent la fuite vers Toulouse.
Voyant qu'ils n'osaient pas l'attendre, notre comte retourna au château d'où il était parti. [294] Tout ceci réglé, le noble comte envoya
un message à l'Abbé de Citeaux qui se trouvait à Albi pour lui
demander ce qu'il devait faire. L'Abbé conseilla au comte d'assiéger
Saint-Marcel à trois lieues d'Albi : (1) le comte de Toulouse avait
confié ce château à ce dangereux traître Giraud de Pépieux. (2)
[295] Arrivés devant le château, les nôtres l'assiégèrent d'un côté
seulement, car ils étaient très peu nombreux et le château était très
étendu et très fort ; ils dressèrent tout de suite une machine et
commencèrent un violent bombardement : au bout de quelques
jours arrivèrent les comtes de Toulouse, de Comminges et de Foix
avec une foule incroyable : ils pénétrèrent dans le château pour le
défendre contre les nôtres. Comme celui-ci, malgré son étendue,
ne pouvait abriter tout le monde, la plupart des ennemis plantèrent
leurs tentes hors du château, du côté opposé au camp des croisés.
Ceci fait, les assiégeants continuèrent leurs attaques et les assiégés
leur résistaient de toutes leurs forces. Chose admirable et stupé-
fiante ! D'habitude les assiégeants surpassent les assiégés par leur
effectif et par leur armement : ici, les assiégés étaient dix fois plus
nombreux que les assiégeants : en effet, le nombre des chevaliers ne
dépassait pas cent chez les croisés et montait à plus de cinq cents
chez leurs ennemis : en outre, la piétaille formait dans l'armée des
comtes une foule innombrable, tandis que les nôtres n'en avaient
que peu ou point. Situation extraordinaire, nouveauté sans exemple !
Ajoutons ceci : chaque fois que les adversaires osèrent faire une
sortie, ils furent repoussés immédiatement, grâce à l'extraordinaire
énergie des nôtres. Un jour enfin, le comte de Foix sortit du château
avec une forte escorte et tenta d'abîmer notre pierrière. A cette vue,
nos sergents, se contentant de leur jeter des pierres, les repoussèrent
et les refoulèrent à l'intérieur des murs avant que nos chevaliers eûssent le temps de prendre leurs armes. [296] *Le Comte lève le siège
de Saint-Marcel.* Une grande cherté de vivres survint au camp : les
nôtres n'étaient ravitaillés que par Albi : nos ennemis, sortant en
foule, contrôlaient les routes à tel point que les habitants d'Albi
n'osaient pas venir au camp, à moins que le comte ne leur envoyât
la moitié de son effectif pour les escorter. Au bout d'un mois, se
rendant compte que, s'il partageait le peu de chevaliers qu'il avait
pour en envoyer la moitié pour escorter le ravitaillement, l'autre
moitié restant avec lui, les ennemis profiteraient de leur grande supé-
riorité numérique pour effectuer une sortie contre les uns et les
autres ; aussi notre comte, contraint par une évidente nécessité, après

---

(1) Montégut, Rabastens, Saint-Marcel, soumis en Juin 1211, perdus en Septembre,
avant ou pendant le siège de Castelnaudary, §§ 237 et 281.

(2) Giraud de Pépieux, § 125.

avoir vu le pain manquer au camp pendant plusieurs jours, leva le
siège. (1) [297] Ajoutons que le jour du Vendredi-Saint notre comte,
excellent catholique et dévoué au service de Dieu, faisait célébrer
solennellement l'office sous sa tente ; quand les ennemis, entendant
les chants de nos clercs, montèrent sur leurs remparts et en guise
d'insultes et de railleries, (2) poussèrent d'horribles hurlements. O
impiété dépravée, ô impie dépravation ! Mais si l'on veut bien considérer les choses avec attention, notre comte acquit plus d'honneur
et de gloire dans ce siège qu'il ne l'avait fait auparavant par la prise
d'aucun château, même très puissant. Dorénavant, sa vaillance eut
plus d'éclat et sa persévérance plus de splendeur. Ayons soin de dire
qu'au moment où le comte leva le siège, les ennemis, bien qu'innombrables, n'osèrent pas sortir pour inquiéter les nôtres dans leur retraite. [298] *Miracle*. Nous voulons aussi mentionner un miracle qui
se produisit à la même époque. L'abbé cistercien de Bonneval prêchait un Dimanche dans un certain château. L'église était petite et
ne pouvait contenir la foule des auditeurs, c'est pourquoi ils étaient
tous dehors, devant le porche pour écouter prêcher l'abbé. Vers la
fin du sermon, comme le vénérable abbé voulait exhorter les assistants à se croiser contre les hérétiques albigeois, subitement à la vue
de tous une croix apparut dans l'air et sembla se diriger du côté de
Toulouse. Je tiens le récit de ce miracle de la bouche même de l'abbé,
homme religieux et de grande autorité. (3) [299] Après avoir levé le
siège de Saint-Marcel, notre comte se rendit le jour même, qui était
le Samedi-Saint, à Albi pour y célébrer la fête de Pâques. Dans cette
ville était arrivé de la France du nord le vénérable abbé des Vaux-
de-Cernay dont nous avons souvent parlé et qui venait d'être élu
évêque de Carcassonne. Quand le comte et ses chevaliers le trouvèrent à Albi, ils éprouvèrent une grande joie : (4) il avait en effet
l'affection de tous à un haut degré ; il était depuis de longues années
l'intime du comte qui, depuis son enfance pour ainsi dire, écoutait
ses conseils et se conformait à ses volontés. (5) Vers la même époque,

---

(1) Le siège de Saint-Marcel eut lieu, d'après la Chanson [111] vers l'Epiphanie
1212. Guillaume de Tudèle s'étonne que le comte de Toulouse n'ait pas mis en déroute
l'armée des croisés ; il attribue son hésitation à la crainte que lui causaient Alain de
Roucy un certain Pierre de Livron, dont notre chroniqueur ne parle pas.

(2) Ps., XLIII, 14.

(3) III Rois, XXI, 7.

(4) Mtt., II, 10.

(5) Guy des Vaux-de-Cernay se trouvait à la Quatrième Croisade ; il protesta au
nom du pape contre le projet d'attaque de Zara ; il était l'âme de ce petit groupe de
croisés qui comprenait notamment Simon de Montfort, son frère Guy, Robert Mauvoisin,
Simon de Neauphle, et quelques autres ; Cf. Villehardouin, 83 et suivants, éd. Faral,
p. 83 à 113. Il était déjà venu dans le Midi de la France, notamment en 1207, au temps
des prédications, §§ 47, 52, 53, etc... En 1211, Innocent III mande à son légat Raymond
d'Uzès de recevoir la démission de Bernard-Raymond, évêque de Carcassonne et d'inviter
le Chapitre à élire dans les huit jours et sur son avis un évêque idoine : Lettre 15 Juin 1211,
P. 4.223, 4.224. Gal. Christ, VI, c. 881-884. Son successeur fut Guy, abbé des Vaux-de-
Cernay.

l'Abbé de Citeaux, Arnaud, dont nous avons souvent parlé, avait été élu archevêque de Narbonne. (1) [300] Le jour même de Pâques (2) le comte de Toulouse et ses compagnons sortirent de Saint-Marcel et vinrent à Gaillac, à trois lieues d'Albi. Notre comte pensa que ses ennemis avaient peut-être l'intention de se glorifier d'avoir vaincu les nôtres et il voulut démontrer publiquement qu'il n'avait pas peur d'eux. Il sortit d'Albi avec les siens, le Lundi de Pâques ; il chevaucha devant les remparts de Gaillac, invitant ses adversaires au combat, et, comme ceux-ci n'osaient pas sortir au devant de lui, il retourna à Albi. J'étais là avec l'évêque élu de Carcassonne auquel j'ai fait allusion plus haut. Il m'avait amené du nord de la France, pour lui rendre plus agréable son voyage dans une terre lointaine, puisque j'étais moine et j'étais son neveu.

[301] *Siège d'Hautpoul*. Le comte de Montfort et les siens passèrent quelques jours à Albi, puis se rendirent à la ville de Castres où nous fîmes un court séjour. Le comte y réunit son conseil et décida d'assiéger entre Castres et Cabaret le château d'Hautpoul (3) qui s'était livré aux ennemis de la foi à l'époque du siège de Castelnaudary. [302] Partis de Castres certain Dimanche dans la quinzaine de Pâques, nous arrivâmes devant ledit château : ceux des ennemis qui y étaient entrés pour le défendre sortirent orgueilleusement et commencèrent une violente attaque, mais bientôt les nôtres les refoulèrent de force dans leurs murs et plantèrent leurs tentes d'un côté seulement du château, à cause de leurs faibles effectifs. Hautpoul était bâti au penchant d'une montagne haute et escarpée, sur des rochers énormes et presque inaccessibles. Telle était sa force, comme je l'ai vu moi-même de mes propres yeux et constaté par expérience, que, même si les portes eussent été ouvertes, personne absolument ne faisant de résistance, (4) nul n'aurait pu, sans d'extrêmes difficultés, parcourir le château et atteindre le donjon. Les nôtres montèrent une pierrière, la mirent en place le troisième jour de leur arrivée et soumirent le donjon à son bombardement. En même temps, nos chevaliers revêtirent leurs armes et descendirent dans le ravin au pied des remparts avec l'intention de remonter vers le château et d'essayer de le prendre d'assaut. Quand ils furent entrés dans le premier faubourg, les assiégés montèrent sur le rempart et sur les maisons et se mirent à jeter en abondance de grosses pierres sur les nôtres : d'autres allumaient un grand feu à l'endroit par lequel les assaillants étaient entrés. Les nôtres constatèrent qu'ils n'aboutiraient à rien parce que des êtres humains ne pouvaient pour ainsi dire pas marcher sur un pareil terrain ni endurer une telle grêle de pierres. Alors,

---

(1) Après bien des péripéties, l'archevêque de Narbonne, Bérenger, finit par être déposé et Arnaud-Amaury fut élu ou se fit élire à sa place, le 12 Mars 1212. Cf. Origines, p. 144-146 .Gal. Christ. VI, c. 61.

(2) 25 Mars 1212.

(3) Hautpoul, centre de réunions hérétiques : Guiraud, I, p. CCLIII.

(4) Juges, XVIII, 7.

ils ressortirent à travers le feu, non sans grand péril. [303] *Une tra-hison*. Un acte de trahison, vilain et cruel, commis par les assiégés, doit être, croyons-nous, signalé. Il y avait avec notre comte un cer-tain chevalier du pays, parent d'un certain traître qui était dans le château et qui avait été coseigneur de Cabaret. Les assiégés firent dire au comte de leur envoyer ce chevalier : il parlementerait avec eux en vue d'une capitulation et rapporterait au comte leurs propositions. Autorisé par le comte, le chevalier se rendit auprès des assiégés et s'entretint avec eux à l'une des portes. Un des ennemis le visa avec son arbalète et le blessa grièvement d'un violent coup de flèche. Cruelle trahison ! Mais peu après, le jour même ou le lendemain, par un juste jugement de Dieu le traître qui avait invité pour lui parler le chevalier, son parent, reçut à son tour de l'un des nôtres une profonde blessure à la cuisse au même endroit que le premier. O juste décision de la vengeance céleste ! [304] Cependant, notre pierrière bombardait le donjon sans arrêt. Le quatrième jour depuis le début du siège, après le coucher du soleil, un épais brouillard se lève : les assiégés, frappés d'une terreur (1) envoyée par Dieu et saisissant l'occasion d'un temps favorable, (2) sortirent du château et prirent la fuite : aussitôt que les assiégeants s'en aperçurent, ils donnèrent l'alarme, se ruèrent dans le château, tuant tous ceux qu'ils y trouvèrent : une partie d'entre eux poursuivit les fuyards à travers la nuit opaque et firent quelques prisonniers. Le lendemain, le comte donna l'ordre de détruire le château de fond en comble et de l'incen-dier. Ceci fait, les chevaliers venus du nord avec Robert Mauvoisin, comme nous l'avons dit ci-dessus, et qui étaient restés tout un hiver avec le comte, le quittèrent presque tous pour retourner chez eux. [305] *Un crime des Narbonnais*. Nous ne croyons pas devoir omettre la série des crimes commis à cette époque par les habitants de Nar-bonne. Ces hommes détestables n'avaient jamais éprouvé de sympa-thie pour l'affaire de Jésus-Christ, bien qu'ils en eussent tiré de grands avantages. Guy de Montfort, frère de notre comte et Amaury, fils aîné de ce dernier, allèrent un jour à Narbonne. Pendant leur séjour dans cette ville, Amaury, poussé par un caprice d'enfant, entra en se promenant dans le palais du vicomte Aimery. Ce palais était très ancien et pour ainsi dire transformé en désert solitaire. (3) Amaury porta la main sur l'une des fenêtres et voulut l'ouvrir, mais le bat-tant tomba de lui-même, délabré de vétusté. Après quoi, Amaury revint à la commanderie des Templiers où il logeait. Son oncle Guy était à ce moment dans le palais de l'archevêque. Les habitants de Narbonne, cherchant un prétexte pour faire le mal, accusèrent l'en-fant, fils de notre comte, d'avoir voulu entrer de force dans le palais vicomtal. Prétexte infime, mieux prétexte nul, invoqué pour commet-tre leur crime ! Les habitants courent aussitôt aux armes : ils se

---

(1) Actes, X, 4.
(2) II Mcc., XIV, 5
(3) Jérémie, XII, 10.

précipitent là où se trouvait l'enfant : ils essaient de forcer la porte de la commanderie des Templiers. Comprenant qu'ils en voulaient à sa vie, (1) l'enfant prit ses armes, se réfugia dans une tour de la commanderie et se cacha aux yeux des ennemis. (2) Les assaillants assiégèrent vigoureusement la maison, tandis que d'autres, saisissants les français du nord qu'ils trouvèrent dans la ville, en tuèrent plusieurs. O rage des méchants ! Ils allèrent jusqu'à mettre à mort deux écuyers personnels de notre comte. Guy de Montfort était toujours dans le palais de l'archevêque et n'osait pas en sortir. Après que les Narbonnais eurent assiégé longtemps la maison où était Amaury, ils renoncèrent à leurs attaques sur le conseil de l'un des leurs. L'enfant, délivré d'un grand péril, (3) échappa sain et sauf par la grâce de Dieu. (4) Reprenons le fil de notre récit.

[306] *Le Comte quitte Hautpoul.* Le noble comte de Montfort quitta Hautpoul avec un très petit nombre de chevaliers et pénétra sur la terre du comte de Toulouse. Il fut rejoint peu après par plusieurs croisés auvergnats. Ensuite, de jour en jour, commencèrent d'arriver d'autres recrues, croisées à la suite de la prédication du vénérable archidiacre Guillaume de Paris et de maître Jacques de Vitry, comme nous l'avons dit plus haut. (5) Comme nous ne pouvons raconter en détail de quelle façon le Seigneur miséricordieux (6) donna à partir de ce moment une admirable impulsion à son entreprise, disons brièvement qu'en un très court espace de temps, notre comte prit d'assaut plusieurs châteaux et en trouva beaucoup évacués par l'ennemi. Voici la liste des localités reconquises en trois semaines par le noble comte : Cuq, Montmaur, Saint-Félix, les Cassés, Montferrand, Avignonnet, Saint-Michel et beaucoup d'autres. (7) [307] Comme l'armée assiégeait Saint-Michel, arriva l'évêque de Carcassonne, Guy, ancien abbé des Vaux-de-Cernay, que j'accompagnais. Après la prise d'Hautpoul, il avait quittté l'armée, n'étant encore qu'évêque élu et s'était rendu à Narbonne pour y être sacré, en même temps que l'Abbé de Citeaux qui de son côté avait été élu archevêque de Narbonne. [308] Quand Saint-Michel eût été démoli de fond en comble, le comte décida d'assiéger la ville importante de Puylaurens, qui, comme nous l'avons dit, avait rejeté sa suzeraineté, l'année précédente. Levant le camp, nous prîmes la direction de cette ville et nous plantâmes nos tentes à environ deux lieues des remparts. Le jour même arrivèrent de nouveaux croisés : le prévôt de

---

(1) Rom., XI ,3.
(2) IV Rois, XI, 2.
(3) II Mcc., I, 11.
(4) Actes, IX, 24 ; II Cor., XI, 33 ; antienne de la fête de la conversion de Saint-Paul. Simon de Montfort ne pardonna au vicomte et aux habitants que trois ans après : Rhein, Cat. n° 131.
(5) Cf. § 285.
(6) Deut., IV, 31.
(7) Châteaux perdus au moment du siège de Castelnaudary, § 281.

la cathédrale de Cologne, (1) clerc noble et puissant, accompagné de plusieurs seigneurs germaniques. [309] *Reprise de Puylaurens.* Le comte de Toulouse était à Puylaurens avec ses innombrables routiers : toutefois, apprenant que les nôtres approchaient, il n'osa pas les attendre : il sortit avec précipitation de la ville dont il emmena de force tous les habitants : il s'enfuit jusqu'à Toulouse, laissant Puylaurens complètement désert. O homme insensé, frappé d'une méprisable aberration d'esprit ! (2) Au point du jour, nous parvîmmes à la ville et, la trouvant déserte, nous continuâmes notre route et plantâmes nos tentes dans une vallée. Guy de Lucy, à qui notre comte avait déjà donné Puylaurens, y entra et y mit garnison. [310] Notre étape dura deux jours dans cette vallée voisine de la ville. C'est là que notre comte reçut la nouvelle que des croisés nombreux et d'importance, Robert, archevêque de Rouen, Robert, évêque élu de Laon, le vénérable archidiacre Guillaume de Paris (3) et beaucoup d'autres nobles et non-nobles venaient de la France du nord et se dirigeaient sur Carcassonne. Constatant qu'il avait un effectif considérable, le comte tint conseil : il envoya Guy son frère et Guy son maréchal à Carcassonne au-devant des nouveaux croisés pour leur dire de constituer une seconde armée qui prendrait un autre champ d'action en vue d'avancer l'affaire du Christ. [311] Quant à lui, il leva le camp et prit la direction de Rabastens. Si nous négligeons les détails superflus pour nous en tenir aux choses les plus utiles, disons brièvement que les trois villes importantes de Rabastens, Montégut et Gaillac dont nous avons souvent parlé, se rendirent alors presqu'en un jour sans être assiégées ni faire aucune résistance. [312] Les habitants de Saint-Marcel, apprenant que notre comte avait recouvré plusieurs châteaux et marchait contre eux en toute hâte pour les assiéger, furent pris de peur et lui envoyèrent des messagers : ils le suppliaient de consentir à leur pardonner et s'engagèrent à rendre leur ville à merci, mais le comte qui se rappelait leurs crimes et leurs perversités inouïes, refusa tout accord, quel qu'il fut. A cette réponse, les habitants de Saint-Marcel s'enfuirent de leur ville, la laissant déserte. Quand nous y parvîmmes, le comte ordonna de l'incendier et de raser le donjon et les remparts. De là, continuant notre route, nous arrivâmes à un château voisin, nommé Laguépie

---

(1) Engelbert, prévôt de la cathédrale de Cologne, Adolphe III, comte de Berg, son frère, Guillaume III, comte de Juliers, Léopold VI, duc d'Autriche et des croisés de Saxe, Westphalie et Frise. Cf. Césaire de Heisterbach, Dialogus, éd. Strange, I, p. 301 ; Rainier de Liège, M.G.H. ss. XVI, p. 665 ; Annales de Marbach, Annales de Cologne, M. G. H. ss. XVII, pp. 172, 826. La Chanson ajoute : des croisés d'Italie et d'Esclavonie [111]. Rainier de Liège estime le nombre des Frisons à trente mille : « De gente Frisionum triginta millia, alcius monachis atonsi, a quodam abbate edocti, cum pellis et lanceolis suis contra ereticos vadunt ».

(2) Actes, XXII, 17.

(3) Guillaume, § 175 ; une charte parisienne mentionne ce voyage : Layettes, I, n° 1.023. Ce n'est sans doute pas exact : la charte est datée du 29 Octobre 1212, et les événements ici racontés sont du mois de Mai.

et nous le trouvâmes désert. Le comte donna l'ordre de le démolir et de l'incendier. [313] Partant de là et continuant sa marche en avant, le comte de Montfort alla assiéger Saint-Antonin que le comte de Toulouse avait donné à un certain chevalier pervers et dangereux. (1) Pendant que nous nous dirigions vers cette ville, l'évêque d'Albi (2) qui nous précédait y était déjà arrivé avec des propositions de paix, exhortant ledit chevalier à livrer son château à notre comte. Le chevalier, poussé par un orgueil démesuré, répondit avec une grande indignation : « Sache le comte de Montfort que des bourdonniers ne pourront jamais prendre mon château. » Il appelait les croisés des « bourdonniers » à cause des bâtons qu'ils ont l'habitude de porter et qu'en langue vulgaire on appelle des (bourdons). Quand cette réponse fût rapportée au comte, celui-ci pressa sa marche pour assiéger ledit château.

[314] *Siège de Saint-Antonin*. Le Dimanche dans l'octave de la Pentecôte, nous arrivâmes sous les remparts de Saint-Antonin pour l'assiéger et nous plantâmes les tentes d'un seul côté, devant les portes. Cette ville occupait un site remarquable dans une vallée riante au pied d'une montagne. Entre la montagne et la ville coulait une rivière transparente, (3) qui baignait les remparts : du côté opposé s'étendait une plaine agréable. C'est là que campèrent les assiégeants. [315] Les ennemis, sortant de la ville, passèrent toute cette journée à harceler les nôtres de loin avec leurs flèches. Vers le soir, ils avancèrent un peu davantage et attaquèrent les nôtres, toujours de loin, en lançant leurs flèches jusqu'à nos tentes mêmes. Ce que voyant, les sergents de l'armée, ne pouvant souffrir la honte d'en supporter davantage, attaquèrent l'ennemi et se mirent à le refouler dans la ville. Qu'ajouterai-je ? L'alerte est donnée au camp ; de pauvres croisés sans armes se mettent à courir et commencent l'attaque de la ville, sans prévenir ni consulter notre comte et les chevaliers Ils pressent les ennemis avec une vigueur si grande, si incroyable et vraiment inouïe qu'ils les remplissent d'effroi et de stupeur par une incessante grêle de pierres et leur enlèvent en une heure trois barbacanes très fortes. O combat d'où le fer fut absent, ô glorieuse victoire ! Je prends Dieu à témoin (4) qu'après la capitulation je suis entré dans la ville et que j'ai vu les murs des maisons comme rongés aux endroits où les croisés avaient lancé des pierres. Quand les assiégés eurent constaté qu'ils avaient perdu leurs barbacanes, ils sortirent de la ville du côté opposé et s'efforcèrent de fuir à la nage. Alors, nos croisés traversèrent la rivière et passèrent au fil de l'épée

---

(1) Adhémar-Jourdain, Chanson [114], et notes de Martin-Chabot, pp. 251 et 253.

(2) Guillaume, § 118 : il venait de recevoir une donation de Simon de Montfort : Rhein, Cat., n° 97 et c'est par sa ville qu'étaient arrivés les derniers renforts : Chanson [112].

(3) L'Aveyron.

(4) II Cor, 1, 23.

tous ceux qu'ils purent atteindre. (1) [316] Après la prise des barbacanes, nos croisés cessèrent l'assaut, car le jour baissait (2) et la nuit venait. Le seigneur de Saint-Antonin, se rendant compte que la perte des barbacanes entraînait pour ainsi dire la prise du château, fit dire à notre comte vers minuit qu'il était prêt à rendre la ville pourvu qu'on lui permît de s'échapper. Notre comte repoussa ces conditions : le seigneur lui envoya un deuxième messager pour déclarer qu'il se rendait à merci, lui et la ville. Au point du jour, notre comte fit évacuer complètement la ville, puis il tint conseil avec les siens : considérant que s'il faisait massacrer la population, formée de cultivateurs endurcis au travail, la ville, privée de ses habitants, deviendrait déserte (3) il adopta un avis plus favorable et renvoya les habitants chez eux. Quant au seigneur qui avait été la cause de tout le mal, il le fit emprisonner au fond d'une tour (4) de Carcassonne où il resta dans les fers longtemps et sous bonne garde. Les quelques chevaliers qui étaient avec lui furent également mis en prison sur l'ordre du comte.

[317] *Marche du Comte vers Agen.* Au camp se trouvaient alors les évêques d'Uzès (5) et de Toulouse ainsi que Guy, évêque de Carcassonne qui continuait à toujours accompagner l'armée. Après avoir pris leur avis, le comte et ses chevaliers tombèrent d'accord pour orienter l'offensive vers l'Agennais. L'évêque d'Agen avait fait savoir, en effet, à notre comte qu'il l'aiderait de tout son pouvoir, lui et ses cousins qui étaient puissants dans cette région à condition que le comte viendrait personnellement en Agenais. Agen était une ville remarquable dans une agréable position sur la Garonne entre Toulouse et Bordeaux : jadis, elle avait appartenu, ainsi que l'Agenais, au roi d'Angleterre, mais quand le roi Richard maria sa sœur Jeanne au comte de Toulouse Raymond, il céda à ce dernier Agen et l'Agenais, comme dot de sa sœur. (6) Or le seigneur pape avait ordonné à notre comte de combattre avec l'aide des croisés aussi bien les

---

(1) Vingt-huit périrent, tués ou noyés, dix s'enfuirent. Les autres « s'enfermèrent dans l'église ; mais tous furent dépouillés et restèrent nus ; les clercs aussi furent dépouillés et grandes furent les vexations que leur firent les ribauds et les valets de l'armée. » Chanson [113].

(2) Gen., « inclinata die » XXIV, 63.

(3) Gen., XLVII, 19.

(4) Gen., XLI, 10.

(5) L'évêque d'Uzès était qualifié de légat bien avant le mois de Mai 1212, P. 4.512 : il l'était déjà en Avril 1211, P. 4,223. § 195.

(6) En 1196, Richard d'Angleterre donne à sa sœur Jeanne en dot Agen et l'Agenais, « à condition que Raymond et les enfants, qui naîtraient de ce mariage, tiendraient ce pays en fief des rois d'Angleterre comme ducs d'Aquitaine, et qu'ils les serviraient avec cinq cents hommes d'armes pendant un mois à leurs dépens, lorsque l'Anglais ferait la guerre en Gascogne » Vaissète, VI, p. 174. Jeanne était la troisième femme de Raymond VI, § 38.

hérétiques que leurs fauteurs. (1) [318] Quittant Saint-Antonin, nous arrivâmes sans détour à Montcuq, qui appartenait au comte de Toulouse. Signalons ici que les forteresses que nous rencontrions sur notre chemin avaient été abandonnées de leurs habitants par crainte des croisés. Comme elles pouvaient causer aux chrétiens quelques dangers, notre comte les faisait démolir de fond en comble ou incendier. A la même époque, dans le voisinage de Saint-Antonin, Caylus, ville remarquable du comte de Toulouse, fut recouvrée par notre comte, grâce à l'intervention du noble et loyal comte Baudouin : notre comte avait déjà soumis cette place, mais l'année précédente, les habitants avaient livré la ville au comte de Toulouse. Quand les habitants de Montcuq apprirent que les nôtres approchaient, poussés par la crainte, ils prirent tous la fuite et évacuèrent la ville. Celle-ci était bien située sur un sol fertile, et notre comte la donna au comte Baudouin, frère du comte de Toulouse. [319] De là, poursuivant notre marche, nous arrivâmes à deux lieues de la ville de Penne, au pays d'Agen. (2) Le comte de Toulouse en avait confié la garde à un de ses sénéchaux, Hugues d'Alfaro, chevalier navarrais à qui il avait de plus donné en mariage sa fille illégitime. Quand ce chevalier apprit que le comte de Montfort approchait, il recruta environ quatre cents routiers vigoureux et bien armés : il expulsa de la ville tous les hommes valides du plus petit jusqu'au plus grand, il se retira avec ses routiers dans le donjon qu'il garnit de vivres abondamment et de tout ce qui semblait nécessaire pour la défense et se prépara à la résistance. A cette nouvelle, notre comte décida d'assiéger cette place. [320] Mais après avoir tenu conseil avec les siens, le comte voulut d'abord se rendre à Agen pour recevoir la soumission de la ville. Il choisit dans l'armée quelques chevaliers pour l'escorter et se dirigea vers Agen, les autres croisés restant au camp pour attendre son retour. Arrivé dans Agen, il y fut reçu avec honneur, les habitants le reconnurent pour seigneur, lui prêtèrent serment de fidélité et lui livrèrent la ville. (3) Tout ceci réglé, le comte regagna le camp afin d'assiéger Penne.

---

(1) Innocent III, en reconnaissant Simon de Montfort comme vicomte de Béziers et de Carcassonne, les 11 et 12 Novembre 1209, P. 3.833, 3.834, lui donne tout pouvoir d'intervenir partout où il y a des hérétiques et des complices des hérétiques : « ...principalium dominorum et aliorum etiam, si quibus forte competit, jure salvo, exceptis prorsus hæreticis, fautoribus, credentibus, defensoribus et receptatoribus eorumdem, in quos etiam secundum sacrae legis censuram auctoritatis est dirigendus aculeus, cum facientes pari pena canonica provisio persequatur ». La complicité ou « communicatio » avec les excommuniés était, en effet sanctionnée des mêmes peines canoniques et par conséquent des mêmes peines civiles. Voir Gratien, C .XI, q. 3 passim et une consultation d'Innocent III à l'évêque de Bratislava, une autre à l'évêque d'Estergom ,où il rappelle cette discipline traditionnelle. Décrétales, cc. 29 et 30-X-V-38. Item, lettre du 28 Juin 1210, P. 4.026. Les deux lettres sont identiques. Teulet, Layettes, 1, n⁰ˢ 898 et 927 .Or, il y avait des hérétiques en Agenais : Innocent III, Lettre du 28 Janvier 1210 à l'évêque de Bazas, Gaillard de Motta. P. 3.890.
(2) La traduction des §§ 319 - 340 reproduit avec quelques retouches celle que P. Guébin a donné aux pages 15-23 du guide de Penne de X. Daban, 1934.
(3) Simon de Montfort partagea la seigneurie de la ville avec l'évêque : Rhein, Cat. n° 154.

[321] *Siège de Penne en Agenais.* L'an 1212 de l'Incarnation, le Dimanche 3 Juin de grand matin nous arrivâmes sous les remparts de Penne pour en faire le siège avec l'aide du Seigneur. Hugues d'Alfaro, (1) gardien du château dont nous avons déjà parlé ci-dessus voyant approcher l'armée des croisés, incendia le faubourg et se retira avec ses routiers dans le donjon. La ville de Penne occupait une situation très remarquable dans le terroir d'Agenais : bâtie sur une agréable hauteur, elle était entourée de toutes parts de vallées très larges et très fertiles : d'un côté, l'utile opulence des terres cultivées lui faisait une parure, de l'autre une gracieuse étendue de prairies : ici le délicieux agrément des bois, là la réjouissante fertilité des vignes : elle était en outre favorisée de l'air le plus sain qu'on put désirer et de la beauté et de l'abondance des cours d'eau qui l'entouraient. Le donjon qui avait pour fondation un immense rocher naturel et était entouré de murailles extrêmement épaisses, semblait presqu'imprenable. Le roi d'Angleterre à qui avait appartenu le château de Penne, comme nous l'avons déjà dit, avait puissamment fortifié ce donjon et y avait fait creuser un puits, car la ville était comme la tête et la clef de tout le territoire d'Agenais. Le susdit chevalier Huges d'Alfaro à qui le comte de Toulouse avait confié la défense de la ville, avait garni le donjon de combattants d'élite bien armés, de vivres, de pierrières, de bois, de fer et de tout ce qui était nécessaire à la défense au point que nul ne pouvait croire que le donjon put être pris avant de longues années : enfin, il avait fait faire à l'intérieur deux ateliers de forgerons, un four, un moulin: à l'abri de toutes ces défenses, il attendait le siège presque avec sérénité. [322] Quand les nôtres arrivèrent devant les remparts, ils plantèrent leurs tentes tout autour. Au moment même où l'on plantait les tentes, quelques assiégés firent une sortie et se mirent à harceler les nôtres à coups de flèches. Quelques jours après dans le faubourg incendié, les assiégeants dressèrent des pierrières pour bombarder le donjon ; ce que voyant, les assiégés dressèrent eux aussi des pierrières pour contrebattre nos engins et gênèrent beaucoup les nôtres en lançant fréquemment de gros boulets de pierres. Par la suite, les nôtres dressèrent encore d'autres pierrières, mais malgré leur tir continuel qui démolissait les chambres du donjon, nos machines n'affaiblissaient que peu ou point (2) les murailles extérieures de ce donjon. Ceci se passait en été et il faisait très chaud : c'était aux alentours de la fête de Saint-Jean-Baptiste. [323] Nous ne croyons pas devoir passer sous silence que notre comte avait

---

(1) Hugues d'Alfaro, originaire de Navarre, passé au service de Raymond VI qui lui donna en mariage sa fille, probablement Guillemette, fille naturelle, à qui dans son testament du 2 Septembre 1209, il donnait ses possessions de Montlaur et de Saint-Jory en Toulousain : Vaissète, VI, p. 307, 308 et VIII, c. 574. Il parait pour la première fois au siège de Toulouse, Juin 1211 : il était déjà sénéchal d'Agenais : Chanson [81].

(2) Noter les expressions : « nos machines n'affaiblissaient que peu ou point ». Comparer avec le siège de Castelnaudary, § 261.

peu de croisés chevaliers bien qu'il en eût beaucoup à pied · il en résultait que chaque attaque dirigée par les nôtres contre le donjon ne pouvait réussir que peu ou point, car elle se heurtait à la virile résistance d'ennemis bien armés et exercés au combat. (1) Un jour, comme les nôtres attaquaient le susdit donjon, ils prirent une palissade de bois à peu de distance en avant des murs : mais les assiégés jetèrent une grêle de pierres par-dessus le mur et obligèrent bientôt les nôtres à abandonner la palissade qu'ils avaient prise, et, comme les nôtres s'étaient retirés sous leurs tentes, les assiégés firent une sortie malgré la forte chaleur du jour, dans l'intention de brûler nos machines, et apportèrent du feu, de la paille et d'autres matières inflammables : toutefois, en raison de la virile résistance des nôtres non seulement ils ne purent brûler nos machines, mais ils ne réussirent même pas à s'en approcher. Ce ne fut pas là l'unique sortie des ennemis : à maintes reprises, ils sortirent et harcelèrent les nôtres tant qu'ils pouvaient. [324] J'assistais à ce siège, avec le vénérable évêque de Carcassonne dont j'ai souvent parlé : il exerçait les fonctions de vice-légat dans l'armée du Seigneur sur l'ordre de l'archevêque de Narbonne, ancien Abbé de Citeaux qui était lui-même légat comme nous l'avons dit souvent : (2) il consacrait tous ses loisirs à la prédication et aux autres affaires qui concernaient les travaux du siège avec une inlassable ardeur d'esprit et une incroyable dépense de forces physiques. Pour nous résumer, nous étions accablés d'une suite ininterrompue de préoccupations à tel point qu'il nous restait à peine le temps de prendre notre nourriture et un peu de repos. [325] N'oublions pas de dire que, pendant le siège de Penne, tous les seigneurs d'Agenais vinrent au comte, lui firent hommage et reçurent de lui leurs fiefs. [326] Sur ces entrefaites, Guy de Montfort, frère de notre comte, Robert, archevêque de Rouen, Robert, évêque élu de Laon, l'archidiacre Guillaume de Paris, le vidame de Picquigny et Enguerrand de Boves (3) à qui notre comte avait inféodé en partie la terre du comte de Foix et beaucoup d'autres croisés avaient quitté Carcassonne et s'étaient dirigés vers le pays de Foix. Arrivés devant Lavelanet, ils le prirent à l'assaut sur-le-champ et en massacrèrent les défenseurs. A cette nouvelle, les localités voisines furent incendiées par leurs habitants qui s'enfuirent devant les nôtres, à mesure qu'ils les trouvaient sur leur chemin, les ruinaient de fond en comble. De là, se dirigeant sur Toulouse, ils détruisirent complètement certaines places très fortes qui avaient

---

(1) I Mcc., IV, 7.

(2) Arnaud était alors en Espagne. Il prit une part active, aux côtés des troupes des rois d'Aragon, de Castille et de Navarre et de nombreux croisés français, à la bataille de Las Navas de Tolosa, 16 Juillet 1212, où furent battus les Almohades. Pendant que Pierre II était ainsi occupé, il ne pouvait évidemment pas secourir son beau-frère, le comte de Toulouse. Cf. Vaissète, VI, p. 383, 384.

(3) Enguerrand de Boves, compagnon de Simon de Montfort à la Quatrième Croisade. Cf. Villehardouin, éd. Faral, p. 113.

été évacuées. Du fait qu'ils avaient pris Lavelanet, ils ne rencontrèrent personne qui osât les attendre dans aucune place, même très
forte, car une immense terreur avait saisi les habitants de cette
terre. (1) [327] Pendant que les susdits croisés se comportaient ainsi
vaillamment notre comte leur ordonna de venir près de lui devant
Penne, car les croisés qui étaient avec lui, voulaient presque tous
retourner chez eux à l'expiration de leur quarantaine. Les susdits
croisés se dirigèrent alors à marches forcées vers le comte : ils arrivèrent un jour devant Penne en Albigeois, place extrêmement forte
qui résistait encore à notre comte et à la chrétienté et qui était toujours pleine de routiers. A l'arrivée des croisés, les routiers firent
une sortie et tuèrent un de nos chevaliers, mais les nôtres, ne voulant pas s'attarder à la prise de cette place, car notre comte les
appelait en toute hâte, repartirent de là après avoir détruit les mois-
sons et les vignobles et se dirigèrent précipitamment vers notre comte.
Après le départ des nôtres, qui n'avaient campé que quelques jours,
les défenseurs du château vinrent à la tombe du chevalier qui avait
été tué, exhumèrent son corps, le trainèrent par les places, l'exposèrent aux bêtes féroces et aux oiseaux de proie. (2) O rage impie,
ô cruauté inouïe ! [328] Les susdits croisés rejoignirent enfin le comte
au siège de Penne en Agenais et furent accueillis par lui avec une
grande joie. (3) Tout de suite, les troupes furent réparties autour
de la ville et les tentes plantées près des remparts. Le comte et ses
chevaliers avaient commencé le siège du côté occidental et c'est là
que nos machines avaient été mises en batterie. Guy de Montfort,
frère du comte, planta sa tente à l'opposé, c'est-à-dire à l'est, dressa
aussi une machine de ce côté et commença lui-même à attaquer vigoureusement la ville. Qu'ajouterai-je ? Plusieurs autres machines sont
encore dressées autour des remparts : comme il nous est impossible
de raconter en détail tous les incidents du siège, arrivons au plus
important. Quand notre comte eut reconnu que nos machines n'arrivaient pas à ouvrir une brèche, il en fit construire une nouvelle
bien plus grande que les autres. [329] Tandis que l'on préparait cette
machine, l'archevêque de Rouen, l'évêque élu de Laon et les autres
croisés qui étaient venus avec eux voulurent s'en aller, car ils avaient
achevé leur quarantaine. Chaque jour il y avait ainsi des croisés qui
abandonnaient le camp après l'expiration de leur quarantaine et il
en arrivait peu ou point. Le comte, s'apercevant qu'il allait rester
presque seul, rempli d'angoisse, se rendit auprès des principaux seigneurs de l'armée et les supplia de ne pas laisser dans un tel péril
l'affaire du Christ, mais de rester encore un peu de temps, car on

---

(1) Josué, II, 9 et Luc, I, 12.

(2) I Rois, XVII, 44.

(3) Ne pas confondre Pennes en Agenais et Penne en Albigeois : le premier est sur
les bords du Lot, l'autre sur les bords du Tarn. I Paralip., XXIX, 17.

disait qu'une foule de croisés venant de la France du nord étaient à Carcassonne, et c'était pure vérité. Ne passons pas sous silence que le prévôt de Cologne et tous les croisés germaniques, nobles et nombreux, qui étaient venus avec lui ou après lui avaient déjà quitté l'armée. Quand l'évêque élu de Laon eût entendu les prières du comte il ne les exauça pas : il prétexta sa mauvaise santé et rien ne put le retenir ; presque tous les autres firent de même. Seul, l'archevêque de Rouen, dont la conduite au service de Dieu avait été digne d'éloges, qui entretenait à ses frais de nombreux chevaliers et une grande domesticité, acquiesça généreusement en homme généreux qu'il était et resta avec le comte jusqu'à l'arrivée des nouveaux croisés : alors, avec la permission du comte, il retourna dans ses foyers avec honneur. [330] Après le départ de l'évêque élu de Laon et de la plus grande partie de l'armée, le vénérable archidiacre Guillaume de Paris, homme d'une grande persévérance et d'une merveilleuse prouesse, commença à s'occuper avec ardeur de tout ce qui concernait le siège. L'évêque de Carcassonne s'était rendu à Carcassonne pour certaines affaires. Pendant ce temps, on achevait la construction de la grande machine dont nous avons parlé plus haut, et, quand elle fut terminée, l'archidiacre la fit dresser d'un certain côté près des remparts : cette fameuse machine, parce qu'elle était grande, jetait de grosses pierres et ainsi peu à peu les remparts furent ébranlés. [331] Quelques jours plus tard survinrent les croisés auxquels nous avons déjà fait plusieurs fois allusion : l'abbé de Saint-Rémi de Reims, un certain abbé de Soissons, le doyen de la cathédrale d'Auxerre qui par la suite mourut devant Penne et l'archidiacre de Châlons, homme important et instruit, accompagné d'un grand nombre de chevaliers et de prêtres. Après leur arrivée, le vénérable archevêque de Rouen quitta le camp avec l'autorisation du comte et retourna chez lui. Les nouveaux arrivants se mirent à travailler vigoureusement à l'attaque de la ville. [332] Un jour, les ennemis expulsèrent de la ville les femmes et les pauvres gens qui y étaient restés et les exposèrent à la mort afin d'avoir moins de bouches à nourrir, mais notre comte refusa de tuer les expulsés et se contenta de les refouler sur la ville. O noblesse digne d'un chef ! Il ne daigna pas tuer ceux qu'il n'avait pas pris et jugea qu'il ne retirerait aucune gloire de la mort de ceux qu'il n'avait pas fait prisonniers par la victoire. [333] Après que nos machines eurent longtemps bombardé le donjon et en eûrent défoncé les chambres et les abris souterrains, après que la grande machine nouvellement dressée eut commencé d'affaiblir les murs mêmes du donjon, les assiégés se rendirent compte qu'ils ne pourraient plus résister longtemps, et que, si la ville était prise d'assaut, ils seraient tous passés au fil de l'épée, constatant de plus qu'ils ne recevaient aucun secours du comte de Toulouse, ils négocièrent avec les nôtres la capitulation aux conditions suivantes . ils offraient de livrer la ville au comte de Montfort pourvu qu'on

les laissât partir avec leurs armes. (1) [334] Quand le comte l'eut
appris, il tint conseil avec les siens pour savoir s'il accepterait les
propositions des ennemis : les nôtres remarquèrent que presque
tous les croisés étaient sur le point de s'en aller, leur quarantaine
expirée et que le comte resterait presque seul : ils considérèrent que
les assiégés pourraient prolonger longtemps leur résistance : ils esti-
mèrent que le comte avait encore beaucoup d'autres choses à faire
et plus urgentes (l'hiver approchait pendant lequel on ne pouvait
poursuivre un siège) : tout bien examiné, ils conseillèrent au comte
d'accepter les conditions de capitulation que ses ennemis lui offraient.
L'an 1212 de l'Incarnation, au mois de Juillet, le jour de la fête de
Saint Jacques, le noble comte prit possession de la noble ville de
Penne, évacuée par ses ennemis.

[335] Le lendemain arriva le vénérable archevêque de Reims,
Aubry, homme de grande bonté qui portait la sympathie la plus
dévouée à l'affaire de Jésus-Christ, accompagné du chantre de Reims
et de quelques autres croisés. (2) [336] Nous ne croyons pas devoir
omettre que pendant le siège de Penne notre comte demanda à
Robert Mauvoisin d'aller à Marmande, ville assez importante qui
avait appartenu au comte de Toulouse, afin d'en prendre possession
au nom de notre comte et d'en assurer la défense. Ce très noble personnage, bien que souffrant d'une très grave maladie, loin de reculer
devant la fatigue et d'invoquer la maladie qui l'épuisait, accepta
avec un noble empressement. C'est sur lui principalement, sur sa
prévoyance réfléchie et ses conseils salutaires, que reposait le sort
de notre comte et même de toute l'affaire de Jésus-Christ. Robert
se rendit à la susdite ville et fut reçu avec honneur par les habitants:
par contre, plusieurs sergents du comte de Toulouse, préposés à la
garde du donjon, refusèrent de se rendre et commencèrent à résister et à défendre le donjon : A cette vue, l'homme courageux qu'était
Robert fit dresser aussitôt un mangonneau devant le donjon : après
qu'il eût lancé quelques pierres, les sergents capitulèrent. Robert
séjourna quelque temps dans la ville et revint ensuite à Penne auprès
du comte.

[337] *Prise de Biron. Pendaison de Martin Algai.* Après avoir
pris Penne et y avoir mis garnison, notre comte décida d'aller assiéger une place-forte voisine nommée Biron, (3) que le comte de Toulouse avait donnée au traître Martin Algai : celui-ci, comme nous
l'avons dit plus haut, s'était rallié à notre comte, mais ensuite l'avait

---

(1) Guillaume de Tudèle attribue la lassitude des assiégés à la soif qui les tourmentait
et à l'inquiétude qu'ils éprouvaient à la vue de l'armée des croisés de plus en plus nombreuse. Chanson [115]. C'est aussi à cause du manque d'eau que les assiégés de Termes
songèrent à se rendre, § 181.

(2) Aubry, archevêque de Reims, Gal. Christ, IX ,c. 106.

(3) Biron, à une trentaine de kilomètres de Pennes. Cf. J. de Verneilh : Causeries
archéologiques : Biron, dans le Bulletin de la Société Historique et Archéologique du Périgord, 1885, pp, 294 - 297.

abandonné par trahison : (1) faisant un séjour à Biron, il voulut y
attendre la venue des croisés et l'événement prouva que c'était un
décret de la Providence. Les nôtres arrivèrent devant les remparts
et commencèrent le siège : puis, donnant l'assaut, ils escaladèrent
les murs avec beaucoup d'efforts et de prouesses et prirent de force
le faubourg. Les assiégés se réfugièrent dans le donjon, puis se rendant compte qu'ils ne pouvaient pas résister, ils demandèrent à
traiter : ils étaient prêts à rendre le donjon à condition d'avoir la
vie sauve : le comte ne voulut accepter en aucune façon, mais il craignit qu'on ne fit échapper secrètement le traître Martin Algai dont
la capture était le principal objet du siège : il offrit donc à ses adversaires, s'ils remettaient le traître entre ses mains, de les délivrer de
la menace d'une mort imminente. A cette nouvelle, les assiégés
s'élancèrent avec avidité, saisirent Martin et le livrèrent au comte :
celui-ci s'en empara et lui offrit de se confesser ainsi qu'il avait
l'habitude en bon catholique qu'il était, de l'offrir à tous les condamnés ; ensuite, il le fit attacher à la queue d'un cheval, traîner à
travers le camp et enfin pendre à un gibet, comme il l'avait mérité.
(2) [338] Ceci fait, le comte revint à Penne. Il y reçut la visite d'un
certain seigneur, le plus puissant de la Gascogne, Gaston de Béarn,
homme détestable, (3) fidèle partisan du comte de Toulouse : il désirait un entretien en vue d'un accord. Comme ils ne purent s'entendre ce jour-là, notre comte lui donna un autre rendez-vous à Agen.
Mais cet ennemi de la paix, violant son engagement refusa de s'y
rendre. [339] Pendant ce temps, la noble comtesse de Montfort, le
vénérable évêque de Carcassonne et moi, nous revenions de Carcassonne pour rejoindre le comte, accompagnés d'un petit nombre de
croisés à pied. Il faut dire que pendant notre voyage beaucoup de
nos compagnons, défaillaient en chemin à cause de la violente chaleur de l'été et des difficultés de la route. Le vénérable évêque et
la noble comtesse, par pitié pour leurs souffrances, les prenaient en
croupe toute la journée : parfois même l'un et l'autre (l'évêque et
la comtesse) faisaient hisser deux croisés sur leur cheval et montaient
à pied. (4) O pieuse compassion de l'évêque, ô noble humilité de la
comtesse ! Quand nous atteignîmes Cahors, nous hâtant vers le comte,
on nous dit qu'aux environs certaines localités servaient de refuge
aux routiers et aux ennemis de la foi. Nous nous dirigeâmes de ce
côté, et, malgré notre faible effectif, les ennemis, trompés grâce à
l'intervention miraculeuse de la divine clémence, s'enfuirent à notre

---

(1) Martin Algai avait trahi la cause de la croisade au moment du combat de Saint-
Martin-la-Lande, § 274. Pierre des Vaux-de-Cernay ne dit pas précisément qu'il trahit
à ce moment, puisque Martin fut alors ramené dans les rangs des croisés par l'évêque de
de Cahors. Mais il ne tarda pas sans doute à se rallier au comte de Toulouse.

(2) Allusion à Esther, XVI, 18. Item, Chanson [116].

(3) « Homo pessimus ». Gen., XIII, 13.

(4) Mtt., XV, 32.

approche et abandonnèrent plusieurs places très fortes que nous
détruisîmes, puis nous rejoignîmes le comte à Penne.

[340] *Siège de Moissac.* Tout ceci réglé, le noble comte, ayant
tenu conseil avec les siens, décida d'assiéger Moissac, qui appartenait au comte de Toulouse. Nous arrivâmes devant les remparts de
la ville la veille de l'assomption de la Bienheureuse Vierge Marie
et nous commençâmes le siège. [341] La ville de Moissac était bâtie
au pied d'une colline dans une plaine voisine du Tarn en un lieu
agréable et très fertile. Elle tire son nom de « Moys » qui veut dire
« eau », (1) à cause des sources nombreuses et très limpides qui se
trouvent à l'intérieur de ses murs. A la nouvelle de notre approche,
les habitants appelèrent un grand nombre de routiers et de Toulousains pour les aider à résister aux nôtres. Ces routiers étaient des
gens pervers et méchants : (2) en effet, bien que Moissac ait été frappé
d'interdit par les légats du seigneur pape à cause de l'appui donné
aux hérétiques et de ses attaques contre l'Eglise avec la complicité
du comte de Toulouse, ces routiers, pour afficher leur mépris envers
Dieu et envers nous, faisaient sonner à toute volée à toute heure
de la journée les cloches de l'église (3) qui était très grande et très
belle : on disait en effet que le roi de France Pépin, avait fondé dans
cette ville un monastère de mille moines. [342] Peu après, le comte
fit préparer les machines et les fit installer près des remparts. Le
bombardement commença à affaiblir un peu l'enceinte extérieure :
mais les assiégés mirent aussi en batterie leurs machines et combat-
tirent les nôtres. Les hommes vénérables, chefs et maîtres de cette
entreprise, l'évêque de Carcassonne et l'archidiacre Guillaume de
Paris, s'occupaient avec ardeur de tout ce qui intéressait le siège.
L'archevêque de Reims, lui aussi, était là, et se rendit grandement
utile à l'affaire de Jésus-Christ : il distribuait souvent et volontiers
aux croisés des paroles de prédication et d'exhortation, et en tout ce
qui concernait le siège il exposait sa personne avec humilité et dépensait son argent avec libéralité. [343] Un jour, les assiégés firent une
sortie et se dirigèrent vers nos machines pour les démolir. Mais le
comte accourut avec quelques-uns des nôtres (4) qui s'étaient armés
et refoula les ennemis dans le donjon. Dans ce combat, l'un des
assiégés lança une flèche à notre comte et le blessa au pied. En outre,
un jeune croisé, neveu de l'archevêque de Reims, fut fait prisonnier, trainé dans la ville, tué, honteusement mutilé et son corps nous
fut lancé par morceaux. Le vénérable archevêque, oncle de la vic-

---

(1) Exode, II, 10.
(2) Gen., XIII ,13.
(3) En temps d'interdit, toute sonnerie de cloches était rigoureusement défendue. Innocent III rappelle la discipline : c. II « Quod in te », X-V-38. La sentence, fulminée
un an auparavant, avait été modifiée par Arnaud à l'évêque de Cahors et transmise par
celui-ci à l'abbé de Moissac avec ordre de quitter la ville : F. Galabert, Album de Paléa-
graphie, 2e fascicule, XIIIe siècle, pl. V, n° 2.
(4) Guillaume de Contres et quelques autres. Chanson [121].

time, bien qu'il eût pour son neveu une particulière affection, accepta
ce deuil avec une grande égalité d'âme pour le service de Jésus-
Christ. Il dissimula sa douleur avec un grand courage et donna à
tout le camp un magnifique exemple de résignation de grandeur
d'âme. [344] Ajoutons que, vers le début du siège, la faiblesse de
notre effectif ne nous permettait pas d'entourer les remparts de tous
côtés : aussi les ennemis faisaient chaque jour des sorties, montaient
sur la colline qui dominait la ville et harcelaient insolemment le
camp. Les croisés montaient à leur rencontre et ils combattaient
toute la journée. Chaque fois que les ennemis avaient tué un croisé,
ils formaient un cercle autour du corps et le perçaient de leurs
épées, en signe de mépris à notre égard. Si grande était leur cruauté
que la vue d'un cadavre ne leur suffisait pas, mais ils y ajoutaient de
nouvelles blessures : chacun, tant qu'ils en étaient, transperçaient
le cadavre de leurs glaives. O combat sans gloire, ô rage des méchants ! [345] Pendant ces événements et d'autres semblables, des
renforts commencèrent de jour en jour à nous arriver du nord de
la France : Renaud, évêque de Toul, (1) en personne, survint un
beau jour avec d'autres croisés. Notre effectif ayant augmenté, les
nôtres occupèrent ladite colline et comme d'autres croisés arrivaient
peu à peu la ville fut entourée de tous côtés. A cette vue, les assiégés
n'osèrent plus s'aventurer au dehors aussi facilement qu'ils avaient
l'habitude de le faire. [346] Il ne faut pas passer sous silence qu'a-
vant l'encerclement complet de la ville, les routiers sortaient et
montaient sur la colline, quand ils voyaient l'évêque de Carcassonne
faire un sermon (2) pour exhorter la foule : ils lançaient des flèches
avec leurs arbalètes au beau milieu des auditeurs, mais par la grâce
divine ils n'en purent blesser aucun. [347] Un autre jour, comme
je m'approchais un peu des remparts, moi qui n'étais qu'un moine
cistercien quelconque, pour exhorter les croisés à travailler à la
manœuvre des machines, l'un des routiers assiégés, sans respect pour
ma qualité de moine, tendant fortement son arbalète et me visant
avec une flèche très acérée, essaya de m'atteindre : à ce moment
j'étais à cheval, la flèche pénétra dans mes habits jusqu'à un doigt
ou même moins de ma peau et vint se ficher dans la selle du cheval.
Je n'ai pas la présomption d'attribuer cet événement à mes mérites, mais je crois que la clémence divine en ordonna ainsi afin d'empêcher les ennemis de la religion d'avoir frappé un moine comme
s'ils remportaient ainsi une grande victoire et y trouvaient un prétexte pour continuer leurs attaques. [348] Comme il nous serait impossible de raconter en détail toutes les étapes de ce siège, venons
au dénouement. Après un bombardement prolongé qui affaiblit les
remparts de la ville, notre comte fit construire une machine nom-

---

(1) Renaud, 1210-1217, Gal. Christ. T. XIII, c .1.010.
(2) Actes, XIII, 15.

mée « chat » en langue vulgaire, (1) et, quand elle fut construite, il ordonna de la mener jusqu'au fossé de la ville, très large, très profond et plein d'eau. Mais les assiégés avaient édifié plusieurs barrières de bois en avant du fossé et derrière ces palissades ils avaient creusé un autre fossé : dans l'intervalle de ces deux fossés, ils maintenaient des troupes à demeure qui effectuaient souvent des sorties pour harceler les nôtres : de plus, ils avaient dressé au même endroit un mangonneau pour combattre nos pierrières. Pendant ce temps, le « chat » dont nous avons parlé s'approchait du premier fossé : il était couvert de peaux de bœufs fraîches pour l'empêcher d'être brûlé par les ennemis. Mais ceux-ci avaient dressé une grande pierrière qui bombardait continuellement le « chat » pour le démolir. [349] Quand le « chat » eût atteint le premier fossé, il ne restait plus aux nôtres qu'à combler celui-ci à l'abri de la machine. Un jour, après le coucher du soleil, les assiégés firent une sortie, apportant du feu, du bois sec, de la paille, de l'étoupe, des viandes salées, de la graisse, de l'huile et autres produits combustibles pour incendier notre machine. (2) En outre, leurs arbalétriers blessèrent grièvement les défenseurs de notre « chat ». Qu'ajouterai-je ? La flamme jaillit à une grande hauteur : nous sommes tous inquiets : notre comte et son frère Guy étaient à l'intérieur de la machine. Pendant que les ennemis jetaient inlassablement des produits inflammables. les nôtres avec persévérance et beaucoup de peine, lançaient sur le foyer du vin, de l'eau et de la terre : quelques-uns armés de crochets de fer retiraient du feu les morceaux de viande et les pots d'huile que les assiégés avaient jetés. C'est ainsi que les nôtres arrachèrent notre machine aux flammes après d'incroyables tourments dus à la chaleur et à la fatigue, qu'on ne pouvait voir sans pleurer. [350] Le lendemain, nos croisés revêtirent leurs armes et de tous les côtés donnèrent l'assaut à la ville ; ils entrèrent avec la plus grande audace dans le premier fossé et avec beaucoup de peine, de persévérance et de prouesses ils brisèrent les barrières de bois : les assiégés, postés derrière les barrières et dans les barbacanes, défendaient celles-ci de toutes leurs forces. [351] *Miracle.* Pendant ces assauts, l'évêque de Carcassonne et moi, nous parcourions l'armée, exhortant les nôtres au combat. D'autre part, sur la pente de la colline étaient debout face à la ville l'archevêque de Reims, les évêques de Toul et d'Albi, l'archidiacre Guillaume de Paris et l'abbé de Moissac lui-même avec quelques moines et les autres clercs de l'armée. Vêtus de blanc, nu-pieds, ils tenaient devant eux une croix et des reliques et chantaient le « Veni Creator Spiritus » d'une voix très forte et d'un ton pénétré pour implorer le secours divin. Le Saint-Esprit exauça leurs prières. Quand ils furent arrivés au verset « Hostem repellas longius » qu'ils répétèrent trois fois, aussitôt leurs adversaires terrifiés et re-

---

(1) On disait aussi une « chatte ». Cf. § 224, note.
(2) Même usage du « chat » et mêmes manœuvres aux sièges de Termes et de Lavaur, §§ 190 et 224, et suivants.

foulés par l'intervention de Dieu, abandonnèrent les barbacanes, s'enfuirent vers la ville et se renfermèrent dans l'enceinte de leurs remparts. (1) [352] Pendant ce temps, les habitants de Castelsarrasin, localité voisine qui appartenait au comte de Toulouse, vinrent trouver notre comte et lui livrèrent la ville. (2) En outre, le comte envoya son frère Guy et le comte Baudouin, frère du comte de Toulouse, avec quelques autres chevaliers à Verdun-sur-Garonne, localité importante du comte de Toulouse, à cinq lieues de cette ville : les habitants se rendirent sans résistance à notre comte. De même toutes les villes alentour firent leur soumission, à l'exception de Montauban. [353] Quand les habitants de Moissac apprirent que les villes qui les entouraient s'étaient données à notre comte et qu'ils constatèrent l'impossibilité d'une résistance plus prolongée, ils envoyèrent au comte des parlementaires pour demander la paix. Le comte réfléchit que la ville encore assez forte ne pourrait être prise d'assaut sans coûter la vie de beaucoup des nôtres : il considéra en outre que, si la ville était prise d'assaut, elle serait détruite, quoique très belle et propriété des moines, et que tous ses défenseurs périraient indistinctement : il déclara qu'il acceptait la capitulation aux conditions suivantes : livraison de tous les routiers et de ceux qui étaient venus de Toulouse pour défendre la ville : serment des habitants sur les saints Evangiles qu'ils ne combattraient plus les chrétiens. Ceci réglé, les routiers et les Toulousains ayant été livrés, le comte de Montfort reçut la ville, puis la restitua à l'abbé, en s'y réservant les droits qu'y avaient possédés les comtes de Toulouse : longtemps avant le siège, l'abbé avait quitté la ville parce que les habitants refusaient de lui obéir. Nos croisés saisirent les routiers et les massacrèrent avec empressement. Nous ne croyons pas devoir passer sous silence le fait que Moissac, assiégée la veille de l'Assomption de la Bienheureuse Vierge Marie, fut prise le jour de sa Nativité. (3) Qu'on y reconnaisse donc l'intercession de la Bienheureuse Vierge. (4)

[354] En quittant Moissac, le comte décida d'assiéger Saverdun, près de Foix, dans le diocèse de Toulouse. Cette localité avait rejeté la suzeraineté de notre comte et le comte de Foix qui l'avait en sa possession en profitait pour inquiéter Pamiers. Entre temps quelques

(1) Au siège de Lavaur, également, les clercs et les moines avaient chanté le « Veni Sancte Spiritus » et les ennemis avaient pareillement été mis en fuite : § 226. Prov. XXV, 28.
(2) Guillaume de Tudèle estime sages et politiques les habitants de Castelsarrazin qui « n'avaient nulle envie de se faire massacrer ». Giraud de Pépieux et ses chevaliers qui tenaient la ville au nom du comte de Toulouse, sortirent du château et s'en allèrent « par la grève ». Chanson [117].
(3) Le 8 Septembre 1212. L'accord entre Simon de Montfort et Raymond, abbé de Moissac, est du 14 Septembre : « Cum villam Moissiaci divine sententis ultionis R. comiti Tolosano, peccatis suis exigentibus, abstulisset propter mala innumerabilia, que ipse contra sanctam Ecclesiam et fidem catholicam perpetrarat... ». Vaissète, VIII, n° 164.
(4) Pierre des Vaux-de-Cernay ne dit pas que les habitants durent racheter à prix d'or le pillage des maisons : il ne mentionne pas davantage l'appel que l'abbé de Moissac envoya au roi de France pour se plaindre des croisés : Vaissète, VIII, n° 166.

nobles croisés germaniques étaient arrivés à Carcassonne et avaient
été conduits à Pamiers par Enguerrand de Boves à qui notre comte
avait inféodé la majeure partie du comté de Foix, comme nous
l'avons dit, et par d'autres chevaliers croisés qui gardaient la terre
du Carcassès. Les comtes de Foix et de Toulouse étaient à Saverdun. (1) Nos chevaliers et les croisés germaniques quittèrent Pamiers
pour se diriger en toute hâte vers Saverdun. A cette nouvelle, les
comtes de Toulouse et de Foix s'enfuirent de Saverdun qu'Enguerrand recouvra sans résistance ni combat. [355] Sur ces entrefaites,
notre comte arrivait de Moissac avec des troupes. Comme il approchait de Saverdun, il laissa son armée poursuivre sa marche vers
cette localité, tandis que lui-même allait à Pamiers où étaient les
croisés germaniques : il les prit avec lui, chevaucha devant le château
de Foix, puis rejoignit l'armée qui avait quitté Saverdun pour Auterive. Les habitants d'Auterive avaient fui à l'approche des nôtres
et avaient abandonné leur ville : (2) notre comte y mit garnison
parce que Auterive, étant située entre Toulouse et Foix, lui permettait
de gêner les communications de ses ennemis. [356] Ceci fait, le comte
décida d'entrer dans la terre du comte de Comminges : (3) il se dirigea vers une certaine localité près de Toulouse, appelée Muret.
C'était une ville charmante au bord de la Garonne. Pris de peur à
notre approche, les habitants s'enfuirent et se réfugièrent à Toulouse : quelques-uns d'entr'eux mirent le feu au pont de bois très
long qui traversait la Garonne et par lequel nous devions passer.
Quand nous arrivâmes devant la ville où l'incendie du pont nous
empêchait d'entrer, le comte et plusieurs autres passèrent à la nage
non sans grand péril, car l'eau était profonde et rapide : le reste
de l'armée planta ses tentes en deçà du fleuve : le comte courut au
pont avec quelques-uns des siens et à grand peine il éteignit l'incendie mais personne n'y pouvait passer sans risquer sa vie à cause
d'une pluie torrentielle et d'une crue du fleuve. [357] Le soir venu,
le noble comte constata que presque tous les chevaliers et les plus
robustes de l'armée avaient passé à la nage et étaient entrés dans
la ville, tandis que les piétons et les moins vigoureux, incapables
de traverser, étaient restés en deçà du fleuve. Il appela son maréchal (4) et lui déclara : « Je veux rejoindre le camp. » Le maréchal
répondit : « Que faites-vous là ? Le gros de l'armée est dans la ville.
Sur l'autre rive il ne reste que des piétons : de plus, l'eau est si haute
et si rapide qu'il est impossible actuellement de traverser. Enfin,
les Toulousains pourraient venir vous tuer, vous et tous ces croisés-
là. » En effet, ceux qui étaient à Toulouse, innombrables et bien
armés, auraient pu venir sans difficulté envahir le camp des croisés,

---

(1) Saverdun avait abandonné le comte l'année précédente au temps du siège de Castelnaudary, § 281.
(2) Les habitants d'Austerive avaient, en effet, trahi le comte de Montfort, § 244.
(3) Bernard IV, qui avait participé à la bataille de Lavaur, § 239.
(4) Guy de Lévis, 82.

parce que nos chevaliers qui étaient déjà entrés dans Muret ne pouvaient retourner au camp ni leur porter secours en aucune façon. Le comte répondit au maréchal : « A Dieu ne plaise que je suive votre conseil ! Les pauvres du Christ sont exposés à la mort et au glaive, et je resterais à l'abri ? Que la volonté de Dieu s'accomplisse à mon sujet. Certainement j'irai et je resterai avec eux. » Aussitôt sortant de la ville, il traversa le fleuve et retourna au camp des piétons : il y resta plusieurs jours avec un petit nombre de chevaliers (quatre ou cinq environ) jusqu'à ce que le pont fut réparé et que toute l'armée put y passer. O exploit digne d'un chef, ô courage invincible ! Il refusa de rester dans la ville avec les chevaliers du moment que de pauvres croisés étaient exposés au danger en rase campagne.

[358] *Le Comte va en Gascogne*. Pendant le séjour de notre comte à Muret, il reçut la visite des évêques de Comminges et de Couserans, (1) hommes vénérables et pleins de Dieu, qui témoignaient à l'affaire de Jésus-Christ une sympathie singulière et y collaboraient par leurs œuvres. C'est sur leur avis et leur intercession que le comte était entré dans cette région : ils lui conseillèrent donc de continuer sa marche et de recevoir la plus grande partie de la Gascogne sans coup férir. Le comte se dirigea en toute hâte vers Saint-Gaudens, qui appartenait au comte de Comminges. Les habitants l'accueillirent avec joie et lui livrèrent la ville. Là, vinrent à lui les seigneurs du pays qui lui firent hommage et reprirent de lui leurs fiefs. Qu'ajouterai-je ? En très peu de temps, il conquit tout le comté de Comminges sans combat. De plus, il s'engagea dans les montagnes dans la direction de Foix et dévasta la majeure partie de la terre de Roger de Comminges, neveu du comte de Foix. (2) Ce Roger avait fait hommage à notre comte au siège de Lavaur, comme nous l'avons dit plus haut, mais plus tard, cet homme misérable et perfide rejeta sa suzeraineté. (3) [359] Entre temps, l'évêque de Carcassonne, retiré à Muret avec quelques croisés, travaillait assidûment à la mise en défense de cette ville. Quand notre comte eût réalisé en Gascogne le programme qu'il s'était proposé, (4) il revint à Muret : il avait avec lui peu de chevaliers, sinon le comte de Toul et quelques autres en très petit nombre. Malgré ce faible effectif, notre comte chevau-

---

(1) Garsie, évêque de Comminges et Navarre, évêque de Couserans : ce dernier, de l'Ordre de Prémontré, un des principaux auxiliaires d'Arnaud-Amaury dans l'œuvre de la réforme de l'épiscopat, est qualifié de Légat par Innocent III dès le mois de Mai 1207, P. 3113. Gal. Christ. I, c. 1.130.

(2) Roger de Comminges, vicomte de Couserans, § 228.

(3) Les croisés conquirent en peu de temps toute la Gascogne et le Béarn, soit les seigneuries de Samatan, l'Isle-Jourdain, sur la Save, la vicomté de Lomagne, les comtés d'Astarac (Lannemezan) et de Bigorre « jusqu'au pays d'Oloron, » Chanson [126] : Vaissète, VI, p. 393. Gaston, comte de Bigorre et comte de Béarn, avait essayé de composer avec Simon de Montfort, après la prise de Biron, § 338.

(4) Le programme de Simon de Montfort était d'isoler Raymond VI, puis de frapper le dernier coup sur Toulouse.

chait fréquemment jusqu'aux portes de Toulouse : les défenseurs
de cette ville, innombrables et bien armés, n'osaient pas faire sortie
contre lui : lui, de son côté, ravagea tout à l'entour, ruinant leurs
forteresses sous leurs yeux. Toulouse était alors surpeuplée, car les
hérétiques du Biterrois, du Carcassès et du Toulousain, les fauteurs
d'hérésie et les routiers dépossédés de leurs biens par le jugement
de Dieu, s'étaient réfugiés à Toulouse et l'avaient rempli de telle
sorte que les cloîtres des monastères de la ville, les chanoines expulsés, avaient été transformés en bergeries pour les troupeaux et en
écuries pour les chevaux. O Toulouse, nid d'hérétiques, (1) tentes
de brigands ! (2) Précisons de quelle façon Toulouse était alors
accablée et presque assiégée : d'un côté, notre comte était à Muret,
d'un autre côté, quelques-uns de nos chevaliers étaient à Verdun-
sur-Garonne : ailleurs, le comte Baudouin, ailleurs encore Guy, frère
de notre comte. Tous encerclaient Toulouse : ils chevauchaient souvent jusqu'auprès des portes et la harcelaient sérieusement. Quant
au comte de Toulouse, privé de son héritage à cause de ses péchés,
il avait perdu sa terre, à l'exception de Toulouse et de Montauban,
et s'était enfui près du roi d'Aragon pour lui demander aide et conseil
en vue de recouvrer ses biens. [360] O Juste jugement de Dieu, le
très juste juge ! O parole prophétique du très saint homme frère
Pierre de Castelnau ! Ce bienheureux disait en effet, comme je l'ai
entendu répéter par ceux qui l'avaient recueilli de sa bouche :
« L'affaire de Jésus-Christ dans ce pays ne donnera jamais de bons
résultats à moins qu'un de nous autres prédicateurs ne meure pour
la défense de la foi. Et puissè-je être le premier frappé par le glaive
du persécuteur. » Regardez ce misérable, je parle du comte de Toulouse qui avait fait tuer ce très saint homme parce que le bienheureux l'avait convaincu de ses crimes publiquement et en face : (3)
il avait cru pouvoir échapper ainsi au châtiment et recouvrer ses
biens. Mais le Seigneur exerça sa vengeance et ne laissa pas impuni
le sang de son martyr. (4) Là où le comte de Toulouse espérait tirer
profit, il ne remporta qu'une perte grave et un irréparable dommage. Ayons soin de noter que ce misérable comte de Toulouse
avait reçu dans son intimité le meurtrier de l'homme de Dieu :
il éprouvait pour lui une telle amitié qu'il l'exhibait pour ainsi dire
par les grandes villes et les petites localités. (5) » Celui-là seul,
disait-il à tous, m'aime vraiment : seul il répond à mes désirs, il
m'a délivré de mes ennemis (6) et vengé de mes adversaires : il m'a
procuré la victoire et la restitution de mes biens. » Mais c'est en

---

(1) Expression de l'évêque Bertrand de Béziers en 1213, P. L. t. 216, c. 84.

(2) Job, XII, 6.

(3) Allusion peut-être à St-Jean-Baptiste devant Hérode : Mtt., XIV, 3, 4 ; Mc.,
VI, 17, 18.

(4) Deut. XXXII, 43.

(5) Cf. §§ 59 et 62.

(6) Ps. XVII, 18.

vain que le comte faisait un tel éloge du cruel assassin : les bêtes privées de la parole (1) l'avaient elles-mêmes en horreur. J'ai entendu dire à plusieurs chanoines de Toulouse, personnages dignes de foi, que depuis le meurtre de l'homme de Dieu, en signe de détestation d'un si grand crime, aucun chien ne voulut recevoir du pain de sa main. O chose merveilleuse, sans exemple depuis des siècles ! J'ai raconté ce fait pour montrer combien était justifiée la dépossession du comte de Toulouse.

[361] *Le fils du Comte de Foix massacre des croisés.* Pendant les événements ci-dessus racontés, Roger-Bernard, fils du comte de Foix, passant près de Carcassonne avec une escorte de routiers, chevauchait un beau jour dans la direction de Narbonne avec le projet, s'il découvrait des croisés, de les conduire enchaînés (2) jusqu'à Foix et de les condamner à une mort très cruelle. (3) Or il rencontra précisément sur son chemin un petit nombre de croisés qui venaient de la France du nord pour rejoindre notre comte : ceux-ci, voyant les ennemis, crûrent qu'ils étaient des nôtres et marchèrent sans crainte au-devant d'eux : les traîtres avaient prémédité leur crime et s'avançaient à pas lents sur la grande route. Aussi était-il difficile de reconnaître qu'ils n'étaient pas des nôtres. Quand les deux troupes se furent rapprochées, ces bourreaux très cruels, aussitôt de fondre sur les nôtres, peu nombreux, sans armes et qui ne soupçonnaient pas les traîtres. Ils en tuèrent et mutilèrent plusieurs et conduisirent les autres à Foix. Là, ils les tinrent prisonniers et les déchirèrent en d'affreuses tortures : chaque jour, ils s'appliquaient à imaginer un supplice inédit pour faire souffrir leurs prisonniers ; comme je le tiens d'un de nos chevaliers qui se trouvait là prisonnier, témoin oculaire, ils torturaient quotidiennement les captifs par des supplices si nombreux et si cruels qu'ils égalaient et même dépassaient en méchanceté ceux de Dioclétien et de Domitien. Pour ne rien dire de leurs actes et innombrables méfaits, il leur arrivait fréquemment de pendre les prêtres et autres clercs, parfois même (chose horrible à dire) il les écartelaient férocement après avoir attaché des cordes à leur membre viril. O prodige de cruauté, ô rage inouïe !

[362] *Assemblée générale de Pamiers.* L'an 1212 de l'Incarnation, au mois de Novembre le noble comte de Montfort convoqua à Pamiers les évêques et les seigneurs de sa terre pour y tenir parlement. (4) Voici que fut le motif de ce parlement : dans le pays que le comte avait acquis et qu'il avait soumis à la Sainte Eglise Romaine faire régner les bonnes mœurs, balayer l'ordure hérétique qui avait cor-

---

(1) « Muta animalia ». Jude, 10
(2) Actes, IX, 2.
(3) Sagesse, II, 20.
(4) Les §§ 362-364 sont empruntés en partie au texte même des Statuts promulgués le 1ᵉʳ Décembre 1212, à Pamiers et publiés dans Vaissète, VIII, n° 165, p. 625-635. Les objectifs visés sont ceux-là même que les conciles réformateurs, notamment le IIIᵉ de Latran, et celui de Montpellier avaient, en vain, poursuivis. Cf. § 27 et note.

rompu tout le pays, implanter de bonnes coutumes pour assurer le
culte de la religion chrétienne, comme aussi dans le domaine tem-
porel l'ordre et la paix. Car depuis des temps très anciens ce pays
avait été exposé au pillage et au brigandage. Le puissant y opprimait
celui qui était sans défense le plus fort celui qui était moins fort
que lui. (1) C'est pourquoi le comte voulait imposer à ses vassaux
des coutumes précises et des bornes fixes qu'il ne leur fut pas permis
de violer, afin que les chevaliers pussent vivre honnêtement de revenus déterminés et légitimes, et que le menu peuple put vivre aussi
sous l'aile du Seigneur sans être accablé par des exactions arbitraires.
[363] Pour établir ces coutumes, douze personnages furent élus :
ils jurèrent sur les saints Evangiles que, selon leur science et leur
pouvoir, (2) ils rédigeraient des coutumes telles que l'Eglise jouirait
de ses libertés et que la situation du pays serait améliorée et affermie.
Sur ces douze élus, il y eut quatre ecclésiastiques (deux évêques, ceux
de Toulouse et de Couserans, un Templier et un Hospitalier de Saint-
Jean), quatre chevaliers de la France du nord, et enfin quatre méridionaux (deux chevaliers et deux bourgeois) lesquels rédigèrent et
promulguèrent des coutumes appropriées à la situation qui offraient
des garanties à l'Eglise, aux riches et aux pauvres. (3) Et ce fut

---

(1) Expressions de St-Bernard : Sermon pour la Nativité, II, 2 : P. L. t. 183, c. 120.

(2) « Pro nosse et posse », expressions courantes dans les chartes.

(3) Les Statuts de Pamiers commencent par un préambule qui porte notamment l'expression « Ad Abolendam haereticorum pravitatem » : expression suggestive qui rappelle le célèbre
Décrétale de Lucius III, c. 9-X-V-7. Suivent les quarante-six articles qui peuvent se classer
de la manière suivante : 1° Clauses religieuses : Respect des immunités personnelles des
clercs : 4 — privilège du for : 6 — exemptions fiscales : 8, 16 —| Respect des immunités
réelles des églises, conformément au Droit Canonique et aux privilèges accordés par les
seigneurs : 1 — restitution des prémices et des dîmes : 3 — destruction des églises fortifiées :
2 — obligation de créer des lieux de culte là où il y a des maisons d'hérétiques : 10 —
obligation d'assister à la messe et au sermon le dimanche, sauf excuse, sous peine d'amende :
9 — défense des foires et marchés les jours de dimanche : 5 — défense absolue à quiconque, sans autorisation du comte, et à peine de perte définitive de sa terre, de ravitailler
de quelque façon que ce soit Toulouse ou tout autre ennemi du Christ : 36 — Quant à
l'hérétique, c'est-à-dire celui qui est déclaré tel par les évêques ou les prêtres : 25 — il
doit être chassé : quiconque ne le fait pas, perdra sa terre et sa personne même sera à la
discrétion du comte : 17 — il ne peut, même s'il est réconcilié avec l'Eglise, exercer aucune
magistrature : 14 — ni demeurer dans le lieu où il professa l'hérésie : 15 — il est à la
merci du comte : 24 — les femmes, même catholiques, doivent quitter leur terre : elles
recouvrent leur dot, à la condition, jurée, de n'en rien distraire pour leur mari, en lutte
avec le comte : 45 — les veuves ou les filles ne peuvent se marier avec des indigènes,
qu'avec la permission du comte, dans les trente années à venir : ensuite, elles pourront
se marier sans autorisation. Mais, dès maintenant, elles peuvent toujours en toute liberté
épouser des Français (du nord) : 46. — 2° Clauses militaires : le grand principe est celui
de l'organisation d'une armée permanente, sous le commandement suprême du comte de
Montfort : 17 — composée de chevaliers non-indigènes, du moins pendant une période de
vingt ans, mais Français (du nord) : 18, 19 — ayant prêté obligatoirement hommage au
comte : 20 — à peine de confiscation des biens : 21 — obligés de répondre dans les quinze
jours à toute réquisition avec le contingent exigé, à peine de confiscation des biens : 22 —
défense de relever les ouvrages militaires détruits par ordre du comte, sans l'autorisation du
comte : 23 — 3° Clauses financières : Imposition par « feu » de trois deniers melgoriens
au profit de l'Eglise Romaine : 7 — défense aux seigneurs vassaux d'accroître les tailles
sans le consentement du comte : 26, 27, 38 — suppression de péages établis depuis les

intentionnellement que, pour rédiger ces coutumes on élut des gens
du nord et des gens du midi, afin d'enlever la méfiance de tous les
cœurs, puisque les uns comme les autres comptaient des représentants parmi ceux qui établissaient les coutumes. [364] Ces douze personnages eurent des discussions longues et sérieuses et rédigèrent
des coutumes si bonnes, si parfaites même qu'elles garantissaient la
sécurité de l'Eglise, davantage encore, l'intérêt de tous. Pour qu'elles
fussent inviolablement respectées, le noble comte et tous ses chevaliers jurèrent sur les quatre Evangiles qu'ils n'auraient jamais l'audace de violer les susdites coutumes. Pour leur donner une force
encore plus grande, elles furent mises par écrit, ratifiées et sanc-
tionnées par les sceaux du comte et de tous les évêques alors présents, et ils étaient nombreux. [365] Pendant que ceci se passait à
Pamiers, les ennemis de la foi sortirent de Toulouse et se mirent à
courir çà et là à travers la Gascogne en faisant le plus de mal qu'ils
pouvaient. Le vénérable évêque de Comminges emmena en Gascogne
quelques-uns de nos chevaliers et défendit vaillamment ce pays contre les ennemis de la foi. [366] Notre noble comte se rendit à Carcassonne, puis à Béziers pour conférer avec l'archevêque de Narbonne

---

trente-quatre années dernières : 40 — réglementation de la transmission et de la perception
des « cens » 41, 42 — des successions, suivant les coutumes de France : 43 — notamment
des « douaires » : 44 — 4° Clauses sociales : relatives au passage d'une terre à une autre terre,
suivant la condition libre ou serve des personnes : 27 — aux cautions ou plèges : 28, 29, 33
— aux droits des seigneurs sur les « hommes » : 30 — et des « hommes » sur les pâturages, eaux,
forêts ; pratiquement retour aux droits et coutumes en vigueur il y a trente ans : 32 — défense
de la vindicte privée, à peine d'amendes, variables suivant la condition des personnes : 34 —
défense absolue de constituer des ligues ou associations qui pourraient être dirigées contre
le comte, à peine de la perte totale de tous les biens et d'être soi-même à la discrétion
entière du comte, ou mêmes dirigées contre des tiers, sans l'autorisation du comte, à peine
d'amendes variables suivant la condition des personnes : 35 — exclusion hors des villes,
dans la campagne, des prostituées : 39. Au sujet des Statuts de Pamiers, plusieurs remarques
s'imposent. D'ordre juridique : Simon de Montfort fait passer dans la législation séculière,
la législation canonique des conciles et des décrétales, notamment de l' « Ad Abolendam »,
comme nous l'avons fait remarquer au début de cette note, et aussi de la « Vergentis in
senium » d'Innocent III qui complète la précédente : mais si les exigences canoniques sont
sauves, celles du droit féodal ne le sont plus. Il n'est aucunement question du « seigneur
principal », lequel est le roi d'Aragon pour la vicomté de Béziers et de Carcassonne, le
roi de France pour toutes les terres conquises sur le comte de Toulouse. Simon de Montfort,
il est vrai, a prêté hommage à Pierre II à la Conférence de Narbonne, en 1211 : il ne
peut encore prêter hommage à Philippe-Auguste aussi longtemps qu'il n'aura pas conquis
Toulouse et Montauban. Il n'en reste pas moins significatif qu'il n'est question ni de l'un ni
de l'autre. On voit, au contraire, que le comte de Montfort agit comme un véritable souverain.
D'ordre financier : déjà aussitôt son élection à la vicomté de Béziers-Carcassonne, Simon
de Montfort s'était engagé à assurer la rentrée intégrale des dîmes et à lever des cens sur
quiconque resterait excommunié pendant quarante jours sans demander sa réconciliation, à
verser au Saint-Siège, tous les ans, un cens « in recognitionem dominii Romanae Ecclesiae ».
Innocent III, en lui confirmant sa conquête, lui adressa ses félicitations, P. 3.834, Layettes, I,
n° 898. En 1212, Simon demanda au pape d'envoyer un percepteur pontifical : Innocent III
envoya Pierre-Marc, qui recueillit tous les cens et les répartit dans les diverses maisons
du Temple du Midi de la France, lesquels devaient transmettre leurs dépôts au frère Aymard,
trésorier du Temple de Paris, qui les affecterait sur l'ordre du pape aux affaires de Terre
Sainte ; P. 4.538-4.596, 4.606, 5.209. La Croisade aboutissait à la création d'une princi-
pauté censière du Saint-Siège. Cf. Origines, p. 188-189.

sur ce qui concernait l'affaire de Jésus-Christ. Pendant notre séjour
à Béziers, comme le siège épiscopal était vacant, les chanoines de la
cathédrale désignèrent à l'unanimité le vénérable archidiacre Guillaume de Paris pour être leur évêque et leur pasteur : mais aucun
argument ne put décider ce dernier à ratifier leur choix.

CHAPITRE VIII

L'INTERVENTION DU ROI D'ARAGON
LE CONCILE DE LAVAUR

[367] *Entrée du roi d'Aragon à Toulouse*. Vers l'Epiphanie, le roi Pierre d'Aragon, qui regardait d'un mauvais œil l'affaire de la foi, vint à Toulouse ; il y fit un séjour prolongé, (1) fréquenta les hérétiques et les excommuniés, (2) fit savoir à l'archevêque de Narbonne, légat du Siège Apostolique, et à notre comte qu'il désirait une entrevue avec eux pour négocier paix et accord entre notre comte et les ennemis de la foi. [368] D'un commun accord, un rendez-vous fut pris pour cette entrevue entre Toulouse et Lavaur L'archevêque de Narbonne convoqua à cette réunion un concile où se rendirent une vingtaine d'archevêques et d'évêques. (3) Comme nous étions rassemblés au lieu de la réunion, le roi commença à prier l'archevêque de Narbonne et les évêques de rendre leurs terres aux trois comtes de Toulouse, de Comminges et de Foix et à Gaston de Béarn. Mais l'archevêque répondit au roi de mettre ses demandes par écrit et de les envoyer, écrites et scellées, à Lavaur aux évêques. [369] Le roi, après avoir fait bon visage à notre comte, à son frère et à ses fils, demanda au comte de cesser de faire le mal à ses ennemis pendant les huit jours de négociations. A quoi le comte, plein de noblesse et de courtoisie, répondit : « Par égard pour vous, pendant ces huit jours, je cesserai, non pas de faire du mal, mais de faire du bien, car j'estime qu'en combattant les ennemis du Christ, je fais du bien plutôt que du mal. » Le roi lui-même promit au nom de nos ennemis qu'ils n'attaqueraient pas les nôtres pendant les négociations, mais ces hommes sans foi, malgré l'asseurement donné par le roi, aussitôt qu'ils surent que nous étions assemblés, se mirent à courir par notre

---

(1) Un mois, d'après J. Miret y Sans, Itinerario del rey Pedro, dans le Boletin de la réal Academia de buenas letras de Barcelona, 1907-1908, p. 92-94.

(2) La « communicatio » avec les excommuniés et les hérétiques entraîne une excommunication de même ordre : Cf. Décret de Gratien, C. XI, q. 3, notamment le c. 3, c. 102 ; de même, c. 30-X-V-39 ; plus abondante encore est la législation canonique au sujet de la complicité en matière d'hérésie, Gratien, CC. XXIII et XXIV, passim et les Décrétales citées de Lucius III et d'Innocent III. Cf. Origines, pp. 25 et suivantes, pp. 108 et suivantes. A Toulouse, Pierre d'Aragon reçut divers hommages en présence des trois comtes excommuniés : Itinerario, 92-94.

(3) Sont seulement connus les archevêques et évêques suivants : Arnaud de Narbonne, Guillaume de Bordeaux, Guillaume d'Albi, Foulques de Toulouse, Garsie de Comminges, Hugues de Riez, P. L. t. 216, c. 833-834, plus Guy de Carcassonne, sur le témoignage de son neveu.

terre du côté de Carcassonne, à y commettre des dégâts et à tuer plusieurs des nôtres. O horrible trahison ! Le troisième jour, après que le roi eût quitté le lieu de l'entrevue, et fut revenu à Toulouse, il envoya aux archevêques et aux évêques ses demandes écrites ainsi conçues :

[370] Demandes du Roi. « Demandes du roi d'Aragon au concile « de Lavaur. Comme notre très sainte mère l'Eglise a non seulement « la sévérité du fouet qui châtie, (1) mais encore la douceur du sein « maternel, (2) à ce qu'on enseigne, Pierre, fils dévoué de l'Eglise, « par la miséricorde divine roi d'Aragon. [371] Demande humble- « ment à votre sainteté et la prie instamment en faveur du comte « de Toulouse qui désire rentrer au sein de notre mère l'Eglise de « lui accorder avec clémence et miséricorde la restitution de ses « possessions et autres biens qu'il a perdus : pour les excès qu'il a « commis, (3) il s'engage à donner personnellement telle satisfac- « tion que l'Eglise jugera adéquate et à réparer les dommages et « injures causés à diverses églises et à divers prélats selon ce que « la clémence de notre sainte mère l'Eglise décidera de lui enjoindre. « Si d'aventure l'Eglise refuse d'exaucer la demande du roi pour le « comte lui-même, le roi renouvelle sa demande et sa prière pour le « fils ; (4) quant au père, il donnera néanmoins satisfaction person- « nelle pour ses excès en partant avec ses chevaliers au secours de « la chrétienté, soit sur le front sarrazin, soit dans les pays d'outre- « mer, selon ce que l'Eglise jugera le mieux, mais que l'enfant reste « dans sa terre, fidèlement protégé et gardé avec soin pour l'honneur « de Dieu et de l'Eglise jusqu'à ce qu'il donne des signes certains « de son bon comportement. [372] Comme le comte de Comminges (5) « n'a jamais été hérétique, qu'il n'a pas accueilli, mais plutôt com- « battu les hérétiques et qu'il a, dit-on, perdu sa terre pour avoir « prêté son aide à son suzerain et cousin le comte de Toulouse, le « roi intercède en sa faveur et demande, puisqu'il est son vassal, « qu'on lui restitue sa terre : il donnera satisfaction selon la volonté « de l'Eglise s'il est prouvé qu'il ait commis un tort quelconque. « [373] Comme le comte de Foix n'est pas hérétique et ne l'a jamais « été, ledit roi prie pour lui qui est son vassal et son cousin très aimé, « à qui il ne peut sans vergogne refuser de soutenir son droit afin « qu'on le rétablisse dans ses biens par grâce et égard pour le roi « il donnera toutefois satisfaction selon la volonté de l'Eglise sur « les points où la clémence de notre mère l'Eglise estimera qu'il a

---

(1) Ps., LXXXVIII, 33.
(2) Cantique des Cantiques, VIII, 10.
(3) Sur les « crimes » de Raymond VI, voir §§ 28-46 et 56-65, plus tous les événe- ments qui suivent, puisque combattre les croisés est signe de complicité avec les hérétiques.
(4) Raymond le jeune, né à Beaucaire en 1197, donc âgé de quatorze ans, § 29.
(5) Bernard IV de Comminges, sa « complicité » avec Raymond VI au siège de Toulouse et depuis, §§ 239, 293. Il était vassal de Pierre II depuis 1201. Cf. : Ch. Higounet. Le Comté de Comminges de ses origines à son annexion à la couronne, Thèse de Toulouse, Paris, Toulouse, 1949, p. 84.

« commis un tort quelconque. [374] Pour Gaston, son vassal, le roi
« demande et prie affectueusement qu'on lui rende sa terre et les
« fiefs de ses vassaux, d'autant plus qu'il est prêt à s'en tenir au
« droit et à donner satisfaction selon la volonté de l'Eglise devant
« des juges non-suspects, si vous ne pouvez entendre ni juger vous-
« même sa cause. [375] Dans tout ce qui précède, ledit roi préfère
« invoquer miséricorde plutôt que jugement. (1) Il envoie à votre
« clémence ses évêques, ses clercs et ses barons : (2) il acceptera tout
« ce qui sera décidé entre eux et vous sur les questions qui précè-
« dent : il vous supplie de bien vouloir leur témoigner une compré-
« hension diligente de la situation, afin qu'il puisse avoir l'aide des
« susdits seigneurs et du comte de Montfort dans la croisade d'Es-
« pagne pour l'honneur de Dieu et le plus grand bien de la sainte
« Eglise. [376] Donné à Toulouse, le XVII des calendes de Février. »

[377] *Réponse des Prélats.* « A l'illustre et bien-aimé dans le
« Christ, Pierre, par la grâce de Dieu roi d'Aragon et comte de Bar-
« celone, le concile de Lavaur, salut et sincère amour dans le Sei-
« gneur. [378] Nous avons pris connaissance des demandes et des
« prières que votre royale sérénité nous a adressées en faveur du
« comte de Toulouse (et de son fils), des comtes de Foix et de Com-
« minges et du noble sire Gaston de Béarn. Dans ces lettres, entr'au-
« tres choses vous vous dites le fils dévoué de l'Eglise. Aussi nous
« adressons de multiples actions de grâces à Notre-Seigneur Jésus-
« Christ et à votre grandeur royale. Et à cause de ce mutuel amour
« que notre sainte mère l'Eglise vous porte, à notre connaissance, et
« que vous lui portez et par égard envers votre royale excellence
« nous admettons affectueusement vos prières sur tous les points
« où il nous sera possible de le faire selon Dieu. [379] Pour vos priè-
« res et demandes en faveur du comte de Toulouse, et de son fils,
« voici ce que nous estimons devoir répondre à votre royale séré-
« nité. Par autorité supérieure, nous sommes dessaisis de la cause
« du comte ainsi que de celle de son fils qui dépend de celle du
« père, car le comte de Toulouse a obtenu du Seigneur pape que
« son affaire fut confiée à notre vénérable frère l'évêque de Riez et
« à maître Thédise dans des conditions déterminées. Vous vous rap-
« pelez les grâces immenses et répétées que le seigneur pape fit audit
« comte après ses nombreux excès, de même la grâce que sur votre
« intercession et vos prières le vénérable père archevêque de Nar-
« bonne, légat du Siège Apostolique, alors Abbé de Citeaux, a faite

---

(1) Depuis la conférence de Montpellier, § 212, Pierre d'Aragon ne se fait sans
doute plus illusion sur l'attitude des légats et des évêques envers Raymond VI, Raymond-
Roger de Foix, Bernard de Comminges et même Gaston de Béarn, d'où l'appel à la miséricorde plutôt qu'au jugement, conformément d'ailleurs aux décrétales et aux bulles d'Innocent III, § 62.

(2) Bérenger, évêque de Barcelone, Garsie, évêque de Tarragone, Guillaume, évêque
de Vich, Colomb, notaire du roi, Nuno Sanche et une douzaine de seigneurs figurent comme
témoins dans les actes de Pierre II pendant son séjour à Toulouse. Cf. Miret y Sans, Itinerario, 92-94.

« audit comte à Narbonne et à Montpellier, il y a deux ans si nos
« souvenirs sont exacts. Le légat voulait laisser au comte entiers et
« sans dommages tous ses domaines et propriétés (et même les droits
« d'albergue, quête et chevauchée) sur les localités hérétiques qui
« étaient dans son fief. Quant aux autres localités hérétiques qui
« n'étaient pas dans son fief (le comte en estimait le nombre à cinq
« cent au moins), le légat voulait que le quart ou même le tiers fut
« confisqué au profit du comte. Le comte rejeta cette grande faveur
« que lui faisaient le seigneur pape, son légat et l'Eglise de Dieu :
« il viola tous les serments qu'il avait prêtés devant les légats : il
« accumula iniquité sur iniquité, crimes sur crimes, méfaits sur
« méfaits : il s'allia aux hérétiques, aux routiers et autres pestiférés
« pour s'attaquer plus gravement encore et porter de plus grands
« dommages à l'Eglise de Dieu, à la chrétienté, à la foi, à la paix,
« si bien qu'il s'est rendu indigne de toute grâce et de tout bien-
« fait. (1) [380] A vos demandes et prières concernant le comte de
« Comminges, (2) nous avons jugé bon de répondre ceci : Nous
« savons de source certaine qu'il a commis de nombreux excès, violé
« son serment, contracté alliance avec les hérétiques et leurs fau-
« teurs, attaqué l'Eglise avec la complicité de ces pestiférés comme
« s'il avait eu quelque injure personnelle à venger, qu'ensuite il a
« été expressément invité à s'arrêter dans cette voie, à faire un retour
« sur lui-même (3) et à se réconcilier avec l'unité catholique : néan-
« moins ce comte conserva et conserve encore sa méchanceté : il est
« frappé d'excommunication et d'anathème. C'est lui, le comte de
« Comminges, qui a entraîné dans la guerre le comte de Toulouse,
« comme celui-ci a l'habitude, dit-on, de l'affirmer : il porte donc la
« responsabilité de la continuation des hostilités et des maux nom-
« breux qui en résultent pour l'Eglise. Toutefois, s'il se montre digne
« de mériter le bienfait de l'absolution, l'Eglise ne refuse pas de lui
« faire droit, s'il se plaint de quelqu'un, mais seulement après qu'il
« aura été absous et qu'il aura le pouvoir d'ester en justice. (4) [381]
« En faveur du comte de Foix, votre grandeur royale a formulé des
« demandes et des prières auxquelles nous répondons ainsi . Il est
« prouvé que pendant longtemps ce comte a été recéleur d'hérétiques
« et aujourd'hui encore il en est le recéleur et le défenseur, car il
« n'y a pas de doute que les croyants des hérétiques ne soient eux-
« mêmes hérétiques. Ce comte a commis des excès nombreux et très
« graves : il a pillé et démoli les églises, malgré les serments qu'il
« avait prêtés en personne et les obligations de personnes et de biens

---

(1) Cf. § 212 et suivants : allusion notamment au siège de Castelnaudary et aux campagnes et opérations militaires qui suivirent.

(2) Sur les conflits entre le comte de Comminges et l'autorité ecclésiastique, voir F.-J.
Samiac, Rapports, dans le Bulletin périodique de la Société ariégeoise des Sciences, Lettres
et Arts et de la Société des Etudes du Couserans, 1909-1911, p. 236 et suivantes.

(3) Isaïe, XLVI, 8.

(4) L'excommunié est frappé d'incapacités civiles, notamment du droit d'ester en justice :
« Ad Abolendam » et « Vergentis », cc. 9 et 10-X-V-7.

« qu'il avait assumées : (1) il a mis la main sur des clercs et les a
« jetés en prison (pour ces motifs et beaucoup d'autres il a été frappé
« du glaive de l'excommunication et de l'anathème. (2) Même après
« la grâce que le légat sur votre intervention et selon vos prières
« avait jadis accordé audit comte, (3) il a cruellement massacré des
« croisés, clercs et laïcs, qui marchaient dans la simplicité et la pau-
« vreté de leur cœur (4) contre les hérétiques de Lavaur. Ce qu'était
« cette grâce, quelle en était l'importance, votre grandeur royale doit
« s'en souvenir, croyons-nous, car c'est sur votre initiative et con-
« formément à vos prières que le légat offrit un accord au comte et
« il est prouvé que cet accord ne fut pas accepté par le comte. (5) Il
« existe même une lettre de vous, (6) adressée au comte de Montfort,
« scellée de votre sceau royal et contenant au sujet de cette grâce
« le passage suivant : « Nous nous engageons envers vous de telle
« sorte que si ledit comte refuse de se soumettre à cette ordonnance
« et qu'ensuite vous n'écoutiez pas les prières que nous ferions pour
« lui, nous n'en concevrons aucun ressentiment. » Toutefois, s'il
« agit de manière à mériter le bienfait de l'absolution et que dans
« la suite, lorsqu'il aura obtenu la grâce de l'absolution il vienne
« à se plaindre, l'Eglise né lui refusera pas justice. [382] Pour Gaston
« de Béarn, vous avez instamment demandé qu'il recouvre ses do-
« maines et les fiefs de ses vassaux : sur quoi nous vous répondons
« ainsi. Pour ne rien dire, quant à présent, des autres accusations
« nombreuses ou plutôt innombrables qui pèsent sur lui, il a fait
« alliance avec les hérétiques, leurs recéleurs et leurs défenseurs
« contre l'Eglise et contre les croisés : c'est un persécuteur notoire
« et dangereux des églises et du clergé. Pendant le siège de Castel-
« naudary, il a amené des renforts aux comtes de Toulouse et de
« Foix contre ceux qui sur l'ordre du seigneur pape combattaient
« les hérétiques et leurs fauteurs : il a accueilli le meurtrier du
« légat frère Pierre de Castelnau, de sainte mémoire : il a longtemps
« soudoyé des routiers et le fait encore : l'an dernier, il a fait entrer
« ses routiers dans la cathédrale d'Oloron : ceux-ci coupèrent la
« corde où pendait la pyxide et la firent tomber sur le sol où (chose
« horrible à dire) le corps de Notre-Seigneur se trouva répandu :
« l'un des routiers, pour se moquer du clergé, revêtit les ornements
« pontificaux afin de jouer le rôle du pontife chantant la messe : on
« prétend même qu'il fit un sermon dans l'église même et reçut des
« offrandes des autres routiers. Il a violé ses serments. Il a brutale-
« ment porté la main sur des clercs. Pour ces motifs et pour d'autres
« raisons que nous passons actuellement sous silence, ledit Gaston

----

    (1) Cf. §§ 197-209.   -
    (2) Violer le privilège du canon en mettant la main sur un clerc « suadente diabolo »
entraîne l'excommunication c, 29, C. XVII, q. 4.
    (3) A Narbonne, § 196.
    (4) Prov., XIX, 1.
    (5) A montgey, § 218.
    (6) Pierre des Vaux-de-Cernay l'a eue en mains, § 196.

« a été frappé d'excommunication et d'anathème. Et cependant, s'il
« donnait satisfaction à l'Eglise, comme il le doit, et qu'il obtienne
« le bienfait de l'absolution, 'alors seulement lorsqu'il aura été
« absous, s'il vient à se plaindre de quelqu'un, on recevra ses justes
« doléances. [383] S'il en était autrement, très illustre prince, il ne
« conviendrait pas que votre majesté royale intercédât en faveur des
« susdits excommuniés. Quant à nous, nous n'oserions donner au
« sujet de tels personnages et de tels faits une réponse différente.
« Nous avertissons dans le Seigneur votre royale sérénité et nous l'in-
« vitons à se rappeler l'honneur qu'elle a reçu du Siège Apostolique
« et celui qui est fait actuellement à son beau-frère, l'illustre roi de
« Sicile, (1) la promesse que vous fîtes au seigneur pape lors de votre
« sacre et les mandements du Siège Apostolique. (2) Nous prions
« Dieu qu'il vous conserve encore longtemps pour son honneur et
« celui de la sainte Eglise Romaine. Que si notre réponse ne donnait
« pas satisfaction à votre majesté royale, nous aurions soin par égard
« envers votre révérence et votre grâce d'en informer le Souverain
« Pontife. (3) [384] Donné à Lavaur le XV des calendes de Février. »

[385] Quand le roi d'Aragon eut pris connaissance de la réponse
de nos prélats, il comprit que toutes ses demandes avaient été formellement repoussées et que ses désirs ne pouvaient être réalisés :
aussi recourut-il à une autre tactique détournée. Il envoya des messagers aux susdits prélats pour les supplier affectueusement d'amener le comte de Montfort à conclure avec le comte de Toulouse et
les autres ennemis de la foi chrétienne des trêves jusqu'à la prochaine Pentecôte ou au moins jusqu'à Pâques. (4) A cette nouvelle,
nos prélats se rendirent compte que le roi faisait cette demande
uniquement pour que le bruit en parvint dans la France du nord
et que le zèle des croisés en fut refroidi. Aussi repoussèrent-ils cette
demande comme les précédentes. [386] Il serait trop long de reproduire dans l'ordre des dates toutes les autres demandes que fit le
roi et les réponses que les nôtres jugèrent bon de lui adresser :
disons en un mot que le but du roi était uniquement d'obtenir pour
le comte de Toulouse et les autres ennemis de la religion chrétienne
soit la restitution de leurs terres, soit au moins la conclusion de
trêves pour le motif ci-dessus indiqué, mais les nôtres, prévoyants

---

(1) Pierre II fut couronné à Rome par Innocent III. Son beau-frère, Frédéric II, roi
de Sicile, époux de Constance d'Aragon, élu roi des Romains, fut couronné peu avant le
présent Concile : 5 Décembre 1212.

(2) « Ego Petrus, rex Aragonum... semper ero fidelis et obediens domino meo pape
Innocentio... defendens fidem catholicam et persequens hereticam pravitatem... » P. L. t. 215,
c. 550.

(3) Innocent III invita plusieurs fois le roi d'Aragon à poursuivre les hérétiques :
P. 2.799, 3.831.

(4) Pâques tombait le 14 Avril et la Pentecôte le 2 Juin : Innocent III mande à
Arnaud, archevêque de Narbonne et légat de faire la paix avec Pierre d'Aragon en vue
de la croisade en Espagne. Lettre du 15 Janvier 1213, donc antérieure de quelques jours
à la réponse du concile.

et tenaces, refusèrent de rendre les terres et d'accorder les trêves. Le roi, voyant qu'il ne pouvait réussir dans ses projets, se décida, aux dépens de sa renommée tout ensemble et de son honneur, à prendre sous sa protection les excommuniés et les terres qu'ils tenaient encore et, pour pallier un peu sa malice, il fit appel au Saint-Siège. Mais nos prélats firent peu de cas de cet appel qui pour bien des raisons était frivole et frappé de nullité. Cependant, l'archevêque de Narbonne, légat pontifical, adressa au roi une lettre ainsi conçue.

[387] *Lettre de l'archevêque de Narbonne au roi.* « Au noble « sérénissime et seigneur prince très chrétien Pierre par la grâce « de Dieu très illustre roi d'Aragon, frère Arnaud, par la miséricorde « divine archevêque de Narbonne, légat du Siège Apostolique, salut « dans la charité de l'âme et par les entrailles de Jésus-Christ. (1) « [388] Nous avons appris non sans une grande émotion et d'amers « regrets (2) que les villes de Toulouse et de Montauban et d'autres « terres encore qui pour le crime d'hérésie et d'autres nombreux et « horribles forfaits ont été abandonnées à Satan, (3) retranchées de « la communion de notre sainte mère l'Eglise et exposées aux croisés « de par l'autorité de Dieu dont le nom y était gravement blasphémé, « vous avez décidé de les prendre sous votre protection et sauvegarde « pour les défendre contre l'armée du Christ et de l'Eglise. Si ces nou- « velles étaient vraies (ce qu'à Dieu ne plaise) ce serait aux dépens « non seulement du salut de votre âme, mais encore de votre dignité « royale, de votre gloire et de votre renommée. C'est pourquoi, nous « qui désirons de toute l'ardeur de notre charité votre salut, votre « gloire et votre honneur, nous prions votre royale grandeur, nous « lui conseillons et nous l'exhortons dans le Seigneur et par la puis- « sance de la vertu divine, au nom de Dieu et de notre rédempteur « Jésus-Christ ainsi que de son très saint vicaire notre seigneur le « souverain pontife, par l'autorité de notre légation, nous vous in- « terdisons et vous conjurons de toutes nos forces de ne recevoir, « soit par vous-même, soit par d'autres, ni de prendre sous votre « protection lesdites terres. Nous espérons que vous aurez soin pour « vous et les vôtres de ne pas vous exposer à l'excommunication en « vous acoquinant avec des excommuniés, de maudits hérétiques « et leurs fauteurs. Nous ne voulons pas cacher à votre royale séré- « nité que, si vous preniez la décision de laisser quelques-uns de « vos hommes pour défendre ladite terre, comme ils seraient de « droit excommuniés, nous les déclarerions publiquement excom- « muniés comme défenseurs des hérétiques. » (4)

---

(1) Philipp., I, 8.
(2) Esther IV, 1.
(3) I Cor., V, 5. L'expression revient souvent dans les bulles et les textes canoniques.
(4) On distingue, en effet, en Droit Canonique, les censures « latæ sententiæ » et « ferendæ sententiæ » suivant qu'elles frappent le délinquant soit ipso facto ou par l'intermédiaire d'un supérieur ecclésiastique. Dans le premier cas, le supérieur ne fait que constater ou déclarer que, le délit ayant été commis, la censure a frappé le coupable.

[389] Mais le roi d'Aragon ne vint nullement à résipiscence :
il réalisa en l'aggravant le mal qu'il avait projeté : il prit sous sa
protection les hérétiques et les excommuniés, c'est-à-dire les trois
comtes de Toulouse, de Comminges et de Foix, Gaston de Béarn,
tous les chevaliers du Toulousain et du Carcassès dépossédés pour
hérésie et réfugiés à Toulouse, enfin tous les citoyens de Toulouse
eux-mêmes et de tous ces gens-là il se fit prêter serment. La ville
de Toulouse, bien qu'appartenant en propre au roi de France, et
toutes les terres que les susdits seigneurs possédaient encore, il
poussa l'audace jusqu'à les prendre sous sa protection. (1) [390]
Nous ne croyons pas devoir taire que, pendant la présence des nôtres
au concile de Lavaur et malgré les trêves que le comte de Montfort
avait accordées à ses ennemis par égard pour le roi pour la durée du
concile et que le roi au nom de nos adversaires avait confirmées,
nos ennemis chevauchèrent plusieurs fois sur notre terre durant les
négociations et en dépit des trêves. Comme les nôtres n'étaient pas
sur leurs gardes, ils firent un grand butin, tuèrent plusieurs de nos
gens, firent beaucoup de prisonniers et nous causèrent de grands
dommages. Plusieurs fois, les nôtres réclamèrent au roi au sujet
de ces dommages, mais il n'accorda aucune réparation. C'est pourquoi l'archevêque lui écrivit la lettre susdite. [391] Quand les nôtres
eurent constaté que le roi les retardait par ses messages, ses lettres,
ses appels inutiles et que, pendant la durée du concile et des trêves
il laissait les excommuniés dont il soutenait la cause combattre les
nôtres sans la moindre pudeur et de multiples fois, ils quittèrent
Lavaur. Mais avant de partir, ils écrivirent au seigneur pape au
sujet de l'affaire générale de l'Eglise et du susdit concile. En voici
les termes :

[392] *Lettre des prélats au seigneur pape.* « A notre très saint
« père en Jésus-Christ et bienheureux seigneur Innocent, par la
« grâce de Dieu souverain pontife, ses serviteurs humbles et dévoués
« les archevêques, évêques et autres prélats assemblés au concile
« de Lavaur pour l'affaire de la sainte foi, en toute affection, longue
« vie et salut. [393] La parole et l'écriture (2) sont impuissantes à
« exprimer convenablement notre reconnaissance envers votre sol-
« licitude paternelle : c'est pourquoi nous supplions Celui qui récom-
« pense toutes les bonnes actions de remédier à notre insuffisance
« sur ce point et de vous rendre tous les biens que vous nous avez
« faits à nous, à nos églises et aux autres églises de nos régions.
« Dans ces régions, en effet, la peste hérétique fut semée en des
« temps très anciens et elle a si bien propéré de nos jours, que le

---

(1) Le dimanche 27 Janvier 1213, Pierre II reçut les serments de fidélité de Raymond VI
et de son fils, qui furent ratifiés par les consuls de la ville. Bernard de Comminges et son
fils remirent leurs terres à un chevalier du roi ; Raymond-Roger de Foix et Gaston de
Béarn détaillèrent le nombre de leurs châteaux. P. L. t. 216, c. 845 et suivantes.

(2) Ps., XLIV, 2.

« culte divin y était tombé en opprobre et en dérision : (1) tour à
« tour hérétiques et routiers se déchainaient contre le clergé et contre
« les biens d'église et le peuple comme son chef, livré à un sens
« réprouvé, (2) avait dévié du droit chemin de la foi. A la fin,
« cependant, sur l'intervention de votre attentive vigilance, la misé-
« ricorde qui vient d'en haut nous visita. (3) Grâce aux saintes trou-
« pes de croisés que vous avez si sagement députées pour balayer
« cette peste immonde, grâce à leur chef très chrétien, le comte de
« Montfort, intrépide champion du Christ et guerrier invincible des
« combats du Seigneur, (4) l'Eglise qui était tombée dans une misé-
« rable décadence a commencé à relever la tête. Et ce pays, foulé
« depuis longtemps par les sectateurs de faux dogmes, maintenant
« que sont détruits en majeure partie les obstacles et les erreurs de
« toutes sortes, se réhabitue au culte divin d'une façon digne de
« louanges. [394] Restent pourtant des foyers de cette peste : Tou-
« louse et quelques autres localités où, telles des ordures jetées
« dans une sentine, se concentrent les dernières séquelles de l'hé-
« résie. Leur chef, le comte de Toulouse qui est depuis les temps
« anciens, ainsi qu'on vous l'a répété bien souvent, le fauteur et le
« défenseur des hérétiques, se sert des forces qui lui restent pour
« combattre l'Eglise et aider autant qu'il le peut les fidèles contre
« les ennemis de la foi. Depuis qu'il est revenu d'auprès Votre Sain-
« teté, porteur de bulles où vous lui témoigniiez une indulgence
« supérieure à tout ce qu'il pouvait mériter, (5) il est évident que le
« démon est entré dans son cœur. (6) Payant d'ingratitude les bien-
« faits de votre bonté, il n'a rien rempli des promesses faites en
« votre présence, il a exagéré brutalement les péages auxquels il
« avait promis de renoncer et, comme s'il était décidé à renoncer
« au bénéfice desdites bulles, il prit le parti de tous ceux qu'il re-
« connut comme étant vos ennemis et ceux de l'Eglise de Dieu. De
« plus, il a décidé avec le concours d'Othon, ennemi de Dieu et de
« l'Eglise, (7) de rassembler des troupes pour combattre l'Eglise
« elle-même et fort de cette complicité il menaçait nettement, à ce
« qu'on affirme, d'éliminer de façon radicale de ses terres l'Eglise
« et le clergé. Quant aux hérétiques et aux routiers, qu'il avait
« plusieurs fois promis d'abandonner, il a mis encore plus d'ardeur
« à leur prodiguer ses faveurs et à les attacher à sa personne. Pen-
« dant que l'armée des catholiques assiégeait Lavaur, où était le
« siège de Satan (8) et comme la primatie de l'hérésie, il envoya des

---

(1) I Mcc., X, 70.
(2) Rom., I, 28.
(3) Luc, I, 78.
(4) I Rois, XXV, 28.
(5) Cf. §§ 137 et 162 : P. 3.784, 3.884-3.889.
(6) II Cor., XII, 7.
(7) Othon de Brunswick, § 139. Cf. A. Luchaire : Innocent III, la papauté et l'empire,
Paris, 1908.
(8) Apoc., II, 13. « Sedes Sathane », expression de St-Bernard au sujet de Verfeil.
Cf. Geoffroy d'Auxerre, Vita Prima, P. L. t. 185, c. 414.

« chevaliers et des gens de sa maison au secours des pervers. Dans
« son château des Cassés, les croisés découvrirent et brulèrent plus
« de cinquante hérétiques parfaits sans compter un grand nombre
« de croyants. Contre l'armée de Dieu, il fit venir Savary de Mau-
« léon, sénéchal du roi d'Angleterre qui était l'ennemi de l'Eglise
« et avec lui il eût l'audace d'assiéger dans Castelnaudary le comte
« de Montfort, ce champion du Christ. (1) Mais grâce à la main du
« Christ, sa présomption tourna rapidement à sa honte si bien qu'un
« petit nombre de catholiques mirent en déroute une foule infinie
« d'Ariens. Déçu dans la confiance qu'il avait mise en Othon et le
« roi d'Angleterre, ayant pris un roseau comme appui (2) il imagina
« une abominable iniquité, détestable pour des oreilles catholiques :
« il envoya des messagers au roi du Maroc pour solliciter son con-
« cours, pour ruiner non seulement notre pays, mais toute la chré-
« tienté. (3) Mais la Piété d'en-haut fit échouer sa tentative et son
« damnable projet. Il a chassé l'évêque d'Agen et l'a dépossédé de
« tous ses biens : il a fait arrêter l'abbé de Moissac et a retenu
« prisonnier plus d'un an l'abbé de Montauban. (4) En outre, ses
« routiers et ses complices ont infligé des tortures variées à d'in-
« nombrables croisés, clercs et laïcs : ils en retiennent plusieurs pri-
« sonniers et depuis longtemps. [395] Tant de scélératesse n'ont
« point détourné sa fureur, mais sa puissance est encore étendue :
« (5) chaque jour il devient pire qu'il n'était la veille, il inflige à
« l'Eglise de Dieu tout le mal qu'il peut lui faire soit en personne.
« soit par son fils, soit par ses complices, les comtes de Foix et de
« Comminges et Gaston de Béarn, hommes perdus de vices et per-
« vers. Bien que le susdit champion de la foi, le très chrétien comte
« de Montfort ait conquis presque toute leur terre, comme ennemis
« de Dieu et de l'Eglise dans une sainte et juste guerre, conformé-
« ment à la vengeance de Dieu et à la censure de l'Eglise, ils s'en-
« têtent dans leur méchanceté et refusent de s'humilier sous la
« puissante main du Seigneur. (6) Récemment, ils ont eu recours
« au roi d'Aragon grâce auquel ils projettent sans doute d'abuser de
« votre clémence et d'outrager l'Eglise : ils l'ont fait venir à Toulou-
« se pour négocier avec nous qui étions réunis à Lavaur sur l'ordre
« de votre légat et de vos envoyés. Ce qu'il nous a exposé et ce que
« nous avons jugé bon de lui répondre, vous le verrez pleinement
« par les copies scellées qui vous sont envoyées. Nous transmettons
« également à Votre Sainteté la consultation que nous avons donnée
« à vos envoyés sur leur demande au sujet de l'affaire du comte de

---

(1) Cf. §§ 233, 254, etc...
(2) Isaïe, XXXVI, 6.
(3) Le bruit d'une entente entre les hérétiques et les musulmans est enregistré par les Annales de Cologne, M. G. H. ss. XVII, p. 825 et Césaire de Heisterbach, éd. Strange, I, p. 303.
(4) Arnaud, évêque d'Agen, § 317 : Raymond, abbé de Montauban, § 351.
(5) Isaïe, IX, 12.
(6) I Pierre, V, 6.

« Toulouse. [396] D'un accord unanime, nous mettons Votre Sainteté
« au courant des choses qui précèdent pour libérer nos consciences
« (1) et éviter le reproche de n'avoir pas fait la pleine lumière sur
« l'affaire de la foi. Enfin, pour le salut de nos âmes et la conser-
« vation des Eglises qui nous sont confiées, nous supplions votre mi-
« séricorde, nous l'adjurons par les entrailles de la miséricorde de
« notre Dieu (2) pour que l'œuvre de libération et de paix où notre
« vie même est en jeu, œuvre que vous avez avancé heureusement
« en grande partie, maintenant que la puissance de la justice est
« évidente, vous consentiez à lui donner un dénouement plus heu-
« reux encore, en portant la cognée à la racine de l'arbre (3) empoi-
« sonné et en l'abattant pour toujours afin qu'il ne nuise pas davan-
« tage. Tenez en effet pour certain que si ces tyrans ou leurs héri-
« tiers obtenaient la restitution de la terre qui leur a été enlevée si
« justement et au prix d'une si grande effusion de sang chrétien,
« ce serait d'abord scandaliser les fidèles qui se sont consacrés à
« cette œuvre sainte, ce serait aussi commettre une erreur qui serait
« pire que la première (4) et de plus menacer les églises et le clergé
« d'une ruine immense. [397] Nous n'avons pas voulu exposer en
« détail dans la présente lettre les énormités, blasphèmes, abomi-
« nations et autres crimes des susdits seigneurs afin de ne pas avoir
« l'air de composer un livre, mais quelques-uns de ces détails nous
« les confions à nos messagers qui les transmettront de vive voix
« à vos saintes oreilles. »

[398] Voici les noms des envoyés qui portèrent au seigneur pape
la lettre des prélats . le vénérable évêque de Comminges, l'abbé de
Clairac, l'archidiacre Guillaume de Paris, Maître Thédise et un clerc
nommé Pierre-Marc qui avait été longtemps correcteur à la chancellerie pontificale. (5)

---

(1) I Mcc., IX, 9.
(2) Luc, I, 78.
(3) Mtt., III, 10.
(4) Mtt., XXVII, 64.
(5) Garsie de Comminges, § 358. Pierre, abbé de Clairac (Lot-et-Garonne) figure
dans divers actes de la croisade albigeoise, Rhein, cat. nᵒˢ 102, 154 : Molinier, cat. nᵒ 136
et non 137, P. 4.730. Guillaume de Paris, § 175. Thédise quitta la France au plus tôt en
Février, portant au pape les vœux d'un autre concile tenu le 20 Janvier à Orange : Gal.
Christ. Nov. VII, nᵒ 374. Pierre-Marc, originaire du diocèse de Nîmes, § 440, « scriptor »
à la chancellerie pontificale, P. 3.204, puis « corrector ». L. Delisle, Mémoire sur les actes
d'Innocent III, dans la Bibliothèque de l'Ecole des Chartes, 1858, 4. Il fut envoyé par le
pape dans le Midi de la France pour y percevoir le cens pontifical levé par Simon de
Montfort, P. 4.588 - 4.596, 4.606. Voir § 363 et note.

CHAPITRE IX

L'INTERVENTION DU ROI D'ARAGON
L'ARRET DE LA CROISADE

[399] Ces personnages, tout remplis de sagesse, n'étaient pas encore arrivés à la curie que déjà le roi d'Aragon s'était appliqué à circonvenir la droiture du Saint-Siège par ses propres messagers ; (1) en suggérant le faux et en taisant le vrai, (2) il avait obtenu une bulle dans laquelle le Seigneur Pape ordonnait au comte de Montfort de restituer leurs biens aux comtes de Comminges et de Foix et à Gaston de Béarn (3) : une autre bulle (4) adressée à l'archevêque de Narbonne donna l'impression que le Seigneur pape annulait l'indulgence accordée précédemment à ceux qui se croisaient contre les hérétiques albigeois. [400] Aussi quand nos envoyés arrivèrent à la curie romaine, ils trouvèrent un peu de résistance de la part du seigneur pape qui avait cru trop facilement aux allégations mensongères des messagers du roi d'Aragon, mais quand ils lui eurent appris la vérité, le seigneur pape annula tout ce qu'il avait fait à l'instigation des messagers royaux et il envoya au roi la lettre suivante :

[401] *Lettre du seigneur pape au roi d'Aragon.* « Innocent, évê-« que, serviteur des serviteurs de Dieu, à Pierre, illustre roi d'Ara-« gon. [402] A celui qui tient dans sa main le cœur de tous les rois, « (5) fais une humble prière et veuille sagement considérer que, « selon le commandement de l'apôtre, notre rôle est de supplier, de « reprendre et de réprimander. (6) Que le Seigneur te fasse accueil-« lir avec la piété d'un fils les réprimandes que nous t'adressons « avec l'affection d'un père : qu'il te fasse aussi obéir à nos avertis-« sements et à nos conseils salutaires, afin qu'en acceptant avec « piété notre correction apostolique tu donnes la preuve de l'hon-

---

(1) Colomb, notaire royal, et Hispan, évêque de Ségorve, ci-dessous, § 404.

(2) Expressions tirées de la bulle d'Innocent III, ci-dessous, § 406.

(3) Lettre du 17 Janvier 1213, P. 4.653, reprochant à Simon de Montfort de verser le sang du juste et d'occuper indûment les terres des vassaux du roi : « Tu bona vassalorum ejus in propria usurpabas ».

(4) Lettre du 15 Janvier 1213, P. 4.648 : « Tu autem, frater archiepiscope et nobilis vir Simon de Monteforti crucesignatos in terram Tolosani comitis inducentes, non solum loca in quibus habitabant haeretici occupastis, sed ad illas nihilominus terras quae super haeresi nulla notubantur infamia manus avidas extendistis.

(5) Prov., XXI, 1.

(6) II Tim., IV, 2.

« nêteté de tes intentions sur les points mêmes où il n'est pas douteux
« que tu aies failli par tes actions. Il est de notoriété presque uni-
« verselle et ta sérénité ne peut, croyons-nous, l'ignorer ni le met-
« tre en doute que parmi tous les princes chrétiens c'est toi que nous
« avons eu à tâche d'honorer d'une façon spéciale, ce qui n'a pas
« peu contribué à grandir ta puissance et ta renommée. Plût à Dieu
« que ta sagesse et ta piété se fussent accrues en proportion, ce qui
« aurait été utile pour nous et aurait mieux valu pour toi. (1) [403]
« Au contraire, tu as manqué de prévoyance envers toi et tu as failli
« à la déférence que tu nous dois. Les Toulousains sont retranchés
« du corps de l'Eglise par l'excommunication, leur ville est soumise
« à l'interdit, (2) parce que plusieurs sont hérétiques parfaits, beau-
« coup d'autres sont croyants, fauteurs, receleurs et protecteurs des
« premiers, au point de donner asile à ceux que l'armée du Christ
« (ou plutôt le Christ lui-même qu'ils avaient irrités par leurs inven-
« tions) (3) a exilé de leurs tentes, (4) à Toulouse même, comme dans
« une sentine d'hérésie, d'où ils attendent le moment et cherchent à
« saisir l'occasion de détruire, comme des sauterelles sorties du puits
« de l'abîme (5), la foi catholique replantée pour ainsi dire dans cette
« contrée. Néanmoins toi, oublieux de la crainte de Dieu, comme si
« tu te croyais capable de l'emporter sur lui et de détourner sa main
« (6) étendue sur les coupables, pratiquant l'impiété sous une cer-
« taine apparence de piété, (7) au grand scandale de la chrétienté
« et au détriment de ta réputation, tu as pris sous ta protection les
« Toulousains et leurs complices, malgré l'interdiction formelle que
« notre légat t'avait adressée au nom de Dieu et au nôtre, (8) non
« sans encourir la flétrissure d'un périlleux déshonneur et la menace
« d'une suspicion plus dangereuse encore. [404] Après avoir entendu
« récemment les exposés faits devant nous par tes messagers, notre
« vénérable frère l'évêque de Ségorve (9) et notre aimé fils Maître
« Colomb (10) et par les envoyés de notre légat et du noble sire le
« comte Simon de Montfort, après avoir étudié à fond les lettres
« échangées de part et d'autre (11) et avoir eu avec nos frères les

---

(1) Sans doute, Innocent III comptait-il sur Pierre II pour « exterminer les hérétiques »
du Midi de la France ; Cf. § 7, note.

(2) Toulouse fut mise en interdit plusieurs fois en 1209, 1210, 1211 : Cf. §§ 138, 194,
212. Layettes, I, n°s 968, 973.

(3) Isaïe, III, 8.

(4) Ps., LI, 7.

(5) Apoc., IX, 2-3.

(6) Ezéchiel, XX, 22

(7) II Tim., III, 5.

(8) Lettres d'Arnaud, §§ 387-388.

(9) Hispan, évêque de Ségorve : son rôle politique a été étudié par S. Sampere y
Miquel : Minoria de Jaime I, dans Mémorias del Congreso de historia de la corona de
Aragon, 1908, p. 15-16, 41-42.

(10) Maître Colomb, notaire du roi, fut en relations avec le pape dès 1200 : P. 1.038,
et vint à diverses reprises en France : Cf. Miret y Sans, Itinerario, 16, 93. Son voyage à
Rome est mentionné dans plusieurs textes de 1213 : Villemagne, Bullaire, n°s 41-43.

(11) Cf. §§ 370 et suivants.

« cardinaux délibération serrée et conseil, voulant dans notre pater-
« nelle sollicitude pourvoir à l'honneur de ta réputation, au salut
« de ton âme et à l'intégrité de la terre, nous avons décidé d'enjoin-
« dre formellement à ta sérénité par l'autorité du Saint-Esprit et
« avec l'aide de la grâce divine et apostolique d'abandonner sans
« délai les Toulousains et leurs complices sans tenir compte des
« serments et engagements quelconques pris et reçus en dérogation
« de la discipline ecclésiastique, ne leur accordant ni par toi ni par
« d'autres, conseil, aide ni faveur aussi longtemps qu'ils resteront
« dans un tel état. [405] Au cas où réellement les Toulousains dési-
« reraient rentrer dans la communion des fidèles, ainsi que tes mes-
« sagers l'ont déclaré devant nous, nous expédions une bulle spé-
« ciale prescrivant à notre vénérable frère Foulques, évêque de Tou-
« louse, homme intègre dans sa croyance et dans sa vie, qui a cré-
« dit, non seulement auprès de ceux du dedans, mais aussi de ceux
« du dehors, (1) de s'adjoindre deux autres, sages et honnêtes, et
« de réconcilier ceux qui voudraient revenir à l'unité de l'Eglise
« avec un cœur pur, une bonne conscience et une foi non déguisée,
« (2) à condition qu'ils fournissent une caution suffisante. Quant aux
« autres, qui persisteront dans les ténèbres de l'erreur et que ledit
« évêque stigmatisera comme hérétiques, nous ordonnons de confis-
« quer tous leurs biens et de les expulser de la ville de telle sorte
« qu'ils n'y rentrent jamais à moins que, grâce à l'inspiration du
« ciel, ils ne prouvent par leurs œuvres qu'ils sont redevenus de
« vrais adeptes de la foi catholique. Quant à la ville elle-même, une
« fois réconciliée et purifiée, elle sera sous la protection du Saint-
« Siège, soustraite aux attaques du comte de Montfort et des autres
« fidèles, qui devront bien plutôt la défendre et la protéger. (3) [406]
« En outre, nous sommes indignés et étonnés que par l'intermédiaire
« de tes messagers qui cachaient la vérité et exprimaient le men-
« songe, tu aies extorqué un mandement (4) apostolique ordonnant
« de restituer leurs biens aux nobles sires les comtes de Commin-
« ges et de Foix et Gaston de Béarn ; ils sont en effet excommuniés
« parce qu'ils protègent les hérétiques et les soutiennent ouverte-
« ment sans parler des autres méfaits graves et nombreux qui leur
« sont imputés : aussi comme un mandement obtenu pour eux dans
« ces conditions est sans valeur, nous le révoquons entièrement
« comme subreptice. [407] Au cas où réellement ces trois personna-
« ges désireraient rentrer dans la communion des fidèles, ainsi qu'ils
« le prétendent, nous expédions une bulle spéciale prescrivant à
« notre vénérable frère l'archevêque de Narbonne, légat du Siège
« Apostolique, de leur accorder le bienfait de l'absolution, après
« avoir reçu d'eux, non pas seulement une simple caution juratoire,

---

(1) I Tim., III, 7.
(2) I Tim., I, 5.
(3) Lettre à Foulques, évêque de Toulouse, 1ᵉʳ Juin 1213, P. 4.741.
(4) La bulle du 17 Janvier, P. 4.653, § 399.

« car ils ont déjà violé leurs serments, mais tel autre qu'il jugera
« opportune. (1) Ceci fait, au préalable comme en témoignage de
« sincère obéissance, nous aurons soin, selon ton désir, d'envoyer
« dans cette région comme légat *a latere* (2) un de nos cardinaux,
« personnage honnête, avisé et persévérant, qui ne se détournera
« ni à droite ni à gauche, (3) mais marchera toujours sur la grande
« route, (4) qui approuvera et confirmera ce qu'il trouvera bien fait,
« qui corrigera et amendera les erreurs et qui fera rendre justice
« aux susdits seigneurs ainsi qu'aux autres plaignants. [408] En
« attendant, nous voulons qu'une trêve solide soit conclue et main-
« tenue entre toi et ta terre, d'une part, et le comte de Montfort et
« sa terre, d'autre part, à l'exception des hérétiques avec lesquels
« il ne convient pas que les adeptes de la foi catholique concluent
« ni trêve ni paix, car il ne saurait avoir d'alliance entre la lumière
« et les ténèbres, aucun accord entre le Christ et Bélial, aucun com-
« merce entre le fidèle et l'infidèle. (5) Nous ordonnons toutefois
« audit comte de Montfort qu'en raison des fiefs qu'il tient de toi
« il te rende respectueusement les devoirs auxquels il est tenu. (6)
« [409]Nous ne voulons pas cacher à ton Excellence que si les Tou-
« lousains et les nobles susdits s'entêtent à persister dans leur erreur,
« nous accorderons de nouvelles indulgences pour encourager les
« croisés et les autres fidèles à se dresser pour extirper cette peste
« avec l'appui du Seigneur et à marcher au nom du Dieu des Armées
« contre ces personnages, contre ceux qui les cachent et les protè-
« gent, quels qu'ils soient, et qui sont plus dangereux que les héré-
« tiques eux-mêmes. [410] Après avoir averti ta sérénité, nous la
« prions et adjurons dans le Seigneur d'exécuter d'un cœur obéis-
« sant en ce qui te concerne ce que nous venons de dire: sois persuadé
« que, si tu t'avisais d'agir autrement (ce que nous ne pouvons
« croire), outre l'indignation divine que tu provoquerais indubita-
« blement par ta conduite, tu t'exposerais à un sérieux et irrépara-
« ble dommage. Quelle que soit notre affection pour ta personne, il
« nous serait impossible de t'épargner ou de te ménager aux dépens
« de l'affaire de la foi. Si tu t'opposais à Dieu et à l'Eglise, spécia-
« lement en matière de foi, avec l'intention de mettre obstacle à
« l'achèvement de notre sainte entreprise, la grandeur du péril qui
« te menacerait peut t'être révélée par des exemples anciens et

---

(1) Mandement adressé à Arnaud de Narbonne. P. 4.741.

(2) Annonce du légat Pierre de Bénévent, § 503.

(3) Deutéronome, V, 32.

(4) Nombres, XXI, 22.

(5) II Cor., VI, 14-15.

(6) Innocent III rappelle ici encore la fameuse réserve « salvo jure domini principalis » en vertu de laquelle Pierre II reçut l'hommage de Simon de Montfort à la Conférence de Narbonne de 1211 : § 210. Mais, en ordonnant à Pierre II de renverser sa politique et de combattre les hérétiques, il accordait implicitement à Simon le droit de le désavouer et de lui déclarer la guerre.

« mêmes récents. (1) [411] Donné au Latran, le 21 Mai, l'an seize
« de notre pontificat. »

[412] *Projet d'entrevue entre le roi d'Aragon et le comte.* Après
la clôture du concile de Lavaur, quand le très perfide roi d'Aragon
eut quitté Toulouse (2) en y laissant plusieurs de ses chevaliers pour
garder la ville et aider les ennemis du Christ, il fit savoir à notre
comte au bout de quelques jours qu'il voudrait avoir une entrevue
avec lui près de Narbonne. Notre comte, voulant témoigner de son
respect à l'égard du roi, son suzerain, et lui obéir en tout, (3) dans
la mesure où il le pouvait selon Dieu, répondit qu'il irait volontiers
à ce rendez-vous. Cependant le roi ne vint pas et il n'avait jamais
eu l'intenion de venir, mais une foule d'hérétiques et de routiers,
tant aragonnais que toulousains, s'assembla. On pouvait craindre
qu'ils ne prissent par trahison le comte de Jésus-Christ et sa faible
escorte : mais ce dernier eût vent de ce qui se tramait et il s'abstint
de paraître au rendez-vous.

[413] *Le Roi défie le Comte.* Peu de jours après, le roi envoya au
comte des messagers chargés de lettres où il le défiait et le menaçait autant qu'il le pouvait. Notre comte, malgré ce défi orgueilleux,
ne voulut porter aucun préjudice à la terre du roi de laquelle cependant lui venaient chaque jour des difficultés graves et nombreuses,
car les Catalans pénétraient sur sa terre et le harcelaient de tout
leur pouvoir : de plus, ils donnaient refuge à l'aller comme au
retour aux routiers qui dévastaient notre terre. [414] Quelques jours
plus tard, notre comte envoya au roi un chevalier brave et intelligent, Lambert de Limoux, (4) qu'il chargea de demander au roi
confirmation du défi apporté par les messagers royaux : il fit savoir
au roi qu'il n'avait jamais manqué à ses devoirs envers lui et qu'il
était prêt à lui rendre ce qu'il lui devait comme vassal. En outre,
si le roi avait à se plaindre de lui au sujet des biens des hérétiques
confisqués sur l'ordre du Souverain Pontife et avec l'aide des croisés,
notre comte était prêt à ester en droit devant la curie du seigneur
pape et celle de son légat l'archevêque de Narbonne. Enfin, il confia
audit chevalier certaines lettres qu'il lui ordonna de présenter au roi
si celui-ci croyait devoir s'entêter dans son obstination et dont voici

---

(1) Allusion à l'exemple ancien de Saül : I Rois, XIII-XV, et à l'exemple récent
d'Othon de Brunswick : P. 4.718 et 4.213. Othon fut excommunié le 18 Novembre 1210 :
la sentence fut confirmée le Jeudi-Saint 1211, soit le 31 Mars. Cf. Richard de Saint-Germain,
Chronique, dans M. G. H. ss. XIX, 334.
(2) En Février. Pierre d'Aragon est à Toulouse le 7, à Perpignan le 21, à Collioure
(Pyrénées Orientales) le 27. Miret y Sans, 94-95.
(3) Innocent III rappela à Simon ses devoirs envers le roi, 15 Janvier 1213, p. 4.647,
et encore le 1er Juin 1213, P. 4.741.
(4) Lambert de Limoux, un des croisés de la première heure, § 82, reçut de Simon
de Montfort la terre de Limoux, Chanson [37] : en 1213 précisément, il s'intitule seigneur
de Puivert et fait une donation à un monastère : Guiraud, cartul. II, n° 393 : item, Rhein,
cat. n° 114.

l'analyse. Le comte écrivait au roi en évitant toute formule de salut (1) puisque ce roi s'entêtait dans son défi et son obstination après tant d'offres de négociations juridiques et pacifiques. Le comte le défiait à son tour, se déclarant délié désormais de tout devoir envers lui et prêt à se défendre contre lui comme il se défendait contre les autres ennemis de l'Eglise. [415] Quand ledit chevalier fut arrivé devant le roi, (2) il répéta dans l'ordre et avec le plus grand soin en présence du roi et de plusieurs seigneurs de son pays la déclaration que le comte l'avait chargé de faire de vive voix, mais le roi s'entêta à rejeter toute proposition pacifique et refusa de renoncer à son défi envers le comte. Aussitôt ledit envoyé présenta au roi la lettre du comte relative au défi : elle fut lue en présence du roi et de ses vassaux par un évêque. Après l'avoir entendue et bien comprise, le roi et les siens entrèrent dans une colère furieuse. Après quoi, l'envoyé fut conduit hors de la salle royale et placé sous bonne garde et le roi consulta ses conseillers pour savoir ce qu'il devait faire audit envoyé. Quelques seigneurs lui conseillèrent de convoquer le comte pour qu'il vienne à la cour du roi lui rendre ses devoirs : en cas de refus son envoyé serait condamné à mort. [416] Le lendemain, l'envoyé revint devant le roi et répéta avec soin ce qu'il avait dit la veille au nom du comte : il fut même assez audacieux pour se déclarer prêt à soutenir en duel le bon droit de son maître à la cour même du roi, s'il se trouvait quelque chevalier pour dire que notre comte avait offensé injustement le roi ou avait violé son serment de fidélité. Tous s'emportèrent violemment contre lui, mais personne n'osa le provoquer. Il finit par être mis en liberté par le roi à la prière de certains chevaliers aragonais dont il était un peu connu et retourna près du comte de Montfort qui avait craint maint danger mortel. Désormais le roi d'Aragon qui jusque-là s'était contenté de combattre secrètement le comte de Jésus-Christ, commença à lui porter préjudice de toutes manières et à l'attaquer ouvertement.

[417] *Louis, fils du Roi de France, prend la croix.* L'an 1212 de l'Incarnation du Seigneur, au mois de Février, (3) Louis, fils aîné du Roi de France, (4) le plus doux des jeunes gens, adolescent d'un bon naturel, (5) se croisa contre les hérétiques pestiférés. A cette nouvelle, une foule innombrable de chevaliers de la France du nord, excités par son exemple et par amour pour lui, prirent aussi le signe

---

(1) L'omission de salutation est intentionnelle, comme dans la bulle d'Innocent III adressée à Pierre II, § 401.

(2) En Février, une quinzaine de seigneurs figurent comme témoins dans les actes de Pierre II pendant son séjour en Roussillon : Miret y Sans, 94-95.

(3) Ancien style : il faut lire : 1213.

(4) Louis avait vingt-cinq ans ; sur sa prise de croix, voir Petit-Dutaillis : Etude sur la vie et le règne de Louis VIII, dans la Bibliothèque de l'Ecole des Hautes-Etudes, sciences philologiques et historiques, 1894, p. 186-187.

(5) III Rois, XI, 28.

de la croix vivifiante. Le roi de France fut très peiné quand il apprit que son fils s'était croisé, mais il ne nous appartient pas d'expliquer le motif de sa contrariété. (1) [418] Le premier Dimanche de Carême, (2) à Paris, le roi tint un parlement avec ses principaux vassaux pour régler le départ de son fils et savoir les noms, le nombre et les qualités de ses compagnons. Les évêques de Toulouse et de Carcassonne (3) se trouvaient à Paris ce jour-là. Personnages de toute sainteté, ils étaient venus dans le nord de la France pour promouvoir l'affaire de la foi contre les hérétiques pestiférés.

[419] *Démarche du Roi d'Aragon auprès du Roi de France.* De son côté, le roi d'Aragon qui de toutes ses forces entravait l'affaire de la foi envoya au roi de France comme messagers l'évêque de Barcelone accompagné de quelques chevaliers. Le roi d'Aragon envoya ses messagers pour deux raisons : la première pour que le Roi de France lui donnât sa fille en mariage, car le roi d'Aragon voulait répudier sa femme légitime, fille de Guillaume de Montpellier, et même, dans la mesure où cela dépendait de lui, il l'avait déjà répudiée ; mais la reine s'était rendue auprès du seigneur pape, accusant son mari de l'avoir renvoyée injustement. Le Souverain Pontife, après avoir pleinement reconnu la vérité, prononça une sentence contre le roi et confirma le mariage entre lui et la reine. (4) Le roi d'Aragon voulait épouser la fille du roi de France (5) afin de se rendre celui-ci favorable par une telle alliance et le détourner de sympathiser avec l'affaire de la foi et de secourir le comte de Montfort. Mais les susdits messagers du roi d'Aragon se rendirent compte que la confirmation par le seigneur pape du mariage entre le roi et la reine d'Aragon était de notoriété publique à la cour de France : c'est pourquoi ils n'osèrent souffler mot du projet d'union qu'ils étaient chargés de présenter. [420] Le second objet de leur voyage dans le nord de la France était le suivant : le roi d'Aragon avait pris sous sa protection et sauvegarde la ville de Toulouse, depuis longtemps réceptacle et sentine des hérétiques, ainsi que

---

(1) Philippe-Auguste avait constamment refusé son concours à Innocent III, comme on l'a vu ci-dessus, § 72, les motifs allégués autrefois gardaient en 1213 toute leur valeur.

(2) Pâques tombant le 14 Avril, le premier dimanche de Carême était le 3 Mars.

(3) Foulques et Gui : ce dernier notamment pour contrecarrer l'influence du légat Robert de Courçon, ci-dessous, § 439.

(4) Pierre d'Aragon demandait la nullité de son mariage avec Marie de Montpellier sous prétexte que l'ancien époux de la reine, Bernard IV, comte de Comminges, vivait encore, et que, avant son mariage, il avait eu commerce avec une proche parente de la reine ; d'où empêchement de lien et d'affinité. Innocent III constitua un tribunal composé de l'évêque de Pampelune, Pierre de Castelnau et Raoul, lettre du 17 Juin 1206, P. 2.814 : lettre du 28 Janvier 1207, P. 2.991. L'affaire traîna en longueur. Finalement, Marie d'Aragon en appela au pape, lequel rendit une sentence concluant à la validité du mariage : lettres du 19 Janvier 1213 au roi, à la reine, aux évêques de Carcassonne, d'Avignon, et d'Orange : P. 4.656, 4.657. Cf. Villemagne, Bullaire du Bx Pierre de Castelnau, n° 36 et suivants.

(5) Marie, veuve de Philippe de Namur, qui allait être fiancée à Henri, duc de Brabant : Cartellieri, Philipp. II, August, IV-2, 350.

les hérétiques eux-mêmes, leurs fauteurs et leurs défenseurs : il
frayait ouvertement avec les excommuniés et avec les hérétiques :
enfin, pratiquant l'impiété sous l'apparence de la piété, (1) il s'ap-
pliquait de toutes ses forces à mettre un terme à la dévotion des
croisés et à refroidir leur zèle : il voulait assurer l'intégrité de
Toulouse et de quelques localités environnantes, afin de pouvoir
ensuite détruire et anéantir complètement toute l'affaire de la sainte
foi. Dans cette situation, il alla jusqu'à envoyer au roi de France,
à la comtesse de Champagne et à beaucoup d'autres des lettres
scellées de sceaux de plusieurs évêques de son pays, d'après lesquelles le seigneur pape semblait révoquer l'indulgence qu'il avait
accordé aux croisés contre les hérétiques (2) et il fit répandre ces
lettres dans la France du nord pour détourner les esprits de la
croisade contre les hérétiques. Après ces réflexions sur la malice du
roi, reprenons notre récit. Quand l'évêque de Barcelone et les autres
messagers du roi d'Aragon apprirent que Louis, fils du roi de
France, avait pris la croix contre les hérétiques et que beaucoup
de seigneurs l'avaient imité, eux qui étaient venus pour s'efforcer
d'arrêter les départs des croisés contre les hérétiques, n'osèrent
souffler mot de leurs désirs de combattre l'enthousiasme pour la
croisade : aussi retournèrent-ils près du roi d'Aragon sans avoir rien
accompli de la mission qui leur avait été confiée. [421] Quant au
roi de France, il avait convoqué à Paris, comme nous l'avons dit,
un parlement de ses grands vassaux où il régla le voyage de son
fils et des autres croisés et fixa la date du départ à l'octave de
Pâques. Qu'ajouterai-je ? Parmi les chrétiens la foi et l'enthousiasme
furent extrêmes, (3) tandis que les hérétiques étaient saisis à un
haut degré de douleur et de crainte. Hélas ! Peu après, notre harpe
se change en plainte lugubre, le deuil des ennemis se change en
joie ! (5) Le Vieil Ennemi du genre humain, (6) le Diable, voyant
l'affaire du Christ presque à son terme grâce aux efforts et au zèle
des croisés, voulut empêcher l'accomplissement de ce qui le con-
trariait : il trouva un nouveau stratagème pour nuire au roi de
France et lui susciter des guerres et des occupations si nombreuses
et si graves que celui-ci jugea utile d'ajourner le voyage projeté de
son fils et des autres croisés. (7)

---

(1) II Tim., III, 5.

(2) Lettre du 15 Janvier 1213, P. 4.648 : Cf .§ 399. Les lettres auxquelles le texte
fait allusion émaneraient du Concile de Perpignan, présidé par Raymond, archevêque de
Tarragone : P. L. t. 216, c. 845-849.

(3) Luc, I, 14.

(4) Job, XXX, 31.

(5) Jérémie, XXXI, 13.

(6) Apoc., XII, 9.

(7) C'est en Avril que s'organise l'expédition contre Jean-sans-Terre et ses alliés :
Cartellieri, op. cit, 344 et suiv.

[422] *Les évêques d'Orléans et d'Auxerre viennent de la France du nord.* A cette époque, l'évêque d'Orléans, Manassé, (1) et l'évêque d'Auxerre, Guillaume, (2) hommes persévérants et dignes d'éloges en toutes choses, deux grands luminaires, (3) et pour mieux dire les plus grands de l'Eglise de France de ce temps-là, et de plus frères germains, prirent la croix contre les susdits hérétiques. Ils constatèrent qu'une foule de croisés ajournaient leur départ et se rendirent compte que l'affaire du Christ se trouvait en péril parce que les ennemis de la foi montraient les cornes (4) plus hardiment qu'à leur ordinaire à cause de l'abstention des croisés. Aussi rassemblèrent-ils le plus de chevaliers qu'ils purent et se mirent-ils en route, admirables de force d'âme et de courage, non seulement prêts à dépenser leurs biens, mais aussi prêts, s'il le fallait, à s'exposer eux-mêmes aux dangers et à la mort pour le service de Jésus-Christ. Ces hommes, remplis de Dieu, firent hâte et arrivèrent droit à Carcassonne. Leur arrivée remplit d'une grande joie (5) le comte de Montfort et le petit nombre de ses compagnons. (6) [423] Lesdits évêques rejoignirent le comte et les nôtres à Fanjaux près de Carcassonne. Ils y passèrent quelques jours : après quoi le comte mena les évêques près de Toulouse, à Muret dont nous avons parlé plus haut. (7) De là, les nôtres chevauchèrent devant Toulouse pour harceler les ennemis du Christ et les leurs : toutefois un certain chevalier, nommé Alard de Strépy, (8) ainsi que quelques autres qui ne se conduisirent pas convenablement dans l'affaire du Christ, refusèrent d'accompagner notre comte. Celui-ci n'avait pas assez de troupes pour assiéger Toulouse ou tout autre localité un peu importante. Il projeta donc de multiplier les chevauchées autour de Toulouse avec les troupes dont il disposait afin de ruiner les forteresses environnantes dont le nombre et la force étaient grands, d'écorcer les arbres fruitiers et de détruire les blés et les vignes (car l'époque de la moisson approchait) et il réalisa le programme projeté. Les deux évêques étaient toujours avec le comte et chaque jour pour le service du Christ ils s'exposaient aux périls de la guerre. En outre, ils faisaient des dons généreux aux chevaliers qui les accompagnaient dans le service du Seigneur, ils rachetaient les captifs et pratiquaient avec zèle les devoirs d'une sainte et généreuse prouesse, en hommes

---

(1) Manassé de Seignelay, 1207-1221 : Cf. Bernois, Manassès de Seignelay, évêque d'Orléans, dans Académies de Sainte-Croix d'Orléans, Lectures et mémoires, 1899, p. 207-209.
(2) Guillaume de Seignelay, 1207-1220 : Cf. A. Longon, Etude sur la chronologie des évêques d'Auxerre, dans les Obituaires de la province de Sens, t. III, 1909, Introd., XXI-XXII.
(3) Gen., I, 16.
(4) Amos, VI, 14.
(5) Mtt., II, 10.
(6) II Rois, III, 23.
(7) § 356.
(8) Ce personnage était devenu le vassal de Jean sans Terre, ce qui pourrait expliquer son attitude envers Simon de Montfort. Voir la longue note de P. Guébin dans l'édition latine.

très saints qu'ils étaient. Ne pouvant entrer dans tous les détails, disons en résumé qu'en peu de jours les nôtres ruinèrent dix-sept forteresses et détruisirent en grande partie les blés, les vignes et les arbres de la région toulousaine. Ajoutons ceci : quand les nôtres chevauchaient devant la ville, les Toulousains et les routiers qui étaient à Toulouse deux fois plus nombreux que les nôtres, faisaient de fréquentes sorties et harcelaient de loin les nôtres, mais ils prenaient la fuite chaque fois que les nôtres cherchaient le combat. [424] Parmi les forteresses que les nôtres ruinèrent, il s'en trouvait une près de Toulouse, assez faible et sans garnison. (1) Trois chevaliers de grand courage, Pierre de Sissy, (2) Simon le Saxon, (3) Roger des Essarts, (4) qui depuis le début de la guerre en avaient enduré les épreuves auprès du comte demandèrent à celui-ci de leur abandonner cette forteresse : ils avaient l'intention de s'y installer et de là de chevaucher devant Toulouse et d'en harceler les défenseurs. Contre son gré et vaincu seulement par leurs prières, le comte finit par la leur accorder. [425] Vers la fête de la nativité de Saint Jean-Baptiste, le comte fit le projet et prit la décision d'armer chevalier son fils aîné Amaury. Sur l'avis des siens, il ordonna que la cérémonie de l'adoubement eût lieu à Castelnaudary, entre Toulouse et Carcassonne le jour de la fête de la nativité de Saint Jean-Baptiste. [426] Pendant que notre comte était ainsi occupé avec ses compagnons, son frère germain Guy de Montfort assiégeait Puycelei au diocèse d'Albi, avec l'aide de l'abbé de Saint Hubert, (5) dans l'évêché de Liège, du comte Baudouin, frère du comte de Toulouse, (6) de quelques chevaliers et d'une grande quantité de croisés à pied. Après avoir installé les machines, ils atteignirent courageusement le château que leurs adversaires, plus nombreux et bien armés, défendaient de l'intérieur comme ils pouvaient : en outre, les routiers innombrables de Toulouse venaient de temps en temps faire des coups de main dans notre camp, sous les murs du château et harcelaient les nôtres tant qu'ils pouvaient. [427] Un jour, les comtes de Toulouse, de Comminges et de Foix ainsi qu'un sénéchal du roi

---

(1) Il s'agit de la forteresse de Pujol, à l'est de Toulouse. Cf. Molinier, Notice historique sur la prise et la démolition de la forteresse de Pujol par les Toulousains pendant la guerre des Albigeois en l'année 1213, dans les Mémoires de l'Académie Impériale des Sciences, Inscriptions et Belles-Lettres de Toulouse, 1861, p. 11-27.

(2) Pierre de Sissy (Cissez, Eure), croisé de la première heure, fidèle compagnon de Simon de Montfort, Chanson [36], reçut le château de Verdun-sur-Garonne, Chanson [124, 127], § 352, 359.

(3) Simon le Saxon (Simon li Sesnes) sans doute originaire, lui aussi, de la région d'Evreux, dont la présence à la croisade n'est pas certifiée en 1209, mais seulement conjecturée à cause de la présence de ses deux compatriotes, Pierre de Sissy et Roger des Essarts, paraît au siège de Termes, Chanson [52].

(4) Roger des Essarts, même région, croisé en 1209, Chanson [36].

(5) Thierry III, 1212-1242 : G. Kurth, Catalogue des abbés, dans ses Chartes de l'abbaye de Saint-Hubert en Ardenne, I, Introd., LXIV, n° 25, dans Académie Royale des Sciences, des Lettres et des Beaux-Arts de Belgique. Commission Royale d'Histoire.

(6) Baudouin de Toulouse était seigneur de Bruniquel, au nord-ouest de Puycelui, § 235.

d'Aragon (1) et d'innombrables routiers se dirigèrent d'un commun
accord vers la place assiégée afin d'attaquer les nôtres. Comme ils
approchaient et se trouvaient près de notre camp, le sénéchal du
roi d'Aragon entra dans le château : il avait l'intention d'en ressortir en compagnie des défenseurs pour aller démolir nos machines.
Beaucoup de chevaliers entrèrent avec lui : les trois comtes et leurs
compagnons projetaient d'attaquer notre camp de l'extérieur. N'oublions pas de dire que en raison de leur faible effectif les nôtres
n'assiégeaient le château que d'un côté. A l'aurore, le sénéchal du
roi d'Aragon et les défenseurs du château firent une sortie et se
hâtèrent d'aller démolir nos machines. A cette vue, un chevalier du
camp, Guillaume de l'Ecureuil, (2) un vrai preux, monta sur son
cheval, chargea les ennemis et défendit courageusement les machines. Ensuite arrivèrent, pleins de courage et de persévérance, (3) Guy
de Montfort, le comte Baudouin et d'autres chevaliers en très petit
nombre pour protéger nos pierrières. Qu'ajouterai-je ? Les ennemis
aussitôt battent en retraitte vers le château, laissant nos pierrières
intactes et entières. Et quand les trois comtes susdits, Toulouse, Comminges et Foix virent ce qui avait été fait, sans donner le moindre
assaut, ils s'en allèrent. [428] Guy demeura longtemps, occupé aux
affaires du siège. Ensuite, les croisés qui étaient avec lui, après avoir
effectué le service de quarante jours prescrit par les légats du seigneur pape, le quittèrent (4) et retournèrent chez eux. Resté presque
seul, Guy dut lever le siège, mais auparavant, il conclut avec les
défenseurs l'accord que voici : les défenseurs s'engageaient à ne plus
combattre la chrétienté : de plus, si le château de Penne en Albigeois, (5) qui s'opposait aux nôtres, capitulait ou était pris d'assaut,
ils se rendraient sans résistance au comte de Montfort. [429] Levant
le siège de Puycelei, Guy de Montfort se hâta de rejoindre son frère,
notre comte qui lui-même se rendait à marches forcées à Castelnaudary pour l'adoubement de son fils Amaury dont nous avons déjà
parlé, car la fête de la nativité de Saint Jean-Baptiste approchait.
A cette cérémonie se rendirent aussi les grands vassaux et chevaliers
de la terre du comte. Nous voulons raconter la manière dont le fils
du comte fut fait chevalier du Christ, suivant une liturgie nouvelle
et inconnue des siècles antérieurs.

[430] *Le fils aîné du Comte devient chevalier.* L'an 1213 de l'Incarnation du Verbe, le noble comte de Montfort et plusieurs de ses

---

(1) Guillaume-Raymond IV de Montcade : Miret y Sans, La casa de Montcada,
App. n° 2 : « Senescales de Cataluna » dans le Boletin de la Real Academia de buenas
letras de Barcelona, 1901, 1902, 303.
(2) Le même vaillant chevalier défendit pareillement les machines au siège de Termes,
§ 179.
(3) Judith, IX, 14.
(4) En Juin : Rainier de Liège, dans M. G. H. ss. XVI, p. 667.
(5) Le seigneur de Penne en Albigeois — qu'il ne faut pas confondre avec Penne en
Agenais — §§ 321 et suivants — Olivier, avait prêté hommage au roi d'Aragon pendant
le séjour du roi à Toulouse, en Janvier 1213, § 367.

vassaux, grands et petits, s'assemblèrent à Castelnaudary pour la fête de la nativité du bienheureux Jean-Baptiste. Avec le comte se trouvaient également les deux vénérables évêques déjà souvent nommés (1) et quelques chevaliers croisés. Le comte très chrétien voulut que l'évêque d'Orléans armât son fils chevalier du Christ et le ceignit du baudrier : il le lui demanda avec instance. Le vénérable évêque opposa une longue et tenace résistance : vaincu enfin par les prières du comte et par les nôtres, il consentit aux demandes de tous. Comme on était en été et qu'on ne pouvait décemment loger pareille multitude dans Castelnaudary qui avait été détruite une ou deux fois, le comte fit élever plusieurs tentes dans une prairie agréable voisine du château. [431] Le jour de la nativité de Saint Jean-Baptiste, le vénérable évêque d'Orléans revêtit les ornements pontificaux en vue de célébrer la messe dans une des tentes et toute la foule, clercs et chevaliers, s'assembla (2) pour entendre la messe. Pendant que l'évêque debout près de l'autel célébrait la messe, le comte prit la main droite de son fils Amaury et la comtesse la main gauche. Tous se dirigèrent vers l'autel et offrirent leur fils à Dieu, demandant à l'évêque de l'armer chevalier pour le service du Christ. Qu'ajouterai-je ? Aussitôt les évêques d'Orléans et d'Auxerre s'agenouillèrent devant l'autel et ceignirent le jeune homme du baudrier en chantant le « Veni Creator Spiritus » avec la plus grande dévotion. O procédé d'adoubement nouveau et inusité ! Qui pouvait retenir ses larmes ? C'est ainsi que le jeune Amaury fut armé chevalier en grande solennité. [432] Après la cérémonie, le comte, les évêques et son fils restèrent quelques jours à Castelnaudary, puis quittèrent la ville. Le comte chevaucha devant Toulouse, fit prisonniers quelques Toulousains, les nôtres se rendirent à Muret. Plusieurs de Gascogne, répondant à la convocation du comte, l'y rejoignirent. Le comte voulut que tous fissent hommage à son fils, ce qui fut fait. (3)

[433] *Voyage du Comte en Gascogne.* Peu de jours après, le comte quitta Muret pour la Gascogne : il emmena son fils pour le mettre en possession des pays gascons déjà conquis (4) et pour qu'il emportât le reste avec l'aide de Dieu. [434] Quant aux évêques, ils restèrent à Muret : ils devaient en repartir le surlendemain pour rentrer chez eux. Ils avaient en effet, achevé leur quarantaine et ils y avaient consacré beaucoup de fatigues et d'argent, en hommes qu'il étaient dignes en tous points des plus grands éloges. Le troisième jour, ils quittèrent Muret et se dirigèrent vers Carcassonne. Quand les Toulousains et les autres ennemis de la foi virent que notre comte se rendait en Gascogne avec son fils et que d'autre part les évêques avec les croisés qui les accompagnaient retournaient chez eux, ils saisirent l'occasion d'agir sans danger et, sortant en grand nombre

(1) Les évêques d'Orléans et d'Auxerre, § 422.
(2) I Mcc., XV, 10.
(3) Gen., I, 7.
(4) Le comté de Comminges et les régions voisines, § 358.

de Toulouse, (1) ils allèrent assiéger quelques-uns de nos chevaliers,
Pierre de Sissy, Simon le Saxon, Roger des Essarts et un petit
nombre d'autres qui tenaient près de Toulouse, nous l'avons dit plus
haut, une place assez faible et non approvisionnée. (2) Dès leur arrivée, nos adversaires se mirent à attaquer vigoureusement les nôtres :
les assiégés se défendirent du mieux qu'ils pouvaient. Peu de jours
après, nos assiégés se rendirent compte qu'une résistance prolongée
était impossible, qu'aucun secours ne pouvait leur venir en temps
opportun, puisque le comte était parti pour la Gascogne et que les
évêques et les croisés regagnaient leurs foyers : ils capitulèrent après
de dures angoisses, à la condition toutefois que les ennemis épar-
gneraient leur vie et leurs membres. [435] N'oublions pas de dire que
les évêques d'Orléans et d'Auxerre étaient déjà à Carcassonne quand
ils apprirent que nos chevaliers étaient assiégés près de Toulouse.
Ils invitèrent les croisés qui étaient avec eux, ils les exhortèrent,
les supplièrent de revenir en arrière au secours des assiégés. O Hommes dignes en tout point d'être cités en exemple, O Hommes pleins
de courage ! Tous les croisés donnèrent leur assentiment : ils quittèrent Carcassonne et se hâtèrent d'aller secourir les assiégés. Comme ils approchaient de Castelnaudary, on leur dit que nos assiégés
étaient déjà prisonniers des Toulousains : et c'était la vérité. A cette
nouvelle, ils retournèrent à Carcassonne avec une grande tristesse.
Nos adversaires emmenèrent à Toulouse les chevaliers prisonniers
et se montrèrent pires que les infidèles. (3) En violation des promesses et des serments, nos chevaliers qui avaient la garantie de
leur vie et de leurs membres, furent trainés par des chevaux à
travers les places de la ville et pendus ensuite à un gibet. (4) O procédé horrible de cruauté et de trahison ! [436] Quant au noble comte
de Montfort, il avait, comme nous l'avons dit, (5) son fils en Gascogne et avait déjà conquis avec l'aide de Dieu beaucoup de places-
fortes, lorsqu'il apprit que les Toulousains et leurs complices assiégeaient près de Toulouse quelques-uns de ses chevaliers. Laissant
son fils en Gascogne avec un tout petit nombre de chevaliers, il
rebroussa chemin à marches forcées pour secourir les siens qui étaient
assiégés, mais avant qu'il put arriver jusqu'à eux ils étaient déjà
faits prisonniers et conduits à Toulouse. Pendant ce temps, Amaury,
fils du comte, nous l'avons dit, était resté en Gascogne avec une
faible troupe et il consacrait courageusement ses efforts à l'attaque
et à la prise des châteaux. Plusieurs évêques et quelques seigneurs
gascons qui soutenaient le parti de notre comte et de la chrétienté
étaient venus l'aider. [437] Il vaut la peine, croyons-nous, de carac-
tériser brièvement la situation dans la France du nord et la manière

---

(1) Le Pujol, § 424.
(2) Ils se concentrèrent à Montaudran, Chanson, éd. Mayer, 2.793-2.814.
(3) I Tim., V, 8.
(4) Au contraire, la Chanson, v. 2.867, dit que tous les chevaliers furent pris et passés
sur place au fil de l'épée ou pendus.
(5) § 433.

dont ses habitants se conduisirent à l'égard de la sainte affaire de la foi. Pour bien faire, il convient de rappeler quelques-uns des détails donnés plus haut. (1)

[438] *Retour en arrière.* Le roi Pierre d'Aragon avait envoyé ses messagers à Rome (2) pendant l'hiver précédent pour faire croire au seigneur pape par une allégation mensongère que le comte de Montfort avait pris à tort la terre des comtes de Comminges et de Foix et de Gaston de Béarn : le roi prétendant par l'intermédiaire de ses messagers que les trois susdits seigneurs n'avaient jamais été hérétiques, bien qu'il fût notoire qu'ils avaient toujours favorisé les hérétiques et de tout leur pouvoir combattu la sainte Eglise. Le roi insinua aux oreilles du Souverain Pontife que l'affaire de la foi contre les hérétiques était parachevée, les hérétiques mis en fuite et totalement expulsés du pays albigeois ; il importait donc au seigneur pape de révoquer l'indulgence qu'il avait accordée à ceux qui se croisaient contre les hérétiques et de transférer cette indulgence en vue de la guerre, soit contre les païens espagnols, soit pour l'aide à la terre sainte. O impiété inouïe sous l'apparence de la piété ! (3) Le méchant roi parlait ainsi, non qu'il fut touché des périls et des besoins de la sainte Eglise, mais parce qu'il voulait détruire et étouffer en un instant l'affaire du Christ contre les hérétiques, laquelle avait merveilleusement progressée depuis plusieurs années avec beaucoup de fatigues et de sang répandu. Il en donna plus tard des preuves évidentes. [439] Quant au Souverain Pontife, trop crédule aux allégations mensongères du roi, il accorda facilement ce que le roi demandait. Il envoya une bulle au comte de Montfort par laquelle il lui ordonnait expressément de rendre sur-le-champ aux comtes de Comminges et de Foix et à Gaston de Béarn, hommes perdus de crimes, leurs terres (que le comte de Montfort avait conquises avec l'aide des croisés par un juste jugement de Dieu) : d'autre part, il révoqua l'indulgence qu'il avait accordée à ceux qui se croisaient contre les hérétiques. (4) Plus tard, il envoya même comme légat dans le nord de la France maître Robert de Courçon, (5) de nationalité anglaise, avec beaucoup de bulles et d'indulgences afin qu'il mit tous ses soins à prêcher et faire prêcher la croisade de Jérusalem. Arrivé dans le nord de la France, le légat s'acquitta de sa mission avec une zélée sollicitude : il se mit à parcourir le nord de la France, à présider des conciles d'archevêques et d'évêques, a nommer des prédicateurs et à promouvoir par tous les moyens la

---

(1) §§ 398-421.

(2) Hispan et Colomb, § 404.

(3) II Tim., III, 5.

(4) § 399.

(5) Sur la vie et l'œuvre de Robert de Courçon, voir la thèse de Dickson : Le cardinal Robert de Courçon, sa vie, dans Archives d'Histoire Doctrinale et Littéraire du Moyen-Age, 1934, pp. 53-142.

croisade de Terre Sainte. (1) Il destitua les prédicateurs qui travaillaient à l'affaire de la foi contre les hérétiques et les obligea à partir
pour la croisade de Terre Sainte. Ainsi, aux yeux des hommes, l'affaire de la foi contre les hérétiques pestiférés fut presque ruinée,
car dans toute la France du nord il ne restait qu'une personne pour
s'occuper de l'affaire de la foi, (2) le vénérable évêque de Carcassonne, homme d'exquise sainteté, qui parcourait avec persévérance
le nord de la France (3) et soutenait par tous les moyens et de toutes
ses forces l'affaire de la foi pour l'empêcher de tomber dans l'oubli.
Ceci dit de la situation dans le nord de la France, reprenons le fil
de notre récit.

[440] Quand la curie romaine eût expédié la bulle qui ordonnait
au comte de Montfort de rendre leurs terres aux trois susdits seigneurs, notre comte très chrétien et les évêques des pays albigeois
envoyèrent au seigneur pape des messagers, l'évêque de Comminges,
l'archidiacre de Paris, G., un certain abbé de Clairac, hommes prévoyants et fermes, ainsi que deux clercs que le seigneur pape avait
précédemment envoyés au comte de Montfort comme légats *a latere*,
savoir maître Thédise, Pisan, qui affectionnait merveilleusement l'affaire de la foi, et Pierre-Marc qui avait été notaire du seigneur
pape (4) et était originaire du diocèse de Nîmes. Dès leur arrivée à
Rome, ils trouvèrent la curie réservée et même froide à leur égard,
car les messagers du roi d'Aragon, dont quelques-uns séjournaient
encore à la curie, s'étaient, grâce à leurs allégations mensongères,
rendus presque tous les esprits favorables. [441] Enfin, après de
laborieux efforts et de multiples audiences, après les enquêtes con-
cluantes de ses propres messagers, le seigneur pape, dûment éclairé,
écrivit au roi d'Aragon une bulle où il lui reprochait amèrement
d'avoir reçu sous sa protection et sauvegarde les Toulousains et
autres hérétiques : il lui enjoignait très sévèrement de par le Saint-
Esprit de rompre avec eux sur-le-champ et lui interdisait de leur
accorder à l'avenir conseil, aide et faveur. Le seigneur pape se plai-
gnait ensuite dans cette même bulle de ce que par des allégations
on ne peut plus mensongères le roi eut obtenu une bulle pontificale
restituant leurs terres aux comtes de Comminges et de Foix et à
Gaston de Béarn, bulle que le seigneur pape révoquait totalement
comme subreptice. Il ordonnait en outre aux trois susdits seigneurs
et aux Toulousains de donner satisfaction à Dieu en se conformant

---

(1) A cette époque, Innocent III est tout occupé du futur concile et de la croisade
de Terre Sainte : voir les bulles d'Avril 1213, P. 4.706 et suivantes : notamment en ce
qui concerne Robert de Courçon, bulles adressées au clergé, à Robert lui-même et à Philippe-
Auguste, P. 4.710, 4.711, 4.712.

(2) Innocent III lui-même autorisa Conrad, doyen de Spire, à détourner vers la Terre
Sainte les pèlerins qui avaient pris la croix contre les hérétiques « ut tales (croisés) ad
assumendum itineris Hierosolymitani laborem sedulo inducantur, cum illum majoris meriti
esse constet ». Lettre du 9 Septembre 1213, P. 4.807.

(3) Pendant un an, § 508.

(4) § 398. Noter que Thédise n'était pas Pisan, mais Gênois, § 70.

aux avis et à la volonté de l'archevêque de Narbonne, légat du Siège Apostolique, et de l'évêque de Toulouse pour leur retour à la communion des fidèles : il ordonnait qu'en cas de refus les populations fussent invitées par de nouvelles indulgences à marcher contre les Toulousains et tous leurs fauteurs et défenseurs : tel fut en résumé le contenu de cette bulle. (1) Quand ils l'eurent reçues, nos envoyés quittèrent la curie.

[442] Quant au noble comte de Montfort et à ses compagnons, ils couraient à ce moment-là un sérieux danger : ils étaient pour ainsi dire seuls et presque abandonnés, (2) car il ne venait à leur secours du nord de la France que peu ou point de croisés. Comme nous l'avons déjà dit, l'affaire de la foi était presque tombée en oubli à cause de la nouvelle prédication du légat que le seigneur pape avait envoyé dans le nord de la France pour la croisade de Terre Sainte, aussi on ne voyait presque plus personne prendre la croix contre les hérétiques pestiférés. De plus, le roi de France, à cause des guerres qu'il soutenait à l'intérieur de son royaume, (3) avait interdit aux chevaliers qui avaient pris la croix depuis longtemps contre les hérétiques d'accomplir leur vœu. Et pour comble, on racontait couramment (4) dans tous les pays des albigeois que le roi d'Aragon concentrait ses troupes pour envahir orgueilleusement notre pays et en éliminer complètement les chevaliers du Christ. [443] Devant un si grand péril, notre comte fit mander à son fils qui assiégeait Roquefort en Gascogne (5) de lever le siège et de venir le rejoindre en toute hâte : il craignait en effet que le roi d'Aragon, en envahissant la Gascogne avec ses troupes, ne vînt à faire prisonnier son fils qui n'avait que très peu de français avec lui. Mais le pieux Seigneur Jésus-Christ qui vient toujours à notre aide au temps du besoin et de la tribulation (6) permit que le fils du comte put obéir à l'ordre de son père (7) sans avoir à rougir de la levée du siège : la nuit même où arriva le message du comte, (8) les ennemis qui étaient assiégés dans le château demandèrent à faire la paix : ils se dirent prêts à livrer la place et à rendre environ soixante prisonniers qu'ils y tenaient, à condition de sortir sans être inquiétés. Amaury, fils du comte, le leur accorda parce qu'il était pressé : il laissa une garnison de quelques chevaliers et se hâta de rejoindre son père. [444] La situation du pays albigeois était extrêmement confuse et instable, car les ennemis de la foi et les chevaliers du roi d'Aragon qui avaient longtemps séjourné à Toulouse circulaient

(1) Cf. §§ 401-411, le texte même de la bulle d'Innocent III.
(2) « Quasi soli et pene penitus desolati » comme en 1209, après le départ du duc de Bourgogne : « solus et quasi desolatus » §§ 115-187.
(3) Contre Ferrand de Portugal, comte de Flandre et Jean sans Terre, roi d'Angleterre.
(4) Gen., XLV, 16.
(5) § 436. Il s'agit de Roquefort ou Rochefort, dans le comté de Comminges.
(6) Ps., IX, 10.
(7) Le 20 Août, Simon était à Carcassonne, Rhein, Cat., n° 115.
(8) Sur des synchronismes analogues, Cf. §§ 126, 449.

sous les murs de nos places-fortes, invitant les indigènes à trahir et
à livrer leurs châteaux, et à cause de la garantie du roi d'Aragon
dont ils souhaitaient l'arrivée avec impatience, plusieurs d'entr'eux
passèrent à l'ennemi : nous perdîmes ainsi plusieurs localités importantes et très fortes. [445] Vers cette époque, le noble comte de
Montfort et les évêques du pays albigeois envoyèrent au roi d'Aragon deux abbés (1) chargés de lui transmettre la bulle et les ordres
du seigneur pape et de le supplier conformément à ces ordres de
cesser toute aide aux hérétiques et toute attaque contre la chrétienté.
Le roi, fourbe et hypocrite, répondit mensongèrement qu'il accomplirait volontiers tous les ordres du Souverain Pontife. Mais bien
qu'il eut toujours promis de les accomplir très volontiers, il refusa
néanmoins de rappeler les chevaliers qu'il avait laissé à Toulouse
l'hiver précédent et avec l'aide desquels, outre les Toulousains et
autres hérétiques, il combattait la chrétienté. Bien plus, il envoya
encore d'autres chevaliers dans cette ville. Il rassembla encore dans
toute l'étendue de sa terre le plus grand nombre possible de chevaliers. De plus, nous avons entendu dire qu'il avait envoyé une grande
partie de ses biens pour solder des mercenaires afin d'aider les hérétiques et de combattre la chrétienté. O perfide cruauté, ô très cruelle
trahison ! Tout en s'appliquant à concentrer ses troupes contre nous,
il s'engageait néanmoins à obéir volontiers aux ordres du seigneur
pape qui lui prescrivait de rompre avec les hérétiques et les excommuniés. Il espérait ainsi nous endormir dans une fausse sécurité.
Mais l'événement montra qu'il n'y a pas de prudence, qu'il n'y a
pas de conseil contre le Seigneur. (2)

---

(1) Guillaume de Lagrasse et Gérard de Caunes partirent le 24 Juillet et revinrent
le 16 Août : leur mission a été racontée par le prévôt de Toulouse dont le récit concorde
avec celui de Pierre des Vaux-de-Cernay : Bibl. de la ville de Carpentras, ms. 41,
141 v°-142 v°.

(2) Prov., XXI, 30. Allusion à la mort du roi, § 478. Depuis un an, soit dès la
victoire de Las Navas de Tolosa, Pierre II préparait cette bataille, au double point de vue
militaire et financier : levées de troupes, cessions féodales, emprunts à des banquiers juifs
ou musulmans. L'enjeu de cette bataille, il est vrai, était considérable. Il s'agissait, non
seulement de défendre le comte de Toulouse, beau-frère du roi, § 38, et les seigneurs
pyrénéens, mais encore de continuer la politique traditionnelle aragonaise, et, si possible,
de la couronner, en l'étendant à tout le Languedoc et à toute la Provence. Voir H. Delpech :
La bataille de Muret et la tactique de la cavalerie au XIIIᵉ siècle, Paris, Toulouse, Montpellier, 1885, p. 194 et suivantes. Sur la politique aragonaise et la guerre de Provence ;
Fournier, Le Royaume d'Arles et de Vienne, Paris, 1891, p. 28 et suivantes ; Bourilly
et Busquet, La Provence au Moyen-Age, ouvr. cité, p. 22 et suivantes.

CHAPITRE X

L'INTERVENTION DU ROI D'ARAGON
LA BATAILLE DE MURET

[446] *Le Roi d'Aragon entre en Gascogne.* Cependant, le roi d'Aragon, enfantant l'iniquité qu'il avait conçue (1) contre le Christ et ses serviteurs, sortit de son pays avec une foule considérable de cavaliers et envahit la Gascogne : il avait l'intention de rendre aux hérétiques et de soumettre à sa suzeraineté toute la terre qui avait été conquise par la grâce de Dieu et avec l'aide des croisés Ayant donc franchi les frontières de Gascogne, il marcha sur Toulouse : plusieurs localités gasconnes, situées sur son passage et prises de peur, se livrèrent à lui. Qu'ajouterai-je ? Dans toute cette région, la nouvelle de l'arrivée du roi se répand rapidement : les indigènes se réjouissent, la plupart trahissent, les autres se préparent à en faire autant. [447] Le roi renégat, après avoir contourné plusieurs châteaux, arrive devant Muret, ville bien située, mais mal fortifiée, à trois lieues de Toulouse. Malgré l'insuffisance de ses remparts et de ses fossés, elle avait une garnison de trente chevaliers environ et de quelques gens à pied que le noble comte de Montfort y avait disposé pour la défendre. Les Toulousains, en effet, cherchaient à attaquer le château plus que tout autre et la garnison du château combattait les Toulousains plus que tous autres ennemis. Arrivé à Toulouse le roi d'Aragon rassembla les Toulousains et autres hérétiques pour aller assiéger Muret. (2)

[448] *Siège et glorieuse bataille de Muret.* L'an 1213 de l'Incarnation de Notre-Seigneur Jésus-Christ, le quatre des Ides de Septembre, le mardi après la nativité de la bienheureuse Vierge Marie, Pierre, roi d'Aragon, après avoir rassemblé les comtes de Toulouse, de Comminges et de Foix et une forte armée d'Aragonnais et de Toulousains, vint assiéger Muret ville située sur la Garonne, à trois lieues de Toulouse, en direction de la Gascogne. (3) Les ennemis

---

(1) Ps., VII, 15.

(2) Sur la bataille de Muret, la bibliographie est abondante. Voir, outre les ouvrages précédemment cités, H. Delpech : Un dernier mot sur la bataille de Muret ; M. Dieulafoy, qui le contredit dans son étude sur la bataille de Muret, 1913, p. 18-50. A son tour, P. Belperron essaie de donner une interprétation qui tienne compte des trois chroniqueurs de cette bataille : Pierre des Vaux-de-Cernay, Guillaume de Tudèle, Guillaume de Puylaurens, pp. 268-281.

(3) Pierre d'Aragon et Raymond VI sont pleins d'optimisme : les Toulousains le sont moins et ils craignent le courage et la vengeance des « Français ». Cf. Chanson, éd. Meyer, v. 2.888-2.928.

occupèrent de prime abord le premier faubourg : nos assiégés, à
cause de leur petit nombre, n'avaient pu le mettre en état de défense
et s'étaient retirés dans l'autre faubourg un peu plus fortifié. Mais
les ennemis ne tardèrent pas à évacuer le premier faubourg. Aussitôt nos chevaliers qui tenaient le château envoyèrent un messager
au noble comte de Montfort pour l'informer qu'ils étaient assiégés
et lui demander de les secourir, car ils n'avaient que peu de vivres,
autant dire rien, et n'osaient pas sortir de la ville. [449] Notre comte
était à huit lieues de là, à Fanjaux : il avait l'intention de se rendre
au château de Muret pour le garnir d'hommes et de vivres, car il
pressentait l'arrivée du roi d'Aragon et le siège de Muret. Pendant
la nuit même où le comte se proposait de quitter Fanjaux, notre
comtesse qui était avec lui eut un songe (1) qui l'épouvanta grandement. Il lui semblait que de ses bras du sang coulait en grande
abondance : au matin, elle raconta ce rêve au comte et lui dit qu'elle
en était fortement troublée. Le comte répondit : « Vous avez parlé
comme une femme (insensée). » (2) Croyez-vous que j'ajoute foi aux
songes et aux augures à la manière des Espagnols ? Si j'avais rêvé
cette nuit que je dusse être tué dans la bataille où je cours, je mar-
cherais avec plus de confiance pour mieux faire pièce à la stupidité
des Espagnols et des habitants de ce pays qui se préoccupent des
songes et des augures. » Ceci dit, le comte quitta Fanjaux et se hâta
avec ses hommes en direction de Saverdun. [450] En route, il vit
venir à lui le messager que lui envoyaient les chevaliers assiégés
dans Muret. A cette nouvelle, les nôtres éprouvèrent une grande
joie, (3) escomptant déjà la victoire prochaine. Aussitôt le comte
demanda à la comtesse qui de Fanjaux allait à Carcassonne de lui
envoyer en renfort le plus grand nombre possible de chevaliers.
Une fois arrivée à Carcassonne, la comtesse rassembla autant de
chevaliers qu'elle put : en outre, elle pria un chevalier de la France
du nord, le vicomte de Corbeil, (4) qui avait achevé sa quarantaine
et retournait dans ses foyers, de rebrousser chemin et de marcher
en toute hâte au secours du comte : il y consentit de bonne grâce
et s'engagea à revenir volontiers. Ledit vicomte avec ses compagnons
et un petit nombre de chevaliers que la comtesse, nous l'avons dit,
envoyait au secours du comte, vinrent à Fanjaux. Quant à notre
comte et à sa troupe qui se dirigeaient rapidement vers Saverdun,
ils arrivèrent près de l'abbaye cistercienne de Boulbonne. Notre
comte obliqua vers l'église et entra pour y faire ses oraisons et pour
se recommander, lui et les siens, aux prières des moines. Après avoir
prié longtemps et avec grande dévotion, il saisit l'épée qui pendait

---

(1) Esther, XI, 2.
(2) Job, II, 10.
(3) Mtt., II, 10
(4) Payen, vicomte de Corbeil. Cf. Depoin : Les vicomtes de Corbeil et les chevaliers
d'Etampes au XIIe siècle, dans le Bulletin de la Soc. hist. et archéol. de Corbeil, etc...
1899, p. 11, 56-57, 159, 162-163 ; Les vicomtes de Corbeil sous Louis VIII, etc..., 1917,
p. 4-7.

à ses côtés, la posa sur l'autel et dit : « O bon Seigneur, ô doux Jésus ! Tu m'as choisi, malgré mon indignité, pour tes combats. C'est de ton autel aujourd'hui que je reçois mes armes afin qu'au moment de livrer tes batailles (1) je reçoive de toi les instruments du combat. » Ceci dit, il ressortit et se rendit avec les siens à Saverdun. [451] Le comte était accompagné de sept évêques et trois abbés (2) que l'archevêque de Narbonne, légat du Siège Apostolique, avait convoqués afin de négocier la paix avec le roi d'Aragon. De plus, trente chevaliers environ venaient d'arriver de la France du nord pour accomplir leur vœu de croisade. Parmi eux se trouvait un jeune chevalier, frère utérin de notre comte, nommé Guillaume des Barres. (3) Toutes ces choses s'accomplirent par la volonté du Seigneur. (4) [452] Arrivé à Saverdun, le comte assembla les chevaliers qui étaient avec lui et demanda leur avis pour savoir ce qu'il devait faire. Pour lui, ainsi que je l'ai entendu plus tard de sa propre bouche, il aurait désiré à tout prix continuer sa route pendant la nuit et entrer à Muret, car ce chef très fidèle s'inquiétait beaucoup de voir les siens assiégés. Les autres chevaliers voulaient rester cette nuit-là à Saverdun parce que les chevaux étaient fourbus et à jeûn et peut-être, disaient-ils, auraient-ils à livrer bataille sur leur route. Le comte s'inclina contre son gré, car il faisait tout par conseil. [453] A l'aube du lendemain, (5) le comte appela son chapelain, (6) se confessa, fit son testament qu'il envoya, écrit et scellé, au monastère de Boulbonne, avec ordre, s'il était tué dans la bataille, d'envoyer ce testament à Rome et de le faire confirmer par le seigneur pape. Quand il fit plein jour, les évêques qui étaient à Saverdun ainsi que le comte et tous les siens s'assemblèrent à l'Eglise : aussitôt l'un des évêques revêtit les ornements pontificaux pour célébrer la messe en l'honneur de la bienheureuse Vierge Marie. (7) Pendant cette messe, à la lueur des cierges, tous les évêques, excommunièrent le comte de Toulouse et son fils, le comte de Foix et son fils, le comte de Comminges et tous leurs fauteurs, aides et défenseurs. Il n'est pas douteux que le roi d'Aragon fut englobé dans cette sentence, quoique les évêques eussent intentionnement passé son nom sous silence, l'excommunication l'atteignant non seulement comme aide et défenseur dudit comte, mais aussi parce qu'il avait pris l'initiative

---

(1) I Rois, XXV, 28.

(2) Les évêques de Toulouse, Nîmes, Uzès, Lodève, Adge, Béziers, Comminges, les abbés de Clairac, Villemagne, Saint-Thibery, §§ 470, 482.

(3) Sa mère, Amicie de Leicester, avait épousé successivement Simon III de Montfort, père du chef militaire de la croisade, puis Guillaume III des Barres. Voir la biographie de Guillaume IV des Barres, dans H. Stein : Essai de généalogie de la famille des Barres, dans Inscriptions de l'ancien diocèse de Sens, t. 3, Fontainebleau, 1901.

(4) Ps., CXVII, 23.

(5) Daniel, XIV, 15.

(6) Maître Clarin, chapelain, puis chancelier de Simon de Montfort, figure dans vingt-deux actes concernant la croisade. Cf. Rhein, cat., nᵒˢ 96, 126, 129-131, 135-138, 156, 168, 173, 174 ; Molinier, cat., nᵒˢ 109, 125 ; Layettes, V, nᵒˢ 201, 217 ; Vaissète, VIII, 680, 760, etc...

(7) Le 12 Septembre, fête du saint nom de Marie.

et la direction de tous les mauvais desseins qui se rattachaient au siège de Muret. (1) [454] La messe terminée, le comte et les siens après s'être confessés, revêtirent leurs armes, puis ils quittèrent Saverdun et formèrent dans une plaine voisine de la ville trois escadrons en l'honneur de la sainte et indivisible Trinité. Poursuivant leur marche, ils vinrent à Auterive, à mi-chemin entre Saverdun et Muret. De là, continuant leur route, ils arrivèrent entre Auterive et Muret à un endroit de passage difficile où ils supposaient bien rencontrer les ennemis, car l'endroit était plein de boue, le chemin étroit et détrempé. Près de là s'élevait une église où notre comte entra pour y faire oraison selon sa coutume. La pluie tombait alors à torrents et incommodait fort nos chevaliers, mais elle s'arrêta pendant que priait le chevalier de Jésus-Christ, c'est-à-dire notre comte, et les nuages firent place à un ciel pur. O bienveillance illimitée du Créateur ! Aussitôt que le comte eût terminé sa prière, (2) tous les nôtres ressortirent à cheval et traversèrent ledit passage sans rencontrer d'hostilité. [455] Avançant toujours, ils arrivèrent devant Muret, en deçà de la Garonne, tandis que, au delà du fleuve, le roi d'Aragon et son armée assiégeaient la ville, plus nombreux que les grains de sable de la mer. (3) Nos chevaliers, pleins d'ardeur, conseillèrent au comte d'entrer immédiatement dans la ville et de livrer bataille aux ennemis le jour même. Mais le comte refusa absolument de combattre ce jour-là, car la nuit venait et les chevaux comme leurs cavaliers étaient fatigués, tandis que les ennemis étaient tout frais : en outre, il voulait faire preuve d'humilité, faire au roi d'Aragon des offres de paix et le supplier de ne pas se joindre aux ennemis du Christ pour combattre l'Eglise. C'est précisément pour ces motifs que le comte ne voulut pas que la rencontre eut lieu ce même jour.

[456] *Entrée du Comte à Muret.* Les nôtres traversèrent un pont et entrèrent à Muret ; aussitôt, nos évêques envoyèrent au roi plusieurs messagers et à diverses reprises. Ils le suppliaient instamment de daigner prendre piété de la sainte Eglise, mais le roi, au comble de l'entêtement, repoussa toutes leurs avances et refusa de répondre en paroles de paix, comme on le verra plus loin. Pendant la nuit, le vicomte de Corbeil et les quelques chevaliers de la France du nord qui venaient de Carcassonne dont nous avons parlé plus haut, (4) firent leur entrée à Muret. A leur arrivée, le comte et ses compagnons éprouvèrent une grande joie. (5) N'oublions pas de dire que dans Muret il n'y avait pas assez de vivres pour suffire aux nôtres, fut-ce un seul jour. Et ainsi se passa la nuit. [457] Le lendemain,

---

(1) En 1213, Pierre II avait obtenu d'Innocent III la confirmation du privilège interdisant d'excommunier les rois d'Aragon sans l'ordre exprès du pape : Lettre du 4 Juillet 1213, confirmant le privilège d'Urbain II, du 16 Mars 1095 ; P. 4.773.
(2) Luc, XXII, 45.
(3) Jérémie, XV, 8.
(4) § 450.
(5) Mtt., II, 10.

de grand matin, (1) le comte alla entendre la messe dans la chapelle
du donjon. Les évêques et les chevaliers se rendirent dans l'église
du bourg pour entendre aussi la messe. Le comte, après la messe,
sortit du donjon et vint dans le bourg pour tenir conseil avec les
siens et prendre leur avis. Pendant cette réunion, les nôtres étaient
sans armes, car des négociations de paix se poursuivaient pour ainsi
dire avec le roi par l'intermédiaire des évêques. Ceux-ci, avec l'approbation unanime des nôtres, voulaient se rendre nu-pieds auprès
du roi pour le supplier de ne pas combattre l'Eglise et un messager
était parti pour annoncer cette démarche des évêques. Tout à coup,
plusieurs cavaliers ennemis firent irruption dans le bourg où se trouvaient les nôtres : car les portes en étaient ouvertes, le noble comte
s'étant opposé à ce qu'elles fussent fermées. [458] Bientôt le comte
s'adressa aux évêques et leur dit : « Vous voyez que vous ne gagnez
rien, mais que le tumulte augmente. (2) Nous en avons assez supporté et plus que supporté. Il est temps de nous donner l'autorisation de combattre. » A cause de l'urgence qu'il y avait, les évêques y
consentirent. Les nôtres se retirèrent du lieu de la réunion et se rendirent chacun chez soi pour prendre les armes. Comme le comte péné-
trait dans le donjon pour s'armer et qu'il passait devant la chapelle,
il y jeta un coup d'œil et vit l'évêque d'Uzès qui célébrait la messe
et disait : « Dominus vobiscum » après l'Evangile et, avant l'offer-
toire. Aussitôt le comte très chrétien courut s'agenouiller devant
l'évêque et les mains jointes il lui dit : « A Dieu et à vous, j'offre
aujourd'hui mon corps et mon âme. » O Dévotion d'un véritable
chef ! Après quoi, étant entré dans le donjon, il revêtit ses armes.
Puis il revint dans la chapelle auprès de l'évêque et de nouveau il
lui fit offrande de sa personne et de ses armes. Mais comme il flé-
chissait le genou devant l'autel, le ceinturon doré d'où pendaient
ses cuissants se rompit. En bon catholique, il n'en ressentit ni crainte
ni trouble, mais ordonna qu'on lui apportât un autre ceinturon.
[459] Ceci fait, le comte sortit de la chapelle et on lui amena son
cheval. Comme il voulait l'enfourcher — il se trouvait alors en un
lieu élevé de sorte que les Toulousains, sortis de leurs tentes, pouvaient l'apercevoir — le cheval dressa la tête, frappa le comte et le
fit reculer. A cette vue, les Toulousains poussèrent un grand cri pour
se moquer du comte. Celui-ci, en bon catholique, leur dit : « En ce
moment, vous vous moquez de moi, mais j'ai confiance en Dieu et
je crois qu'aujourd'hui même je vous poursuivrai jusqu'aux portes
de Toulouse en poussant des cris de victoire. » Ceci dit, le comte
monte à cheval et se dirige vers les chevaliers qui étaient dans le
bourg : il les trouve armés et prêts au combat. (3) [460] Un chevalier conseilla au comte de faire dénombrer ses chevaliers pour savoir
combien ils étaient. « Ce n'est pas la peine, répondit le noble comte,

---

(1) Juges, IX, 33.
(2) Mtt., XXVII,24.
(3) Nombres, XXXII, 29.

nous sommes assez nombreux pour vaincre nos ennemis avec l'aide de Dieu. » Or l'effectif de nos chevaliers et sergents montés ne dépassait pas huit cents, tandis qu'on évaluait celui des ennemis à environ cent mille. Quant aux piétons, les nôtres en avaient très peu, presque pas, et le comte leur avait interdit de participer à la bataille. [461] Pendant que le comte et ses chevaliers parlaient entr'eux et s'occupaient du combat, l'évêque de Toulouse survint, la mitre en tête et le crucifix à la main. Les nôtres se hâtèrent de descendre de cheval et d'adorer la croix un à un. Mais l'évêque de Comminges, homme admirable de sainteté, voyant que cette adoration individuelle de la croix prenait trop de temps, enleva le crucifix des mains de l'évêque de Toulouse et monta sur une éminence, puis il bénit tous les assistants en disant : « Allez au nom de Jésus-Christ. » Je vous suis témoin et je reste votre caution au jour du jugement que quiconque tombera dans ce glorieux combat recevra sur-le-champ la récompense éternelle et la gloire du martyre. Sans nulle peine du Purgatoire, pourvu qu'il soit contrit et confessé ou du moins qu'il ait le ferme intention de se présenter à un prêtre (1) aussitôt après le combat pour les péchés qu'il n'aurait pas encore confessé. »

[462] *Départ du comte pour la bataille.* Aussitôt que, à la demande de nos chevaliers, cette promesse eut été répétée à plusieurs reprises et confirmée plusieurs fois par les évêques, les nôtres, lavés de leurs péchés par la contrition de cœur et la confession vocale, se pardonnant les uns aux autres au cas où il y aurait entr'eux quelque sujet de plainte, (2) sortirent de la ville, disposés en trois escadrons en l'honneur de la Sainte Trinité et s'avancèrent sans peur contre leurs ennemis. Quant aux évêques et autres clercs, ils entrèrent dans l'église afin de prier le Seigneur pour les siens qui s'exposaient pour lui à une mort prochaine. Leurs prières et leurs clameurs montaient vers le ciel et ils poussaient de tels mugissements, vu la grandeur du péril, qu'on devrait dire qu'ils hurlaient (3) plutôt qu'ils priaient. Cependant les chevaliers du Christ marchaient joyeux vers le lieu de la rencontre, prêts à souffrir pour le nom de Jésus, non seulement des outrages, (4) mais la mort même. Une fois sortis de la ville, ils virent dans une plaine voisine les ennemis prêts au combat, si nombreux qu'ils donnaient l'impression de l'univers entier. (5) [463] Soudain, notre premier escadron attaque audacieusement les ennemis et plonge au milieu d'eux. Le deuxième suit bientôt et pénètre dans les lignes ennemies comme le premier C'est dans cette mêlée que succomba le roi d'Aragon et beaucoup d'Aragonnais avec lui : son grand orgueil l'avait poussé à se mettre dans cette deuxième ligne, alors que les rois ont l'habitude de se mettre

---

(1) Mtt., VIII, 4. Lévitique, XIII, 49.
(2) Coloss., III, 13.
(3) Jérémie, XXV, 34.
(4) Actes, V, 41.
(5) L'expression se retrouve dans Villehardouin, ed. Faral, n° 177.

toujours dans la dernière : de plus, il avait changé d'armure et
revêtu celle d'un archer. Notre comte remarqua que deux de ses
escadrons étaient submergés par l'ennemi et avaient presque dis-
parus : alors, il s'élança sur la gauche contre les ennemis innombrables qui se tenaient rangés en bataille le long d'un fossé qui les
séparait du comte : ce dernier fonça brusquement sur eux sans pré-
voir par quel chemin il pourrait parvenir jusqu'à eux, mais il trouva
dans ce fossé un tout petit sentier (tracé exprès, croyons-nous, par
la Providence) par lequel il passa, atteignit les ennemis et les enfon-
ça en vigoureux chevalier du Christ qu'il était. Ayons soin de dire
qu'au moment où il voulait les charger, ils lui assénèrent du côté
droit de si violents coups d'épée que sous le choc son étrier gauche
se rompit : le noble comte voulut alors enfoncer son éperon gauche
dans la housse de son cheval, mais l'éperon lui-même cassa et se
détacha du pied : néanmoins le vigoureux chevalier ne perdit pas
l'équilibre et rendit vigoureusement coup pour coup. L'un des ennemis, ayant frappé fortement le comte à la tête, celui-ci donna à son
adversaire un coup de poing sous le menton et le désarçonna. A
cette vue, les innombrables compagnons dudit chevalier et tout le
reste des ennemis, vaincus et en déroute, cherchèrent leur salut
dans la fuite. (1) Ceux des nôtres qui formaient les premier et deuxième escadrons s'en aperçurent : ils poursuivirent sans trêve les
fuyards et leur infligèrent de lourdes pertes. Attaquant tous ceux
qui restaient en arrière, ils en tuèrent plusieurs milliers. Cependant
notre comte et ses compagnons suivaient avec une lenteur calculée
ceux qui pourchassaient les fuyards afin que, si par hasard les ennemis se regroupaient et reprenaient le courage de résister, ceux des
nôtres qui s'étaient égaillés pour suivre les fuyards pussent se rallier
autour du comte. N'oublions pas de dire que le très noble comte ne
fit aux ennemis l'honneur de les frapper dès qu'il les vit prendre la
fuite et lui tourner le dos. [464] Pendant ce temps, les innombrables
Toulousains restés en armes au camp s'appliquaient de toutes leurs
forces à entrer dans la ville : ce que voyant, l'évêque de Toulouse
qui était dans Muret, rempli de douceur et de bonté, compatissant
à leur malheur, leur envoya un religieux pour les exhorter à se
réconcilier avec Dieu et à déposer leurs armes, moyennant quoi il
les arracherait à la mort qui les menaçait. En signe de garantie, il
leur envoya sa coule, car il était moine en même temps qu'évêque.
Mais eux, entêtés dans un aveuglement voulu par Dieu, répondirent
que le roi d'Aragon avait remporté la victoire sur tous les nôtres et
que l'évêque voulait les livrer à la mort (2) et non pas les sauver.
Aussi bien, ils arrachèrent la coule au messager et le frappèrent
violemment à coup de lance. Cependant nos chevaliers revenaient
du carnage après leur glorieuse victoire : ils se dirigèrent du côté
des Toulousains et en tuèrent quelques milliers. [465] Après quoi,

---

(1) Judith, XV, 1.
(2) Marc, XIV, 55.

le comte ordonna à quelques-uns de ses compagnons de le conduire
à l'endroit où avait été tué le roi d'Aragon, car il ignorait entièrement et l'instant et le lieu de sa mort. Arrivé sur les lieux, il trouva
le corps du roi d'Aragon, gisant tout nu sur le champ de bataille :
il avait été dépouillé par nos piétons qui après la victoire étaient
sortis de la ville pour achever les blessés. Le pieux comte, voyant
le roi étendu, descendit de cheval et prononça sur le cadavre, nouveau David près d'un nouveau Saûl, (1) des paroles d'affliction. [466]
Tout ceci réglé et après la mort de vingt mille ennemis de la foi
environ, les uns noyés, les autres passés au fil de l'épée, le comte
très chrétien, comprenant qu'un tel miracle venait de la puissance
divine et non des forces humaines, marcha nu-pieds depuis l'endroit
où il était descendu de cheval jusqu'à l'église pour rendre grâces
au Dieu tout-puissant de la victoire qu'il lui accordait : il donna
même son cheval et son armure en aumône pour les pauvres. [467]
Pour convaincre encore mieux les esprits des lecteurs de la réalité
de cette merveilleuse bataille et de cette glorieuse victoire, nous
croyons bon d'insérer dans notre ouvrage la lettre que tous les
évêques et abbés qui en furent témoins envoyèrent à tous les fidèles
du Christ.

[468] *Lettre des Prélats au sujet de la victoire.* (2) « Gloire à Dieu
« au plus haut des cieux (3) et paix sur la terre aux hommes qui
« de bonne volonté aiment la Sainte Eglise. (4) [469] Le Seigneur
« fort et puissant, le Seigneur puissant au combat, (5) après avoir
« abattu miraculeusement les ennemis de la foi chrétienne, procure
« à la Sainte Eglise, le jeudi avant l'octave de la Nativité de la
« Bienheureuse Vierge Marie, une glorieuse victoire et un glorieux
« triomphe. En voici les circonstances. Le Souverain Pontife, animé
« par le zèle paternel de sa piété, avait adressé au Roi d'Aragon
« une monition des plus affectueuses et des plus précises. Il lui
« avait défendu formellement de donner aux ennemis de la foi aide,
« conseil ou faveur, il lui avait encore ordonné de rompre avec
« eux sur-le-champ et de conclure une trêve solide avec le comte
« Montfort. Quant aux bulles que les messagers du roi, par leurs
« suggestions mensongères, avaient obtenu contre le comte de Mont-
« fort et qui prescrivaient de restituer leurs terres aux comtes de
« Foix et de Comminges et à Gaston de Béarn, le seigneur pape,
« aussitôt qu'il eût reconnu la vérité, les cassa, les révoqua entiè-
« rement et les déclara de nulle valeur. Mais au lieu d'accueillir

---

(1) II Rois, I, 17-27.

(2) Sur les formes diverses de cette lettre, voir la longue note de P. Guébin, dans l'édition latine de l'Hystoria.

(3) Le « Gloria in excelsis » est également utilisé par Arnaud de Narbonne dans le préambule de sa lettre sur Las Navas, dans Recueil des Hist., XIX, 250-254, qui offre plusieurs analogies avec le présent texte. Item, dans Gallia Christiana, instrumenta, t. VI, p. 53.

(4) Luc, II, 14.

(5) Ps., XXIII, 8.

« en fils respectueux les réprimandes du Saint Père, le roi se cabra
« orgueilleusement contre les ordres du Saint-Siège, comme si son
« cœur se fut endurci davantage, (1) et bien que la bulle et le man-
« dement du Souverain Pontife lui eussent été transmis par les
« vénérables frères l'archevêque de Narbonne, légat du Siège Apos-
« tolique, et l'évêque de Toulouse, il voulut enfanter les maux qu'il
« avait précédemment conçus : (2) il pénétra avec une armée sur
« les terres qui par la puissance divine et l'aide des croisés avaient
« été conquises sur les hérétiques et leurs défenseurs, il entreprit,
« malgré la défense pontificale, de les reconquérir pour les rendre
« aux ennemis de la foi. Il en avait occupé une petite partie. Le
« reste, en majorité, confiant dans la garantie de sa présence, était
« décidé à trahir et se préparait même à la trahison. Le roi rassem-
« bla les comte de Toulouse, Foix, Comminges et une forte armée
« de Toulousains, puis, le mardi après la Nativité de la Bienheureuse
« Vierge, il assiégea la ville de Muret. [470] A cette nouvelle, le
« comte Simon de Montfort se mit en route pour secourir vaillam-
« ment la place assiégée. Il était accompagné d'une respectable escor-
« te. Les vénérables Pères, les évêques de Toulouse, Nîmes, Uzès,
« Lodève, Agde, Béziers et Comminges, et les abbés de Clairac, de
« Villemagne et de Saint-Thibéry, (3) que le vénérable archevêque
« de Narbonne, légat du Siège Apostolique, avait convoqués pour la
« sainte affaire du Christ et qui s'étaient rendus à son appel avec
« diligence, unanimité et dévouement dans le Christ pour s'occuper
« de l'affaire du Christ et de la paix, accompagnèrent — escorte
« vénérable — le comte de Montfort. Celui-ci avait avec lui quelques
« croisés nobles et puissants, arrivés récemment du nord de la France
« pour lui porter secours à lui et à l'affaire du Christ, ainsi que sa
« propre famille qui depuis longtemps collaborait avec lui dans l'af-
« faire du Christ. [471] Le mardi avant ladite octave, tandis que
« l'armée du Christ était arrivée à Saverdun, le vénérable évêque
« de Toulouse, que le Souverain Pontife avait chargé de réconcilier
« les Toulousains avec l'Eglise, leur avait déjà écrit trois ou quatre
« fois au sujet de cette réconciliation : mais devant ses salutaires
« avertissements ils avaient ajourné leur approbation et déclaré que

---

(1) Exode, VII, 13.
(2) Ps., VII, 15. Cf. § 446.
(3) Foulques de Toulouse, § 33 : Arnaud de Nîmes, cf. Goiffon, Cat. analytique des
évêques de Nîmes, dans le Bulletin du Comité de l'art chrétien (diocèse de Nîmes), 1877-
1880, 329-330, n° 36 : Raymond d'Uzès, cf. Charvet, Cat. des évêques d'Uzès, dans les
Comptes-rendus de la Société scientifique et littéraire d'Alais, 1870, 142, n° 28 : Pierre-
Raymond de Lodève, cf. Martin, Histoire de la ville de Lodève, II, 1900, 342 : Raymond
d'Adge, cf. Despetis, Nouvelle chronologie des évêques d'Adge, dans les Mémoires de la
Soc. Archéol. de Montpellier, 1920-1922, 76, n° 32 : Bertrand de Béziers, cf. Mabille,
Suite chronologique des évêques de Béziers, dans Vaissète IV, 265, n° 40 : Garsie de
Comminges, § 358, cf. Dulon : Communication, dans la Revue de Comminges, 1900, 178-
179 : Pierre, abbé de Clairac, § 398 : Raymond, abbé de Villemagne, cf. Molinier, Abbés
de Villemagne, dans Vaissète, IV, 577, n° 12 : Bérenger, abbé de Saint-Thibéry, cf.
Molinier, Abbés de Saint-Thibéry, dans Vaissète, IV, 558-559, n° 20.

« sur ce point ils n'avaient rien à répondre. L'évêque écrivit toute-
« fois au roi d'Aragon et aux Toulousains qui assiégeaient Muret
« pour leur faire savoir que lui et d'autres évêques étaient venus
« avec lui pour négocier la paix et la concorde et qu'ils sollicitaient
« un sauf-conduit. [472] Le lendemain, c'est-à-dire le mercredi, com-
« me l'affaire était pressée, ledit comte quitta Saverdun pour aller
« en toute hâte au secours de Muret. Quant aux évêques, ils avaient
« décidé de s'arrêter à Auterive, à mi-chemin entre Saverdun et
« Muret, à deux lieues de chaque localité pour y attendre le retour
« du messager envoyé la veille. Le messager répondit de la part du
« roi. « Puisque les évêques accompagnent l'armée, je ne leur don-
« nerai pas de sauf-conduit. » Mais à la vérité, ceux-ci ne pouvaient,
« à cause de la guerre, voyager autrement sans s'exposer à de réels
« dangers. [473] Quand l'armée du Christ et lesdits prélats arrivè-
« rent devant Muret, l'évêque de Toulouse vit venir à lui le prieur
« des Hospitaliers (1) de Toulouse que les citoyens de cette ville lui
« envoyaient. Il portait une lettre d'après laquelle les Toulousains
« se déclaraient prêts à obéir aux ordres du seigneur pape et de leur
« évêque : ce qui eut été bon pour eux si leurs actes avaient vrai-
« ment confirmé leurs promesses. L'évêque renvoya aussitôt le
« prieur au roi qui répondit : « Je ne donnerai pas de sauf-conduit
« à l'évêque, mais s'il voulait aller à Toulouse pour y négocier avec
« les Toulousains, je l'autoriserais à s'y rendre. » Et ceci fut dit
« avec ironie ; l'évêque riposta : « Il ne convient pas que le serviteur
« entre dans la ville d'où son maître a été banni. (2) Je ne retourne-
« rai pas dans cette ville d'où le corps du Christ a été rejeté, (3)
« avant que mon Seigneur et mon Dieu y soit rentré. » [474] Cepen-
« dant, ce même mercredi les évêques entrèrent à Muret avec l'ar-
« mée, puis, empressés à leur devoir, (4) ils envoyèrent au roi et
« aux Toulousains deux religieux. Le roi répondit que les évêques
« sollicitaient de lui une entrevue à cause de quatre ribauds qu'ils
« traînaient avec eux (il parlait ainsi pour se moquer des croisés
« et leur témoigner son mépris) : quant aux Toulousains, ils répon-
« dirent aux messagers que le lendemain ils leur donneraient répon-
« se et pour ce motif ils les retinrent jusqu'au lendemain. [475] Ce
« jour-là, c'est-à-dire le jeudi, ils se déclarèrent liés par serment
« au roi d'Aragon et dans l'impossibilité de rien faire sinon la
« volonté du roi en toutes choses. (5) Cette réponse, ayant été rap-
« portée par les messagers le jeudi matin, les évêques et les abbés
« se proposèrent de se rendre nu-pieds auprès du roi. D'avance, ils

---

(1) Bernard de Capoulet, cf. Du Bourg, Ordre de Malte, Histoire du Grand-prieuré de Toulouse, 1882, pièces justificatives, n° 24 et les corrections de P. Guébin, dans l'édition latine.

(2) Règle analogue dans Paul : Digeste, L. XLVIII, t. 22, l. 13.

(3) A cause de l'interdit jeté sur la ville par les légats, §§ 234 et 403.

(4) Rom., XII ,11.

(5) « Promittimus... auxilium, consilium et opem, quantam poterimus et juvamen... omnimodam fidelitatem ». P. L. t. 216, c. 846-847.

« lui envoyèrent un religieux pour lui annoncer les conditions de
« leur visite. Les portes étaient ouvertes, le comte de Montfort et
« les croisés étaient sans armes, parce que les évêques et les abbés
« parlaient entr'eux de paix. Profitant de ces circonstances, les enne-
« mis de Dieu prirent les armes et eurent l'audace et l'hypocrisie
« de vouloir entrer de force dans le faubourg, mais par la grâce
« de Dieu ils furent frustrés dans leur désir. (1) [476] Comme il
« était impossible d'attendre plus longtemps sans courir le plus ex-
« trême péril, le comte et les croisés, après s'être purifiés de leurs
« péchés comme de bons chrétiens qu'ils étaient, par contrition de
« cœur et confession vocale, prirent leurs armes avec courage et
« se rendirent auprès dudit évêque de Toulouse qui exerçait les
« fonctions de légat par délégation de l'archevêque de Narbonne,
« légat du Siège Apostolique, (2) et lui demandèrent avec humilité
« l'autorisation de marcher contre les ennemis de la foi. Elle leur
« fut accordée, car la situation était critique et les circonstances
« l'exigeaient : les ennemis se hâtaient avec imprudence d'attaquer
« la maison où séjournaient les évêques, tant avec leurs machines
« qu'avec d'autres moyens guerriers : de tous côtés, les carreaux
« d'arbalétriers, les dards et les lances traduisaient leurs sentiments
« hostiles, tandis que les chevaliers du Christ, bénis par le crucifix
« que tenait un évêque en vêtements pontificaux, se rangèrent en
« trois corps au nom de la Sainte Trinité et sortirent de la ville :
« leurs adversaires, déjà sous les armes, étaient sortis de leurs tentes
« et formaient un plus grand nombre de corps de troupes avec un
« effectif plus considérable. Les serviteurs du Christ, bien qu'ayant
« affaire à une grande quantité de chevaliers et autres combattants,
« ne craignant pas la foule de leurs ennemis par rapport auxquels
« ils étaient pourtant bien peu nombreux, (3) mais revêtus de la
« force d'en-haut (4) et pleins de confiance dans l'aide du Christ,
« passèrent vaillamment à l'offensive. [477] Aussitôt la Toute-Puis-
« sance du Très-Haut par l'intermédiaire de ses saints écrase et brise
« ses ennemis en un instant : (5) ceux-ci firent volte-face et prirent
« la fuite comme la poussière devant la face du vent et un ange du
« Seigneur les poursuivait. (6) Les uns, honteux fuyards, échappè-
« rent à la mort par une fuite honteuse, d'autres n'échappèrent à
« nos épées que pour se noyer : le plus grand nombre fut passé au
« fil de l'épée. (7) [478] En ce qui concerne l'illustre roi d'Aragon,
« tombé parmi les morts, il est profondément déplorable qu'un sou-

---

(1) Ps., LXXVII, 30.
(2) Arnaud malade n'avait pas pu venir : « infirmitate gravi detentus » : d'après la
relation du prévôt de Toulouse et des évêques, suivant un manuscrit de la bibliothèque de la
ville de Carpentras, édité dans l'Hystoria Albigensis, pièces annexes, T. III, p. 203.
(3) Huit cents, § 460.
(4) Luc, XXIV, 49.
(5) II Rois, XXII, 43.
(6) Ps., XXXIV, 5-6.
(7) II Rois, XV, 14.

« verain si noble et si puissant, qui, s'il l'avait voulu, aurait pu et
« aurait dû être utile à la sainte Eglise, (1) se soit allié aux ennemis
« du Christ et ait combattu cruellement les amis du Christ et la
« Sainte Eglise. [479] D'autre part, tandis que les vainqueurs, après
« avoir massacré et poursuivi leurs ennemis, revenaient tout glo-
« rieux de leur victoire, l'évêque de Toulouse compatissait d'un
« cœur pieux avec charité et commisération à la tuerie et aux mal-
« heurs des Toulousains : il voulut sauver ceux qui avaient échappé
« au massacre et demeuraient encore dans leurs tentes : il espérait
« qu'après avoir été châtié par le fouet de si grandes épreuves et
« avoir échappé à un si grand péril, ils reviendraient au Seigneur
« et vivraient désormais dans la foi catholique : il leur envoya donc
« par un religieux la coule qu'il portait avec ordre d'abandonner
« leurs armes et leur cruauté et de venir à lui, désarmés, afin qu'il
« les sauvât de la mort. Ceux-ci, persévérant dans leur malice (2)
« et se prétendant vainqueurs du peuple chrétien, alors qu'ils étaient
« déjà vaincus, refusèrent d'obéir aux exhortations de leur évêque :
« bien plus, ils enlevèrent la coule du messager et le frappèrent
« durement, mais l'armée du Christ fit demi-tour contre eux et tua
« tous ceux qui fuyaient çà et là aux alentours des tentes. [480] Le
« nombre des morts parmi les adversaires, nobles et autres, fut si
« élevé (3) qu'il est complètement impossible de le connaître avec
« exactitude. Quant aux chevaliers du Christ, un seul (4) mourut
« dans la bataille ainsi que quelques rares sergents. [481] Pour cette
« victoire chrétienne, que le peuple chrétien avec piété et du fond
« du cœur rende grâce au Christ qui par l'intermédiaire d'un petit
« nombre de fidèles a surmonté une foule innombrable d'infidèles
« et a permis à son Eglise sainte de l'emporter heureusement sur
« ses ennemis. A lui honneur et gloire dans les siècles des siècles.
« Ainsi-soit-il. (5) [482] Nous, évêques de Toulouse, Nîmes, Uzès,
« Lodève, Béziers, Agde et Comminges, et nous, abbés de Clairac,
« Villemagne et Saint-Thibéry, convoqués par notre père vénérable
« et aimé l'archevêque de Narbonne, légat du Siège Apostolique,
« pour nous efforcer de négocier la paix et la concorde avec la plus
« grande diligence et le plus grand soin, nous garantissons la vérité
« absolue de ce qui précède, car nous avons vu et nous avons enten-
« du et au nom de Dieu, nous le corroborons par l'apposition de nos
« sceaux, car les événements sont dignes de rester éternellement
« dans le souvenir. [483] Donné à Muret, le lendemain de la glo-

---

(1) Sa mort aurait semé la panique dans son camp : Chanson, v. 3.065 et suivants.
Les évêques font allusion à sa qualité de vassal du Saint-Siège et à son rôle dans la bataille
de Las Navas de Tolosa, §§ 383, 394.

(2) I Rois, XII, 25.

(3) Vingt mille, § 466. « Celui qui échappe vivant se tient pour miraculeusement sauvé », d'après Chanson, v. 3.075.

(4) Huit croisés en tout, Guillaume le Breton, éd. Delaborde, I, 260.

(5) I Tim., I, 17.

« rieuse victoire, c'est-à-dire le vendredi avant l'octave de la Nativité
« de la Bienheureuse Vierge Marie, l'an du Seigneur 1213. »

[484] Après cette victoire glorieuse et inouïe, les sept évêques et
les trois abbés qui séjournaient encore à Muret pensèrent que les
Toulousains survivants, terrifiés à la fois par le miracle divin et par
le châtiment qui les avait frappés, pourraient être, avec plus de
facilité et de rapidité que de coutume, ramenés de leurs erreurs
dans le sein de notre mère l'Eglise. Ils essayèrent donc, selon les
instructions charitables et impératives contenues dans la bulle apostolique, (1) de les ramener encore par exhortations, ordres et menaces à l'unité de l'Eglise. Les Toulousains finirent par s'engager à
accomplir les ordres du seigneur pape. Les évêques leur demandèrent de vive voix une caution suffisante de leurs promesses, savoir
deux cents otages pris parmi les citoyens de la ville : ils ne pouvaient
nullement se contenter d'un engagement verbal, car à plusieurs reprises au cours de la même affaire les Toulousains avaient violé
leurs serments. (2) Ceux-ci, après une longue discussion, promirent
de livrer soixante otages seulement. Les évêques, eux, en exigeaient
deux cents, à cause de l'importance de la ville et de sa population
nombreuse, trompeuse (3) et rebelle (une fois déjà (4) des otages
pris parmi les plus riches habitants de la cité étaient tombés en
commise). Mais les Toulousains qui ne cherchaient qu'un échappatoire, se bornèrent à promettre soixante otages et rien de plus. Pour
leur ôter tout prétexte de frauder et de dissimuler leurs erreurs, les
évêques répondirent qu'ils consentaient à accepter les soixante otages promis, moyennant quoi ils réconcilieraient les Toulousains et
les garderaient dans la paix de l'Eglise et l'unité de la foi catholique. Ne pouvant plus cacher davantage leurs mauvaises intentions,
les Toulousains répondirent qu'ils ne livreraient pas d'otages du
tout, révélant ainsi avec évidence que leurs précédentes promesses
de soixante otages n'avaient été faites que par hypocrisie et dans
un mauvais dessein. [485] Il faut dire ici que les habitants de l'importante ville de Rabastens (5) au diocèse d'Albi qui peu auparavant
s'étaient détachés de Dieu et des nôtres et s'étaient livrés aux Toulousains, effrayés par la nouvelle de la victoire, prirent la fuite et
laissèrent la ville déserte. Guy de Montfort, qui avait reçu Rabastens en fief, y envoya ses gens pour en reprendre possession et y
mettre garnison. (6) [486] Peu après, des croisés arrivèrent de la
France du nord, mais peu nombreux, savoir, Raoul, évêque

---

(1) Mandement d'Innocent III à Foulques, § 405.
(2) En 1203 et depuis.
(3) Jeu de mots, §§ 8 et 600. « Tolosani... propter dolosam populi multitudinem ».
(4) En 1210, § 162.
(5) Rabastens, § 237.
(6) Fin Septembre, car la quarantaine de ces pélerins s'acheva au début de Novembre.
§ 489.

d'Arras, (1) escorté de quelques chevaliers et d'une petite quantité de piétons. Notre comte et tous ses compagnons chevauchèrent dans la terre du comte de Foix : de là, poursuivant leurs chevauchés sur la terre dudit comte, ils détruisirent tout ce qu'ils purent trouver en dehors des places-fortes. (2)

---

(1) Raoul, Gal. Christ. III, c. 324, 330.

(2) On peut se demander avec P .Belperron, p. 283-284, pourquoi Simon n'a pas exploité sa victoire en marchant aussitôt sur Toulouse, « où, d'après Guillaume de Puylaurens » il n'y a guère de maison qui ne pleurât quelqu'un ». La croisade eut été terminée et la dynastie des Montfort se fut solidement implantée dans le Midi de la France. L'explication qu'il donne « que l'attaque de Toulouse représentait sur le plan politique un événement d'une telle importance qu'on ne pouvait mettre l'autorité compétente, c'est-à-dire le pape, devant le fait accompli » est à retenir. Innocent III, qui reprocha sévèrement en Janvier de cette même année 1213 à Simon et à Arnaud d'étendre leurs mains avides sur des terres nullement touchées par l'hérésie, § 399, n'eut peut-être pas enregistré purement et simplement la conquête de Toulouse. De plus, il pouvait déplorer la mort du roi d'Aragon, son vassal, dont le successeur, un enfant, pouvait être menacé par un retour des musulmans. Enfin, pour liquider l'imbroglio languedocien, il avait annoncé au roi l'arrivée d'un légat, et les termes dont il se sert, § 407, ne laissaient pas de témoigner de quelque défiance à l'égard des évêques et des croisés. Aussi bien, les premiers n'insistent pas et les autres s'orientent dans d'autres directions.

CHAPITRE XI

LA SOLUTION DU PAPE ET DU CONCILE

[487] *Le Comte en Provence*. (1) Notre comte eut ensuite connaissance que certains seigneurs provençaux nuisaient à la sainte Eglise de Dieu en violation des statuts de paix (2) qu'ils avaient jurés : de plus ils surveillaient les grandes routes pour faire tout le mal possible aux croisés qui venaient du nord. Le comte tint conseil avec les siens et décida de se diriger vers cette région pour réprimer ceux qui troublaient la paix et délivrer les routes des attaques des malfaiteurs. [488] Le comte se mit en marche, escorté des croisés et arriva à Narbonne. Les Narbonnais n'avaient jamais eu de sympathie pour l'affaire du Christ et l'avaient entravé souvent, mais en secret. Aucun argument ne put les faire consentir à accorder l'entrée de leur ville à notre comte avec ses croisés ou même aux croisés sans le comte. Aussi tous les nôtres furent obligés de passer la nuit à la belle étoile dans les jardins et les buissons qui entouraient les remparts. Ils en repartirent le lendemain et se rendirent à Béziers où ils passèrent deux jours. Continuant leur marche, ils atteignirent Montpellier. Les Montpellierains, dont la malice égalait celle des Narbonnais, refusèrent à notre comte et à ses compagnons l'autorisation d'entrer dans leur ville et d'y loger pour la nuit, imitant en tout point la conduite des Narbonnais. De Montpellier, les nôtres vinrent à Nîmes, dont les habitants au premier abord refusèrent au comte l'entrée de leur ville, (3) mais devant sa colère et son indignation, ils l'accueillirent, lui et tous ses compagnons, et leur rendirent tous les devoirs de l'hospitalité. Poursuivant sa marche, notre comte arriva à Bagnols dont les seigneurs le reçurent avec honneur. [489] De là, le comte se rendit à Largentière à cause de la présence dans cette région d'un seigneur nommé Pons de Montlaur (4) qui de toutes ses forces nuisait aux évêques du pays

---

(1) Le mot « Provence » désigne ici la vallée du Rhône et les régions voisines. Cf. § 4.

(2) Cette paix avait été jurée six ans auparavant, § 27. Le retour de l'insécurité est attesté notamment par une bulle d'Innocent III du 17 Janvier 1214, annonçant aux prélats du Midi l'arrivée du légat Pierre de Bénévent, P. 4.882.

(3) Les relations entre Nîmes et les croisés ne furent définies qu'ultérieurement par le Cardinal de Bénévent, P. 4.886. Layettes, V, n° 201 : Rhein, Cat., nos 129, 148, 150 : Vaissète, VIII, n° 201, p. 715-718.

(4) Pons III de Montlaur, voir sa biographie par G. Fabre, dans la Société scientifique et agricole de la Haute-Loire, Mémoires et Procès-verbaux, 1907-1908, p. 9-72.

et troublait l'Eglise et la paix. Tous les croisés (1) avaient déjà quitté
le comte qui n'avait avec lui que l'archevêque de Narbonne et un
petit nombre de mercenaires. Quand le susdit Pons apprit l'arrivée
de notre comte, poussé par la crainte, (2) il se rendit auprès de lui
et fit sa soumission, corps et biens. [490] Dans cette région, se trouvait encore un autre seigneur, puissant et pervers, Adhémar de
Poitiers, (3) qui avait toujours détesté l'affaire du Christ et était de
cœur avec le comte de Toulouse. Quand il apprit l'avance de notre
comte, il mit ses places-fortes en état de défense : en outre, il rassembla dans un certain château le plus de chevaliers qu'il put réunir afin d'attaquer notre comte au cas où celui-ci viendrait à passer
par là. Mais, au moment où le noble comte passait sous les murs du
château et bien que son escorte fut très petite, Adhémar, malgré
sa troupe nombreuse, n'osa pas sortir. [491] Pendant que notre
comte se trouvait dans cette région, il vit venir à lui le duc de Bourgogne. Eudes, (4) homme puissant et bon, (5) qui avait une grande
sympathie pour l'affaire de la foi contre les hérétiques et en particulier pour notre comte. Il était accompagné des archevêques de
Lyon (6) et de Vienne. (7) Pendant le séjour du duc et de notre
comte à Romans, près de Valence, ils invitèrent à une entrevue le
susdit ennemi de l'Eglise, Adhémar de Poitiers. Celui-ci répondit
à leur appel, mais repoussa les propositions pacifiques du duc et
du comte. Ceux-ci l'invitèrent à une deuxième conférence, mais
sans plus de succès. Quand le duc vit qu'il n'aboutirait à rien, poussé
par la colère et l'indignation, il promit formellement à notre comte
que, à moins d'une soumission complète d'Adhémar aux ordres de
l'Eglise (8) et à la volonté de notre comte, soumission accompagnée de
bonnes garanties, il l'attaquerait de concert avec notre comte. Sur-
le-champ, il appela plusieurs de ses chevaliers prêts à partir avec
notre comte contre ledit Adhémar. Quand celui-ci apprit cette nouvelle, contraint par la nécessité, il se rendit auprès du duc et du comte
et fit son entière soumission : il livra même en gage quelques places-
fortes que le comte chargea le duc de garder. (9) [492] En même
temps, le vénérable père l'archevêque de Narbonne, conseiller sage

---

(1) L'évêque d'Arras et ceux qui l'accompagnaient, § 486.
(2) I Par., X, 4.
(3) Adhémar II de Poitiers, comte de Valentinois, biographie par J. Chevalier, Mémoires
de Valentinois et de Diois, dans le Bulletin de la Soc. dép. d'archéol. et de statistique
pour servir à l'histoire des comtés de la Drôme, 1893, p. 279-281, 238-352. Il figure dès
1209 parmi les « pessimi tiranni et persecutores ecclesie » qui soutiennent Raymond VI,
cf. Rouquette, cart. de Maguelonne, II. n° 300.
(4) Eudes de Bourgogne, croisé en 1209, avait refusé la vicomté de Béziers-Carcassonne,
§§ 87, 101, 108, 115.
(5) II Rois, XVIII, 27.
(6) Renaud, archevêque de Lyon, cf. Beyssac, Les chanoines de l'église de Lyon.
Société des bibliophiles lyonnais, 1914, p. 37-38.
(7) Humbert, archevêque de Vienne, § 61.
(8) Rom., II, 8.
(9) Sur la politique d'Eudes, voir Petit : Histoire des ducs de Bourgogne dans Mémoires
de la Société bourguignonne de géographie et d'histoire, Dijon, 1885-1889.

et d'âme courageuse, qui avait entrainé par ses avis et ses prières le
duc de Bourgogne vers le pays de Viennois, commence à négocier
avec le duc l'affaire par laquelle il l'avait fait venir, savoir un projet de mariage entre Amaury, fils aîné de notre comte avec la fille
du dauphin, seigneur très puissant (1) et frère germain du duc ·
celui-ci consentit à ce que l'archevêque conseillait et voulait et prit
envers lui et notre comte l'engagement de faire ce que l'archevêque
demandait. [493] Pendant ces événements, les routiers aragonnais
et autres ennemis de la foi se mirent à faire des incursions sur les
domaines de notre comte : ils vinrent jusqu'à Béziers et commirent
tous les dégâts qu'ils purent : (2) en outre, plusieurs vassaux de
notre comte rejetèrent sa suzeraineté et se détachèrent de Dieu et
de l'Eglise, en violant leurs serments et en laissant reparaître leur
mauvaise nature. Quand il eût achevé dans la région du Rhône la
tâche qui l'avait attiré de ce côté, le noble comte retourna vers sa
terre. Bientôt reprenant l'offensive contre ses ennemis, il chevaucha
devant Toulouse et détruisit pendant quinze jours beaucoup de forteresses dans les environs. [494] Sur ces entrefaites, maître Robert
de Courçon, cardinal et légat, (3) qui avait travaillé de toutes ses
forces dans le nord de la France pour la croisade de Terre Sainte
et qui nous avait enlevé nos prédicateurs habitués à prêcher plus
ardemment encore pour la croisade de Terre Sainte, sur les conseils
d'hommes bons et sages, nous rendit quelques-uns des susdits prédicateurs afin qu'ils pussent prêcher pour l'affaire de la foi. Lui-
même prit la croix contre les hérétiques Toulousains. Qu'ajouterai-
je ? C'est une résurrection de la prédication pour l'affaire de la foi
dans la France du nord : beaucoup se croisent : le comte et les
nôtres en éprouvent une grande joie. (4)

[495] *Le Comte Baudouin est pris.* Une très cruelle trahison fut
commise à cette époque contre le comte Baudouin. Nous ne voulons
ni ne devons la passer sous silence. Le comte Baudouin, frère du
comte de Toulouse et cousin du roi de France, bien loin d'imiter
la malice de son frère, consacrait toutes ses forces à la milice du
Christ et apportait son aide, tant qu'il pouvait, au comte de Montfort et à la chrétienté contre son frère et les autres ennemis de la
foi. Un jour, le lundi après le premier dimanche de Carême, le
comte Baudouin vint à Lodmie, dans le diocèse de Cahors. Aussitôt
les chevaliers de ce château qui étaient ses vassaux envoyèrent un
messager dans une localité voisine, nommée Mondenard, où se
trouvaient des routiers et quelques chevaliers du pays, traîtres dangereux : ils les avertirent que le comte Baudouin était à Lodmie,

_____

(1) André, comte de Viennois. Cf. Prud'homme : De l'origine et du sens des mots
Dauphin et Dauphiné, dans la Biblioth. de l'Ecole des Chartes, 1893, p. 437-439. Sa fille
s'appelait Béatrice.
(2) I Mcc., I, 55.
(3) Robert de Courçon, cf. § 439.
(4) Mtt., II, 10.

leur demandèrent d'y tenir afin que le comte leur fut livré sans
nulle difficulté. Ils envoyèrent un messager analogue à Ratier de
Castelnau, traître dangereux, mais hypocrite, qui depuis longtemps
avait conclu un traité avec le comte de Montfort et lui avait juré
fidélité. (1) Le comte Baudouin se fiait à lui comme à un ami. [496]
Qu'ajouterai-je ? La mort vint. Le comte Baudouin, se croyant en
sécurité au milieu des siens, s'endormit paisiblement. Avec lui se
trouvaient Guillaume de Contres, (2) chevalier du nord de la France,
à qui le comte de Montfort avait inféodé Castelsarrasin, et un seigneur également du nord de la France, châtelain de Moissac. Tandis
que le comte Baudouin et ses compagnons reposaient dans des logis
différents et éloignés les uns des autres, le seigneur de Lodmie prit
la clef de la chambre où dormait le comte Baudouin, ferma la porte
à clef, sortit du château, rejoignit en toute hâte Ratier de Castelnau
et les routiers et leur montra la clef en disant : « Qu'attendez-vous ?
Voilà votre ennemi entre vos mains. Hâtez-vous, je vous le livrerai
(3) endormi et sans armes, et non pas lui seulement, mais plusieurs
autres de nos ennemis. » A ces mots, les routiers remplis de joie,
partirent à toute vitesse et arrivèrent aux portes de Lodmie. [497]
Aussitôt, le seigneur du château, chef de ceux qui voulaient se
saisir du comte, tel un autre Judas, appela dans le plus grand secret
les soldats du château et s'enquit soigneusement auprès de chacun
d'eux sur le nombre des compagnons du comte qui logeaient chez
lui : ceci fait, il disposa aux portes des logis une quantité de routiers en armes, deux fois plus considérable que celle des nôtres,
endormis et désarmés. Tout à coup, à la lueur d'innombrables chan-
delles le signal est donné : les ennemis se ruent sur les nôtres à l'improviste. Ratier de Castelnau et le seigneur de Lodmie, se rendant
à la chambre où dormait le comte Baudouin, ouvrirent la porte et
s'emparèrent de lui tout endormi, sans armes et presque nu. Quelques-uns des nôtres qui se trouvaient dans le château furent tués,
d'autres faits prisonniers : la plupart réussirent à s'échapper par
la fuite. (4) N'oublions pas ceci : l'un des nôtres, ayant été pris
vivant, les ennemis lui jurèrent d'épargner sa vie et ses membres,
puis ils le mirent à mort alors qu'il s'était réfugié dans l'église. [498]
Se saisissant du comte Baudouin, nos ennemis le menèrent à Montcuq, au pays de Cahors, dans son propre château. Les habitants,
très méchants, (5) accueillirent de bon cœur les routiers qui conduisaient leur seigneur prisonnier. Bientôt les routiers dirent au

---

(1) Ratier I, croisé en 1209, Chanson [13], vassal du comte de Montfort en 1211, § 246.
(2) Guillaume de Contres, dans le Nivernais, croisé en 1209, Chanson [36], un des
plus fidèles compagnons de Simon de Montfort. Il paraît peu dans notre auteur, il est souvent
mentionné dans Guillaume de Tudèle, : il fait partie du Conseil et donne son avis au
sujet du siège de Termes, en 1210, Chanson [51 et suivants], du siège de Moissac, en 1212,
Chanson [121] ; il reçoit Castelsarrasin peu de temps après [24] ; il chevauche du côté de
Muret et bat les routiers [127-130].
(3) Mtt., XXVI, 15.
(4) Judith, XV, I.
(5) Gen., XIII, 13. Montcuq, § 318, à six kilomètres au nord de Lodmie.

comte Baudouin de leur livrer le donjon que quelques seigneurs du nord gardaient par son ordre. Mais le comte leur interdit formellement de livrer le donjon, pour quelque rançon que ce fut, même s'ils le voyaient pendu à un gibet : (1) il leur commanda au contraire de se défendre vaillamment jusqu'à l'arrivée de secours que le comte de Montfort leur enverrait. O Courage de vrai chef, ô merveilleuse force d'âme ! A ces mots, les routiers furent pris de rage et firent jeûner le comte pendant deux jours consécutifs. [499] Après ces deux jours, le comte fit appeler un prêtre et lui fit sa confession détaillée et sincère. Ceci fait, il demanda la communion. Mais au moment où le prêtre apportait le Saint-Sacrement survint un méchant routier qui jura et déclara formellement que le comte Baudouin n'aurait ni à manger ni à boire avant d'avoir mis en liberté un routier qu'il avait pris et qu'il tenait en prison. « O très cruel, lui dit le comte, est-ce du pain et du vin en abondance que j'ai demandé ou un morceau de viande ? Ce n'est pas pour nourrir mon corps, mais pour sauver mon âme que j'ai demandé à communier. » Le bourreau recommença à jurer et à déclarer de toutes ses forces que le comte ne mangerait ni ne boirait s'il ne faisait ce qui était exigé de lui. Le noble comte répondit : « Puisqu'il m'est interdit de communier, qu'on me montre du moins l'Eucharistie, gage de mon salut, pour qu'en cette vie je contemple mon sauveur. » Le prêtre la leva et la lui montra : le comte l'adora avec la dévotion la plus ardente. Pendant ce temps, les défenseurs du donjon, craignant la mort, le livraient aux routiers, après avoir reçu d'eux le serment qu'on les laisserait sortir sains et saufs. Mais ces méchants traîtres, au mépris de leur serment, les envoyèrent aussitôt à la mort deshonnorante du gibet. (2) [500] *Pendaison du comte Baudouin*. Ceci fait, ils se saisirent du comte Baudouin, l'emmenèrent à un château du comte de Toulouse, nommé Montauban, (3) et l'y gardèrent dans les fers en attendant l'arrivée du comte de Toulouse. Ce dernier survint peu après, escorté de plusieurs dangereux traîtres : le comte de Foix et son fils, Roger-Bernard, et un chevalier de la terre du roi d'Aragon, appelé Bernard de Portella. (4) Aussitôt le noble comte Baudouin fut conduit sur l'ordre du comte de Toulouse hors de Montauban. Qui pourrait retenir ses larmes en lisant ou en entendant ce qui suit ? Bientôt le comte de Foix et son fils, digne héritier de la méchanceté paternelle (5) et Bernard de Portella attachèrent la corde au cou du très noble Baudouin, prêts à le pendre, selon la volonté du comte de Toulouse, ou pour mieux dire suivant son ordre exprès. A cette vue, le chevalier très chrétien demanda avec humilité et insis-

---

(1) Jos., VIII, 29.

(2) Sagesse, II, 20.

(3) Montauban n'avait jamais appartenu au comte de Montfort, § 359.

(4) Bernard de Portella vint à plusieurs reprises en France, cf. Miret y Sans, Itinerario, n° 92-93. Sa participation au meurtre est confirmée par Guillaume de Puylaurens, éd. Beyssier, p. 138-139.

(5) I Rois, XX 13.

tance confession et viatique, mais ces chiens très cruels lui refusèrent formellement l'une et l'autre. Alors le chevalier du Christ leur dit : « Puisque je ne puis me montrer à un prêtre, (1) c'est Dieu qui me sera témoin que j'ai toujours combattu pour la chrétienté et pour mon suzerain le comte de Montfort avec une volonté prompte et un cœur ardent : c'est pour défendre la foi et en la défendant que je veux mourir. » A peine achevait-il ces mots, les trois traîtres susdits le soulevèrent de terre et le pendirent à un noyer. (2) Cruauté inouïe ! Nouveau Caïn et même bien plus que Caïn — je parle du comte de Toulouse — qui ne s'est pas contenté de tuer son frère, et quel frère, mais qui l'a condamné à subir une mort d'une cruauté inouïe !

[501] *Rupture entre les Narbonnais et le comte de Montfort.* Vers cette époque, Aimery, seigneur de Narbonne, et les habitants de cette ville, qui n'avaient jamais eu de sympathie pour l'affaire de Jésus-Christ, enfantèrent l'iniquité qu'ils avaient conçue (3) longtemps auparavant : ils renoncèrent ouvertement à Dieu et accueillirent dans leur ville des routiers, des Aragonnais et des Catalans pour avec leur aide chasser du pays, s'ils le pouvaient, le comte de Montfort. Il est vrai que les Aragonnais et les Catalans combattaient le comte par représailles pour la mort de leur roi, tandis que les Narbonnais commirent cette méchanceté sans que le comte leur fît ou leur eût fait du tort, simplement parce qu'ils s'imaginaient qu'il ne viendrait plus de troupes de croisés. Mais celui qui surprend les sages dans leur sagesse (4) en ordonna autrement. Pendant que tous les ennemis dont nous avons parlé étaient assemblés à Narbonne pour se précipiter tous ensemble (5) sur notre comte et le peu de troupes qu'il avait, des croisés survinrent brusquement de la France du nord, savoir Guillaume de Barres, (6) homme d'une vertu guerrière éprouvée, et plusieurs chevaliers avec lui. Notre comte, avec l'aide de ce renfort, se dirigea vers Narbonne, parcourut et dévasta la terre d'Aimery, seigneur de Narbonne et conquit presque tous ses châteaux. [502] Un certain jour, notre comte décida de chevaucher sous les murs de Narbonne : il fit armer tous les siens, les disposa en trois corps, se plaça dans le premier et s'approcha d'une porte de la ville. Les ennemis étaient sortis de la ville et se tenaient à la porte. Le chevalier invincible, je veux dire notre comte, voulut les attaquer par surprise sur un point d'accès difficile, mais les adversaires qui occupaient une position élevée, lui opposèrent tant de lances que la selle de son cheval fut brisée et lui-même désarçonné :

---

(1) Lev., XIII, 49. Mtt., VIII, 4.

(2) On a comparé la mort de Baudouin à celle de Martin Algai, mais celui-ci fut autrement traité suivant la remarque intentionnelle de notre auteur, § 337.

(3) Ps., VII, 15.

(4) Job, V, 13.

(5) Actes, VII, 56.

(6) Père de celui qui s'était croisé l'année précédente. Il vint à Narbonne avec deux cents pélerins. Aubry-de-Trois-Fontaines, M. G. H. ss. XXIII, 902.

de toutes parts les ennemis d'accourir pour s'emparer de notre comte
ou pour le tuer, et les nôtres pour le protéger, mais par la grâce
de Dieu, après de nombreux efforts et grâce à leur vaillance, les
nôtres dégagèrent notre comte. Après quoi, Guillaume des Barres
qui était dans le troisième corps ainsi que tous les nôtres chargèrent
les ennemis et les refoulèrent rapidement dans la ville. Ceci fait, le
comte et les nôtres retournèrent au lieu d'où ils étaient partis.

[503] *Arrivée d'un légat dans la région narbonnaise.* Pendant ces
événements, maître Pierre de Bénévent, cardinal-diacre et légat pontifical, (1) envoyé par le seigneur pape, se dirigeait vers la région
de Narbonne pour régler les affaires de la paix et de la foi. Quand
il apprit la conduite des Narbonnais, il leur signifia très expressément de conclure des trèves solides avec le comte de Montfort jusqu'à ce qu'il fut arrivé : de même, il ordonna à notre comte de ne
faire aucun tort aux Narbonnais. Quelques jours plus tard, le légat
arriva à Narbonne et entra dans la ville : auparavant, il eut un
entretien avec notre comte. Aussitôt il manda les ennemis de la foi,
les comtes de Comminges et de Foix et beaucoup d'autres qui avaient
été dépossédés comme ils le méritaient et venaient le supplier de
les rétablir dans leurs biens. Mais le légat, plein de sagesse et de
finesse. (2) les réconcilia tous avec l'Eglise (3) et reçut d'eux, non
seulement une caution garantie par serment d'obéissance à l'Eglise,
mais quelques places-fortes que les lesdits ennemis possédaient encore. (4) [504] Sur ces entrefaites, les habitants de Moissac livrèrent

---

(1) Pierre de Bénévent, notaire pontifical et auteur de la « Compilatio tertia » :
Lettre d'Innocent III à l'Université de Bologne, en 1210, P. 4.157, cardinal-diacre de
Sainte-Marie in Acquiro, devint légat en 1214 : Lettre d'Innocent III à Bernard d'Embrun,
Michel d'Arles, Bermond d'Aix et Arnaud de Narbonne, 17 Janvier 1214, P. 4.882. P. L.
t. 216, c. 955.

(2) Prov., XVI, 14.

(3) D'après la lettre même d'Innocent III, la mission du cardinal était de réconcilier tous
les excommuniés. « Bien que leurs excès soient considérables et très graves, il ne faut pas
refuser l'entrée de l'Eglise à ceux qui demandent humblement leur pardon ». Ce n'était pas
précisément dans la ligne de conduite de Simon de Montfort, ni dans celle des évêques.
Innocent III est encore sous l'impression des démarches du roi d'Aragon auprès de lui,
en 1213. Aussi, notre auteur est-il très discret sur les agissements du légat.

(4) Conformément aux ordres d'Innocent III, Pierre de Bénévent reçut le 18 Avril 1214,
dans le palais archiépiscopal de Narbonne, les serments des comtes de Comminges et de
Foix. Ces serments sont identiques, ils comprennent trois parties : 1° la détestation et le rejet
de toute espèce d'hérésie enseignant « comme un dogue quelque doctrine contraire à la
Sainte Eglise catholique romaine » ; 2° l'assurance que l'intéressé ne sera dans l'avenir
ni croyant, ni fauteur, ni défenseur, ni protecteur des hérétiques, ni de leurs fauteurs défenseurs et protecteurs, qu'il donnera aux traîtres ou aux routiers ni consilium, ni auxilium
quelconque capable de porter préjudice aux terres que d'aucuns tiennent au nom ou par
mandat de l'Eglise Romaine, qu'à ces derniers, il ne fera aucun tort et même qu'il
leur donnera, contre leurs propres ennemis, l'aide et le secours ; 3° la promesse d'obéir
entièrement à tous les ordres du légat en ce qui concerne la paix, l'orthodoxie, les routiers
et la pénitence qui sera imposée, enfin la tradition d'un château à titre de caution : celui
de Foix pour le comte de Foix, celui de Salies-du-Salat pour le comte de Comminges :
ce dernier livre en outre comme otage entre les mains du légat celui de ses fils « qui n'est
pas chevalier ». Voir les textes dans Layettes, I, n° 1068, 1069. Ces dispositions n'ont rien
de bien nouveau, elles ressemblent à celles qui avaient été prises à Saint-Gilles, en 1209.

leur ville par trahison au comte de Toulouse, (1) les garnisons lais-
sées par notre comte se réfugièrent dans le donjon, assez faible et
non préposé à la défense. Alors, le comte de Toulouse (2) avec une
foule de routiers attaqua le donjon pendant trois semaines consé-
cutives, mais nos amis, quoique très peu nombreux, se défendaient
avec courage. Quand notre noble comte fut au courant de la situation, il se hâta de marcher au secours des siens assiégés. Mais le
comte de Toulouse et ses troupes, ainsi que plusieurs des habitants
de la ville qui étaient les principaux chefs de la trahison, apprenant l'approche de notre comte, s'enfuirent en toute hâte et levèrent
le siège qui durait depuis longtemps. [505] Quand notre comte et
ses compagnons apprirent la fuite des ennemis, ils se dirigèrent vers
l'Agenais pour prendre d'assaut, si possible, le Mas d'Agenais, situé
sur la limite du diocèse (3) et qui avait fait défection cette année-là.
Car le roi d'Angleterre, Jean, qui s'était toujours opposé à l'affaire
du Christ et au comte de Montfort (4) s'était rendu en Agenais cette
même année et plusieurs seigneurs du pays qui comptaient sur son
aide s'étaient détachés de Dieu et de la suzeraineté du comte de
Montfort. Mais par la grâce de Dieu ils furent plus tard frustrés
de leurs espérances comme ceux qui s'appuient sur un roseau (5) et
ils ne tardèrent pas à recevoir le châtiment de leur trahison. Donc,
comme notre comte se dirigeait en hâte vers le Mas avec les siens,
il arriva à un endroit où il lui fallait traverser la Garonne et il n'avait
que quelques barques non armées. Les habitants de La Réole, château du roi d'Angleterre, remontèrent le fleuve avec de nombreux
bateaux armés pour barrer le passage aux nôtres. Mais ces derniers

---

Quant aux comtes, ils voyaient peut-être ainsi un moyen d'échapper à Simon de Montfort.
Quelques jours plus tard, le 25 Avril, le légat réconcilia les Toulousains : mêmes serments :
la ville ne donnera ni ne fournira, d'aucune façon que ce soit, directe ou indirecte, ni
concilium, ni auxilium aux ennemis de l'Eglise Romaine, c'est-à-dire le comte de Toulouse
et son fils « nonobstant la fidélité à laquelle nous sommes tenus, nous, la cité, le faubourg,
au comte de Toulouse ou à son fils ou à un autre », réserve par laquelle Innocent III
entend bien affirmer qu'il est toujours l'arbitre de la situation. Enfin, le légat réconcilia
Raymond lui-même. Celui-ci s'intitule encore Duc de Narbonne, Comte de Toulouse, Marquis de Provence. Il remet à la miséricorde du pape et du légat sa personne, son fils et sa
terre et s'engage à quitter le pays, par exemple à se réfugier près du roi d'Angleterre, en
attendant que le pape ait définitivement statué sur son sort. Voir les textes dans Layettes,
n° 1.072 ; Vaissète, VIII, n° 174, VI, p. 443. Innocent III confirme ce qui a été fait :
lettre au cardinal de Bénévent, 4 Février 1215, P. 4.950, Layettes, I, n° 1.099. Il laisse
au futur concile de Latran le soin de régler définitivement le sort de Raymond VI. En
attendant, le marquisat de Provence fut confié à Guillaume de Baux, le comté de Toulouse,
soit les terres conquises par les croisés, plus les terres soumises au légat, y compris les deux
châteaux et la ville même de Toulouse, fut confié à Simon de Montfort, le duché de Narbonne, occupé en 1212 par Arnaud et disputé par Simon, fut laissé à l'archevêque :
Layettes, I, n° 119, Gal. Christ., VI, instr. n°s 61 et 62. Le triomphe d'Innocent III était
complet.

(1) Moissac appartenait à Simon de Montfort depuis le 8 Septembre 1212, § 353.
(2) Raymond VI venait de Montauban, § 500.
(3) Le Mas d'Agenais, à dix kilomètres environ au sud de Marmande, sur la Garonne.
(4) Jean sans Terre était devenu le beau-frère de Raymond VI depuis le mariage du
comte de Toulouse avec sa sœur Jeanne, § 38.
(5) Isaïe, XXXVI, 6.

réussirent à traverser malgré leurs adversaires, arrivèrent au Mas et l'attaquèrent pendant trois jours. Mais notre comte n'avait pas de machines de guerre et ne pouvait établir un siège en règle, parce qu'il devait sur l'ordre du légat retourner à Narbonne. C'est pourquoi il abandonna le château et se dirigea en toute hâte vers Narbonne. [506] Quand le légat apprit que notre comte venait le rejoindre, il lui manda d'amener avec lui le fils du roi d'Aragon qui était à Carcassonne. Comme nous l'avons dit plus haut, le roi d'Aragon avait remis son fils à notre comte en vue d'un mariage entre la fille du comte et le fils du roi. Notre comte rejoignit donc le cardinal et eut avec lui une entrevue à Capestang, (1) près de Narbonne. Le cardinal exigea que le fils du roi lui fut remis (2) et il en fut ainsi. (3) [507] Peu de jours après, le cardinal se rendit en Toulousain à Castelnaudary. Là, il vit venir à lui plusieurs habitants de Toulouse qui le supplièrent de réconcilier leur ville avec l'Eglise. Pour abréger le récit des négociations, disons que le cardinal réconcilia Toulouse après avoir soigneusement pris conseil et reçu des habitants, non seulement une caution juratoire, mais encore cent vingts notables comme otages. (4)

[508] *Guy, évêque de Carcassonne, revient de la France du nord avec de nombreux croisés.* L'an 1214 de l'Incarnation, le vénérable évêque de Carcassonne, qui toute l'année précédente (5) s'était évertué à courir et à prêcher dans le nord de la France pour l'affaire de la foi contre les hérétiques, repartit vers l'octave de Pâques pour le pays albigeois. Il avait reçu la croix de maître Jacques de Vitry (6) (homme en tous points digne de louanges) et de quelques autres encore, à Nevers, quinze jours après Pâques, pour l'accompagner à travers le Lyonnais contre les hérétiques pestiférés. D'autre part, maître Robert de Courçon, légat du Siège Apostolique, et le vénérable archidiacre Guillaume de Paris, (7) avaient donné rendez-vous à leurs propres croisés dans la ville de Bourges, quinze jours après Pâques, (8) pour marcher contre les susdits hérétiques par un itinéraire différent. L'évêque de Carcassonne et son escorte de croisés partirent donc de Nevers et arrivèrent à Montpellier après un heureux voyage. Et moi, j'étais avec l'évêque de Carcassonne. (9) A Montpellier, nous

(1) Capestang, § 125, à seize kilomètres de Narbonne.
(2) Cf. § 211. Jacques I avait alors six ans et quatre mois : il fut remis au légat en vertu d'un ordre exprès d'Innocent III : Lettre du 23 Janvier 1214, P. 4.888. Les Narbonnais, dans le serment de fidélité qu'ils prêtent au légat, s'engagent à ne pas lui enlever le jeune prince : Vaissète, VIII, n° 173, in fine.
(3) Gen., I, 7.
(4) Voir ci-dessus la note du § 503.
(5) Guy de Carcassonne était en France en Mars 1213, § 418.
(6) Jacques de Vitry et Guillaume de Paris sont depuis 1211 les prédicateurs et recruteurs officiels de la croisade, §§ 285, 306, 310. Quant à Robert de Courçon, il s'était rallié à l'idée de la croisade albigeoise. Luchaire, La Croisade, p. 236, correctif de Dickson, p. 101.
(7) Pâques tombant le 30 Mars, la concentration des troupes devait se faire le 13 Avril.
(8) Pierre des Vaux-de-Cernay était retourné dans le nord de la France l'année précédente avec son oncle. Les verbes à la première personne disparaissent à partir du § 368.

trouvâmes l'archidiacre de Paris et les croisés qui venaient avec lui du nord de la France. Quand au cardinal-légat, maître Robert de Courçon, il était resté dans la région du Puy, retenu par diverses affaires. Partant de Montpellier, nous vînmes à Saint-Thibéry, près de Béziers, et c'est là que le noble comte de Montfort vint à notre rencontre. Nous étions environ cent mille croisés, tant à pied qu'à cheval. Parmi les plus nobles se trouvaient le vicomte de Châteaudun et plusieurs autres chevaliers (1) qu'il n'y a pas lieu de nommer un à un. Quittant le Biterrois, nous vînmes à Carcassonne où nous passâmes quelques jours. [509] Tout ce qui se passa cette année-là est digne de remarque (et doit presque être tenu pour un grand miracle). Comme nous l'avons dit plus haut, au moment de l'arrivée du légat, maître Pierre de Bénévent, dans le pays des Albigeois, les Aragonnais et les Catalans étaient assemblés à Narbonne contre la chrétienté et le comte de Montfort : aussi notre comte restait-il près de Narbonne sans pouvoir s'éloigner, sinon ses ennemis auraient aussitôt dévasté tout le pays d'alentour. D'autre part, les habitants du Toulousains, de l'Agenais et du Quercy dirigeaient contre lui depuis les régions les plus lointaines des attaques répétées et violentes. (2) Pendant que le champion du Christ était dans cette tribulation, une aide au temps de la tribulation (3) ne lui fit pas défaut. Simultanément le légat vint de Rome et les croisés du nord de la France. O qu'elle est grande la miséricorde du Seigneur ! Beaucoup ont remarqué que, sans les croisés, le légat n'aurait pas obtenu un tel résultat, et, sans le légat, les croisés n'auraient abouti à rien de bon. Car, si les ennemis de la foi n'avaient eu la crainte des croisés, ils n'auraient pas obéi au légat, et inversement, si le légat n'avait pas été là, les croisés qui arrivèrent à cette époque n'auraient pu remporter de grands succès contre des adversaires si forts et si nombreux. Mais grâce à la miséricorde de la divine Providence, pendant que le légat amusait par une pieuse manœuvre et rendait inoffensifs les ennemis de la foi rassemblés à Narbonne, (4) le comte de Montfort et les croisés du nord de la France pouvaient se rendre en Quercy et en Agenais, afin d'y combattre leurs adversaires et pour mieux dire, les adversaires du Christ. O pieuse habileté du légat, ô habile piété !

[510] *Voyage du comte dans le Viennois.* Quand les croisés eurent passé quelques jours à Carcassonne, le noble comte de Montfort leur demanda de partir avec son frère Guy et avec l'évêque de Carcassonne pour aller en Rouergue et jusqu'en Quercy dévaster complè-

---

(1) Geoffroy IV : Cf. Cuissard : Chronologie des vicomtes de Châteaudun, dans les Bulletins de la Société dunoise, 1894-1896, p. 87-99.

(2) §§ 504-505.

(3) Ps., IX, 10.

(4) Pierre des Vaux-de-Cernay interprète comme une pieuse habileté du légat ce qui n'était rien moins que l'ordre exprès d'Innocent III et ne coïncidait pas avec la politique de Simon de Montfort, des évêques et des croisés.

tement les fiefs de Ratier de Castelnau, qui avait si cruellement trahi
le très noble et très chrétien comte Baudouin, et les terres des autres
ennemis du Christ. [511] Quant au comte lui-même, il se rendit à
Valence avec son fils aîné Amaury pour le marier avec la fille du
Dauphin de Viennois, frère du duc de Bourgogne. Arrivé à Valence,
le noble comte trouva le duc de Bourgogne et le Dauphin : il eut avec
eux une entrevue au sujet dudit mariage, conclut un accord, mais
comme le temps n'était pas opportun pour le mariage et comme
il ne pouvait séjourner longtemps dans le pays à cause des multiples exigences militaires qui le pressaient, il emmena la jeune fille (1)
à Carcassonne et c'est là que furent célébrées les noces. [512] Quant
aux croisés qui avaient depuis longtemps quitté Carcassonne et pénétré en Quercy, ils dévastaient les terres des ennemis de la foi que
ceux-ci dans leur épouvante avaient abandonnées.

[513] *Siège de Morlhon.* Il ne faut pas oublier de dire qu'en tra-
versant le diocèse de Rodez nous arrivâmes devant un château nommé Morlhon. Les habitants voulurent nous résister, car la place était
merveilleusement forte et presqu'inaccessible. Dans notre armée se
trouvait maître Robert de Courçon, légat pontifical, dont nous avons
parlé plus haut, et qui venait d'arriver du nord de la France. Les
nôtres, dès l'abord, se dirigèrent vers les murailles et commencèrent
à attaquer vigoureusement leurs ennemis. Quand les défenseurs
s'aperçurent qu'ils ne pouvaient prolonger leur résistance, ils se
rendirent à merci le jour même au légat, qui autorisa les nôtres à
détruire complètement le château. Ajoutons que nous trouvâmes en
cet endroit sept hérétiques de la secte des Vaudois. Ils furent sur-le-
champ conduits devant le légat et avouèrent leurs erreurs de façon
claire et complète : après quoi, les croisés se saisirent d'eux et les
brûlèrent avec une joie extrême. (2) [514] Partant de ce château,
nous allâmes dévaster les fiefs de ce dangereux traître Ratier de
Castelnau, ainsi que les terres d'autres seigneurs qui cette année-là
avaient trahi Dieu et l'Eglise. Après avoir détruit Castelnau et avoir
rasé jusqu'au sol plusieurs places très fortes des environs, nous par-
vînmes à Mondenard, dont le seigneur Bertrand avait organisé le
guet-apens contre le comte Baudouin ; (3) nous trouvâmes ce château
désert et nous le détruisîmes. [515] A cette étape, le très noble comte
de Montfort vint nous rejoindre : (4) son frère Guy avait quitté l'armée, appelé par certaines affaires et était allé du côté d'Albi. [516]
Après la destruction de Mondenard, notre comte fut informé que
certains chevaliers d'Agenais, qui l'année précédente avaient traitreusement rejeté sa suzeraineté, avaient fortifié Montpezat, au diocèse
d'Agen. Qu'ajouterai-je ? Nous nous dirigeâmes vers cette place pour

(1) Béatrice, § 492.
(2) I Paralip., XXIX, 17 : Cf. § 233.
(3) § 495.
(4) Le 12 Juin, Simon passa près de Montcuq, à douze kilomètres de Montenard :
Molinier, Cat., n° 81.

l'assiéger, malgré la faiblesse de notre effectif, car ceux qui étaient
venus de la France du nord (1) avec l'évêque de Carcassonne étaient
retournés chez eux à l'expiration de leur quarantaine. Quand les
chevaliers de Montpezat apprirent l'approche des croisés, pris de
peur, ils s'enfuirent en laissant vide le château que les nôtres détruisirent complètement. [517] Quittant Montpezat, notre comte pénétra
plus avant dans le diocèse d'Agen pour récupérer les localités qui
l'année précédente avaient traitreusement rejeté sa suzeraineté. Tous
les ennemis pris de peur, (2) firent leur soumission sans attendre
l'arrivée du comte, à l'exception de la ville importante de Marmande. (3) Pour mieux se garantir contre le renouvellement de ces défections, le comte fit démolir les donjons et les remparts de presque
toutes les places-fortes ; non seulement en Agenais, mais dans toutes les terres qu'il conquérait, le comte donnait l'ordre de démolir
les donjons et les remparts à l'exception de ceux des places les plus
fortes où il mit garnison dans son propre intérêt comme dans celui
des croisés.

[518] *Reprise de Marmande*. Quand le comte arriva sous les murs
de Marmande, avec l'intention d'en faire le siège, il trouva la ville
mise en défense contre lui : le chambrier du roi d'Angleterre (4) avait
amené des sergents dans la ville, il avait arboré son pennon au
sommet du donjon afin de défendre la ville contre les nôtres. Mais
quand ces derniers approchèrent, ils se portèrent aussitôt aux murailles ; les habitants de la ville se mirent à fuir après une courte
résistance, ils s'embarquèrent sur la Garonne et descendirent rapidement le cours du fleuve jusqu'à La Réole, château du roi d'Angleterre. Les sergents de ce roi qui étaient venus défendre Marmande
se réfugièrent dans le donjon. Quant aux nôtres, ils entrèrent dans la
ville et la mirent au pillage, mais le comte permit aux sergents
royaux qui étaient dans le donjon de s'en aller sains et saufs. Après
quoi, le comte reçut des siens le conseil de ne pas détruire complètement la ville à cause de son importance et de sa situation sur
la limite de ses terres, mais de mettre une garnison dans le donjon
et de démolir les autres tours ainsi qu'une partie des remparts : ceci
fait, le comte reprit la direction d'Agen avec l'intention d'assiéger
Casseneuil.

[519] *Siège de Casseneuil*. Casseneuil était une ville de l'Agenais,
belle et très fortifiée : elle était bâtie dans une plaine agréable au
pied d'une colline : des cours d'eau l'entouraient, dominés par des
roches vives. C'était un des plus importans foyers d'hérésie et un
des plus anciens. Les habitants étaient en majorité hérétiques,

---

(1) En Juin, § 508.
(2) II Paralip., XX, 3.
(3) Marmande avait fait sa soumission à Robert Mauvoisin, pendant le siège de Penne
en 1212, § 336.
(4) Geoffroy de Neuville reçut en 1214 l'ordre de donner de l'argent à Raymond VI :
Cf. biographie par Pollard, dans le Dictionnary of national biographie, v. Neuville.

voleurs et parjures, remplis d'iniquité (1) et de toute espèce de
péchés. Ils s'étaient déjà soumis à deux reprises à la chrétienté (2)
et voilà qu'une troisième fois ils essayaient de résister à la chrétienté et à notre comte. Le principal seigneur de ce château était
Hugues de Revignan, frère de l'évêque d'Agen : il avait été l'ami
et l'intime de notre comte, mais il avait renié cette année-là sa fidélité et son serment et s'était tout récemment détaché de Dieu et dudit
comte. D'autres traîtres, tels que ceux qui avaient participé au guet-
apens contre le comte Baudouin et beaucoup d'autres encore s'étaient
assemblés dans cette ville parce qu'elle était très fortifiée et restait
dans cette région le seul refuge des ennemis de la foi chrétienne
[520] Le noble comte de Montfort arriva avec ses troupes sous les
murs de Casseneuil, la veille de la fête des apôtres Pierre et Paul : (3)
il n'établit le siège que d'un côté sur la colline, car ses troupes
n'étaient pas assez nombreuses pour assiéger de toutes parts. Peu
après, notre comte fit dresser des machines pour démolir les remparts. Elles bombardèrent continuellement les murs et l'intérieur de
la ville et eurent tôt fait de détruire plusieurs maisons. Au bout de
quelques jours, des renforts de croisés arrivèrent, le comte descendit
de la colline et planta ses tentes dans la prairie voisine de la ville
emmenant avec lui une partie de l'armée. La plus grande partie
resta sur la colline avec Amaury, fils du comte, jeune homme très
noble et très preux, et le vénérable évêque de Carcassonne, Guy,
qui remplissait les fonctions de légat et travaillait avec persévérance
et efficacité à l'attaque et la prise de la ville. Dans la plaine où il
campait, le comte fit dresser des pierrières ; manœuvrées jour et
nuit, elle endommagèrent fortement les remparts. [521] Une nuit,
peu avant l'aurore, plusieurs des défenseurs sortirent de la ville
et gravirent la colline pour se précipiter tous ensemble (4) sur le
camp. Parvenus à la tente où dormait Amaury, fils du comte, ils se
ruèrent traîtreusement sur lui (5) pour le saisir ou le tuer, s'ils le
pouvaient. Mais les nôtres accoururent, attaquèrent bravement les
ennemis et les refoulèrent dans la ville. [522] Pendant que ceci se
passait au siège de Casseneuil, le roi d'Angleterre, Jean, navré de
la dépossession de son neveu, le fils du comte de Toulouse, (6) et
jaloux de nos succès, était venu de ce côté, à Périgueux, avec une
armée considérable. Près de lui s'étaient en effet réfugiés plusieurs
des ennemis du Christ et des nôtres que l'excès de leurs péchés avait

---

(1) Rom., I, 29.
(2) Casseneuil avait résisté en 1209, cf. Chanson [13] : elle se soumit en 1212,
§§ 317, 325.
(3) Le 28 Juin 1214. Son armée comprenait des habitants d'Albi, d'après une enquête
de 1266, dans Vaissète, VIII, n° 503, p. 1.507.
(4) Actes, VII, 56.
(5) II Rois, XVII, 12.
(6) Raymond le Jeune était le fils de Jeanne Plantagenet, femme de Raymond VI,
§ 38. Curieuse situation du roi d'Angleterre, vassal d'Innocent III, depuis l'année précédente, et qui, comme le roi d'Aragon, se dispose à prendre sous sa protection les ennemis
de la chrétienté !

dépossédé en vertu d'un très juste jugement de Dieu. Le roi les
accueillit et les garda longtemps à sa cour, ce qui fut pour beaucoup
un objet de scandale et compromit gravement sa réputation. Les
assiégés de Casseneuil envoyaient fréquemment des messages au
roi pour demander des secours et le roi les excitait par ses promesses
et ses messages à résister et à se défendre. Qu'ajouterai-je ? Le bruit
courut dans notre camp et avec persistance que le roi avait l'intention de venir nous attaquer et peut-être l'aurait-il fait, s'il l'avait
osé. De son côté, le très vaillant comte de Montfort n'éprouva aucune
frayeur à cette nouvelle : il prit la ferme décision de ne pas lever
le siège, mais de se défendre et de combattre le roi si celui-ci voulait attaquer le camp. Toutefois, mieux avisé, le roi ne réalisa aucun
des projets qu'on lui attribuait et qu'il pouvait bien avoir formés.
[523] N'oublions pas de dire que maître Robert de Courçon, cardinal
et légat, dont nous avons parlé plus haut, vint rejoindre les troupes
qui assiégeaient Casseneuil : il y resta quelques jours et en homme
de bonne volonté il participa selon ses forces aux attaques contre
la ville, mais, rappelé par les devoirs de sa légation, il ne put attendre la prise de la ville. (1) [524] Pendant que nous travaillions à ce
siège, le bombardement ayant affaibli en majeure partie les remparts, le comte convoqua un jour quelques-uns des principaux de
l'armée, ainsi qu'un ancien charpentier auquel il demanda comment les nôtres pourraient atteindre les murailles et prendre la ville
d'assaut : une eau profonde séparait le camp de la ville et il était
indispensable de la traverser si l'on voulait arriver aux remparts ;
le pont n'existait plus, car les ennemis l'avaient détruit de l'extérieur
avant notre arrivée. Les avis étaient partagés, mais on finit par se
ranger à celui du charpentier : construire un pont de bois et de
claies roulant sur de grands tonneaux par un ingénieux mécanisme
pour transporter les nôtres sur l'autre bord ; aussitôt, le vénérable
évêque de Carcassonne qui, plus qu'on ne saurait croire, se consacrait jour et nuit aux travaux du siège, convoqua une foule de croisés
et fit apporter une grande quantité de bois pour construire le pont.
Quand celui-ci fut achevé, les nôtres prirent leurs armes en vue de
l'assaut et ils firent rouler le pont jusqu'au bord de l'eau. Mais à
peine le pont eut-il effleuré la surface de l'eau qu'en raison de son
poids et de la forme de la rive, qui à cet endroit-là était très haute
et d'une pente insuffisamment adoucie, qu'il fut entraîné au fond
avec une telle force qu'ensuite on ne put d'aucune façon le tirer
en arrière ou le soulever : ainsi fut anéanti en un moment toute la
peine que nous avions prise pour établir ce pont. Peu de jours après,
les nôtres construisirent de nouveau un pont d'une autre sorte avec
l'espoir de s'en servir pour passer l'eau : ils préparèrent même un

---

(1) Robert de Courçon venait de tenir deux conciles, à Bordeaux et à Clermont-
Dessous : il s'arrêta à Sainte-Livrade, à cinq kilomètres de Casseneuil, d'où il confirma
les Conquêtes de Simon de Montfort, celles déjà faites et celles à venir : Layettes, V,
n° 204. Voir Dickson, p .101-103.

petit nombre de barques dans lesquelles une partie des nôtres tra-
verserait en s'exposant, d'ailleurs, aux plus grands dangers. Tout
ceci mis au point, les nôtres s'arment et tirent le pont jusqu'au bord,
quelques-uns montent dans des barques. Cependant, les défenseurs,
grâce à leurs nombreuses pierrières, soumettaient les nôtres à un
bombardement continu et violent. Qu'ajouterai-je ? Les nôtres lan-
cent le pont sur l'eau, mais sans succès : trop court et insuffisant à
tous égards, ce n'était qu'un ponceau. La tristesse et le deuil étaient
parmi les nôtres, la joie et les cris de fête chez les ennemis. (1) [525]
Le comte, plein de persévérance, ne se laissa pas décourager par ces
événements malheureux. Il appela ses ouvriers, les réconforta et
leur ordonna de tenter encore la construction d'autres engins pour
passer l'eau. Le maître des charpentiers imagina un genre de machine
admirable et inédit. Il fit d'abord apporter beaucoup de grandes
pièces de bois et sur les plus grandes, servant de base, il édifia
comme une maison de bois, avec un toit de claies, non en pente, mais
horizontal, ensuite, au centre de ce toit, il éleva une sorte de tour
gigantesque faite de bois et de claies et comportant cinq étages destinés aux arbalétriers : après quoi, sur le toit, il établit une espèce
de rempart formé de claies qui encerclait la base de la tour : derrière ces claies s'abritaient un grand nombre des nôtres pour défendre la tour avec de l'eau en abondance dans de grandes cuves pour
éteindre l'incendie au cas où les ennemis jetteraient du feu. Pour
la même raison, c'est-à-dire pour empêcher l'ennemi d'incendier l'engin, le maître-charpentier fit couvrir de peau de bœuf toutes les
parties antérieures de la machine. Tout ceci mis au point, les nôtres
se mirent à tirer et à pousser la machine vers le bord de l'eau. Les
assiégés, de leur côté, lançaient avec leurs pierrières une grêle de
gros boulets, mais par la grâce de Dieu ils ne firent que peu ou
point de dégâts. Quand les nôtres eurent amené la machine jusqu'à
la rive, ils apportèrent dans des paniers de la terre, du bois et autres
matériaux pour jeter dans l'eau. Quant à ceux qui étaient sans armes
et à l'abri (2) sous le toit inférieur, ils comblaient le fossé : les arbalétriers et autres combattants, placés aux étages supérieurs, repoussaient les attaques des ennemis. Ceux-ci profitèrent d'une certaine
nuit pour emplir une barque de bois sec, de salaisons, de grains et
autres susbtances combustibles et voulurent l'envoyer contre notre
machine pour y mettre le feu, mais ils échouèrent, car nos sergents
incendièrent cette barque. [526] Qu'ajouterai-je ? Grâce à ceux des
nôtres qui travaillaient à combler le fossé, notre machine avançait
au sec et sans dommage, car on la poussait en avant chaque jour
d'une distance égale à la partie nouvellement comblée du fossé. Un
dimanche, les assiégés, se rendant compte que le danger d'être pris
augmentait à mesure que la machine avançait, lancèrent du feu sur
elle, mais sans succès, car les nôtres éteignirent le feu avec de l'eau :

---

(1) Esther XVI, 21.
(2) Juges, VIII, 11.

les nôtres et les ennemis étaient assez rapprochés pour se battre à coup de lances. Notre comte pensa que nos ennemis profiteraient peut-être de la nuit pour incendier la machine : par suite, ce même dimanche au soir, il fit armer les siens et les appela tous à l'assaut au son de la trompette. (1) L'évêque de Carcassonne et les nombreux clercs qui se trouvaient au camp se réunirent sur un tertre non loin des remparts, clamant vers le ciel et priant pour les combattants. (2) Bientôt, les nôtres en armes entrèrent dans la machine, brisèrent les claies placées en avant et traversèrent le fossé avec grande vaillance. Pendant ce temps, les clercs chantaient le « Veni Creator Spiritus » avec une intense dévotion. (3) Les ennemis, voyant l'élan des nôtres, battirent en retraite à l'intérieur des remparts et se mirent à harceler les nôtres par une grêle de pierres lancées du haut des murs, car ils manquaient d'échelles et la nuit tombait, mais ils restèrent sur un terre-plein entre les murs et le fossé et détruisirent pendant la nuit les barbacanes que les ennemis avaient édifiées en dehors des murs. [527] Pendant toute la journée du lendemain, nos ouvriers travaillèrent à faire des échelles et autres engins afin de prendre la ville d'assaut le troisième jour. Les routiers qui étaient dans la ville en eurent vent et prirent peur : la nuit suivante, ils firent une sortie avec leurs armes et leurs chevaux comme pour attaquer notre camp, mais ils prirent tous la fuite. (4) Plusieurs des nôtres les poursuivirent longtemps sans pouvoir les atteindre : d'autres s'approchèrent des remparts en pleine nuit, entrèrent de force, mirent le feu, incendièrent la ville et passèrent au fil de l'épée (5) tous ceux qu'ils purent trouver. Béni soit Dieu en toutes choses, lui qui a livré les impies, (6) quoique pas tous. Après quoi, notre comte fit démolir l'enceinte de la ville presqu'au ras du sol. C'est ainsi que Casseneuil fut prise et détruite, le quinze des Calendes de Septembre pour la louange de Notre-Seigneur Jésus-Christ à qui soient hommage et gloire avec le Père et le Saint-Esprit dans les siècles des siècles. Amen. (7)

[528] *Le Comte entre dans le Périgord*. (8) Ceci fait, notre comte fut informé que certains châteaux du diocèse de Périgueux abritaient des ennemis de la Paix et de la foi, et c'était exact. Le comte décida de marcher contre eux et de les occuper : de cette façon, par la grâce de Dieu et avec l'aide des croisés, en chassant les routiers

(1) I Paralip., XV, 28.
(2) Exode, XVII, 8-13.
(3) Même chant du « Veni Créator Spiritus » au siège de Moissac, § 351.
(4) I Rois, XVII, 24.
(5) Nombres, XXI, 24.
(6) II Macc., I, 17.
(7) I Tim., I, 17.
(8) En Périgord, la présence d'hérétiques est attestée dès le XIIe siècle : Cf, Maubourguet : Le Périgord méridional, Bordeaux, 1926, pp. 89-92. Voir de Boysson. Les deux expéditions de Simon de Montfort en Sarladais, dans le Bulletin de la Soc. hist. et archéol. de Périgord, 1900, p. 357-367.

et les brigands, il rendrait la paix aux églises ou pour mieux dire
à toute la terre du Périgord. A la nouvelle de la prise de Casseneuil,
tous les ennemis du Christ et de notre noble comte avaient été
frappés d'une telle crainte (1) qu'ils n'osaient attendre l'approche du
comte et de son armée dans aucune place-forte, si puissante qu'elle
fut. [529] Quittant Casseneuil, l'armée arriva devant un des susdits
châteaux, nommé Domme : elle le trouva vide et sans défenseurs :
c'était une place très forte, bien située, bâtie en un lieu agréable
sur la rive de la Dordogne. Notre comte fit aussitôt saper et détruire
le donjon, très haut, très beau et maçonné presque jusqu'au faite.
[530] A une demi-lieue s'élevait un second château, appelé Montfort
qui était d'une puissance étonnante. Son seigneur, Bertrand de Cazenac, personnage très cruel et plus mauvais (2) que tous les autres,
avait été pris de peur (3) et s'était enfui à l'approche de notre comte
en laissant son château désert. Si nombreuses et si grandes étaient
les cruautés, les rapines, les énormités de ce misérable scélérat
qu'on peut à peine les croire ou même les imaginer. Ainsi fait, il
avait reçu du diable une aide semblable à lui, (4) je veux parler de
sa femme, sœur du vicomte de Turenne. Cette nouvelle Jézabel,
bien plus mauvaise et plus cruelle que l'autre Jézabel, était la plus
mauvaise de toutes les femmes et l'égale de son époux en cruauté
et en méchanceté. Ces deux créatures détestables pillaient ou plutôt
ruinaient les églises, attaquaient les pélerins, persécutaient les veuves et les pauvres, (5) mutilaient les innocents : ainsi dans le seul
monastère bénédictin de Sarlat les nôtres trouvèrent cent cinquante
hommes et femmes sans mains ou sans pieds, les yeux crevés ou
d'autres membres blessés, que le tyran et son épouse avaient mu-
tilés. La femme de ce tyran, dépourvue de toute sensibilité, faisait
arracher les seins à de pauvres femmes ou bien leur coupait les
pouces pour les rendre inaptes au travail. O Cruauté inouïe ! Comme
nous ne pourrions raconter la millième partie des mauvaises actions
de ce tyran et de sa femme, laissons ce sujet et revenons à notre
récit.

[531] *Destruction du château de Montfort et de quelques autres.*
Quand le château de Domme eut été détruit et ruiné, notre comte
décida de ruiner celui de Montfort (6) qui appartenait au tyran dont
nous venons de parler. Bientôt l'évêque de Carcassonne, qui consacrait tous ses efforts à l'affaire du Christ, emmena une partie des
croisés et partit détruire ce château : les murs étaient d'une telle
solidité qu'on avait peine à les démolir, car le ciment était devenu

---

(1) Exode, XX, 18.
(2) Gen., XIII, 13.
(3) I Paralip., 10, 4.
(4) Gen., II, 18.
(5) Jérémie, VII, 6 et Prov., XXVIII, 3.
(6) Montfort. Cf. Delpeyrat : Montfort, dans Glaneur, journal de l'arrondissement
de Sarlat, n° du 23 Juillet 1882 et tirage à part en 1883.

dur comme de la pierre. C'est pourquoi les nôtres mirent longtemps
à ruiner ce château. Les croisés partaient le matin pour aller à leur
tâche et revenaient à leurs tentes seulement le soir. Le camp était
resté à Domme où l'emplacement était plus commode pour un camp.
[532] Près de Montfort se trouvait un troisième château, appelé Castelnaud, aussi malfaisant que les autres, et celui-là aussi avait été
abandonné par crainte des croisés. Notre comte décida d'y mettre
une garnison afin de pouvoir plus efficacement contenir les perturbateurs de la paix, et il exécuta son projet. [533] Enfin un quatrième
château, nommé Beynac, (1) s'élevait non loin de là. Son seigneur (2)
était très dangereux, tyran très cruel et oppresseur très brutal des
églises. Notre comte lui offrit à son choix l'une ou l'autre de ces
deux solutions : ou bien dans un délai fixé par le comte et les évêques présents il restituerait le bien mal acquis, ou bien il verrait
renverser ses remparts. Un délai de plusieurs jours lui fut accordé
pour faire son choix. Mais comme dans cet intervalle il ne restitua
pas ses rapines, notre comte ordonna de démolir le donjon de Beynac. Contre le gré du tyran et en dépit de ses vives protestations,
notre comte fit démolir la tour et les remparts. Ce méchant homme
prétendait qu'on ne devait pas démanteler son château, car il était
le seul dans le pays à soutenir le roi de France contre le roi d'Angleterre. Notre comte savait que cette prétention était sans fondement
et ne renonça pas à son projet : le susdit tyran avait déjà exposé
cette prétention au roi de France, mais sans succès. [534] C'est ainsi
que furent soumis ces quatre châteaux, Domme, Montort, Castelnaud, Beynac où était le siège de Satan (3) depuis cent ans et plus
et d'où l'iniquité s'était répandue sur toute la terre. (4) Une fois
soumis grâce aux efforts des croisés, à la vaillance et à l'expérience
du noble comte de Montfort, la paix et la tranquillité furent rendues,
non seulement aux habitants du Périgord, mais encore à ceux du
Quercy, de l'Agenais et du Limousin en grande partie. (5) [535] Notre
comte, ayant accompli tout ceci pour la gloire du nom du Christ,
revint en Agenais avec son armée et profita de l'occasion pour procéder au démantèlement de toutes les places-fortes situées dans le
diocèse d'Agen. [536] Le comte vint ensuite à Figeac pour y juger au
nom du roi de France les procès et affaires des habitants, car le

---

(1) Sur les châteaux de Castelnaud et Beynac, voir les travaux de La Tombelle et
de Verneilh, dans le Bulletin de la Soc. hist. et archéol. du Périgord, 1918 et 1885 :
« Le château de Castelnaud », par le baron de la Tombelle, 1918, pp. 204-217 ; 245-259 ;
294-308. « Causeries archéologiques : Biron et Beynac », par le baron de Verneilh, pp.
297, 299.

(2) Bernard de Cazenac, dépossédé par les croisés en Septembre 1214 « propter gravia
et enormia delicta... adversus Deum et sanctam matrem ecclesiam », Molinier, Cat., n° 88,
revint sur ses terres l'année suivante, § 569 et procura des renforts à Raymond VI, § 606.

(3) Apoc., II, 13. Expression de Saint Bernard maudissant Verfeil, Guillaume de Puylaurens, éd., Beyssier, p. 120.

(4) Daniel, XIII, 5.

(5) Voir Duplès-Agier : Chroniques de Saint-Martial de Limoges, dans la Société de
l'Histoire de France, 1874, p. 91-92.

roi l'avait chargé de le représenter dans cette région pour beaucoup de choses. (1) Il reçut beaucoup de plaintes, il corrigea beaucoup d'abus et il en aurait corrigé bien davantage, mais il ne voulut pas outrepasser les pouvoirs que le roi lui avait accordés.

[537] *Voyage du Comte à Rodez.* Continuant sa marche vers le Rouergue, le comte prit possession près de Figeac d'une localité très forte, nommée Capdenac, qui était depuis longtemps un nid et un refuge de routiers. De là, il vint à Rodez avec son armée. (2) Notre comte avait beaucoup de griefs contre le comte de Rodez : celui-ci était son homme-lige, mais il cherchait une échappatoire : il prétendait tenir du roi d'Angleterre la majeure partie de ses fiefs. Qu'ajouterai-je ? Après de longues discussions il se reconnut vassal de notre comte pour toute sa terre et lui en fit hommage. Ils devinrent ainsi amis et alliés. (3)

[538] *Siège et prise de Séverac.* Près de Rodez se trouvait une ville fortifiée appelée Séverac (4) ou habitaient des routiers perturbateurs de la paix et de la foi. (5) Il est difficile de donner une idée des maux nombreux et graves qui provenaient de ce lieu : les habitants ne limitaient pas leurs courses au diocèse de Rodez, mais troublaient tout le pays environnant jusu'au Puy. Pendant son séjour à Rodez, notre comte avait envoyé au seigneur de Séverac l'ordre de lui livrer la ville. Mais celui-ci se fiait à la solidité de son donjon : il pensait en outre qu'à cette époque le comte ne pouvait pas l'assiéger, car la mauvaise saison était venue et la ville était située dans les montagnes en un endroit très froid. C'est pourquoi il refusa de livrer la ville. [539] Une nuit, Guy de Montfort, frère du comte, accompagné de chevaliers et de sergents, quitta Rodez et profita de la nuit pour chevaucher jusqu'à Séverac. Au point du jour, (6) dès les premières lueurs de l'aurore, il se jeta à l'improviste sur le faubourg inférieur, le prit en un instant et s'y installa. Les habitants

---

(1) Philippe-Auguste avait inféodé à Raymond VI en 1195 « custodiam Fisiaci et omne jus et omnen dominacionem et omnen potestatem quam ibi habere debemus ». Layettes, n° 424. Vaissète, VIII, p. 1.945. Il reprit vraisemblablement ses droits à l'occasion de la croisade.

(2) Pendant le siège de Casseneuil, Pierre, évêque de Rodez, se rendit auprès de Simon de Montfort et l'invita à intervenir dans son diocèse : Molinier, Cat., n° 86. Le comte de Rodez était Henri I : cf. Fabre, Histoire des évêques de Rodez, dans le Journal de l'Aveyron, n°s 22 et 29 Novembre 1925. Il était vassal du comte de Toulouse : Vaissète, VI, p. 25, 178. En vertu de la donation qui lui avait été faite par le légat Robert de Courçon de toutes les terres, conquises et à conquérir, du comte de Toulouse, Simon exigea l'hommage. Henri se fit prier, « sous prétexte qu'il tenait une grande partie de ses domaines du roi d'Angleterre », mais, pressé par les évêques de Mende, Cahors, Carcassonne, Albi et par Thédise, il consentit à prêter hommage à Simon, le 7 Novembre : Vaissète, VI, p. 450 et VIII, n° 178 ; Molinier, Cat., n° 93 ; A. Bonal : Comté et comtes de Rodez, dans la Société des Lettres, Sciences et Arts de l'Aveyron, Rodez, Paris, 1885, p. 173 et ss...

(3) Luc, XXIII, 12.
(4) F. Julien, Histoire de Séverac-le-Château, Albi, 1926.
(5) St-Bernard, ep. 195, dans P. L. t. 182, c. 363.
(6) Daniel, XIV, 15.

se réfugièrent dans le donjon : celui-ci était bâti au faîte d'une montagne, le faubourg s'étendait depuis le donjon jusqu'au bas du versant. Guy de Montfort occupa le faubourg pour empêcher les ennemis de l'incendier à l'approche de l'armée. [540] En arrivant à Sévérac avec son armée, notre comte trouva le faubourg intact avec beaucoup de maisons susceptibles de recevoir des troupes : les nôtres s'y installèrent et commencèrent le siège. Ceci fut voulu par Dieu, aide véritable dans les difficultés, providence dans le besoin. (1) Peu de jours après, les nôtres dressèrent une pierrière et bombardèrent la ville ; de leur côté, nos adversaires élevèrent pareillement une machine pour harceler les nôtres tant qu'ils pourraient. Ajoutons que le Seigneur avait si bien réduit leurs provisions qu'ils éprouvèrent une grande disette : de plus, le froid et l'âpreté hivernale les faisaient souffrir à un tel degré, habillés qu'ils étaient de vêtements misérables et légers, qu'ils ne savaient que faire. Si quelqu'un s'étonne de leur pénurie et de cette misérable situation, qu'il sache que l'arrivée des nôtres les surprit à tel point qu'ils n'eûrent le temps de préparer ni armes, ni provisions. Ils ne pouvaient supposer, nous l'avons dit, que les nôtres les assiégeraient en plein hiver en un lieu si glacé. (2) [541] Au bout de quelques jours, souffrant de la faim, de la soif, du froid et de l'insuffisance de vêtements, (3) ils demandèrent la paix. Qu'ajouterai-je ? La discussion de la capitulation fut longue et difficile. Enfin, sur le conseil des prud'hommes, les nôtres et les seigneurs tombèrent d'accord sur ceci : la ville serait livrée à notre comte qui en confierait la garde à l'évêque de Rodez et à Pierre Bermond, seigneur noble et puissant. (4) Ainsi fut fait. (5) Aussitôt, le noble comte par pure générosité restitua au seigneur de Sévérac le reste de sa terre que Guy de Montfort avait conquise auparavant : cependant il lui fit promettre de n'exercer aucune représaille contre ses vassaux pour s'être précisément rendus à Guy. Plus tard même il mit le comble à sa générosité en lui restituant Sévérac, moyennant l'hommage et le serment de fidélité, il lui pardonna et l'admit dans son intimité. N'oublions pas de dire que la prise de Sévérac rendit à toute cette région la paix et la tranquillité. De tout ceci rendons grâces à Dieu et remercions son fidèle champion, le très chrétien comte de Montfort. [542] Ceci réglé, maître Pierre de

---

(1) Ps., CXVII, 23 et IX, 10.
(2) Pendant le siège, Simon reçut de Guillaume, évêque de Mende et de Pierre, évêque de Rodez les deux châteaux de Laroque de Valcergue et de Saint-Geniès, que ces prélats tenaient au nom de l'Eglise Romaine : Vaissète, VIII, n° 179.
(3) II Cor., XI, 27.
(4) Pierre Bermond de Sauve, gendre de Raymond VI — il avait épousé Constance, fille de Béatrice de Béziers, seconde femme du comte de Toulouse — était lié d'amitié avec Simon de Montfort bien avant l'arrivée des croisés dans le Midi de la France. Il avait, en effet, participé à la Quatrième Croisade : Villehardouin, éd. Faral, 45, p. 47. Il y avait rencontré le comte de Montfort. En 1209, il se soumit au légat Milon : Processus negotii... P. L. t. 216, c. 96. En 1212, il réclama, en vain, à Innocent III pour son fils au lieu du jeune Raymond, la succession de Toulouse, Vaissète, VI, 394.
(5) Gen., I, 7.

Bénévent, légat du Siège Apostolique, dont nous avons déjà parlé, revenu de l'Aragon où d'importantes occupations l'avaient longtemps retenu (1) convoqua un concile de la plus extrême importance quinze jours après Noël à Montpellier.

[543] *Concile de Montpellier.* L'an 1214 de l'Incarnation, quinze jours après Noël, (2) des archevêques et des évêques, convoqués par maître Pierre de Bénévent, légat du Siège Apostolique, se réunirent en concile à Montpellier pour permettre au légat de régler, en accord avec les prélats, les affaires de la paix et de la foi. A ce concile assistèrent cinq archevêques, ceux de Narbonne, Auch, Embrun, Arles,. Aix, vingt-huit évêques (3) et un grand nombre de seigneurs du pays, grands et petits. [544] Le noble comte de Montfort n'entra pas à Montpellier avec les autres. Il séjourna pendant la durée du concile dans un château voisin qui appartenait à l'évêque de Maguelonne. Les Montpelliérains, méchantes gens (4) et pleins d'orgueil, n'avaient jamais eu de sympathie pour les Français du nord en général et pour le comte en particulier, si bien qu'ils avaient interdit à celui-ci l'entrée de leur ville. Pour cette raison le comte logea dans le château dont nous avons parlé et tous les jours il venait à la commanderie des Templiers hors des murs de la ville où les archevêques et les évêques venaient le rejoindre quand besoin était. [545] Quand le légat, les archevêques, les abbés et les autres prélats furent arrivés à Montpellier, comme nous l'avons dit, le légat prononça un sermon dans l'église de la Bienheureuse Vierge Marie. Après quoi il convoqua dans la maison où il logeait les cinq archevêques, les vingt-huit évêques, les abbés et les autres innombrables prélats Quand ils furent tous assemblés, il leur parla en ces termes : « Je vous demande et requiers de vous, au nom du jugement divin et du devoir d'obéissance qui vous lie à l'Eglise Romaine, de rejeter tout parti-pris, toute haine, toute crainte, et de me conseiller fidèlement selon votre science sur les points suivants. A qui concéder au mieux de nos intérêts et assigner la ville de Toulouse pour l'honneur de Dieu et de la Sainte Eglise, la paix du pays et la ruine de l'hérésie ? Et toute la terre que possède le comte de Toulouse ? Et les autres terres conquises par les armées des croisés ? [546] Tous les archevêques et évêques eurent de longues et sérieuses délibérations ; chacun de consulter ses clercs familiers et les abbés de son diocèse : enfin ils minent par écrit ce qui leur parut bon et juste. Les vœux et les

---

(1) Pendant que Simon de Montfort soumettait les seigneurs du Périgord, du Quercy, de l'Agenais, du Rouergue, le légat conduisait l'héritier d'Aragon dans son pays et y organisait la régence : Vaissète, VI, 440. Sampere y Miquel. Minoria de Jaime I, Barcelone, 1910, p. 13 et ss...

(2) Le concile de Montpellier se réunit le 8 Janvier 1215. Voir Mansi, t. XXII, cc. 939-954.

(3) Arnaud de Narbonne, Garsie d'Auch, Bernard d'Embrun, Michel d'Arles, Bermond d'Aix, Gallia Christ. VI, 63 ; III, 1.076 ; I, 990, 566, 314.

(4) Gen., XIII, 13.

avis de tous s'accordèrent pour choisir le noble comte de Montfort
comme chef et maître unique de tous les pays. (1) O Merveille !
Quand il s'agit d'élire un évêque ou un abbé, un petit nombre d'élec-
teurs se met difficilement d'accord sur un seul nom. Et voilà que
pour choisir le chef d'un si grand pays tant de grands personnages
réunissent à l'unanimité leurs suffrages sur ledit champion de Jésus-
Christ. Sans aucun doute, c'est par le Seigneur que cela a été fait
et c'est admirable à nos yeux. (2) [547] Après que les archevêques
et les évêques eurent élu le noble comte de la manière que nous
avons indiquée, ils demandèrent instamment au légat de remettre
sur-le-champ audit comte tout le pays, mais, après s'être reporté aux
bulles que le seigneur pape avait envoyé au légat, on reconnut que
celui-ci ne pouvait agir ainsi (3) sans en référer au seigneur pape.
C'est pourquoi le légat et les prélats tombèrent d'accord pour envoyer
à Rome Bernard, archevêque d'Embrun, personnage d'une grande
science et d'une parfaite bonté, accompagné de quelques clercs :
ceux-ci emportaient des lettres du légat et des prélats d'après lesquelles les pères du concile suppliaient instamment le seigneur pape
de leur accorder comme seigneur et maître unique du pays (4) le
noble comte de Montfort qu'ils avaient désigné à l'unanimité. [548]
Nous ne croyons pas devoir cacher que pendant la tenue dudit concile de Montpellier, le légat convoqua notre comte qui était dans la
commanderie des Templiers hors des murs pour qu'il le rejoignit,
lui et les prélats à l'intérieur de la ville. Aussitôt le comte entra avec
une petite escorte. Tandis que les quelques chevaliers entrés avec
lui flânaient à travers la ville, le comte, son frère et les deux fils de
son frère se trouvaient avec le légat et les prélats. Bientôt un grand
nombre d'habitants, poussés par la méchanceté, prirent secrètement
les armes. Les uns pénétrèrent dans l'église de la Bienheureuse Vierge
Marie, les autres guettèrent la porte par laquelle le comte était entré
et tout le parcours qu'il emprunterait, croyaient-ils, pour revenir :
ils attendaient ainsi son retour pour le tuer, s'ils le pouvaient. Mais
le Seigneur bienveillant disposait de manière différente et combien
meilleure : notre comte eut vent de ces préparatifs, il sortit par un
porte différente et ainsi échappa au guet-apens. [549] Tout ceci dûment
réglé et le concile achevé au bout de plusieurs jours, les prélats

---

(1) On a souvent compris que le concile demandait au pape de créer une monarchie
vassale dans le Midi de la France, ce qui eut été assez dans la logique des choses. Mais
ce terme « monarcha » veut dire simplement le chef unique. Voir P. Guébin : Le sens
du mot « monarcha » au concile de Montpellier, dans la Revue Historique de Droit Français et Etranger, 1931, p. 417-418.

(2) Ps., CXVII, 23.

(3) Pierre de Bénévent avait été envoyé uniquement pour réconcilier avec l'Eglise les
ennemis du comte de Montfort, il n'avait pas qualité pour inféoder la terre à Simon.

(4) Toutefois, il ne semble pas être question ici de la Provence. Dans une lettre au légat
du 4 Février 1215, Innocent III mande au cardinal de pourvoir aux frais du voyage que le
comte de Toulouse entreprend pour demander à l'Eglise pardon et recevoir l'absolution. Il
lui ordonne de confier provisoirement la Provence à Guillaume de Baux « ut in delibera-
tione finali de ipsa possimus libere ordinare », c'est-à-dire jusqu'au concile général. P. 4.950.

qui y avaient assisté retournèrent chez eux. (1) Quant au légat et à notre comte, ils allèrent à Carcassonne. (2) Entre temps, le légat avait envoyé à Toulouse l'évêque de cette ville pour prendre possession en son nom du château narbonnais : ainsi étaient appelés le donjon et le palais du comte de Toulouse. L'évêque, au nom du légat, reçut le donjon, y entra, en prit possession et y plaça aux frais des habitants une garnison de chevaliers et de sergents. (3)

[550] *Voyage de Louis, fils du Roi de France, au pays des Albigeois.* L'an 1215 de l'Incarnation Louis, fils aîné du roi de France (qui deux ans auparavant avait pris la croix contre les hérétiques, mais avait été empêché par plusieurs guerres importantes) profita de ce que les guerres soutenues par son père et lui étaient pour la plupart terminées pour se mettre en marche vers le pays des Albigois afin d'accomplir son vœu de croisade. (4) Avec lui vinrent de nombreux seigneurs, nobles et puissants, qui tous s'assemblèrent à Lyon à la date qu'il leur avait fixée, c'est-à-dire le jour de Pâques. (5) Là se trouvaient avec Louis l'évêque de Beauvais, Philippe, le comte de Saint-Pol, Gaucher, le comte de Ponthieu, le comte de Sées et d'Alençon, Robert, Guichard de Beaujeu, Mathieu de Montmorency, le vicomte de Melun et beaucoup d'autres preux chevaliers, nobles et puissants. (6) Le vénérable évêque de Carcassonne, Guy, s'y trouvait également ; il s'était rendu peu auparavant dans la France du nord à la demande du noble comte de Montfort pour l'affaire de la foi et revenait avec Louis : celui-ci et ses compagnons avaient pour lui une extrême sympathie et acquiesçaient en toutes choses à ce qu'il voulait et conseillait. [551] Le lendemain de Pâques, Louis et son escorte quittèrent Lyon et vinrent à Vienne. Le noble comte de Montfort, heureux et joyeux, (7) allait au-devant de son suzerain, c'est-à-dire Louis, et s'avançait jusqu'à Vienne. Il est difficile de donner une idée de l'enthousiasme qui marqua leur rencontre et leur

---

(1) Le 30 Janvier, Michel d'Arles se trouvait à Beaucaire, où il inféodait à Simon les châteaux de Beaucaire et d'Agence avec leurs dépendances situées dans les diocèses d'Arles, Avignon, Uzès, Nîmes, moyennant l'hommage, des redevances et des droits ; Molinier, Cat., n° 95. Le 27 Février, Bermond d'Aix se trouvait à Avignon, où il agissait comme juge délégué du cardinal de Bénévent, Gal. Christ. Noviss. VII, n° 381.

(2) Le 6 Mars, Simon était à Carcassonne et s'accordait avec l'évêque d'Uzès au sujet des droits qu'il possédait dans ce diocèse comme successeur du comte de Toulouse : Molinier, n° 98.

(3) Raymond VI et sa famille durent se retirer chez un simple particulier, nommé David de Roaix. De plus, les Toulousains livrèrent à Foulques comme garantie de leurs promesses douze de leurs consuls que l'évêque envoya à Arles. Vaissète, VI, p. 453.

(4) Voir Petit-Dutaillis, ouvr. cité, p. 189-194, ci-dessus § 417-421. A cette époque. l'Angleterre, vassale du Saint-Siège, n'est plus à craindre et Philippe-Auguste a écrasé ses ennemis à Bouvines.

(5) Le 19 Avril.

(6) La plupart de ces seigneurs s'étaient déjà croisés auparavant : ainsi Philippe de Beauvais, en 1210, § 174, Gaucher de Châtillon, en 1209, §§ 72 et 82, Guillaume de Ponthieu en 1210, § 174, Guichard de Beaujeu en 1209, § 82, et les autres pour la première fois.

(7) Isaïe, XXXV, 2. Peut-être aussi inquiet : Luchaire, La Croisade, p. 240-241.

entrevue. [552] Repartant de Vienne, Louis et ses compagnons vinrent à Valence. Quant au légat dont nous avons déjà parlé, maître Pierre de Bénévent, il était venu jusqu'à Valence à la rencontre de Louis. Comme nous l'avons indiqué plus haut, les habitants de Toulouse et de Narbonne et d'autres adversaires de la chrétienté et du comte de Montfort avaient été absous par le légat dans un dessein net et sage, connu de lui seul. Ce dernier tenait en sa puissance et sauvegarde les villes de Toulouse et de Narbonne et d'autres châteaux des ennemis du Christ au pays des Albigeois. (1) il craignait que Louis, en sa qualité de fils aîné du roi de France et suzerain de toute la terre tenue par le légat, ne voulut faire quelqu'acte d'autorité contraire aux avis du légat et aux mesures qu'il avait prises, en occupant ou même en détruisant les villes et châteaux qu'il tenait. (2) Le bruit courait, et il était très vraisemblable que le légat voyait d'un mauvais œil la venue et la présence de Louis. A cela rien d'étonnant. Toute ladite terre avait été depuis longtemps infectée du poison de l'hérésie. Le roi de France, en tant que suzerain avait été souvent exhorté et requis de remédier à ce grand péril et de se décider à purger son royaume de l'hérésie mais il n'y avait apporté ni aide ni conseil comme il aurait dû le faire. (3) Maintenant que la terre avait été conquise par le pape avec l'aide des croisés, le légat estimait que Louis ne devait ni ne pouvait empiéter sur les mesures prises par lui : il lui paraissait même que Louis qui portait le signe de la croix et venait en qualité de croisé ne devait contrevenir à aucune de ses décisions. Louis, doux et timoré, répondit au légat qu'il se conformerait à ses décisions et à ses avis. (4) [553] Quittant Valence, Louis vint à Saint-Gilles. Pendant qu'il se trouvait dans cette ville avec le noble comte de Montfort, il vit arriver de la curie romaine les délégués dont nous avons parlé plus haut que le légat, les archevêques et les évêques du midi de la France avaient envoyés au seigneur pape pour demander comme seigneur et maître unique le très noble et très chrétien comte de Montfort. Le seigneur pape envoya au légat, aux évêques et au comte de Montfort des bulles de contenu identique où il donnait au comte de Montfort en commande tous les biens possédés jadis par le comte de Toulouse, plus les pays conquis par les croisés et les terres que le légat tenait par le truchement des

---

(1) Salies-du-Salat et Foix, § 503.

(2) Le roi de France est, en effet, le « dominus principalis » pour reprendre l'expression d'Innocent III, de toute la terre. Or, Simon de Montfort était théoriquement vassal du roi d'Aragon pour la vicomté de Béziers-Carcassonne, et, comme il n'était pas encore comte de Toulouse, mais juridiquement occupant le comté de Toulouse au lieu et place de Raymond VI, le légat pouvait en effet légitimement craindre que le prince Louis, sur l'ordre ou du moins l'inspiration de Philippe-Auguste, n'eût un autre plan contre lequel il eut été assurément difficile de lutter.

(3) Philippe-Auguste avait été invité, en effet, au moins sept fois à intervenir en Albigeois contre les hérétiques. Cf. ci-dessus, § 72, note.

(4) Il est probable que Louis en agissant ainsi ne faisait que se conformer aux ordres du roi : nous en avons une preuve indirecte dans l'acte par lequel Philippe-Auguste prend sous sa protection la ville de Montpellier, sous réserve de dispositions contraires du légat Pierre de Bénévent. Cf. Delisle, Cat., n° 1.548.

otages ou des garnisons, jusqu'à ce qu'une décision définitive fut prise au concile oecuménique qu'il avait convoqué à Rome pour le Premier Novembre de cette même année. (1) A cette nouvelle, Louis et notre comte firent savoir au légat l'arrivée des délégués. Le légat se trouvait non loin de Saint-Giles dans la ville d'Arles avec plusieurs évêques. Voici le texte de la bulle adressée par le seigneur pape au comte de Montfort.

[554] *Lettre du Seigneur pape au Comte de Montfort.* « Innocent, « évêque, serviteur des serviteurs de Dieu à notre aimé fils, le noble « Simon, comte de Montfort, salut et bénédiction apostolique. [555] « Ta noblesse soit louée dignement dans le Seigneur pour avoir d'un « dévouement parfait, d'un esprit sincère et avec des forces inlas- « sables, en véritable chevalier du Christ, en invincible champion « de la foi catholique, honorablement combattu les combats du « Seigneur. (2) Aussi la renommée de ta droiture et de ta foi s'est « répandue sur presque toute la terre. (3) C'est pourquoi les béné- « dictions d'un grand nombre se déversent continuellement sur ta « tête pour t'assurer davantage encore la faveur du Christ, et les « prières de l'Eglise entière s'accumulent afin que, grâce à la mul- « tiplicité des intercesseurs, te soit réservée pour t'être remise à « l'avenir par le juste juge la couronne de justice (4) qu'à cause de « tes mérites nous espérons être déposée dès maintenant pour toi « dans les cieux. En avant, chevalier du Christ, remplis ton minis- « tère, (5) cours dans la lice qui s'est ouverte jusqu'à ce que tu rem- « portes le prix, (6) ne te laisse jamais abattre par les tribulations. « (7) Sache que le Seigneur Sabaoth, Dieu des armées et chef suprê- « me de la milice (8) chrétienne marche à tes côtés pour te secourir. « Ne songe pas à essuyer la sueur des combats avant d'avoir rem- « porté la victoire. Au contraire, comme tu as bien débuté, fais en « sorte que ce bon commencement et la continuation que tu as eu « soin plus tard de poursuivre d'une manière digne de louanges « reçoivent de toi un parfait achèvement par la ténacité et la per- « sévérance qui garantissent un plus louable couronnement. Sache « que, selon la parole de l'Apôtre, nul n'est couronné s'il n'a légiti- « mement combattu. (9) [556] Toutes les anciennes possessions du « comte de Toulouse avec les autres conquêtes des croisés et les « terres tenues au moyen d'otages ou de garnisons par notre aimé fils « Pierre, cardinal-diacre de Sainte-Marie in Aquiro, légat du Siège

---

(1) § 547. Les bulles d'Innocent III sont du 2 Avril. Cf. P. 4.966-4.969 : Layettes, I, n° 1.113-1.116, p. 413-416.
(2) I Rois, XXV, 28.
(3) Ps., XVIII, 5.
(4) II Tim., IV, 8.
(5) II Tim., IV, 5.
(6) I Cor., IX 24.
(7) Eph., III, 13.
(8) I Mcc., II, 70.
(9) II Tim., II, 5.

« Apostolique, nous les remettons en commende à ta sagesse jusqu'à
« l'époque du concile oecuménique (dont nous consulterons les mem-
« bres pour prendre une décision salutaire et plus approfondie).
« Tu les conserveras, tu les garderas, tu les défendras. Nous t'en
« concédons les revenus et les fruits avec les droits de justice et tout
« ce qui s'y rattache, car tu ne peux ni ne dois continuer la guerre
« à tes frais, exception faite des dépenses pour la garde des châ-
« teaux tenus en notre nom. Nous avertissons dignement ta noblesse
« et la supplions de toutes nos forces dans le Seigneur, nous exi-
« geons de toi comme un devoir, nous t'adjurons au nom du dernier
« jugement, nous t'enjoignons en rémission de tes péchés de ne pas
« refuser cette mission du Christ (1) qui lui-même a reçu de Dieu
« le Père une mission pour toi et s'est élancé comme un géant par
« la voie (2) des commandements jusqu'au gibet de la croix et à la
« mort. Comme tu t'es consacré au service de Jésus-Christ, ne faillis
« pas devant la fatigue, ne refuses pas de continuer à combattre
« pour le Christ avant d'avoir obtenu un bon résultat. Que dans
« ton cœur ne s'élève pas (3) l'envie de résister à des conseils si pater-
« nels et à des ordres si doux. Au contraire, applique-toi à accueillir
« de bon cœur et de bonne volonté ce que nous t'ordonnons, afin
« de jouir éternellement des étreintes du Christ qui t'y invite en
« étendant pour toi sur la croix inlassablement les bras. Réfléchis
« et fais bien attention : prends garde d'avoir couru et travaillé en
« vain (4) au cas où par ta négligence la nuée des sauterelles sorties
« du puits de l'Abîme (5) et chassée avec force par ton ministère
« de la terre qu'elles avaient envahies l'envahirait à nouveau (ce
« qu'à Dieu ne plaise). [557] Avec le ferme espoir que tu auras soin
« de ton salut et ne contreviendras jamais aux ordres apostoliques,
« nous prescrivons aux seigneurs, consuls, recteurs et autres bons
« catholiques habitants les territoires susdits, nous leur donnons
« par la vertu du Saint-Esprit l'ordre formel de te fournir entière
« assistance, d'exécuter ponctuellement tes ordres dans l'affaire de
« la paix et de la foi et autres sujets indiqués. Qu'ils t'accordent d'un
« geste généreux et large aide et conseil contre ceux qui attaquent
« la foi et ruinent la paix, afin d'achever efficacement avec leur col-
« laboration l'affaire de la paix et de la foi. [558] Nous ordonnons
« de même à notre légat de prendre toutes mesures et dispositions
« qu'il jugera utiles de prendre à ce sujet, de te donner aide et
« conseil en temps opportun, qu'il fasse appliquer avec fermeté les
« mesures qu'il prendra, en contraignant par les moyens qu'il juge-
« ra efficaces, nonobstant toute opposition et appel, les opposants
« (s'il s'en trouve) et les rebelles. [559] Donné au Latran, le IIII des
« nones d'Avril, l'an dix-huit de notre pontificat. »

(1) II Cor., V, 20.
(2) Ps., XVIII, 6 et CXVIII, 32.
(3) I Cor., II, 9.
(4) Philipp., II, 16.
(5) Apoc., IX, 2-3.

[560] *Reprise du récit.* De Saint-Gilles, Louis poursuivit sa marche en avant et arriva à Montpellier, près de Béziers. Béziers n'est
qu'à quatre lieues de Narbonne, et les Narbonnais, saisis de crainte,
firent dire à Louis qu'ils étaient disposés à lui obéir en tout. [561]
Il ne faut passer sous silence que l'archevêque de Narbonne s'efforçait de tout son pouvoir d'empêcher la démolition des remparts de
Narbonne : (1) c'est pour cela qu'il était allé jusqu'à Vienne au-devant
de Louis. Il disait que Narbonne était à lui, et ce n'était vrai que
pour une partie de la ville : en outre, il avait usurpé et conservé le
titre de duc de Narbonne que les comtes de Toulouse portaient de
temps immémorial. Et quoique les Narbonnais fussent en partie
de la seigneurie de l'archevêque, ils se posaient en adversaires de
Dieu, de la chrétienté et du comte de Montfort et combattaient celui-
ci de toutes leurs forces. Ils avaient introduit dans leur ville et
longtemps hospitalisé les ennemis du Christ ; l'année précédente ils
avaient menacé de mort ce même archevêque qui se donnait si ardemment à l'intégrité de leurs remparts. C'est pourquoi les nôtres
estimaient que l'archevêque agissait contre l'intérêt de l'Eglise (et
même contre le sien) en s'opposant à la chute des murs de Narbonne. Pour ces motifs et quelques autres inutiles à rapporter ici
un certain désaccord avait surgi entre l'archevêque de Narbonne et
le noble comte de Montfort. C'était l'avis général, ou pour mieux
dire unanime, que dans ces affaires l'archevêque se montrait im-
prévoyant pour l'avenir et le bien de l'affaire de la foi. [562] Pendant
que nous séjournions à Béziers, le légat, Louis, le comte de Montfort
et tous les croisés, la mesure suivante fut décidée par le légat avec
l'assentiment des nombreux prélats qui étaient présents : Louis ferait
sur l'ordre et en vertu de l'autorité du légat démanteler Narbonne,
Toulouse et quelques localités, parce que la chrétienté avait souffert
à cause de ces fortifications beaucoup de maux. (2) Toutefois, le
légat défendit à Louis de causer aux habitants d'autre dommage que
la démolition de leurs remparts. Pour assurer une meilleure exécution, Louis ordonna aux Narbonnais de procéder eux-mêmes dans
un délai de trois semaines à la destruction de leurs murs sous le
contrôle de deux chevaliers qu'il envoya dans ce but à Narbonne. Il
les menaçait de graves sanctions en cas de désobéissance. Les Narbonnais se mirent donc à démolir les murs de Jéricho, je veux dire
de leur ville. (3) [563] De Béziers, Louis vint avec son escorte à Car-

---

(1) Depuis son élévation à l'archevêché de Narbonne en 1212, § 299, Arnaud-Amaury
avait pris en même temps le titre de duc de Narbonne. Simon de Montfort qui se considérait
comme le successeur de Raymond VI ne pouvait tolérer cette usurpation, c'est peut-être
précisément contre Simon qu'Arnaud voulait maintenir les remparts de la ville. Sur ce différend, voir Vaissète, VI, p. 458-461. Innocent III dut intervenir : il envoya à Simon une
lettre sévère, lui rappelant qu'il devait son élévation à Arnaud, et le menaçant de corriger
sa désobéissance, s'il y avait lieu. P. 2.835 à la date de 1206 et 4.985.

(2) La démolition des remparts de ces deux villes n'était pas demandée par Innocent III.
Il semble bien qu'en agissant ainsi le légat faisait d'abord la politique de Simon de Montfort.

(3) Josué, VI, 20. Cf. Origène : *Tractatus super Librun Jesu Nave.* P. G. t. XII,
c. 856-863.

cassonne : il y séjournait depuis quelque temps lorsque le légat vint
le rejoindre. Ce dernier convoqua un jour au palais épiscopal les
évêques qui se trouvaient dans la ville ainsi que Louis, sa suite et
le comte de Montfort. Quand ils furent tous réunis, le légat, se
conformant aux instructions du seigneur pape, donna au comte la
commande de tout le pays jusqu'à la décision du concile général.
[564] Après quoi, Louis partit de Carcassonne et se rendit à Fanjaux,
ville voisine où il passa quelques jours. Pendant ce temps, le légat
et le noble comte de Montfort se rendirent à Pamiers. Le méchant
comte de Foix vint y trouver le légat, mais notre comte refusa de le
voir. A Pamiers le légat donna en commande à notre comte le château de Foix (1) qu'il tenait lui-même depuis longtemps. Notre comte
aussitôt y envoya des chevaliers pour tenir garnison. [565] Avant
que le légat et Louis eûssent quitté Carcassonne, le noble comte de
Montfort, n'oublions pas de le dire, envoya son frère Guy avec quelques chevaliers pour prendre en son nom possession de Toulouse.
Arrivés à Toulouse, ils pénétrèrent dans le donjon qu'on appelle le
château Narbonnais, (2) puis au nom du comte reçurent les serments
de fidélité des habitants et ordonnèrent à ceux-ci de détruire sur-le-
champ l'enceinte de la ville. Les habitants obéirent contre leur gré
et avec force plaintes : poussés par la crainte (3) plutôt qu'animés
de bonne volonté, ils commencèrent la démolition de leurs murs.
C'est à partir de ce moment que l'orgueil de Toulouse fut complètement abaissé. [566] Après que le légat eût remis à notre comte le
château de Foix, il fit son entrée à Toulouse avec Louis, le comte
de Montfort et tous les croisés. De là, Louis et les croisés, ayant
achevé leur quarantaine, reprirent la direction de la France du
nord. [567] Quant au légat, en quittant Toulouse, il vint à Carcassonne et y attendit quelque temps le comte de Montfort. (4) Celui-ci
passa quelques jours à Toulouse et rejoignit le légat à Carcassonne.
Après un long séjour au pays des Albigeois, après avoir rempli sa
mission d'une façon digne d'éloges, en homme prudent et prévoyant
qu'il était, après avoir donné toute la terre en commande au noble
comte de Montfort sur l'ordre du Souverain Pontife, le légat se
dirigea vers la région du Rhône et retourna auprès du Souverain
Pontife. Le noble comte de Montfort suivit le légat depuis Carcassonne jusqu'à Saint-Antonin, près de Vienne, d'où le légat partit
pour Rome. [568] Après avoir passé quelques jours dans la région

---

(1) Le château de Foix avait été donné en gage au légat par le comte Raymond-Roger
peu de temps auparavant le 18 Avril 1214, § 503.

(2) Le légat avait reçu de même à titre de gage le château de Raymond VI, § 549.
De plus, les Toulousains lui avaient fait hommage : cf. ci-dessus, § 507.

(3) I Paralip., X, 4.

(4) Le 8 Juin 1215, à Montauban, Géraud, comte de Fézensac et d'Armagnac, prête
hommage à Simon et en reçoit son comté à titre de fief. Molinier, Cat., n° 105. Texte dans
Vaissète, VIII, n° 188.

du Rhône, (1) le noble comte revint vers Carcassonne et y fit un bref
séjour, puis il se dirigea vers le Toulousain et l'Agenais pour ins-
pecter ces pays et corriger ce qu'il y avait à corriger. Ajoutons que
les remparts de Toulouse étaient déjà démolis en grande partie.
[569] Quelque temps après, Bernard de Cazenac, homme détestable et cruel dont nous avons déjà parlé, (2) recouvra par trahison
le château de Castelnaud dans le diocèse de Périgueux qu'il avait
possédé. Un chevalier du nord à qui le noble comte avait confié la
garde de ce château l'avait insuffisamment mis en état de défense,
ou, pour mieux dire, l'avait laissé presque vide. A cette nouvelle,
le noble comte vint au château, l'assiégea, le prit rapidement et
condamna à être pendu le chevalier qui s'y trouvait.

[570] L'an 1215 de l'Incarnation, au mois de Novembre, le seigneur pape Innocent III qui avait convoqué les patriarches, archevêques, évêques, abbés et autres prélats, tint à Rome dans l'Eglise
du Latran un concile général et solennel. (3) Entr'autres questions
soulevées et réglées au concile, on s'occupa de l'affaire de la foi
contre les hérétiques albigeois. [571] Furent présents au concile
Raymond, ci-devant comte de Toulouse, (4) avec son fils Raymond,
et même le comte de Foix, perturbateurs avérés de la paix et de

---

(1) En Juillet, Simon est à Beaucaire : Molinier, n° 108. En Août, à Carcassonne,
à Lavaur, n° 110-114. En Septembre à Condom. C'est de là sans doute qu'il se dirigea
vers Castelnaud, sur la Dordogne.

(2) Bernard de Cazenac, § 530.

(3) Sur le IVe Concile de Latran, voir Luchaire : Innocent III, le Concile de Latran,
Paris, 1908. Innocent III avait en vue une réforme générale de l'Eglise. Cf. les Bulles du
19 Avril 1213, P. 4.706, et le nombre des affaires qui furent traitées : l'énumération en
est donnée dans P. après le n° 5.006. Les textes se trouvent dans Mansi, t. XXII, p. 979-
1.058 : la plupart sont passés dans le Corpus Juris Canonici. Il y eut au concile quatre
cent douze évêques. Beaucoup, parmi les français, avaient participé à un moment quelconque
à la croisade albigeoise : outre les cardinaux Pierre de Bénévent et Robert de Courçon,
les archevêques et évêques Thédise d'Adge, Arnaud d'Agen, Bermond d'Aix, Guillaume
d'Albi, Garsie d'Auch, Michel d'Arles, Raoul d'Arras, Guillaume d'Auxerre, Guillaume
d'Avignon, Robert de Bayeux, Philippe de Beauvais, Guillaume de Bordeaux, Girard de
Bourges, Guillaume de Cahors, Guy de Carcassonne, Renaud de Chartres, Bernard d'Embrun,
Jourdain de Lisieux, Pierre-Bermond de Lodève, Renaud de Lyon, Guillaume de Maguelonne, Arnaud-Amaury de Narbonne, Arnaud de Nîmes, Manassé d'Orléans, Renoul de
Périgueux, Aubry de Reims, Robert de Rouen, Pierre de Rodez, Pierre de Sens, Foulques
de Toulouse.

(4) Raymond VI songeait dès le mois de Janvier à venir se justifier à Rome : cf. la
lettre d'Innocent III au cardinal de Bénévent, P. 4.950, § 547. Son fils, Raymond le Jeune,
revint d'Angleterre où il s'était réfugié auprès de son oncle, le roi Jean. Celui-ci lui donna
des lettres de recommandation pour le pape et pourvut à tous les frais de son voyage :
Vaissète, VI, p. 471 et VIII, p. 102, 103, d'après la Chronique en prose du XIVe siècle
qui reproduit en partie la Chanson de Guillaume de Tudèle et son continuateur, v. 3.168.
Le comte de Foix partit sans doute avec Raymond VI, il prit la parole au concile, ainsi
qu'Arnaud de Villemur, seigneur de Saverdun, Pierre-Raymond de Rabastens, Raymond de
Roquefeuil, Arnaud de Comminges, Guillaume Porcellet, Chanson, vv. 3.155-3.157, 3.205-
3.243, 3.275-3.380, 3.675-3.725. Guillaume Porcellet s'était soumis à Milon, le 21 Juin 1209,
il dut, peu de temps après, détruire sur l'ordre du légat deux églises qu'il avait fortifiées
dans une île du Rhône, il était, en outre, hautement suspect pour recevoir dans son intimité
le frère de l'assassin de Pierre de Castelnau. P. L. t. CCXVI, cc. 124-126.

la foi. (1) Ils étaient venus implorer le concile pour la restitution
de leurs terres qu'ils avaient perdues par la volonté de Dieu et l'intervention des croisés. Le noble comte de Montfort y envoya son frère
Guy et d'autres représentants, fidèles et expérimentés. (2) [572] Mais
le conseil d'Achitofel ne prévalut pas, (3) l'espoir des méchants fut
déçu, (4) car le seigneur pape avec l'approbation du sacro-saint concile dans sa partie la plus nombreuse et la plus saine, (5) régla comme il suit l'affaire de la foi. Il décida que Toulouse et les autres
terres conquises par les croisés seraient concédées au comte de
Montfort qui, plus que tout autre, avait travaillé avec courage et
fidélité à ladite affaire. (6) Quant à la terre que le comte de Toulouse avait possédée en Provence, le Souverain Pontife voulut qu'elle
fut mise sous séquestre, afin de la réserver en tout ou partie au fils
du ci-devant comte de Toulouse, (7) si toutefois, par des témoignages certains de foi orthodoxe et de bonne conduite, il se montrait
digne de miséricorde. Mais nous montrerons plus loin combien il
s'est mal comporté par la suite et comment il a tourné cette miséricorde en jugement sévère. [573] Quand ses délégués furent revenus
du concile, le comte de Montfort, suivant le conseil de ses grands
vassaux et des prélats du pays des Albigeois, se rendit dans la France
du nord auprès du roi, son suzerain, afin de recevoir de lui la terre
qui était de son fief. Que d'honneurs lui furent rendus dans le nord
de la France ! Il nous est impossible de l'écrire et le lecteur aurait
peine à y ajouter foi. Quand il arrivait dans une ville ou n'importe
quelle autre localité, grande ou petite, le clergé et le peuple allaient
en procession à sa rencontre et l'acclamaient en ces termes : « Béni
soit celui qui vient au nom du Seigneur. » (8) Telle était la pieuse

---

(1) Expression de Saint-Bernard, lettre 195, P. L. t. 182, c. 363.

(2) La présence de Guy de Montfort à Rome est mentionnée par Guillaume de Puylaurens, éd. Beyssier, p. 140, et par la Chanson, v. 3.554. Son rôle paraît assez effacé.
Mais il avait un avocat persuasif en la personne de Foulques de Toulouse, au lieu qu'Arnaud
de Narbonne était assez opposé à Simon, à cause du titre de duc de Narbonne qu'il revendiquait, § 561.

(3) II Rois, XVII, 14.

(4) Pas entièrement. Les deux partis s'affrontèrent en la personne du comte de Foix
et de l'évêque de Toulouse : les avis furent partagés, le pape lui-même fut ébranlé, mais
il s'inclina finalement devant la majorité du concile. Pierre des Vaux-de-Cernay passe discrètement sur ces péripéties, la Chanson, au contraire, y insiste complaisamment, vv. 3.161-
3.737.

(5) Celle évidemment qui suivait Foulques, Thédise, contre l'archidiacre de Lyon,
l'abbé de Beaulieu (Angleterre) qui plaidaient en faveur du jeune Raymond.

(6) « Ut Raimondus comes... ab ejus dominio quod utique grave gessit perpetuo sit
exclusus, extra terram in loco idoneo moraturus, ut dignam agat poenitentiam de peccatis.
Verumtamen de proventibus terrae pro sustentatione sua quadringentas marcas percipiat
annuatim quamdiu curaverit humiliter obedire ». De même, Innocent III voulut que Simon
de Montfort fournît à la comtesse de Toulouse un revenu annuel de 150 marcs d'argent
sur le château de Beaucaire : Molinier, n° 115 a, P. 5.011. Layettes, I, n° 1.132.

(7) La Provence fut retirée à Guillaume de Baux et réservée directement par l'Eglise
Romaine « per viros idoneos qui negotium pacis manuteneant et defendant » au futur Raymond VII.

(8) Mtt., XXI, 9.

et religieuse dévotion du peuple que quiconque pouvait toucher le bord de ses vêtements (1) s'estimait bienheureux. Arrivé devant le roi, le comte fut accueilli avec amabilité et honneur. Après de joyeux entretiens empreints d'une agréable familiarité le roi donna au comte, pour lui et ses héritiers, l'investiture et la confirmation du duché de Narbonne, de Toulouse et de toutes les conquêtes faites sur ses fiefs par les croisés, aux dépens des hérétiques et de leurs alliés. (2)

----

(1) Mtt., IX, 20.

(2) A Pont-de-l'Arche, en Avril 1216. Cf. Delisle, Cat., n° 1.659-1.661, Molinier, Cat., n° 1.659-1.661, Molinier, Cat., n° 127, Vaissète, VIII, n° 187. Tout ceci conformément à la réserve « salvo jure domini principalis » de la bulle de 1208, § 62.

CHAPITRE XII

LA REVOLTE DES RAYMOND

[574] Pendant le séjour du noble comte dans la France du nord, le jeune Raymond, fils du ci-devant comte de Toulouse, agissant par sottise plus que par enfantillage, (1) en opposition formelle avec les ordres apostoliques, renonçant à la grande indulgence et à l'abondante miséricorde que le Siège Apostolique lui avaient témoignées, quoiqu'il en fut indigne, se rendit en Provence et, avec l'aide de quelques seigneurs provençaux, il prit possession de toute la terre dont le seigneur pape avait confié la garde au noble comte de Montfort. [575] Après avoir pris possession du pays au delà du Rhône, Raymond traversa le fleuve et vint à Beaucaire, très noble château situé dans le Royaume de France. Ce château avait appartenu au comte de Toulouse, mais l'Eglise Romaine l'avait concédé au comte de Montfort (2) et le roi de France le lui avait confirmé. Arrivé à Beaucaire, Raymond fut introduit dans le faubourg par les habitants qui l'avaient appelé. Bientôt il vit affluer plusieurs seigneurs provençaux, (3) les habitants d'Avignon et de Marseille, les bourgeois de Tarascon et de Vallabrègues, gens perfides et méchants. Alors il assiégea le donjon que défendait le sénéchal du comte de Montfort (4) avec une garnison de chevaliers et de sergents et se mit à l'attaquer vigoureusement. [576] A cette nouvelle, Guy, frère du comte de Montfort, Amaury, fils aîné dudit comte, ainsi que d'autres vassaux du comte et des chevaliers qui étaient dans le Toulousain, (5) se dirigèrent vers Beaucaire en toute hâte pour

---

(1) Prov., XIV, 18. Si l'on en croit l'anonyme de la Chanson, Innocent III eut au concile la main forcée, vv. 3.381-3.404, 3.479-3.488 ; il aurait même réconforté Raymond VI et presque invité le jeune Raymond à faire valoir ses droits, vv. 3.599-3.731. Après avoir pris congé du pape, Raymond VI se rendit à Gênes, son fils resta encore quelque temps à Rome, puis rejoignit son père à Gênes, d'où ils s'en furent à Marseille, à Salon, à Avignon. Ils y furent reçus dans un atmosphère de fête et reçurent le serment de fidélité des habitants vv. 3.735-3.837.

(2) Depuis le 30 Janvier 1215, Beaucaire était inféodé par Michel d'Arles à Simon de Montfort, Molinier, n° 95, § 549, qui y installa un sénéchal, Rhein, Cat., n° 135.

(3) Notamment Adhémar de Poitiers, comte de Valentinois et son fils Guillaume, Guiraud Adhémar, seigneur de Montélimar et en partie de Marseille, et son fils Guiraudet, Chanson, v. 3.855.

(4) Lambert de Limoux, un des croisés de la première heure, § 82, seigneur de Limoux, § 119, seigneur de Puivert, § 192, sénéchal de Beaucaire, Chanson, v. 3.930.

(5) Notamment Alain de Roucy, seigneur de Montréal et de Termes, Hugues de Lacy, Guy de Lévis, seigneur de Mirepoix, maréchal de Simon, Chanson, v. 4.040.

secourir les assiégés s'il se pouvait. Avec eux se trouvait le vénérable évêque de Carcassonne, Guy, lequel, nous l'avons souvent
répété, était tout dévoué à l'affaire de la foi. Entre temps, le très
noble comte de Montfort revenait du nord de la France à marches
forcées : il amenait avec lui un grand nombre de chevaliers qu'il
avait recrutés dans la France du nord au prix d'une solde élevée.
Pendant que Guy et Amaury, frère et fils du comte, se hâtaient vers
Beaucaire, ils arrivèrent à Nîmes, que quatre lieues séparaient du
château de Beaucaire, et y passèrent la nuit. [577] Quand le jour
fut levé, après avoir entendu la messe, s'être confessé et avoir com-
munié, ils montèrent sur leurs chevaux et quittèrent Nîmes, marchant sur Beaucaire. Ils allaient, prêts au combat : (1) leur unique
et suprême désir était d'avoir avec leurs ennemis une rencontre en
rase campagne. Pendant notre marche, nous apprîmes que le château de Bellegarde, situé près de la grande route, s'était rendu à nos
ennemis et menaçait grandement la sécurité des passants. Sur l'avis
des seigneurs de notre troupe, nous obliquâmes vers ce château et,
après l'avoir pris sur-le-champ, nous y fîmes halte cette nuit-là.
[578] Le lendemain, (2) au point du jour, après la messe, nous quit-
tâmes ce château, nous hâtant vers Beaucaire. Les nôtres allaient,
prêts au combat, disposés en trois corps, en l'honneur de la Trinité.
Arrivés devant Beaucaire, nous trouvâmes une foule innombrable
d'ennemis qui assiégeaient dans le donjon nos chevaliers et nos sergents. Bien que les ennemis fussent innombrables et les nôtres très
peu nombreux en comparaison, ils n'osèrent pas sortir des
remparts extérieurs malgré les provocations des nôtres qui les in-
vitaient à se battre et restèrent longtemps devant les remparts.
Quand les nôtres se rendirent compte que les ennemis ne
sortiraient pas pour venir se battre contre eux, après une longue
attente et d'inutiles provocations à sortir, ils retournèrent à Bellegarde, d'où ils étaient partis avec l'intention de revenir à Beaucaire le lendemain. Pendant notre séjour à Bellegarde, le noble
comte de Montfort qui revenait du nord de la France et se dirigeait
vers Beaucaire, atteignit la ville de Nîmes. [579] Le lendemain, de
grand matin, (3) le comte partit de Nîmes et nous de Bellegarde.
Arrivés devant les remparts de Beaucaire, le comte d'un côté, et nous
de l'autre, nous assiégeâmes les assiégeants. Quand le fils du ci-
devant comte de Toulouse s'aperçut que le comte de Montfort assiégeait Beaucaire, il convoqua tous ceux qu'il put : habitants d'Avignon, de Marseille, de Tarascon, de Villabergues et beaucoup d'autres des localités voisines, fortifiées ou non, race perfide, race d'apos-

---

(1) Jérémie, XLVI, 3.

(2) Le 5 Juin. Les croisés auraient voulu que les ennemis sortissent de la ville ;
manœuvre de Muret, comme les trois escadrons, § 454.

(3) Juges, IX, 33. Donc, le 6 Juin, Cf.Aubry de Trois-Fontaines, M. G. H. ss. XXIII,
p. 904.

tats : (1) ceux-ci, rassemblés (2) contre Dieu et son champion, le comte de Montfort, nous harcelaient, nous et ceux des nôtres qui étaient assiégés dans le donjon. Nous ne faisions donc pas seulement le siège de Beaucaire, mais celui, pour ainsi dire, des localités susdites qui y avaient envoyé des renforts, voire de la Provence entière. [580] Les ennemis avaient élevé un mur et creusé un fossé autour du donjon et extérieurement à la ville pour empêcher les nôtres d'atteindre le donjon. De plus, ils bombardaient violemment le donjon avec des pierrières : (3) en outre, ils livraient des assauts fréquents et vigoureux aux défenseurs du donjon, mais ceux-ci ripostaient avec courage et tuèrent un grand nombre de leurs adversaires. Les ennemis firent aussi un bélier gigantesque, l'amenèrent contre le mur du donjon qu'ils ébranlaient fortement. Les nôtres, toutefois, parèrent les coups du bélier par des procédés pleins de vaillance et d'ingéniosité si bien que leur mur ne fut que peu ou point endommagé. Les ennemis dressèrent encore beaucoup d'autres machines de toutes sortes, mais elles furent toutes incendiées par nos assiégés. [581] A l'extérieur de la ville, le noble comte de Montfort continuait le siège à grands frais et avec beaucoup de dangers, (4) car tout le pays d'alentour avait corrompu sa voie. (5) Nous ne pouvions ravitailler le camp que par Nîmes et Saint-Gilles. Lorsque nous voulions recevoir des vivres, il fallait même envoyer des chevaliers pour escorter en armes les convois : de plus, il fallait que jour et nuit, sans interruption, le tiers des chevaliers du camp fussent en armes aussi bien pour parer à une attaque soudaine du camp par les ennemis — ce qu'ils n'osèrent, d'ailleurs, jamais essayer — que pour assurer la garde des machines. Le noble comte avait dressé une pierrière qui bombardait le premier mur du faubourg, il ne pouvait avoir beaucoup de machines, car il avait très peu de piétons du pays et ceux-ci étaient à la fois tièdes et agités, peu ou point utiles à l'armée du Christ. (6) Ceux qui se trouvaient dans le camp ennemi étaient au contraire pleins d'entrain et d'audace. [582] Il ne

---

(1) Ezéchiel, II 3.

(2) « Conglobati in unum », II Rois, II, 25.

(3) La construction du mur et l'usage de machines est attestée par la Chanson, vv. 3.985-4.081.

(4) Raymond et ses hommes avaient sur Simon et les croisés de précieux avantages : sur le Rhône, en effet, une flottille assurait un ravitaillement facile que la Chanson décrit avec complaisance, vv. 3.954 ; 4.021-4.030.

(5) Gen., VI, 12.

(6) Le 19 Juillet, devant Beaucaire, Simon « duc de Narbonne, comte de Toulouse et marquis de Provence et vicomte de Carcassonne et seigneur de Montfort » confirme le consulat de Nîmes et les chevaliers des Arènes, en présence de Foulques de Toulouse, d'Arnaud de Nîmes et de Guy de Carcassonne. Molinier, n° 121, Vaissète, VIII, n° 189. Le titre de Duc de Narbonne, Philippe-Auguste l'avait donné à Simon, en recevant son hommage, § 573, mais Arnaud-Amaury le revendiquait aussi. La querelle, déjà commencée avant le Concile de Latran, § 561, s'envenima au point que l'archevêque fulmina l'anathème et l'interdit ambulatoire. Honorius III fut saisi du différend. Le conflit dut se terminer à l'avantage de Simon. Cf. Molinier, nᵒˢ 117, 118, 119, 133, 134, 139, 141 a, 152. P. 5.490, 5.611.

faut pas omettre ceci. Quand les ennemis faisaient prisonniers quelques-uns des nôtres, clercs ou laïcs, ils les condamnaient à la mort
la plus ignominieuse. (1) Après les avoir tués, ils pendaient les uns,
ils mutilaient les autres. O combat sans honneur ! ô honteuse victoire ! Un jour même, ils firent prisonniers un de nos chevaliers,
ils le tuèrent, pendirent son cadavre, lui coupèrent les mains et les
pieds, ô cruauté inouïe ! Puis ils lancèrent les pieds dans le donjon
avec un mangonneau pour terrifier nos assiégés et les presser à bout.
[583] Pendant ce temps, Raymond, ci-devant comte de Toulouse,
parcourait la Catalogne et l'Aragon, recrutant les chevaliers qu'il
pouvait, afin d'envahir notre terre et de recouvrer Toulouse, car les
Toulousains, mauvais et déloyaux, étaient prêts à l'accueillir dès
qu'il viendrait. [584] Les vivres commençèrent à manquer à ceux des
nôtres qui étaient assiégés dans Beaucaire. (2) S'ils avaient seulement
eu de quoi soutenir leurs forces, ils n'auraient jamais été pris par
les ennemis. Leur détresse (3) fut annoncée à notre comte. Saisi d'une
vive angoisse, il ne savait que faire : il se voyait dans l'impossibilité
de délivrer ses assiégés et il ne pouvait se résigner à les laisser exposés à la mort. En outre, Toulouse et les autres pays qu'il tenait
étaient sur le point de lui échapper. Tout ceci soigneusement considéré, le comte, noble et loyal, commença à se préoccuper de la
manière dont il pourrait délivrer et secourir ses assiégés. Qu'ajouterai-je ? Les nôtres entrent en pourparlers avec les ennemis. (4) On
fit la convention suivante, pour ne pas dire la capitulation : il fut
décidé que nos assiégés livreraient le donjon de Beaucaire à nos
ennemis et que ceux-ci les laisseraient sortir avec armes et bagages.
Ainsi fut fait. (5) En examinant avec soin les circonstances de ce
siège, on voit que, si le noble comte n'a pas remporté la victoire
que lui aurait procuré la prise de Beaucaire, néanmoins il en retira
l'honneur dû à sa loyale noblesse et à sa très noble loyauté. [585]
Levant le siège de Beaucaire, le noble comte vint à Nîmes avec les
siens. (6) Il y laissa des cavaliers pour garder la ville et courir par
le pays. Lui-même se dirigea en toute hâte sur Toulouse. (7) A cette

---

(1) Sagesse, II, 20.

(2) Raymond le jeune, au contraire, reçut plusieurs fois des renforts, qui arrivaient
surtout par eau. Chanson vv. 4.388-4.396, 4.460-4.475. Mais Raymond VI cherchait surtout
à récupérer Toulouse, prête à se révolter.

(3) En Août, trois semaines avant la capitulation, Chanson, v. 4.947.

(4) Simon tient conseil de guerre, on décide un suprême assaut, le 15 Août. La bataille
est horrible, le découragement s'empare des chevaliers. Le comte « dépité, furieux, noir
de colère » lève le siège. Il « recouvre ses hommes, mais rien de plus ». Chanson, vv. 4.728-
.4.964.

(5) Gen., I, 7. Le 24 Août : Aubry de Trois-Fontaines, dans M .G. H. ss. XXIII,
904. Le négociateur de la capitulation fut Dragonet de Mondragon. Voir aussi Guillaume
de Puylaurens, p. 142

(6) Le 25 Août, à Nîmes, Simon confirme les privilèges de la ville, pour la deuxième
fois ; Molinier, n° 131, Vaissète, VIII, n° 191.

(7) Simon laisse des chevaliers pour garder Nîmes et en trois jours de marche se hâte
vers Toulouse : il loge à Mongiscard, à une vingtaine de kilomètres de Toulouse, Chanson,
v. 4.974-4.984.

nouvelle, Raymond, ci-devant comte de Toulouse, qui s'avançait de
son côté pour reprendre la ville, prit honteusement la fuite. Arrivé
devant Toulouse, notre comte envoya en éclaireurs quelques-uns
de ses chevaliers. Les perfides habitants, prêts à trahir, les saisirent
et les enfermèrent dans une maison. (1) Quand notre comte l'apprit,
il fut saisi d'étonnement et de colère. Voyant que les Toulousains
voulaient lui résister, il ordonna de mettre le feu à une partie de
la cité : les habitants se réfugièrent dans le bourg pour prolonger
la résistance, mais, quand ils virent que le comte s'apprêtait à lui
donner l'assaut, saisis de peur, (2) ils se soumirent complètement,
eux et la ville, à sa volonté. Le comte fit détruire de fond en comble
les remparts et les tours de leur côté et prit parmi les habitants des
otages qu'il dispersa sous bonne garde dans plusieurs de ses châteaux. (3) [586] A cette époque, les habitants de Saint-Gilles, traîtres
et déloyaux, accueillirent dans leur ville, malgré l'abbé et les moines, le fils du ci-devant comte de Toulouse. A cette vue, les moines
s'en allèrent nu-pieds en emportant le Saint-Sacrement et en ful-
minant l'interdit et l'anathème. [587] Après un séjour assez long à
Toulouse, le noble comte se rendit en Gascogne où fut conclu le
mariage de son fils puiné Guy avec la comtesse de Bigorre. (4) Il
revint à Toulouse peu après.

[588] En ce temps-là, le comte de Foix, vieil ennemi et inlassable
persécuteur de l'affaire du Christ, contrevenant aux décisions du
Souverain Pontife et du concile oecuménique de Latran qui prescrivaient une paix ou au moins une trêve de quatre ans, avait édifié
près de Foix une forteresse nommée Montgrenier. Elle était bâtie
au sommet d'une très haute montagne et paraissait selon le jugement humain non seulement imprenable, mais presqu'inacessible.
C'est là qu'habitaient les perturbateurs de la paix et les destructeurs
de la foi, là était un refuge et un lieu de ralliement pour les ennemis de l'Eglise. Quand le noble comte de Montfort apprit que de
nombreux et sévères dommages provenaient de cette forteresse et
qu'elle ruinerait de fond en comble l'affaire de Jésus-Christ, si l'on
ne remédiait d'urgence au danger qui s'annonçait, il décida d'assiéger
la susdite forteresse. [589] L'an 1216 de l'Incarnation, le 8 des Ides
de Février, le très vaillant comte de Montfort commença le siège
de Montgrenier. Dans la place se trouvaient Roger-Bernard, fils du
comte de Foix, digne héritier de l'iniquité paternelle, (5) accompa-

(1) La maison du comte de Comminges, Chanson, v. 5.156.
(2) II Paralip., XX, 3.
(3) La Chanson raconte en détail les circonstances de la capitulation et met en relief
le rôle de l'évêque Foulques ; et parle de quatre cents otages, raflés dans les rues de Toulouse, vv. 4.985-5.649.
(4) Le mariage eut lieu le Dimanche après la Toussaint 1216, Vaissète, VI, 498 :
P. Guébin, dans l'édition latine, rectifie l'erreur de Vaissète, qui, se basant sur un mauvais
texte de l'Hystoria, a lu : Guy, son frère. Cf. Molinier, n° 136.
(5) I Rois, XX, 13. Le comte de Foix avait remis en gage au cardinal de Bénévent,
le 18 Avril 1214, son château de Foix, § 503. Le cardinal l'avait confié à la garde de
Bérenger, abbé de Saint-Thibéry, Guillaume de Puylaurens, p. 139, puis à Simon de Mont-

gné de plusieurs chevaliers et sergents. Il ne croyait pas qu'un mortel fut capable de prendre Montgrenier, ni même osât l'assiéger dans de semblables conditions. Comme nous l'avons dit, Montgrenier était situé sur une montagne très haute et très froide. L'hiver durait encore et dans ces régions-là il sévit d'ordinaire avec apreté. Mais le comte très vaillant, confiant en Celui qui commande aux vents et aux eaux et qui fait tirer profit des épreuves, (1) ne craignant ni les rafales du vent ni la neige glaciale ni ces pluies torrentielles si funestes à des assiégeants, établissant son camp dans la boue glacée, se mit à attaquer vigoureusement la forteresse dont la garnison se défendait de toutes ses forces. Comme il nous serait presque impossible de raconter en détail toutes les difficultés et les angoisses de ce siège, disons en un mot qu'on peut à bon droit qualifier cette entreprise de torture plutôt que de travail. [590] De longs jours passèrent, l'eau manqua aux assiégés, et quand les vivres manquèrent aussi, la résistance fléchit. (2) Nos assiégeants, non sans une extrême difficulté, barraient jour et nuit les accès du château, si bien que les défenseurs ne pouvaient plus recevoir de vivres et n'osaient pas descendre puiser de l'eau. Réduits à de telles extrémités, ils offrirent de capituler. Cependant, leur véritable situation était inconnue des nôtres qui acceptèrent d'autant plus facilement la proposition de leurs adversaires. Voici quel était le projet de capitulation : les assiégés offraient de rendre le château pourvu qu'on les laissât sortir avec leurs armes. Le noble comte accepta : Roger-Bernard sortit avec les siens et jura à notre comtte que pendant une année tout entière il s'abstiendrait de lui faire la guerre. On verra plus loin combien ce serment fut mal tenu. (3) Ce fut la veille de Pâques (4) que le château fut livré au comte qui y mit une garnison de sergents et ensuite se rendit à Carcassonne. [591] Au diocèse de Narbonne dans les environs de Termes se trouvaient quelques châteaux où nichaient des routiers qui avaient été chassés de leurs terres à cause de leurs péchés. Le comte se dirigea de ce côté : quelques-uns des châteaux furent pris d'assaut, d'autres se soumirent sans résister. [592] Ceci fait, le noble comte marcha vers la Provence, dans le diocèse de Nîmes, car la ville de Saint-Gilles, ayant conclu un pacte de mort (5) avec les habitants d'Avignon et de Beaucaire, et de nombreuses

---

fort, § 564. Innocent III ordonna à Arnaud, évêque de Nîmes et à Guillaume Jourdain, archidiacre d'Elne, de faire rendre le château à l'abbé de Saint-Thibéry ; de même lettre à Simon de Montfort : 21 Décembre 1215, P. 5.014, 5.015, Molinier, n° 115 b. Honorius III écrivit dans le même sens, le 8 Décembre 1216, à l'abbé de Saint-Thibéry et à Raymond-Roger, P. 5.282, 5.283. Les choses en étaient là quand Simon vint attaquer Montgrenier, le 6 Février 1217.

(1) Luc, VII, 25. I Cor., X, 13.

(2) « Deficientibus etiam victualibus, defecit eis, animus resistendi », comme aux sièges de Minerve et de Termes, §§ 154, 181.

(3) Roger-Bernard au siège de Toulouse, § 600.

(4) Soit le 25 Mars 1217.

(5) Saint-Gilles avait reçu Raymond le jeune quelques mois auparavant, § 586. Isaïe, XXVIII, 15.

autres localités du même diocèse s'étaient détachées cette année-là
de Dieu et de l'Eglise et s'étaient soumises à Raymond, fils du ci-
devant comte de Toulouse. (1)

[593] A cette époque arriva dans le midi de la France maître
Bertrand, cardinal-prêtre de Saint-Jean et Paul, légat du Siège
Apostolique, personnage de grand savoir et de la plus parfaite
droiture, envoyé par le Souverain Pontife pour régler les affaires
de la Paix et de la foi dans la province de Narbonne et dans les
provinces voisines. (2) Il résidait à Orange, au delà du Rhône. Les
habitants d'Avignon, de Marseille, Saint-Gilles, Beaucaire et Tarascon, livrés à un sens réprouvé (3) et agissant par trahison, refusè
rent de lui obéir. [*Addition* : Comme le légat les avait convoqués,
ils envoyèrent leurs consuls à Châteauneuf, possession de l'évêque
d'Avignon. Le légat les exhorta entr'autres, à réinvestir l'Eglise Romaine qu'ils avaient dépouillée par la prise de Beaucaire. Un avignonnais, nommé Audebert de Morières, répondit orgueilleusement,
la tête rejetée en arrière : (4) « Bertrand, si vraiment nous avons
dépouillé l'Eglise Romaine, nous la revêtirons d'écarlate rouge (5)
avec des fourrures de vair et nous lui mettrons une chemise et des
braies. On suppose qu'il parlait ainsi, parce que, empoisonnés par
le venin de l'hérésie, ils allaient crucifier une seconde fois le Sauveur et semer l'hérésie par la diversité des croyances. Quand le légat
vit qu'il ne pourrait aboutir à rien de bon avec eux, il retourna à
Orange (6) d'où il excommunia tous les susdits et leurs fauteurs et
les mit hors de la paix.] [594] Pendant ce temps, le noble comte de
Montfort attaquait vigoureusement les localités du diocèse de Nîmes
qui avaient fait défection cette année-là, comme nous l'avons dit.
Etaient venus à son aide Girard, archevêque de Bourges et Robert,
évêque de Clermont, (7) personnages puissants (8) qui avaient pris
la croix l'année précédente contre les perturbateurs de la paix (9) et

(1) Addition : « Quand le noble comte de Montfort arriva à Saint-Gilles pour y
accomplir un pélerinage avec l'assentiment de l'abbé qui a la suzeraineté de la ville, l'entrée
lui fut refusée par les habitants qui fermèrent leurs portes et en appelèrent au cardinal
Bertrand ; notre comte, déférent à l'appel, se retira avec humilité et dévotion ».

(2) Lettre aux archevêques et évêques d'Embrun, Aix, Arles, Vienne, Narbonne, Auch,
Mende, Clermont, Le Puy, Limoges, Rodez, Albi, Cahors, Périgueux et Agen, 19 Janvier 1217, P. 5.425. La mission du légat était très étendue. Il eût aussi à s'occuper du
différend entre Arnaud-Amaury et Simon de Montfort, P. 5.490, 5.611, et à contenir
Jacques d'Aragon qui menaçait d'intervenir contre Simon de Montfort, P. 5.610.

(3) Rom., I, 28.

(4) Ps., LXXII, 9.

(5) Apoc., XVII, 4.

(6) Guillaume de Baux, prince d'Orange, s'était soumis dès 1209 au légat Milon :
Forma juramenti, P. L. t. 216, c. 127. C'est à lui que le cardinal de Bénévent confia la
Provence, en 1214, en attendant la décision du concile, § 503, note. D'après la Chanson,
il semblerait que ce prince ait conclu une alliance éphémère avec Raymond le jeune, v. 3.840,
car un peu plus loin il est en guerre avec lui, v. 3.848. Il en sera d'ailleurs la victime : il
est tué en 1218 : cf. P. 5.888. Layettes I, n° 1.301.

(7) Robert de Clermont, croisé en 1209, § 82.

(8) Gen., VI, 14.

(9) St-Bernard, ep. 195. P. L. t. 182, c. 363.

les destructeurs de la foi. Ils étaient accompagnés de nombreux chevaliers et sergents. Avec ce renfort, le comte assiégea Posquières, près de Saint-Gilles et le prit rapidement. Puis il assiégea Bernis, l'attaqua avec courage, s'en empara avec vaillance et fit pendre beaucoup de ses défenseurs, comme ils le méritaient. Un pareil exemple terrifia à ce point tous les renégats du pays que, frappés de stupeur, ils s'enfuirent devant le comte en désertant leurs châteaux. (1) Dans toute la région en-deçà du Rhône presque personne ne prolongea la résistance, excepté Saint-Gilles et Beaucaire. [*Addition* : ainsi que d'autres places-fortes en petit nombre.] [595] Ceci fait, le comte se dirigea vers le Port Saint-Saturnin sur le Rhône. (2) Le cardinal traversa le fleuve à Viviers, avec l'intention de voir le comte et d'avoir un entretien avec lui au sujet de l'affaire de Jésus-Christ : (il n'avait pu trouver plus près un libre passage, car les Avignonnais et autres ennemis de la foi trouvaient plaisir à entraver ses projets et l'avaient longtemps bloqué, pour ainsi dire, dans la ville d'Orange, selon ses propres doléances. [*Addition* : arrivé à Saint-Saturnin, le légat fut en butte aux attaques des ennemis de la foi et de la paix , celle-ci ne fut pas la moindre : comme il était assis avec une foule de clercs et de laïques sur un terrain dominant le Rhône, les ennemis de Dieu qui avaient mis le port en état de défense lancèrent sept ou huit carreaux sur le légat. Dieu le protégea, mais le courrier du pape qui se trouvait là fut blessé.] Le comte vint à la rencontre du légat en toute hâte et avec la plus grande joie. (3) Il est difficile de décrire les honneurs que le comte très chrétien rendit au cardinal. (4) Vers ce temps, l'archevêque de Bourges et l'évêque de Clermont, ayant achevé leur quarantaine, retournèrent dans leurs foyers. [*Addition* : notre comte assiégea vaillamment la tour très solide de Dragonet, située sur la rive du Rhône à une lieue de Saint-Saturnin dans un endroit remarquablement fortifié : il la prit, la ruina de fond en comble : les défenseurs furent faits prisonniers et jetés dans les fers. Cette tour avait été bâtie pour servir de caverne de voleurs (5) à ceux qui détroussaient les pélerins et autres voyageurs qui circulaient par terre et sur le Rhône.] (6) [596] Après quoi, le cardinal donna au noble comte le conseil et l'ordre

---

(1) Rostang, seigneur de Posquières, se soumit au légat Milon en 1209 : *Processus negotii Raymundi comitis Tolosani*, P. L. t. 216, c. 96, vassal de Simon de Montfort, le 3 Avril 1216, à Lavaur, Molinier, n° 126, révolté peu après, § 592. Son château est emporté, ainsi que celui de Bernis qui appartenait à plusieurs coseigneurs et la Bastide, localité indéterminée, non loin sans doute du Port Saint-Saturnin, Chanson, vv. 1.580-1.589. Jérémie, XXV, 18.

(2) Pont-Saint-Esprit. L'entrevue a lieu le 14 Juillet : Layettes, V, n° 234. Le cardinal se plaignit au pape qui le réconforta, Pressutti, Reg. n° 838.

(3) Ps., XLIV, 16.

(4) A Pont-Saint-Esprit, Simon de Montfort reçut l'hommage de Raymond Pelet, seigneur d'Alais qui s'était soumis lui aussi à Milon, en 1209 ; item Processus, P. L. t. 216, c. 96.

(5) Mtt., XXI, 13.

(6) Cette tour appartenait sans doute à ce seigneur qui avait négocié la capitulation de Beaucaire, § 584, note.

de traverser le Rhône et de réprimer en Provence les perturbateurs
de la paix, (1) car Raymond, fils du ci-devant comte de Toulouse,
Adhémar de Poitiers et leurs complices faisaient tous leurs efforts
pour entraver l'affaire de la paix et de la foi dans cette région. Le
noble comte obéit à l'ordre du cardinal et fit préparer à Viviers des
barques pour passer le Rhône. Quand les ennemis le virent ils se
rassemblèrent (2) sur le rivage pour lui barrer la route. De plus,
les Avignonnais remontèrent le Rhône sur des embarcations fortement armées avec l'intention d'empêcher la traversée du comte Mais
à peine eurent-ils le temps de voir un très petit nombre des chevaliers du comte qui passaient le Rhône, saisis de frayeur. [Addi-
tion : et par un divin miracle,] ils cherchèrent leur salut dans la
fuite : (3) de même tous ceux du pays qui soutenaient les ennemis
du comte furent frappés d'une telle panique qu'ils évacuèrent de
nombreuses places-fortes. [597] Le noble comte traversa donc avec
les siens et vint à Montélimar. (4) Le cardinal l'accompagna dans
sa traversée : c'est d'après ses ordres que le comte faisait toutes
choses. Giraud-Adhémar, principal coseigneur de Montélimar, était
parmi les ennemis du comte. [Addition : quoiqu'il fut l'homme
lige du seigneur pape, sommé de livrer au cardinal son château
dont il avait fait un refuge d'hérétiques, il refusa. Mais les habitants
de Montélimar accueillirent le comte avec l'autre seigneur, un chevalier nommé Lambert, cousin de Giraud, qui était pour notre comte
et l'avait toujours été. [598] Après un bref séjour à Montélimar, le
comte alla assiéger Crest, qui appartenait à Adhémar de Poitiers,
dans le diocèse de Die. Adhémar était l'ennemi du comte de Montfort, comme nous l'avons déjà dit, (6) et persécutait depuis longtemps l'évêque de Valence. Quant aux habitants de Valence, ils
étaient pour notre comte et l'avaient toujours été. Arrivé devant
Crest, notre comte l'assiégea. C'était une place très importante, très
forte, avec une nombreuse garnison de chevaliers et de sergents.
Le siège commencé, notre comte attaqua vigoureusement la place,
les assiégés se défendirent de toutes leurs forces. Au camp de notre
comte se trouvaient plusieurs évêques du pays et une centaine de
chevaliers de la France du nord que le roi Philippe avait envoyé
pour un service de six mois. (7) [599] Pendant ce siège on négocia

---

(1) St-Bernard, ep .195, P. L. t. 182, c. 363.

(2) Ps., II, 2.

(3) Judith, XV, 1.

(4) D'après la Chanson, Simon demanda à l'évêque de Viviers de lui amener en secret
des bateaux, car il était brouillé avec Adhémar, vv. 5.686-5.689.

(5) En 1209, le 2 Juillet, les coseigneurs de Montélimar, Giraud-Adhémar et Lambert,
prêtent serment au légat Milon et lui engagent la ville de Montélimar avec ses dépendances
et le château de Roquemaure : Forma juramenti, P. L. t. 216, c. 132.

(6) On a vu plus haut, § 490, qu'Adhémar de Poitiers, comte de Valentinois, qui
était hostile à Simon de Montfort, ne se soumit qu'à contre-cœur et ne livra certains de ses
châteaux que sous la pression du duc de Bourgogne.

(7) Voir E. Audouin. Sur l'armée royale au temps de Philippe-Auguste, dans le
Moyen-Age, 1912, p. 201-231 : 1913, p. 1-41.

la réconciliation de notre comte avec Adhémar de Poitiers. Après une longue et difficile discussion, un accord intervint entr'eux et tous deux s'engagèrent formellement à ce que le fils d'Adhémar épousât une fille du comte. Adhémar livra même certains châteaux comme garantie que désormais il ne combattrait plus le comte. En outre, un seigneur du pays, nommé Dragonet (1) qui s'était détaché du comte l'année précédente, fit sa soumission. Enfin l'évêque de Valence et Adhémar conclurent accord et paix. Tandis que Notre-Seigneur Jésus-Christ avançait si miraculeusement son affaire de ce côté, le vieil ennemi, jaloux de voir ses progrès, décida d'entraver l'entreprise dont la réussite l'affligeait. (2)

[600] A la même date, en effet, les Toulousains, ou pour mieux dire les gens « tout dol et ruse », (3) poussés par le diable, reniant Dieu, l'Eglise et le comte de Montfort, accueillirent dans leur ville leur ci-devant comte et seigneur Raymond, (4) qui avait été dépossédé à juste titre et chassé par l'autorité du Souverain Pontife et du Concile oecumanique de Latran. La noble comtesse, épouse du comte de Montfort, les femmes de Guy, frère du comte, d'Amaury et de Guy, fils du comte et les nombreux enfants, garçons et filles, du comte et de son frère, habitaient la forteresse toulousaine qu'on appelle le Château Narbonnais. Aussitôt, ledit Raymond avec Roger-Bernard, fils du comte de Foix, quelques autres qui les avaient accompagnés et les habitants de Toulouse se mirent jour et nuit à ceindre la ville d'une multitude de barrières et de fossés. (5) Quand la trahison de Toulouse leur fut connue, Guy, frère du comte, et Guy, fils du comte, assistés de plusieurs chevaliers (6) que le comte avait laissé en Carcassès pour garder le pays, se dirigèrent vers Toulouse à marches forcées et s'installèrent dans la forteresse où se trouvait déjà la comtesse et dans les immeubles contigus afin d'empêcher les ennemis d'assiéger le Château Narbonnais. [601] En apprenant la défection de Toulouse, le noble comte passa le Rhône et revint en toute hâte. Le cardinal traversa en même temps que lui et tous deux, le cardinal et le comte, arrivés devant Toulouse. en commencèrent le siège.

[602] L'an du Seigneur 1217, aux Calendes d'Octobre. Toulouse était très grande et surpeuplée, car tous les routiers et les faidits. sans compter beaucoup d'autres qui étaient jadis ennemis cachés

---

(1) Il a été déjà question de ce Dragonet, § 595, le négociateur de la levée du siège de Beaucaire, § 584.

(2) Apoc., XII, 9. « Dum igitur Dominus Jhesus negotium Suum ita miraculose il illis partibus promoveret, Antiquus Hostis, videns et invidens, impedire voluit quod doluit promoveri » : mêmes expressions qu'au § 109.

(3) Jeu de mots intraduisible : « Tolosani, dolosani ». Cf. § 8.

(4) Raymond VI revenait d'Espagne par le Couserans, où il fut reçu par Roger de Comminges, qui prêta hommage à Simon de Montfort, en 1211, § 228, puis vit sa terre ravagée, en 1212, § 358.

(5) Les murs de Toulouse furent renversés sur l'ordre de Louis de France, § 565.

(6) Notamment Alain de Roucy ; Chanson, v. 5.981.

du comte de Montfort s'y étaient réfugiés pour la défendre contre ledit comte et contre la Sainte Eglise à laquelle le noble comte consacrait tous ses efforts. A cette trahison avaient participé beaucoup de localités et de seigneurs des environs de Toulouse qui avaient promis leur appui en temps et lieu. (1) [603] Arrivé avec les siens jusqu'aux portes de la ville, (2) le noble comte voulut la prendre d'assaut, mais il fut violemment repoussé par les habitants et planta ses tentes contre le château Narbonnais. Et comme pour être effectif, le siège exigeait au delà de la Garonne, qui défendait la ville du côté de la Gascogne, la présence d'une armée qui barrât le passage aux Toulousains, (passage facilité par deux ponts du fleuve) le comte traversa la Garonne avec une nombreuse troupe, laissant également sur l'autre rive beaucoup de combattants avec son fils Amaury. Le noble comte resta longtemps dans le faubourg Saint-Cyprien où aboutissent les deux ponts susdits, mais il finit par se rendre compte que l'armée d'Amaury n'était pas de force à résister aux ennemis et il retraversa le fleuve, faisant de deux armées faibles une armée unique et en sûreté. [604] N'oublions pas le miracle que Dieu fit dans cette seconde traversée, afin que son nom soit glorifié toujours et en toutes choses. (3) Au moment où le comte de Montfort, tout bardé de fer, monté sur un cheval couvert d'une housse de mailles se disposait à monter sur une barque, il tomba dans l'eau dans un endroit visiblement très profond. Comme il ne reparaissait pas, la crainte, l'effroi et une douleur extrême saisissent tous les nôtres. (4) Rachel pleure son fils, (5) l'Enfer Toulousain hurle sa joie, il appelle les nôtres « orphelins » quand leur père vit encore. Mais Celui qui à la prière d'Elisée fit flotter une hache sur l'eau (6) souleva notre chef de l'abîme des eaux après une longue attente, les mains jointes et tendues vers le ciel avec une extrême dévotion. Ceux de la barque le saisirent avec joie et le rendirent sain et sauf à notre sainte mère l'Eglise, dont notre comte était le rempart. O ineffable clémence du divin Sauveur ! [605] Cependant les Toulousains (7) dressent de nom-

---

(1) La Chanson décrit l'enthousiasme des Toulousains et l'ardeur qu'ils mirent à relever l'enceinte de la ville, vv. 5.709-5.975.

(2) Le Dimanche 1er Octobre. Simon a envoyé des messages à l'archevêque d'Auch, au cardinal, sans doute au pape. Dans plusieurs bulles datées de Novembre et Décembre, Honorius III s'efforce de ranimer la croisade : lettres au cardinal Bertrand, aux Toulousains, à Jacques d'Aragon, aux Aragonais et aux Catalans, à Raymond VI, à Raymond-Roger de Foix, aux habitants d'Avignon, de Marseille, de Tarascon, Beaucaire, Saint-Gilles, à l'archevêque d'Auch et à Philippe-Auguste, P. 5.610, 5.642, 5.643, 5.644, 5.645, 5.648, 5.650. Quant au cardinal, il voue à l'anathème les Toulousains et calme les derniers scrupules de Simon de Montfort. Chanson, vv. 6.240-6.248. C'est la mentalité d'Arnaud-Amaury à la prise de Béziers, § 90, et au siège de Minerve, § 154.

(3) Ps., XXXIV, 27 et XXXIX, 17.

(5) Ps., LIV, 6.

(6) Jérémie, XXXI, 15.

(4) IV Rois, VI, 5-7.

(7) C'est à ce moment que le comte de Foix entra dans la ville et que les Toulousains commencèrent à fortifier et à défendre Toulouse par la construction de toutes sortes de machines, Chanson, vv. 6.834 et suivants : avant la Toussaint, v. 6.845.

breux engins, pierrières et mangonneaux pour démolir le château
Narbonnais et pour accabler de pierres le cardinal Bertrand, légat
du Siège Apostolique, et sa suite, afin de lapider en sa personne
l'Eglise Romaine. Combien de fois le cardinal craignit de trouver
la mort en cet endroit, lui qui en homme sage ne refusait aucunement de consumer sa vie à l'affaire de Jésus-Christ ! (1) [606] A
cette époque, le noble comte prit des otages parmi les habitants de
Montpellier, car on les soupçonnait de comploter avec les Toulousains contre la paix. Ils avaient du miel dans la bouche, mais du fiel
dans le cœur, (2) je vous le dis, et on s'en aperçut bien par la suite.
Le sénéchal d'Agenais (3) et l'évêque de Lectoure (4) avec une faible
escorte étaient venus à Montauban de la part du comte de Montfort
et s'étaient endormis paisiblement la nuit de leur arrivée. Alors les
Montalbanais envoyèrent un messager à Toulouse : ils demandèrent
au ci-devant comte Raymond de venir à Montauban avec des Toulousains : ils lui livreraient le sénéchal et massacreraient tous ses
compagnons. Raymond envoya cinq cents hommes armés. Ceux-ci
arrivèrent cette nuit même à Montauban (que six lieues séparent de
Toulouse), et sur le conseil des Montalbanais qui étaient plus de
trois mille, ils encombrèrent d'obstacles les carrefours et le seuil des
maisons où couchaient le sénéchal et ses compagnons : ils placèrent
des sentinelles armées pour empêcher leur fuite : ils allèrent même
jusqu'à entasser du bois devant les portes pour brûler leurs adversaires, s'ils ne pouvaient les faire prisonniers. Ceci fait, ils s'écrient :
« Toulouse, Toulouse », les trompettes sonnent, (5) il se fait une
grande agitation et un grand vacarme. (6) Les Français du nord se
lèvent, encore lourds de sommeil et ahuris. Ils saisissent soudain
leurs armes, mettant leur espérance, non dans leurs propres forces,
mais dans le secours divin. Ils sont dispersés dans la ville, mais
animés d'une même volonté, d'une même confiance dans le Seigneur, d'une même espérance de remporter pareillement la victoire.
En dépit des ennemis ils s'échappent des maisons, ils se précipitent
sur les ennemis avec le courage des lions : (7) les ennemis s'enfuient,
les uns tombent dans les pièges qu'ils avaient préparés, (8) d'autres
se jettent du haut en bas des remparts, sans que personne les
poursuive. (9) Les nôtres pillent une partie du mobilier et brûlent
le reste. [606 A] Il arriva à Toulouse en ce temps-là (10) que les

---

(1) « Viveres minime recusavit », antienne de la fête de Saint-Martin.
(2) Plaute, Truculentus, Acte I, scène II, v. 179, éd. Ernout, coll. G. Budé, Paris,
1940.
(3) Philippe de Landreville, sénéchal d'Agenais, cf. Rhein, cat., n° 157. Molinier,
cat., n° 156.
(4) Arnaud II, cf. Mabille, Evêques de Lectoure, dans Vaissète, IV, p. 367, n° 15.
(5) « Clangunt Buccine », Juges, VII, 19.
(6) I Macc., XIII, 44.
(7) II Macc., XI, 11.
(8) Ps., VII, 16.
(9) Prov., XXVIII, 1.
(10) Avril 1218, Chanson, v. 7.159-7.330.

assiégés, piétons et cavaliers, firent une sortie à l'improviste pour
essayer de s'emparer de notre camp où se trouvait très peu de monde.
Un brave chevalier, nommé Pierre de Voisins, (1) était prêt à exposer sa vie pour les repousser, il n'avait qu'un seul compagnon.
Quand il fut entouré par les Toulousains, le noble comtte de Montfort qui ne voulait pas laisser périr quelqu'un des siens, mais était
prêt à donner sa vie pour ses amis, (2) se précipita sur les ennemis
avec un unique compagnon pour dégager ledit Pierre. Tous les
ennemis l'attaquent avec violence, faisant converger leurs efforts
contre lui : il reçoit des coups de toutes parts. Mais l'homme de
Dieu, intrépide au milieu de ses ennemis, ne cesse d'abattre ses
adversaires de tous côtés avec ledit chevalier Pierre qui dans ce
combat travailla vaillamment pour son suzerain. Pendant ce temps,
les nôtres ne sachant ce qui se passait, courent aux armes et sortent
des tentes. Aussitôt les ennemis saisis de peur, prennent tous la
fuite. [606 B] Sept mois (3) s'étaient déjà écoulés depuis le début du
siège de Toulouse : le cardinal et le comte avaient tenu bon malgré
les soucis et la fatigue. Et voici qu'arrivèrent de la France du nord
la comtesse de Montfort, digne émule de son mari, l'évêque de Toulouse (4) et une grande quantité de croisés parmi lesquels figurait
maître Michel de Harnes, (5) et plus tard Amaury de Craon, (6)
personnages nobles et puissants. Le noble comte les emmena au delà
de la Garonne pour fermer le blocus autour de Toulouse, et ils vinrent au faubourg de Saint-Cyprien pour y installer leur camp. Mais
une forte troupe de Toulousains fit une sortie et barra la route à
notre armée ; avec leurs chevaux bardés de fer, les nôtres ne pouvaient franchir les innombrables tranchées creusées par les Toulousains : ils battirent en retraite malgré leur grand nombre ; rougis-
sant de honte, ils plantèrent leurs tentes sur la rive de la Garonn,
à quelque distance du faubourg. (7) Les nôtres s'attristent, les ennemis se réjouissent : les nôtres poussent des gémissements, les adversaires des cris d'allégresse, les nôtres déposent leurs bannières, les
ennemis relèvent non seulement leurs étendards, mais leur insolence, (8) les nôtres sont réduits au désespoir : ils croient impossi-

(1) Pierre de Voisins, compatriote de Simon de Montfort, bienfaiteur de l'abbaye des
Vaux-de-Cernay, cf. Merlet et Moutié, Cartulaire, I, n°s 154, 169, 257. Il est appelé maréchal de Simon de Montfort, dans un acte de 1216 ou 1218, Molinier, n° 156, il reçoit une
donation en 1218, item, n° 157.

(2) Jean, XV ,13.

(3) En Mai, Chanson, vv. 7.331-7.356.

(4) Quelques mois auparavant, le cardinal Bertrand avait envoyé dans la France du
nord la comtesse avec l'évêque Foulques de Toulouse, qui se faisait fort de recruter un
nombre de croisés tel que le siège serait tôt fini, et de relancer le roi lui-même, Chanson,
vv. 7.095-7.122.

(5) Michel de Harnes (Pas-de-Calais), biographie par Petit-Dutaillis, Fragments de
l'Histoire de Philippe-Auguste, dans la Biblioth. de l'Ecole des Chartes, 1926, p. 103-107.

(6) Amaury de Craon (Mayenne), cf. Bertrand de Broussillon. La maison de Craon.
I, p. 132-169.

(7) Isaïe, LXI, 7.

(8) Ps., LXXIV, 11.

ble de pénétrer dans le faubourg et d'interdire aux Toulousains l'accès des ponts sans y faire de grands sacrifices et perdre beaucoup de vies humaines. Le Seigneur le voulait ainsi pour qu'il ne fut pas dit que la main des hommes avait accompli ce qu'il voulait réaliser par sa seule volonté (1) sans pertes matérielles ni humaines. Un nuage menaçant survient tout à coup à la fin d'une journée sereine. La pluie tombe en abondance. Nos ennemis se réjouissent en croyant que les nôtres vont quitter leurs tentes à cause de multiples inconvénients. Le niveau du fleuve monte peu à peu. A la tombée de la nuit la droite du Seigneur montre sa puissance : (2) la violence inattendue du courant rompt les deux ponts en leur milieu, (3) les fortifications du faubourg sont en grande partie ruinées, les tranchées et autres obstacles disparaissent par miracle. O divine patience du Créateur ! Les nôtres pénétrent dans le faubourg sans craindre aucune résistance, Dieu lui-même ayant barré la route aux Toulousains. [606 C] Il nous faut faire connaître la cruauté des Toulousains pour apprendre à ceux qui nous écoutent (4) combien méritaient d'être châtiés les auteurs éhontés de tels actes de fureur. Quand ils avaient pu faire prisonniers quelques-uns des nôtres, ils les conduisaient aux carrefours de la ville, les mains liées, une bourse pendue au cou pour que chaque passant mit dans la bourse un ou plusieurs deniers au profit de ceux qui les avaient pris, ensuite des bourreaux aveuglaient les uns, coupaient la langue aux autres, traînaient les uns à la queue d'un cheval et les exposaient aux corbeaux et aux chiens, dépeçaient les autres et nous envoyaient les morceaux au moyen d'un trébuchet, brûlaient les uns et pendaient les autres. (5) Un certain acolythe de Toulouse, Bernard Escrivan, (6) qui suivait le parti de la Sainte Eglise, comme c'était son devoir, fut enterré vivant jusqu'aux épaules, les mains attachées : après quoi on lui lança des flèches et des pierres comme sur une cible destinée à des archers. (7) Enfin, on posa sur lui un grand globe de feu et ses restes carbonisés, furent exposés aux chiens. Quel genre de martyre lui fut-il épargné ? D'aucuns étaient lapidés, d'autres noyés, une pierre meulière au cou, d'autres enfin jetés du haut en bas des remparts. Quand les assiégés avaient connaissance qu'on disait la messe dans la chapelle du Château Narbonnais, ils lançaient des boulets énormes avec leurs trébuchets et leurs mangonneaux pour pulvériser le cardinal et sa suite, tous les autres assistants et l'Hostie elle-même.

---

(1) La même idée est exprimée ailleurs, à propos de l'arrivée des évêques de Chartres et de Beauvais, des comtes de Dreux et de Ponthieu, § 174.

(2) Ps., CXVII, 16.

(3) § 603.

(4) Deut., XXXI, 12.

(5) Ces horreurs ont été déjà décrites plus haut, §§ 127, 530. Les croisés en faisaient autant, cf., notamment §§ 142, 227, 394.

(6) Sans doute un parent du chanoine toulousain Raymond Escrivan qui accompagnait les croisés : Vaissète, VIII, 578, 702.

(7) Lamentations, III, 12.

Mais ils ne réussirent qu'à tuer un prêtre avec un trébuchet : ils
se comportaient en un mot comme des fils de Bélial, fils de Caïn,
fils de scélératesse. (1) [606 D] A la même époque, par la négligence
de l'abbé de Saint-Thibéry (2) le château de Foix fut perdu, une
garnison y fut mise par le comte de Foix, nouveau Caïn, nouveau
Judas, qui s'en servit pour combattre la sainte Eglise. De même, le
château de Najac, reniant l'hommage et la suzeraineté qu'il devait
à notre comte, (3) ouvrit ses portes à Raymond, fils du ci-devant
comte de Toulouse, (4) qui consacrait tous ses efforts à la lutte contre
la paix, contre l'Eglise et contre le comte de Montfort.

[607] Neuf mois environ s'étaient écoulés depuis que le noble
comte assiégeait Toulouse. Le lendemain de la Nativité de Saint
Jean Baptiste, (5) les défenseurs de la ville se préparaient au combat dès le point du jour, tandis que parmi les nôtres, d'aucuns dor-
maient encore, d'autres assistaient à la messe ; les ennemis voulaient en profiter pour nous attaquer à l'improviste avec leur perfidie accoutumée et leur malignité invétérée. Pour mieux surprendre
des adversaires non-prévenus, pour faire plus de mal à des ennemis
désarmés, ils décidèrent qu'une partie de leurs troupes se précipi-
teraient sur ceux des nôtres qui étaient préposés à la garde des engins,
tandis que d'autres aborderaient le camp par une direction différente. Ainsi, les nôtres, désarmés et attaqués de deux côtés, seraient
gênés dans leur résistance et affaiblis par une double attaque. [608]
On annonça au noble comte que ses ennemis avaient pris les armes
et s'étaient rassemblés furtivement à l'intérieur des remparts, près
de la Fosse. (6) A cette nouvelle, le comte qui entendait Matines
ordonna de lui préparer ses armes. Les ayant revêtu, cet homme très
chrétien se hâta vers la chapelle pour entendre la messe. Comme il
s'y trouvait, la messe déjà commencée, et qu'en homme pieux il
priait avec une ferveur extrême, une foule de Toulousains, sortis de
leurs fossés par des issues secrètes, de lever leurs étendards et de se
précipiter avec violence, fracas et clameurs sur les nôtres qui gardaient les engins près du fossé. D'autres ennemis venus d'une direc-

---

(1) III Rois, XXI, 10 : Isaïe, I, 4.

(2) Honorius III, écrivant au légat, innocente Bérenger, abbé de Saint-Thibéry, de la
négligence qui lui est imputée, Pressutti, nos 1.412 et 1.423.

(3) Le château de Najac, (Aveyron) que les comtes de Toulouse tenaient du roi de
France, s'était remis en 1211 sous la suzeraineté directe du roi, cf. Delisle, cat., n° 42,
1208. En 1216, l'évêque Pierre de Rodez reconnaît que Simon de Montfort a justement
occupé à Najac des biens des hérétiques, Molinier, cat., n° 122.

(4) Raymond le Jeune dut entrer à Toulouse un peu avant l'inondation dont il a été
question ci-dessus, § 606 B. Cf. Chanson, v. 7.568-7.569.

(5) Le 25 Juin 1218, date confirmée par Aubry de Trois-Fontaines, M. G. H. ss.
XXIII, p. 907, Guillaume de Puylaurens, p. 144. Voir la longue note de P. Guébin dans
l'édition latine. Chanson, vv. 8.330 et suivants.

(6) La grande fosse marécageuse de la porte Montoulieu (aujourd'hui palais Marécha-
lat). Cf. E. de Lapasse, Rapport, dans les Mémoires de la Soc. archéol. du Midi de la
France, 1861-1865, p .349.

tion différente, marchent vers le camp. L'alerte est donnée : (1) les
nôtres courent aux armes, mais avant qu'ils soient prêts ceux qui
étaient préposés à la garde des engins et à celle du camp, en butte
à des adversaires innombrables, reçoivent tant de coups et de blessures qu'il est difficile d'en donner une idée. (2) [609] Dès la sortie
des ennemis, un messager rejoignit le comte qui entendait la messe,
comme nous l'avons dit ci-dessus, et le supplia de secourir les siens
sans tarder. L'homme plein de dévotion répondit : « Laisse-moi auparavant entendre les divins mystères et regarder le Sacrement de ma
rédemption. » Il parlait encore lorsque parut un second messager (3)
qui lui dit : « Vite, vite, le combat augmente, (4) les nôtres ne
peuvent tenir plus longtemps. » L'homme très chrétien répliqua :
« Je ne sortirai pas avant d'avoir vu mon Rédempteur. » Comme le
prêtre élevait l'Hostie comme de coutume, cet homme, plein de dévotion, s'agenouilla et tendit les mains vers le ciel en disant : « Maintenant, Seigneur, laissez, selon votre parole, votre serviteur s'en
aller en paix, puisque mes yeux ont vu le Sauveur qui vient de
Vous. » (5) Et il ajouta : « Partons et mourons, s'il le faut, pour
Celui qui daigna mourir pour nous. » Ceci dit, cet homme invaincu
se hâta vers la bataille. [610] Le combat augmentait des deux côtés,
plusieurs avaient été blessés de part et d'autre et quelques-uns avaient
succombé. (6) A l'arrivée du chevalier de Jésus-Christ, les nôtres
sentirent redoubler leurs forces et leur audace, ils repoussèrent
tous les ennemis et les refoulèrent vaillamment jusque dans leurs
fossés. Puis le comte et ses compagnons revinrent un peu en arrière
à cause de la grêle de pierres et de la chute intolérable des flèches,
ils se portèrent devant les machines et se protégèrent par des claies
contre les pierres et les flèches, car nos ennemis bombardaient les
nôtres sans arrêt avec deux trébuchets, un mangonneau et de nombreuses frondes à manche. (7) [611] Comment écrire ou narrer ce qui
va suivre ? Qui pourrait l'écrire sans douleur, le narrer sans pleurs,
l'entendre sans sangloter ? Qui donc, dis-je, ne fondrait en larmes
devant l'accablement des malheureux ? Lui tombé, tout a été brisé,
lui mort, tout mourut avec lui : aussi bien il était le consolateur des
attristés, le courage des faibles, le réconfort des affligés, le refuge des
misérables. Achevons donc notre douloureux récit. [612] Tandis que
le très vaillant comte se tenait avec ses compagnons devant les machines, comme je l'ai dit, près du fossé, pour empêcher les ennemis
de recommencer une sortie qui tendait à la destruction de nos ma-

---

(1) « Factus est clamor », Actes, XXIII, 9.

(2) Voir dans la Chanson le récit de cette bataille, vv. 8.365 et suivants.

(3) I Rois, XXIII, 27 ; IV Rois, VI, 33.

(4) Juges, XX, 34.

(5) Luc., II, 29-30.

(6) « Ingravabatur... bellum... vulnerati », Juges, XX, 34 et I Mcc., IX, 17.

(7) Frondes à manche, analogues aux fustibales antiques ; leur emploi au siège de
Toulouse est mentionné par Jean de Garlande : Hauréau, Notice, dans les Notices et
extraits des manuscrits, XXVII, 2, p. 46. Item, Chanson, v. 8.422.

chines, voici qu'une pierre lancée par un mangonneau de nos ennemis, atteignit à la tête le chevalier de Jésus-Christ. (1) Lui, ayant
reçu le coup mortel, deux fois se frappe la poitrine, à Dieu et à la
bienheureuse Vierge il se recommande ; tel le bienheureux Etienne,
lapidé dans sa ville, il s'endort paisiblement dans le Seigneur. (2)
Ajoutons que ce très vaillant chevalier du Seigneur, ou plutôt, sauf
erreur, son très glorieux martyr, avant la blessure mortelle du coup
de pierre, avait reçu des archers ennemis cinq blessures, tel le Sauveur pour qui il accepta la mort avec résignation (3) et près duquel
maintenant il vit glorieusement dans la félicité.

[613] Il eut pour successeur son fils aîné, Amaury, jeune homme
courageux et bon, qui rappelait en tout le courage et la bonté de
son père, et qui reçut le serment de foi et d'hommage de tous les
chevaliers de la France du nord auxquels son père avait donné des
fiefs. (4) [614] Quelques jours après, le nouveau comte comprit qu'il
ne pouvait continuer à assiéger Toulouse. (D'une part, dès que la mort
du comte fut connue, beaucoup de méridionaux, apostats détestables
et traîtres pervers, (5) se détachèrent de lui, de l'Eglise et de Dieu
même et rallièrent le parti ennemi : d'autre part, certains chevaliers
du nord qui se trouvaient avec Amaury, retournèrent dans leurs
foyers.) Le nouveau comte leva le siège, en proie à une grande tristesse et à contre-cœur. (6) [614] Il fit porter à Carcassonne le corps
de son illustre père et l'y fit ensevelir avec honneur dans la cathédrale du bienheureux Nazaire. [616] Lui-même chevaucha par sa
terre, défendant ses biens et attaquant ses ennemis. (7) Parmi ceux
qui trahirent à cette époque, la cause de l'Eglise, signalons Pamiers
(8) en Toulousain et Lombers en Albigeois qui se rendirent aux
ennemis du Christ. [617] Ajoutons qu'aussitôt après la mort du
comte, le cardinal-légat et le nouveau comte envoyèrent dans le
nord de la France les évêques de Toulouse, Tarbes et Comminges,
(9) accompagnés de la noble comtesse pour implorer le secours du

(1) C'est au moment où il se trouvait auprès de son frère Guy, blessé, que le comte
reçut la pierre, lancée du haut de Saint-Sernin. La pierrière était manœuvrée par les dames,
les femmes mariées et les jeunes filles, Chanson, vv. 8.434-8.455. Cf. Jean de Garlande :
Hauréau, Notice, XXVII, 2, p. 47.
(2) Actes, VII ,58-59. Item Jean de Garlande, l. c. :
Hic qui per lapidem Stephano cœlestia pridem,
Contulit, illud idem Simoni comiti dedit idem.
(3) II Mcc., VI, 20.
(4) Grâce à l'esprit de décision du cardinal, Chanson, vv. 8.503-8.541.
(5) Gen., XIII, 13.
(6) Non sans avoir essayé auparavant d'incendier Toulouse, Chanson, vv. 8.674-8.680.
(7) En Albigeois, dans le Quercy et l'Agenais, Rhein, Cat., n° 163, 164, 165.
(8) En Septembre, le Chapitre Général de Cîteaux s'émut de cette défection de Pamiers
et envoya dans le Midi une délégation de trois abbés pour enquêter sur cette affaire. D. Canivez : Statuta Capitulorum Generalium Ordinis Cisterciensis, T. I. Louvain, 1933, p. 491, 35.
(9) Pressutti, n° 1.820. Amanieu, évêque de Tarbes, cf. Lafforgue, Histoire des évêques
et du diocèse de Tarbes, dans la Revue des Hautes-Pyrénées, 1927, p. 146, fut en relations
avec les croisés dès le début de son épiscopat, Molinier, n° 137. Rhein, n°s 152, 154. Gri-
maud, évêque de Comminges, figure dans les mêmes actes ; de plus, cf. Mabille, Evêques
de Comminges, Vaissète, IV, p. 374. Higounet - Le Comté de Comminges, p. 328.

roi et du royaume en faveur de l'Eglise de Dieu. En outre, le seigneur pape Honorius, en apprenant la mort du comte, écrivit au roi de France. Avec beaucoup d'amitié et en termes pressants, il l'invita pour la rémission de ses péchés à conduire à bonne fin pour l'honneur de Dieu et le profit de l'Eglise, l'affaire de la foi contre les hérétiques Toulousains. A tous ceux qui participeraient à cette entreprise, il accordait la même indulgence plénière qu'aux croisés d'outre-mer. (1) [618] Vers Noël, la noble comtesse quitta la France du nord pour regagner le pays des Albigeois, accompagné du noble Bouchard de Marly (2) et d'une soixantaine d'autres chevaliers.

[619] L'an 1218 de l'Incarnation, le vingt-deux des Calendes de Décembre, Louis, fils aîné de l'illustre Roi de France, avec le consentement de son père, se croisa pour la gloire de Dieu et la ruine de l'hérésie dans la région de Toulouse. (3) A son exemple, poussés par l'émulation, beaucoup de Français du nord, nobles et puissants, se croisèrent de même. [620] Vers ce temps-là le noble comte Amaury de Montfort chevaucha avec les siens jusqu'aux extrêmes limites du comté de Foix et le dévasta en grande partie. Il attaqua et prit quelques forteresses qui avaient fait défection. Puis il pénétra en Gascogne, dans le comté de Comminges. Il assiégea Cazères, le prit en quelques jours, l'incendia et mit à mort les habitants. De là, poursuivant sa marche, il harcelait durement ses ennemis, dévastait leurs châteaux et massacrait les impies. (4)

NIHIL Obstat

H-X Arquillière
Doyen de la Faculté de Théologie
de Paris

Paris, le 22 Juin 1951

IMPRIMATUR

† Antoine Marie
Evêque de Luçon

Luçon, 3 Août 1951

---

(1) Le 12 Août, P. 5.889, Pressutti, n° 1.578.
(2) Bouchard de Marly, § 123.
(3) Louis ne vint dans le Midi qu'en 1219 : Vaissète, VI, p. 528 ; II Cor., IX, 2.
(4) Chanson, vv. 8.790 et suivants.

INDEX DES NOMS DE PERSONNES

INDEX DES NOMS DE LIEUX

REFERENCES BIBLIQUES

(Les chiffres renvoient aux paragraphes)

GENESE

I,	7	39, 98, 238, 244, 432, 506, 541, 584.
I,	16	422.
I,	24	233.
II,	17	10.
II,	18	107, 530.
IV,	10	60, 61, 131.
VI,	6	113.
VI,	12	264, 581.
VI,	14	594.
VII,	6	10.
VII,	11	183.
XIII,	13	92, 338, 341, 498, 530, 544, 614.
XVI,	12	62.
XIX,	11	90, 246, 282.
XXIV,	63	316.
XXVII,	8	185.
XXXIX,	6	104.
XLI,	10	316.
XLI,	13	182.
XLV,	16	442.
XLVII,	19	316.
XLIX,	22	161.

EXODE

II,	10	341.
VII,	13	469.
IX,	12	196.
XIII,	21	232.
XIV,	8	83.
XIV,	27	10.
XVII,	8-13	528.
XX,	18	528.
XXI,	2	235.
XXIII,	2	106.
XXV,	40	47.

LEVITIQUE

XIII,	49	461, 550.

NOMBRES

XIII,	33	104.
XVI,	37	179.
XX,	21	181.
XXI,	22	407.
XXI,	24	527.
XXXII,	29	459.

DEUTERONOME

III,	5	99.
IV,	31	306.
V,	32	407.
XXVI,	7	292.
XXXI,	12	606 c.
XXXII,	5	60.
XXXII,	43	360.

JOSUE

II,	9	326.
III,	6	234.
V,	13	161.
VI,	20	562.
VIII,	29	498.
X,	19	274.

JUGES

I,	8	90.
VII,	19	606.
VIII,	11	525.
IX,	33	457, 579.
XV,	5	256.
XVIII,	7	302.
XX,	34	609, 610.

I ROIS

V,	6	62.
VII,	8	61.
XII,	25	479.
XIII,	12	75.
XVII,	24	527.
XVII,	37	2.
XVII,	44	327.
XX,	13	500, 589, 219.
XXIII,	27	609.
XXV,	28	393, 450, 555.

II ROIS

I,	17-27	465.
II,	25	579.
III,	23	422.
III,	34	248.
XI,	25	44, 589.
XV,	14	477.
XVII,	12	521.
XVII,	14	572.
XVIII,	27	491.
XXII,	43	477.

III ROIS

XI,	28	417.
XXI,	7	298.
XXI,	10	606 c.

IV ROIS

VI,	5-7	604.
VI,	33	609.
XI,	2	305.

I PARALIPOMENES

X,	4	489, 530, 565.
XI,	9	237.
XV,	28	526.
XXIX,	17	227, 233, 328, 513.

JEREMIE

I,	10	61.
VII,	6	530.
XII,	10	305.
XV,	8	455.
XVII,	10	69.
XXV,	18	594.
XXV,	30-31	99.
XXV,	34	462.
XXXI,	13	183, 421.
XXXI,	15	604.
XLVI,	3	577.
XLIX,	12	142.

LAMENTATIONS

I,	20	277.
III,	12	606 c.

EZECHIEL

II,	3	579.
XX,	22	403.
XXIII,	4	11.

DANIEL

XIII,	15	534.
XIII,	42	69, 196
XIII,	52	123.
XIV,	15	453, 539

AMOS

VI,	14	422.

ABDIAS

	2	139.

MALACHIE

I,	2-3	236.

I MACCHABEES

I,	55	493.
II,	27	285.
IV,	7	323.
V,	25	522.
VI,	6	173.
VI,	37	175.
VII,	3	117.
VII,	26	194.
VII,	29	194.
IX,	9	396.
IX,	17	610.
X,	70	393.
XI,	70	555.
XIII,	44	606.
XV,	10	431.

II MACCHABEES

I,	11	305.
I,	17	527.
III,	34	2, 158.
VI,	20	612.

IX,	7	209, 293.
IX,	26	125.
X,	28	276.
X,	38	276.
XI,	9	99.
XI,	11	606.
XIV,	5	304.
XV,	7	95.

MATTHIEU

II,	10	69, 238, 287, 299, 422, 456, 494.
II,	17	99.
III,	10	396.
IV,	1-10	278.
VII,	25	59.
VIII,	4	461, 500.
IX,	20	573.
X,	9	21.
X,	28	63.
XII,	39	60.
XIII,	25	5.
XIII,	58	60.
XV,	32	339.
XXI,	9	573.
XXI,	13	12, 595.
XXII,	6-7	81.
XXIII,	33	9.
XXIII,	35	61.
XXIV,	8	127.
XXVI,	15	496.
XXVI,	33-35	269.
XXVII,	8	193. 199.
XXVII,	24	458.
XXVII,	64	396.

MARC

I,	27	246.
X,	11	38.
XIV,	55	464.
XIV,	65	203.
XV,	19	203.

LUC

I,	12	326.
I,	14	421.
I,	52	174.
I,	74-75	64.
I,	78	393, 396.
II,	14	468.
II,	29-30	609.
II,	35	61.
IV,	1-13	278.
IV,	29	94.
VIII,	25	589.
IX,	6	26.
XVIII,	2	172.
XVIII,	11	84.
XXII,	15	20.
XXII,	45	454.
XXIII,	1-2, 12	537.
XXIII,	8-9	60.
XXIII,	34	59.
XXIV,	7	63.
XXIV,	25	54.
XXIV,	49	476.

BIBLIOGRAPHIE

Alain de Lille : *De fide catholica*, dans *Patrologie Latine*, Tome 210.

Albe E. : *L'Hérésie Albigeoise et l'Inquisition en Quercy*, dans *Revue d'Histoire de l'Eglise de France*, 1910.

Albert de Stade : *Chronique*, M. G. H. ss. XVI.

Anglade J. : *La bataille de Muret*, Paris 1913.
Annales de Cologne : M. G. H. ss. XVI.
Annales de Floresse : M. G. H. ss. XVI.
Annales de Marbach : M. G. H. ss. XVII.
Annales du Parc-Louvain : M. G. H. ss. XVI.

Aubert M. : *Le monastère des Vaux-de-Cernay*, Paris 1931, 1934, collection *Petites monographies des grands édifices de la France*.

Aubert M. : *L'architecture cistercienne en France*, Tomes 1 et 2, Paris 1943.

Aubry de Trois-Fontaines : *Chronique*, M. G. H. ss. XVII.

Audouin E. : *Sur l'armée royale au temps de Philippe-Auguste*, dans *Le Moyen-Age*, 1912, 1913.

Barrière-Flavy C. : *Histoire de la Ville et de la Châtellenie de Saverdun dans l'ancien comté de Foix*, Toulouse 1890.

Belperron P. : *La Croisade contre les Albigeois*, Paris 1945.

Bernard Guy : *Manuel de l'Inquisiteur*, traduit par Mollat et Drioux, collection *Les Classiques de l'Histoire de France au Moyen-Age*, Paris 1926, 1927.

Bernois C. : *Manassès de Seigneulay, évêque d'Orléans*, dans *Académie de Sainte-Croix d'Orléans*, lectures et mémoires, 1899.

Bertrand de Brousillon A. : *La Maison de Craon 1050-1480. Etude historique accompagnée du cartulaire de Craon*, 2 vol., Paris 1893.

Beyssac J. : *Les chanoines de l'Eglise de Lyon*, dans la *Société des Bibliophiles lyonnais*, 1914.

Bonal A. : *Comté et comtes de Rodez*, dans la *Société des lettres, sciences et arts de l'Aveyron*, Paris, Rodez, 1885.

Bourilly V.-L. et Busquet R. : *La Provence au Moyen-Age*, dans *Encyclopédie départementale des Bouches-du-Rhône*, Tome 2, Marseille 1924.

Boussard J. : *Les Mercenaires au XIIe siècle, Henri Plantegenet et les origines de l'armée de métier*, dans *Bibliothèque de l'Ecole des Chartes*, 1945, 1946, tiré à part 1947.

Boyssons R. (de) : *Les deux expéditions de Simon de Montfort en Sarladais*, dans *Bulletin de la Société historique et archéologique du Périgord*, 1900.

Buffon : *Histoire Naturelle*, Paris, 1926.

Burchard de Worms : *Décret*, P. L. t. 140.

Canivez (Dom.) : *Statuta Capitulorum Generalium Ordinis Cisterciensis*, T. I., Louvain, 1933.

Cartellieri A. : *Philipp II August, König von Frankreich*, Leipzig, 1899-1900.

Charvet G. : *Catalogue des évêques d'Uzès*, dans *Comptes-rendus de la Société scientifique et littéraire d'Alais*, 1870.

Césaire de Heisterbach : *Dialogus Miraculorum*, édition Strange, Bonn, 1851.

Chénon E. : *L'hérésie à la Charité-sur-Loire*, dans *Revue Historique de Droit Français et Etranger*, 1917.

Chevalier J. : *Mémoires pour servir à l'histoire des comtés de Valentinois et de Diois*, dans *Bulletin de la Société départementale d'archéologie et de statistique de la Drôme*, 1893.

Chronique de Saint-Victor de Marseille, par Albanès, dans *Mélanges d'archéologie et d'histoire de l'Ecole Française de Rome*, 1886.

Clausade G. (de) : *Le château de Bruniquel sous Baudouin de Toulouse*, dans *Mémoires de l'Académie impériale des Sciences, Inscriptions et Belles-Lettres de Toulouse*, 1859.

Coroze P. : *Le Mystère de la Rédemption du corps*, édition de la *Science Spirituelle*, Paris 1948.

Corpus Juris Canonici, édition Friedberg, Leipzig 1879, 1881.

Cuissard C. : *Catalogue des vicomtes de Châteaudun*, dans *Bulletin de la Société Dunoise*, 1894, 1896.

Daunou P.-C.-F. : *Arnauld-Amaury, abbé de Citeaux, puis archevêque de Narbonne*, dans *Histoire Littéraire de la France*, Tome XVII, Paris 1832.

Degland C.-D. et Gerbe Z. : *Ornithologie européenne*, Paris 1867.

Delisle L. : *Catalogue des Actes de Philippe-Auguste*, Paris 1856.

Delisle L. : *Enquêtes administratives*, dans *Recueil des Historiens des Gaules et de la France*, Tome XXIV.

Delisle L. : *Mémoires sur les Actes d'Innocent III*, dans *Bibliothèque de l'Ecole des Chartes*, 1858.

Delpech H. : *La bataille de Muret et la tactique de la cavalerie au XIIIe siècle*, Paris, Toulouse, Montpellier, 1878.

Delpech H. : *Un dernier mot sur la bataille de Muret*, Paris, Toulouse, Montpellier, 1878.

Delpech H. : *La tactique au XIIIe siècle*, Paris, Toulouse, Montpellier, 1885.

Delpeyrat F. : *Montfort*, dans *Le Glaneur, journal de l'arrondissement de Sarlat*, 23 Juillet 1882 et tirage à part 1883.

Denifle H. et Chatelain A. : *Cartularium Universitatis Parisiensis*, Tome I, 1889.

Depoin J. : *Les Vicomtes et les Chevaliers d'Etampes au XIIe siècle*, dans *Bulletin de la Société historique et archéologique de Corbeil, d'Etampes et du Hurepoix*, 1899.

Depoin J. : *Les Vicomtes de Corbeil sous Louis VIII*, même Bulletin 1917.

Desilve J. : *Lettres d'Etienne de Tournai*, Paris 1893.

Despetis P. : *Nouvelle Chronologie des évêques d'Agde*, dans *Mémoires de la Société archéologique de Montpellier*, 1920, 1922.

Dickson M. : *Vie du cardinal Robert de Courçon*, dans *Archives d'Histoire doctrinale et littéraire du Moyen-Age*, Paris 1934.

Dieulafoy M. : *La bataille de Muret*, dans *Mémoires de l'Académie des Inscriptions et Belles-Lettres*, 1901.

Domairon L. : *Rôle des hérétiques de la ville de Béziers à l'époque du désastre de 1209*, dans le *Cabinet Historique*, 1863.

Dondaine A. : *Aux Origines du Valdisme, une profession de foi de Pierre Valdo*, dans *Archivium Fratrum Praedicatorum*, 1946.

Dondaine A. : *Les Actes du Concile albigeois de Saint-Félix de Caraman*, dans *Miscellanea Giovanni Mercati*, Tome IV, Cité du Vatican, 1946.

Dondaine A. : *Nouvelles sources de l'histoire doctrinale du néo-manichéisme au Moyen-Age*, dans *Revue des Sciences philosophiques et théologiques*, 1931.

Dondaine A. : *Un traité manichéen du XIIIe siècle : Liber de duobus principiis*, Instituto storico Dominicano, Santa Sabina, Rome, 1939.

Dossat Y. : *Le clergé méridional à la veille de la Croisade albigeoise*, dans *Revue du Languedoc*, 1944.

Dossat Y. : *La société méridionale à la veille de la Croisade albigeoise*, même *Revue* 1944.

Du Bourg A. : *Ordre de Malte, Histoire du Grand prieuré de Toulouse et des diverses possessions de l'ordre de Saint-Jean de Jérusalem dans le sud-ouest de la France*, Toulouse 1882.

Du Cange Ch. : *Glossarium mediae et infimae latinitatis*, édition Favre, Paris, 1938.

Duplès-Agier H. : *Chronique de Saint-Martial de Limoges*, dans *Société de l'Histoire de France*, Paris 1874.

Duval Am. : *Milon, légat du pape*, dans *Histoire Littéraire de la France*, Tome XVII, Paris 1832.

Ermengaud : *Opusculum contra haereticos*, P. L. t. 204.

Enlart C. : *Manuel d'Archéologie française : Architecture civile et militaire*, Paris, 1904.

Fabre A. : *Histoire des évêques de Rodez*, dans *Journal de l'Aveyron*, 28 Février 1926.

Fabre C. : *Pons de Montlaur*, dans *Société agricole et scientifique de la Haute-Loire, mémoires et procès-verbaux*, 1907-1908 et tiré à part, Le Puy 1909.

Fliche A. et Martin V. : *Histoire de l'Eglise*, Tome 2, Paris 1935.

Fournier P. : *Les Officialités au Moyen-Age*, Paris 1880.

Fournier P. : *Le royaume d'Arles et de Vienne*, Paris 1891.

Frédéricq P. : *Corpus documentorum Inquisitionis haereticae pravitatis Neerlandicae*, Tome I, Gand 1889.

Funk P. : *Jakob von Vitry*, Tubingen 1909.

Galabert F. et Lassale C. : *Album de Paléographie et de Diplomatique. Fac-similés phototypiques de documents relatifs à l'histoire du midi de la France et en particulier de la ville de Toulouse.* Toulouse, Paris, 1912, 1933.

Gallia christiana in provincias ecclesiasticas distributa, à partir de 1715.

Gallia christiana novissima, par Albanès, Valence, 1899-1916.

Géraud H. : *Les Routiers au XIIe siècle*, dans *Bibliothèque de l'Ecole des Chartes*, 1841-1842.

Gerhard de Salzbourg : *Epistola ad Heremannum Metensem*, dans M. G. H. Libelli de Lite, Tome I, Hanovre 1891.

Goiffon E. : *Catalogue analytique des évêques de Nîmes*, Nîmes 1879.

Gratien : *Décret*, dans *Corpus Juris Canonici*.

Grosdidier de Matons M. : *Catalogue des actes des comtes de Bar de 1022 à 1239*, Paris 1922.

Grousset R. : *Histoire des Croisades*, T. III, Paris 1938.

Guébin P. : *Le sens du mot « monarcha » au concile de Montpellier*, dans *Revue Historique de Droit Français et Etranger*, 1931.

Guérin P. : *Dictionnaire des Dictionnaires*, Paris 1888.

Guillaume le Breton : *Gesta Philippi*, édition Delaborde H.-F., dans *Société de l'Histoire de France*, 1882.

Guillaume de Nangis : *Chronicon*, édition Géraud, dans *Société de l'Histoire de France*, 1843.

Guillaume de Newburgh : *De rebus anglicanis*, dans *Rerum brittanicarum medii aevi scriptores*, Londres 1858.

Guillaume de Puylaurens : *Chronicon*, édition Beyssier, dans *Bibliothèque de la Faculté des Lettres de Paris*, 1904.

Guillaume de Tudèle : *La Chanson de la Croisade Albigeoise*, édition Martin-Chabot, dans *Classiques de l'Histoire de France au Moyen-Age*, Tome I, Paris 1931 ; édition Meyer, dans *Société de l'Histoire de France*, T. I et II, Paris 1875 et 1879.

Guiraud J. : *Cartulaire de Notre-Dame de Prouille*, T. I et II, Paris 1907.

Guiraud J. : *Histoire de l'Inquisition au Moyen-Age*, T. I., Paris 1935.

Guizot F. : *Histoire de l'hérésie des Albigeois et de la guerre sainte entreprise contre eux (de l'an 1209 à l'an 1218) par Pierre de Vaulx-Cernay*, dans *Collection des mémoires relatifs à l'Histoire de France*, Tome XIV, Paris 1824.

Haureau B. : *Notice sur Jean de Garlande*, dans *Notices et extraits des manuscrits*, T. XXVII, 2, Paris 1885.

Havet J. : *L'Hérésie et le bras séculier au Moyen-Age jusqu'au XIIIe siècle*, dans *Bibliothèque de l'Ecole des Chartes*, Paris 1880.

Higounet Ch. : *Le comté de Comminges de ses origines à son annexion à la couronne*, 2 volumes, Paris, Toulouse, 1949.

Hugo C.-L. : *Sacrae antiquitatis monumenta historica, dogmatica, diplomatica*, Etival et Saint-Dié, Tome I, 1725.

Innocent III : *Lettres*, dans *Patrologie Latine*, Tomes 214-216.

Innocent IV : *Registre*, édition Elie Berger, dans *Bibliothèque de l'Ecole Française de Rome*, Paris 1884-1919.

Jeanroy A. : *La poésie du troubadour Gavaudan*, dans *Romania*, 1905.

Julien F. : *Histoire de Séverac-le-Château*, Albi 1926.

Krehbiel Ed. : *The Interdict, its history and its operation with especial attention to the time of pope Innocent III*, Washington 1909.

Kurth G. : *Catalogue des abbés*, dans *Chartes de l'abbaye de Saint-Hubert en Ardenne*, dans *Académie royale des Sciences, des Lettres et des Beaux-Arts de Belgique*, 1903.

Lacger L. (de) : *L'Albigeois pendant la crise de l'Albigéisme*, dans *Revue d'Histoire ecclésiastique de Louvain*, Avril 1933.

Lacger L. (de) : *Gaillac en Albigeois, son évolution historique*, Paris 1924.

Lafforgue E. : *Histoire des évêques et du diocèse de Tarbes*, dans *Revue des Hautes-Pyrénées*, 1927.

Lapasse E. (de) : *Rapport sur le siège de Toulouse*, dans *Mémoires de la Société archéologique du midi de la France*, 1861-1865.

La Tombelle F. (de) : *Le château de Castelnaud*, dans *Bulletin de la Société historique et archéologique du Périgord*, 1918.

Le Bras G. : *Les Confréries chrétiennes*, dans *Revue Historique de Droit Français et Etranger*, 1940-1941.

Ledain B. : *Savary de Mauléon ou la réunion du Poitou à l'unité française*, dans *Mémoires de la Société des Antiquaires de l'Ouest*, Poitiers 1890.

Ledain B. *Savary de Mauléon et le Poitou à son époque*, dans *Revue poitevine et saintongeaise*, 1892.

Lespinasse R. (de) : *Cartulaire de Saint-Cyr de Nevers*, dans *Société nivernaise des Lettres, sciences et arts*, annexe au 25ᵉ volume de son bulletin, 1916.

Levillain L. : *Servus servorum Dei*, dans *Le Moyen-Age*, 1930.

Longnon A. : *Etude sur la chronologie des évêques d'Auxerre*, dans *Obituaires de la Province de Sens*, Tome III, Paris 1909.

Luchaire A. : *Innocent III, La Croisade des Albigeois, La Papauté et l'Empire, les Royautés vassales, La Question d'Orient, Le Concile de Latran et la réforme de l'Eglise*, Paris 1905-1908.

Mabille E. : *Notes sur l'Histoire du Languedoc*, T. VI dans *Histoire Générale du Languedoc*, T. VI, Toulouse 1879.

Mahn J.-B. : *Le pape Benoit XII et les cisterciens*, dans *Bibliothèque de l'Ecole des Hautes-Etudes, Section des Sciences Historiques et Philologiques*, fasc. 295, Paris, 1949.

Mahn J.-B. : *L'Ordre cistercien et son gouvernement des origines au milieu du XIIIᵉ siècle*, dans *Bibliothèque de l'Ecole Française de Rome*, Paris 1945.

Maisonneuve H. : *Etudes sur les Origines de l'Inquisition*, collection *L'Eglise et l'Etat au Moyen-Age*, Paris 1942.

Maisonneuve H. : *Un conflit juridique dans la Chrétienté du XIIIᵉ siècle*, dans *Mélanges de Science religieuse*, Lille 1947.

Mandonnet P. : *Saint-Dominique*, Tome I, Paris 1938.

Manegold de Lautenbach : *Liber ad Gebehardum*, dans M. G. H. Libelli de Lite, I, Hanovre 1891.

Mansi J.-D. : *Amplissima Collectio*, Tomes XXI et suivants, depuis 1901.

Maubourguet J.-M. : *Le Périgord méridional des origines à l'an 1370*, Cahors 1926.

Martène E. et Durand U. : *Thesaurus Anecdotorum*, Paris 1617.

Martin E. : *Histoire de la Ville de Lodève depuis ses origines jusqu'à la Révolution*, Montpellier 1900.

Martin H. : *Inventaire des biens et des livres de l'abbaye des Vaux-de-Cernay au XIIᵉ siècle*, dans *Bulletin de l'Histoire de Paris et de l'Ile-de-France*, 1886.

Marty E. : *Cartulaire de Rabastens*, dans *Revue historique, scientifique et littéraire du département du Tarn*, Albi 1901 et 1902 et tiré à part, 1903.

Merlet L. et Moutié A. : *Cartulaire de l'abbaye des Vaux-de-Cernay de l'ordre de Citeaux au diocèse de Paris*, dans *Bulletin de la Société archéologique de Rambouillet*, 1857-1863.

Mirey y Sans J. : *Itinerario del rey Pedro*, dans *Boletin de la real Academia de buenas letras de Barcelona*, 1905-1906.

Miret y Sans J. : *La casa de Moncada, Senescales de Cataluna*, dans le même *Boletin*, 1901-1902.

Molinier A. : *Catalogue des actes de Simon de Montfort*, dans *Bibliothèque de l'Ecole des Chartes*, 1873.

Molinier V. : *Notice historique sur la prise et la démolition de la forteresse de Pujol par les Toulousains pendant la guerre des Albigeois en l'année 1213*, dans *Mémoires de l'Académie impériale des sciences, inscriptions et belles-lettres de Toulouse* 1861.

Moranvillé H. : *Origine de la maison de Roucy*, dans *Bibliothèque de l'Ecole des Chartes*, 1922.

Moranvillé H. : *Origine de la maison de Ramerupt-Roucy*, dans la même *Bibliothèque*, 1925.

Nauzières R. : *Origines de Castres*, dans *l'Avenir du Tarn*, 8-19 Janvier 1925.

Pasquier F. : *Cartulaire de Mirepoix*, Toulouse 1921.

Petit E. : *Histoire des ducs de Bourgogne de la race capétienne, avec des documents inédits et des pièces justificatives*, dans *Mémoires de la Société bourguignonne de géographie et d'histoire*, Dijon 1885-1889.

Petit-Dutaillis Ch. : *Etudes sur la vie et le règne de Louis VIII*, dans *Bibliothèque de l'Ecole des Hautes-Etudes, Sciences Historiques et Philologiques*, fasc. 101, Paris 1894.

Petit-Dutaillis Ch. : *Fragments de l'Histoire de Philippe-Auguste*, dans *Bibliothèque de l'Ecole des Chartes*, 1926.

Pierron J.-B. : Art. *Poor Catholics*, dans *The Catholic Encyclopedia*, New-York, 1911.

Pollard A.-F. : Art. *Neuville*, dans *The Dictionnary of national Biography*.

Potthast A. : *Regesta Pontificum romanorum*, Berlin 1874, T. I, (en abrégé P.).

Pradel C. : *Sicard de Puylaurens*, dans *Mémoires de l'Académie des Sciences, Inscriptions et Belles-Lettres de Toulouse*, 1902.

Prudhomme A. : *De l'origine et du sens des mots Dauphin et Dauphiné*, dans *Bibliothèque de l'Ecole des Chartes*, 1893.

Puech H.-Ch. : *Le Manichéisme, son fondateur, sa doctrine*. Publications du *Musée Guimet*, Tome LXI, Paris 1949.

Quinque Compilationes Antiquae, édition Friedberg, Leipzig 1882.

Rainier de Liège : *Annales*, M. G. H. ss. XVI.

Rainier Sacconi : *Summa contra haereticos*, dans *Martène et Durand, Thesaurus*, T. V.

Rhein A. : *La seigneurie de Montfort en Yvelines*, dans *Mémoires de la Société archéologique de Rambouillet*, Paris 1910.

Richard de Saint-Germain : *Chronique*, dans M. G. H. ss. XIX.

Rigord : *Gesta Philippi*, édition Delaborde, dans *Société de l'Histoire de France*, 1882.

Robert d'Auxerre : *Chronique*, dans M. G. H. ss. XXVI.

Robert de Clari : *La Conquête de Constantinople*, édition Lauer, dans *Les Classiques Français du Moyen-Age*, Paris 1924.

Roché D. : *Le Catharisme*, Toulouse, nouvelle édition 1947.

Roland-Gosselin B. : *La morale de Saint-Augustin*, Paris 1925.

Rouquette J. et Villemagne A. : *Cartulaire de Maguelonne*, T. II · *1203-1262* ; Montpellier 1913-1914.

Rousset P. : *Les origines et les caractères de la première croisade*, Neuchâtel, 1945.

Samiac F.-J. : *Rapports féodaux des évêques de Couserans et des comtes de Comminges*, dans *Bulletin périodique de la Société ariégeoise des sciences, lettres et arts et de la Société des études du Couserans*, 1909-1911.

Sanpère y Miquel S. : *Minoria de Jaime I*, dans *Memorias del Congreso de Historia de la Corona de Aragon*, Barcelone 1908 et 1910.

Stein H. : *Essai de généalogie de la famille des Barres*, Extrait du T. III des *Inscriptions de l'ancien diocèse de Sens*, Fontainebleau 1901.

Teulet A. : *Layettes du Trésor des Chartes*, T. I. et V, Paris 1863 et 1909.

Thesaurus des Cinq Académies germaniques, 1900 et suivantes.

Timbal Duclaux de Martin P. : *Le Droit d'Asile*, Paris 1939.

Tournadre G. (de) : *Histoire du comté de Forcalquier*, Paris 1931.

Vaissète (dom Devic et dom.) : *Histoire générale du Languedoc*, revue par Molinier, édition Privat, Toulouse, Tomes IV-VIII 1872 et suivantes.

Verneilh J. (de) : *Causeries archéologiques : Biron et Beynac*, dans le *Bulletin de la Société historique et archéologique du Périgord*, 1885.

Vicaire M.-H. : *La Sainte prédication de Narbonnaise*, dans Mandonnet : *Saint Dominique, l'idée, l'homme et l'œuvre*, 2 vol. Paris 1937, Etude IV.

Villehardouin G. (de) : *La Conquête de Constantinople*, édition Faral, dans *Les Classiques de l'Histoire de France au Moyen-Age* Paris 1938.

Villemagne A. : *Bullaire du bienheureux Pierre de Castelnau*, Montpellier 1917.

Yves de Chartres : *Décret*, dans *Patrologie Latine*, T. 161.

TABLE DES MATIERES

—————

Chapitre XII : LA REVOLTE DES RAYMOND

3989

Impr. G. SAUTAI et FILS — LILLE